プリント形式のリアル過去問で本番の臨場感！

大阪府

大阪桐蔭中学校

2025年春 受験用

解答集

本書は，実物をなるべくそのままに，プリント形式で年度ごとに収録しています。
問題用紙を教科別に分けて使うことができるので，本番さながらの演習ができます。

■ 収録内容

・解答集（この冊子です）

書籍ＩＤ番号，この問題集の使い方，最新年度実物データ，リアル過去問の活用，
解答例と解説，ご使用にあたってのお願い・ご注意，お問い合わせ

・2024（令和６）年度 ～ 2020（令和２）年度　学力検査問題

JN132140

○は収録あり	年度	'24	'23	'22	'21	'20	
■ 問題(前期)		○	○	○	○	○	
■ 解答用紙		○	○	○	○	○	
■ 配点		○	○	○	○	○	

全教科に解説
があります

注)国語問題文非掲載:2024年度の二，2020年度の三

問題文の非掲載につきまして

著作権上の都合により，本書に収録している過去入試問題の本文の一部を掲載しておりません。ご不便をおかけし，誠に申し訳ございません。

本文の一部を掲載できなかったことによる国語の演習不足を補うため，論説文および小説文の演習問題のダウンロード付録があります。弊社ウェブサイトから書籍ＩＤ番号を入力してご利用ください。

なお，問題の量，形式，難易度などの傾向が，実際の入試問題と一致しない場合があります。

教英出版

■ 書籍ＩＤ番号

入試に役立つダウンロード付録や学校情報などを随時更新して掲載しています。
教英出版ウェブサイトの「ご購入者様のページ」画面で，書籍ＩＤ番号を入力してご利用ください。

書籍ＩＤ番号 116429

（有効期限：2025年9月30日まで）

【入試に役立つダウンロード付録】
「要点のまとめ（国語／算数）」
「課題作文演習」ほか

■ この問題集の使い方

年度ごとにプリント形式で収録しています。針を外して教科ごとに分けて使用します。①片側，②中央のどちらかでとじてありますので，下図を参考に，問題用紙と解答用紙に分けて準備をしましょう（解答用紙がない場合もあります）。

針を外すときは，けがをしないように十分注意してください。また，針を外すと紛失しやすくなりますので気をつけましょう。

① 片側でとじてあるもの

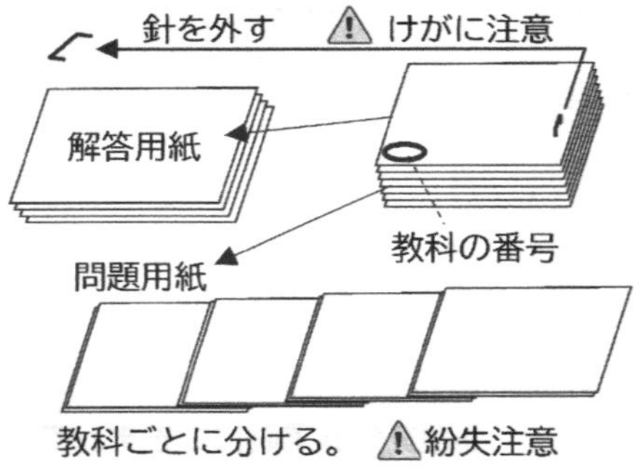

② 中央でとじてあるもの

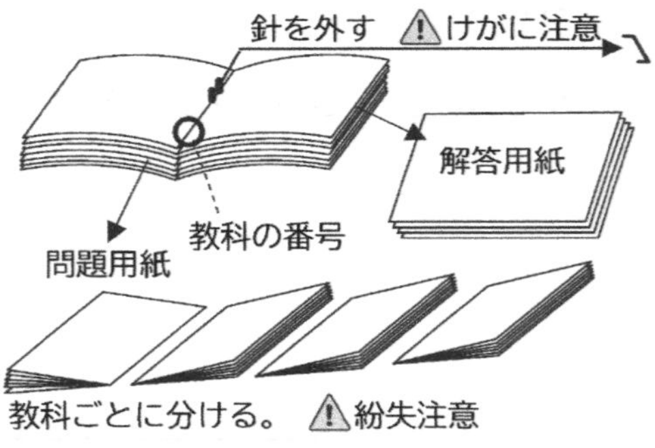

※教科数が上図と異なる場合があります。
解答用紙がない場合や，問題と一体になっている場合があります。
教科の番号は，教科ごとに分けるときの参考にしてください。

■ 最新年度 実物データ

実物をなるべくそのままに編集していますが，収録の都合上，実際の試験問題とは異なる場合があります。実物のサイズ，様式は右表で確認してください。

問題用紙	Ａ４冊子（二つ折り）
解答用紙	Ｂ４片面プリント

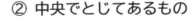

リアル過去問の活用

～リアル過去問なら入試本番で力を発揮することができる～

本番を体験しよう！

問題用紙の形式（縦向き／横向き），問題の配置や余白など，実物に近い紙面構成なので本番の臨場感が味わえます。まずはパラパラとめくって眺めてみてください。「これが志望校の入試問題なんだ！」と思えば入試に向けて気持ちが高まることでしょう。

入試を知ろう！

同じ教科の過去数年分の問題紙面を並べて，見比べてみましょう。

①　問題の量

毎年同じ大問数か，年によって違うのか，また全体の問題量はどのくらいか知っておきましょう。どのくらいのスピードで解けば時間内に終わるのか，大問ひとつにかけられる時間を計算してみましょう。

②　出題分野

よく出題されている分野とそうでない分野を見つけましょう。同じような問題が過去にも出題されていることに気がつくはずです。

③　出題順序

得意な分野が毎年同じ大問番号で出題されていると分かれば，本番で取りこぼさないように先回りして解答することができるでしょう。

④　解答方法

記述式か選択式か（マークシートか），見ておきましょう。記述式なら，単位まで書く必要があるかどうか，文字数はどのくらいかなど，細かいところまでチェックしておきましょう。計算過程を書く必要があるかどうかも重要です。

⑤　問題の難易度

必ず正解したい基本問題，条件や指示の読み間違いといったケアレスミスに気をつけたい問題，後回しにしたほうがいい問題などをチェックしておきましょう。

問題を解こう！

志望校の入試傾向をつかんだら，問題を何度も解いていきましょう。ほかにも問題文の独特な言いまわしや，その学校独自の答え方を発見できることもあるでしょう。オリンピックや環境問題など，話題になった出来事を毎年出題する学校だと分かれば，日頃のニュースの見かたも変わってきます。

こうして志望校の入試傾向を知り対策を立てることこそが，過去問を解く最大の理由なのです。

実力を知ろう！

過去問を解くにあたって，得点はそれほど重要ではありません。大切なのは，志望校の過去問演習を通して，苦手な教科，苦手な分野を知ることです。苦手な教科，分野が分かったら，教科書や参考書に戻って重点的に学習する時間をつくりましょう。今の自分の実力を知れば，入試本番までの勉強の道すじが見えてきます。

試験に慣れよう！

入試では時間配分も重要です。本番で時間が足りなくなってあわてないように，リアル過去問で実戦演習をして，時間配分や出題パターンに慣れておきましょう。教科ごとに気持ちを切り替える練習もしておきましょう。

心を整えよう！

入試は誰でも緊張するものです。入試前日になったら，演習をやり尽くしたリアル過去問の表紙を眺めてみましょう。問題の内容を見る必要はもうありません。どんな形式だったかな？受験番号や氏名はどこに書くのかな？…ほんの少し見ておくだけでも，志望校の入試に向けて心の準備が整うことでしょう。

そして入試本番では，見慣れた問題紙面が緊張した心を落ち着かせてくれるはずです。

※まれに入試形式を変更する学校もありますが，条件はほかの受験生も同じです。心を整えてあせらずに問題に取りかかりましょう。

大阪桐蔭中学校

《国　語》

一　問一．X．ア　Y．ウ　問二．イ　問三．エ　問四．A．耳　B．手　問五．門　問六．エ
問七．菓子職人になるのをあきらめるよう、翠之介を説得すること。　問八．イ　問九．学問

二　問一．a．報告　b．取捨　c．帰結　d．仮説　e．賛同　問二．X．エ　Y．イ　問三．イ，ウ
問四．地続きの存在である　問五．イ　問六．自分を軸にした記憶なので持続しやすく、より適応的な行動が取りやすくなるから。　問七．赤いキノコを食べない　問八．エ

三　①提供　②外観　③重要　④比率　⑤損害　⑥最古　⑦専門　⑧重量
X．くうちょう　Y．そうけん

《算　数》

1　(1)2　(2)1　(3)9.42

2　(1)4　(2)6500　(3)85　(4)12　(5)180　(6)か．700　き．20　(7)く．2　け．367
(8)こ．5.4　さ．6.2　(9)75　(10)3

3　(1)0.75　(2)$2\frac{1}{3}$　(3)$4\frac{1}{3}$

4　(1)175　(2)13　(3)9520

5　(1)3000　(2)120　(3)352

《理　科》

1　(問1)①エ　②オ　③ウ　(問2)ア　(問3)⑤ウ　⑥ア　(問4)⑧ア　⑨オ　(問5)⑩2　⑪2
(問6)ウ

2　(問1)エ　(問2)水素　(問3)イ　(問4)イ　(問5)イ　(問6)④2100　⑤1.2

3　(問1)イ，ウ，エ　(問2)花のなまえ…虫ばい花　特ちょう…イ　(問3)単子葉類…ア　双子葉類…イ
(問4)カ　(問5)合弁花〔別解〕舌状花　(問6)ウ

4　(問1)エ　(問2)ア　(問3)地球　(問4)エ　(問5)ウ　(問6)イ　(問7)ウ

《社　会》

1　問1．カ　問2．エ　問3．ウ　問4．エ　問5．ア　問6．イ　問7．ウ
問8．ヒートアイランド　問9．カ　問10．イ

2　問1．オ　問2．エ　問3．エ　問4．空海　問5．ア　問6．エ　問7．頼通　問8．千利休
問9．イ　問10．サンフランシスコ　問11．生糸　問12．ウ

3　問1．エ　問2．ワイマール　問3．家庭　問4．イ　問5．バリアフリー　問6．AI
問7．ふるさと　問8．エ

大阪桐蔭中学校

《2024　国語　解説》

一　**問二**　菓子屋《かしや》の治兵衛《じへえ》は、菓子職人になりたいと言って通ってくる翠之介《すいのすけ》を受け入れていた。――①の直前に書かれているとおり、「翠之介の姿に昔の己の面影《おもかげ》を見て～跡取《あとと》りができたような」うれしさから、翠之介が通ってくるのを許してしまっていたのである。翠之介は、父親が「おまえは稲川《いながわ》家の、嫡男《ちゃくなん》なのだぞ！　私の跡を継《つ》ぐのが、おまえの役目だ！」と言っているとおり、侍《さむらい》になるべき立場でありながら、「朝稽古《あさげいこ》などと親に嘘《うそ》をついて」治兵衛の菓子屋に通っている。治兵衛は、翠之介の父親がどなりこんでくるのも当然だと思い当たり、自分の甘《あま》さや浅はかさを反省しているのである。よって、イが適する。

問三　――②の「子供」は、翠之介のこと。二度目に頬《ほお》を打たれた翠之介の様子が「子供の軽いからだが～宙をとび、地面にたたきつけられた」と書かれ、「治兵衛の腕《うで》の中でくたりとなった～ぎゅっと子供のからだを抱《だ》きしめた」とあり、治兵衛はそのまま「子供」(翠之介)を抱いているのである。――②の直前に「いまさら～どう説いたところで、耳を貸そうとしないだろう。何の手立ても思いつけぬまま」とあることから「困っている」ことが読みとれる。また、――②の「抱く手に力を込《こ》めた」からは「守らなければいけないと強く思っている」ことがうかがえる。よって、エが適する。

問四Ａ　「耳を貸す」は、人の言うことを聞くという意味。　　Ｂ　「手をさしのべる」は、力を貸すという意味。

問六　翠之介の父親が「己の短慮《たんりょ》(考えがあさはかであること。思慮が足りないこと。気が短いこと)を詫《わ》びるような言葉を口にした」ことを、治兵衛は「意外」だと思ったのである。つまり治兵衛は、翠之介の父親のことを、素直にまちがいを認めて謝ったりしそうもない人だと思っていたということ。翠之介の父親は、話をする中で「治兵衛が息子《むすこ》(翠之介)をそそのかしたのではなく」ということを知ると、自分が治兵衛に「このようなもので倅《せがれ》をたぶらかしおって。いったいどういう了見《りょうけん》だ！」「よくもこうまで、息子をたぶらかしてくれたものだな。このまま手打ちにしても飽《あ》き足《た》らんわ」などと言ってしまったことを謝ったのである。よって、エが適する。

問七　「そこから先が思うように運ばなかった」の具体的な様子が、直後の段落に「翠之介はどうしても、菓子屋になると言ってきかない。父親はもちろん、治兵衛や河路《かわじ》までもが説得にあたったが、翠之介の決心は揺《ゆ》らがなかった」と書かれている。

問八　――⑤は、「立派な侍」の例として「父上」を示している。イは、「栄養が豊富なもの」の例として「納豆」を示している。

問九　翠之介は「私もやはり(父親と同じように)～できません」と言っている。父親は「おれが父上(翠之介の祖父)のように立派な侍ではないから……学問もできず、碌《ろく》なお役目にもつけず」と言っていた。翠之介の祖父について「剣《けん》だけでなく学問をよくし、名の知れた書家でもあった」とあるのも参照。

二　著作権上の都合により文章を掲載《けいさい》しておりませんので、解説も掲載しておりません。ご不便をおかけし、誠に申し訳ございません。

《2024　算数　解説》

1　(1)　与式$=\frac{31}{15}\div(\frac{9}{5}\times\frac{2}{3}-\frac{1}{6})=\frac{31}{15}\div(\frac{36}{30}-\frac{5}{30})=\frac{31}{15}\div\frac{31}{30}=\frac{31}{15}\times\frac{30}{31}=$ **2**

(2)　与式より，$\square-\frac{3}{4}=\frac{3}{2}\times\frac{1}{6}$　　$\square=\frac{1}{4}+\frac{3}{4}=$ **1**

(3)　与式より，$\frac{1}{8}\times3.14+22.5\times0.1\times3.14+\frac{5}{32}\times4\times3.14=(\frac{1}{8}+2.25+\frac{5}{8})\times3.14=(\frac{1}{8}+2\frac{1}{4}+\frac{5}{8})\times3.14=$

3 ×3.14＝**9.42**

2 (1)　AさんとBさんの合計点は 76× 2 ＝152(点)，BさんとCさんの合計点は 74× 2 ＝148(点)だから，Aさんは Cさんより，152－148＝ **4** (点)高い。

(2)　**【解き方】最初からAさんの所持金はBさんの所持金より 3000 円多かったので，最初の状態で和差算を利用する。**

Bさんの所持金を 3000 円多くすると，２人の所持金が同じになり，合計は 10000＋3000＝13000(円)となる。

よって，最初のAさんの所持金は，13000÷ 2 ＝**6500**(円)

(3)　**【解き方】１人に配る冊数を 12－ 9 ＝ 3 (冊)増やすと，必要な冊数は 13＋11＝24(冊)増える。**

生徒は 24÷ 3 ＝ 8 (人)いるから，ノートは全部で， 9 × 8 ＋13＝**85**(冊)

(4)　**【解き方】鳥を入れたかごの中の足の本数の合計は 2 × 3 ＝ 6 (本)，カメを入れたかごの中の足の本数の合計は４本，その差は 6 － 4 ＝ 2 (本)である。**

35 個のかごすべてに鳥が入っているとすると，足の本数の合計は実際より， 6 ×35－186＝24(本)多くなる。

よって，カメが入ったかごは 24÷ 2 ＝12(個)だから，かごに入れたカメは **12** ひきである。

(5)　**【解き方】12÷ 3 ＝ 4 だから，スタート地点から池の周りを１周するように進み， 3 m進むごとに花を植えることを３回くり返してから，さらに 3 m進んだときに木を植えると考える。**

スタート地点から進んで木を１本植えるごとに，花は木より 3 － 1 ＝ 2 (本)多い状態になる。したがって，木は 30÷ 2 ＝15(本)植える。よって，池の周りの長さは，12×15＝**180**(m)

(6)　**【解き方】まず和差算を利用して，大玉の重さの和と，小玉の重さの和を求める。**

大玉の重さの和は，(1020＋380)÷ 2 ＝**700**(g)，小玉の重さの和は 700－380＝320(g)である。小玉１個の重さが大玉１個と同じだとすると，小玉の重さの和は $320\times\frac{5}{4}$＝400(g)となるので，大玉と小玉の個数の比は，700：400＝ 7 ： 4 である。したがって，大玉は，$55\times\frac{7}{7+4}$＝35(個)あるから，大玉１個の重さは，700÷35＝**20**(g)

(7)　**【解き方】 1 | 1， 2 | 1， 2， 3 | 1， 2， 3， 4 | 1， 2， 3， 4， 5 | 1，……，のように，数をグループに分ける。左から n 番目のグループを n グループとすると，n グループには 1 から n までの連続する整数が n 個並んでいる。**

１グループから n グループまでの数の個数は， 1 ＋ 2 ＋ 3 ＋……＋ n ＝$\frac{(1+n)\times n}{2}$と表せる。この値《あたい》が 80 に近くなるところを探すと，$\frac{(1+12)\times 12}{2}$＝78 が見つかる。したがって，12 グループの最後の数が 78 番目だから，80 番目は 13 グループの２つ目の数なので，**2** である。

12 グループの最後の数までのすべての数の中に，1は 12 個，2は 11 個，3は 10 個，……，12 は 1 個，ふくまれるから，12 グループの最後の数までのすべての数の和は，

1 ×12＋ 2 ×11＋ 3 ×10＋ 4 × 9 ＋ 5 × 8 ＋ 6 × 7 ＋ 7 × 6 ＋ 8 × 5 ＋ 9 × 4 ＋10× 3 ＋11× 2 ＋12× 1 ＝

(12＋22＋30＋36＋40＋42)× 2 ＝364　　よって，80 番目の数までのすべての数の和は，364＋ 1 ＋ 2 ＝**367**

(8)　**【解き方】食塩水の問題は，うでの長さを濃度《のうど》，おもりを食塩水の重さとしたてんびん図で考えて，うでの長さの比とおもりの重さの比がたがいに逆比になることを利用する。**

図Ⅰ

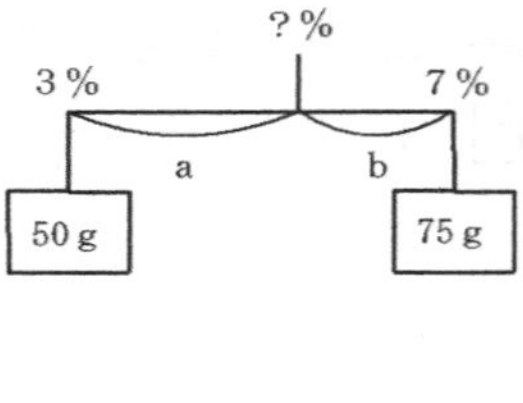

AとCをすべて混ぜたときの操作《そうさ》について，右の図Ⅰのてんびん図がかける。

a：bは，50：75＝ 2 ： 3 の逆比の 3 ： 2 だから， a ＝(7 － 3)×$\frac{3}{3+2}$＝2.4(%)

よって，Bの濃度は， 3 ＋2.4＝**5.4**(%)

A，B，Cの食塩水をすべて混ぜると，5.4%の食塩水が 50＋50＋75＝175(g)

できる。これとDをすべて混ぜたときの操作について，図Ⅱのてんびん図がかける。c：dは175：100＝7：4の逆比の4：7だから，

$c=(7.6-5.4)\times\frac{4}{4+7}=0.8(\%)$

よって，A，B，C，Dをすべて混ぜたときの濃度は，5.4＋0.8＝**6.2**(%)

図Ⅱ

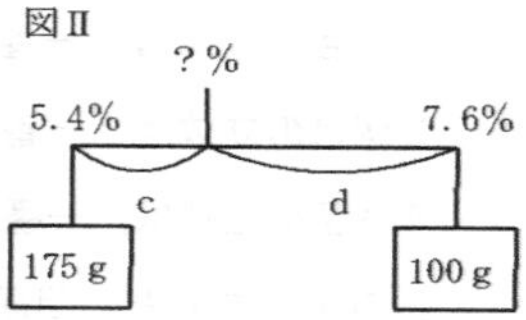

⑼ **【解き方】三角形CDEは1辺がCDの正三角形を半分にしてできる直角三角形だから，ED：CD＝1：2である。このこととBD：CD＝1：2より，ED＝BDである。**

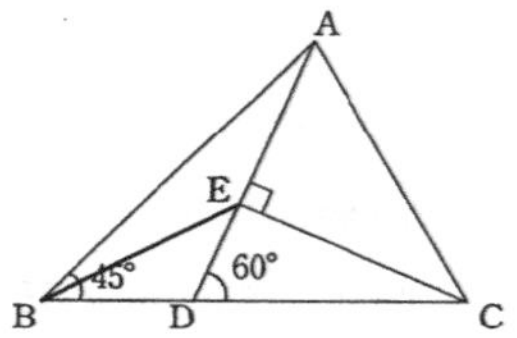

右のように作図すると三角形BDEは二等辺三角形になるから，

角DBE＝角EDC÷2＝30°

角DCE＝30°だから，三角形EBCも二等辺三角形であり，BE＝CE…①

また，角ABE＝45°−30°＝15°，角BAE＝角ADC−角ABD＝60°−45°＝15°だから，三角形EBAも二等辺三角形であり，BE＝AE…②

①，②よりAE＝CEだから，三角形EACは直角二等辺三角形なので，角ACB＝45°＋30°＝**75°**

⑽ **【解き方】右図のように記号をおく。三角形ABC，三角形ADF，三角形DBEはすべて同じ形の直角三角形である。**

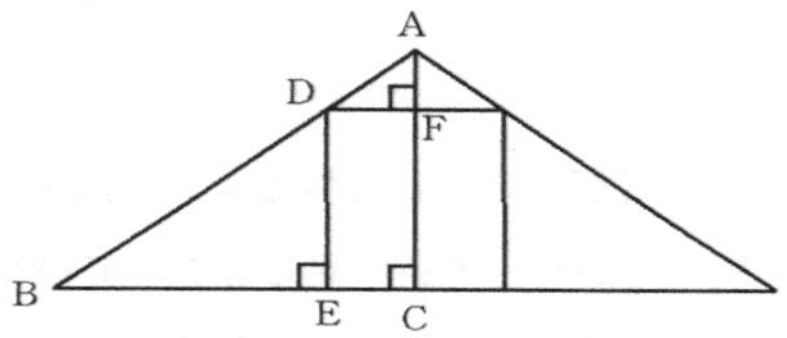

三角形ABCにおいてAC：BC＝4：$\frac{12}{2}$＝2：3だから，

AF：DF＝2：3，DE：BE＝2：3

したがって，AF＝②，DF＝③とすると，DE＝DF×2＝③×2＝⑥，BE＝DE×$\frac{3}{2}$＝⑥×$\frac{3}{2}$＝⑨

よって，BC＝BE＋DF＝⑨＋③＝⑫が6cmにあたるから，求める長さは，DE＝6×$\frac{\text{⑥}}{\text{⑫}}$＝**3**(cm)

3 ⑴ **【解き方】看板と看板の間は10か所あるから，看板どうしは10÷10＝1(km)ずつはなれている。2人が出発してから最初に出会うまでに進んだ道のりは，Aさんが2km，Bさんが8kmである。**

AさんとBさんの速さの比は，2：8＝1：4である。2人が最初に出会うのは3番の看板の位置で，その後Bさんは図の矢印の向きに1km進んで4番の看板の位置にくる。このときAさんは3番の看板から1×$\frac{1}{4}$＝0.25(km)進んでいるから，求める道のりは，1−0.25＝**0.75**(km)

⑵ **【解き方】AさんとBさんの速さの比は1：4だから，Aさんが進む道のりと2人が進む道のりの差を比で表すと，1：(4−1)＝1：3となる。**

Bさんが最初にAさんに出会って向きを変えてから，次にAさんに出会うのは，2人が進む道のりの差が10kmになったときだから，このときAさんは10×$\frac{1}{3}$＝$\frac{10}{3}$＝3$\frac{1}{3}$(km)進んでいる。したがって，Aさんは3番の看板から3$\frac{1}{3}$km進んでいるから，求める道のりは，3$\frac{1}{3}$−1＝**2$\frac{1}{3}$**(km)

⑶ **【解き方】ここまでの解説から，2人が同じ位置から反対の向きに出発して次に出会うまでにAさんが進む道のりは2km，2人が同じ位置から同じ向きに出発して次に出会うまでにAさんが進む道のりは3$\frac{1}{3}$kmとわかった。**

2人が2回目に出会ってから3回目に出会うまでに，Aさんは2km進んで，4番の看板から図の矢印の向きに2$\frac{1}{3}$＋2＝4$\frac{1}{3}$(km)進んだ位置にいる。ここから次に出会うまでに，Aさんは3$\frac{1}{3}$km進んで，4番の看板から図の矢印の向きに4$\frac{1}{3}$＋3$\frac{1}{3}$＝7$\frac{2}{3}$(km)進んだ位置にいる。これは1番の看板をこえた位置なので，実際には2人は4回目に出会う前に止まっている。よって，求める道のりは**4$\frac{1}{3}$**kmである。

4 **【解き方】1個目の立体は，一番小さい数が1で，数が1ずつ大きくなっている。**

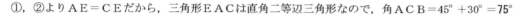

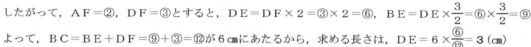

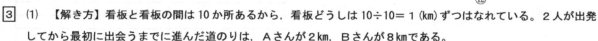

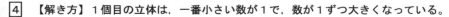

２個目の立体は，一番小さい数が１個目の立体で一番大きい数より１大きい５で，数が２ずつ大きくなっている。
３個目の立体は，一番小さい数が２個目の立体で一番大きい数より１大きい12で，数が３ずつ大きくなっている。
４個目の立体は，一番小さい数が３個目の立体で一番大きい数より１大きい22で，数が４ずつ大きくなっている。
この規則をもとに問題を解いていってもよいが，並んでいる数を縦に見ると，左から３つ目の数は３の倍数が並んでいるとわかる。このことを利用した方が速く解ける。

(1)　各立体の小さい方から３つ目の数は，１個目が３＝３×１，２個目が９＝３×(１＋２)，３個目が18＝３×(１＋２＋３)，……となっている。したがって，ｎ個目は，３×(１＋２＋３＋……＋ｎ)となる。
10個目の小さい方から３つ目の数は，３×(１＋２＋３＋……＋10)＝３×55＝165だから，10個目で一番大きい数は，165＋10＝**175**

(2)　**【解き方】４つの数字の平均がはじめて1000÷４＝250より大きくなるところを求めるので，小さい方から３つ目の数がはじめて250をこえるところを探す。(1)をふまえる。**
250÷３＝83余り１より，１からの連続する整数の和がはじめて83をこえるところを探す。55＋11＋12＝78，78＋13＝91だから，13が条件に合う。13個目の立体の３つ目の数は，３×91＝273で，小さい方から２つ目の数は273－13＝260だから，４つの数字の平均は260と273の平均に等しいので，250より大きい。
よって，４つの数字の和がはじめて1000より大きくなるのは，**13個目の立体**である。

(3)　**【解き方】各立体の４つの数字の和の規則性を調べてから，地道に足し算をしていく。かなり計算量と正確さが求められる問題なので，試験時間内に無理に解かない方がよかったであろう。**
各立体の４つの数字の和は，１個目が10，２個目が32，３個目が66，４個目が112，……となっている。
この値の増え方は，$10,\overset{22}{\frown}32,\overset{34}{\frown}66,\overset{46}{\frown}112$，……となっていて，34－22＝12，46－34＝12と，12ずつ大きくなっている。各立体の４つの数字の和を式で表したり，問題で縦に並んでいる数の和をそれぞれ求めたりと解き方はいろいろ考えられるが，単純に各立体の４つの数字の和を表にまとめて足していくのが最も速いであろう。右表のようになるので，求める値は**9520**である。

立体	数字の和の増え方	４つの数字の和	１個目からのすべての数字の和
１個目		10	10
２個目	＋22	32	42
３個目	＋34	66	108
４個目	＋46	112	220
５個目	＋58	170	390
６個目	＋70	240	630
７個目	＋82	322	952
８個目	＋94	416	1368
９個目	＋106	522	1890
10個目	＋118	640	2530
11個目	＋130	770	3300
12個目	＋142	912	4212
13個目	＋154	1066	5278
14個目	＋166	1232	6510
15個目	＋178	1410	7920
16個目	＋190	1600	9520
17個目	＋202	1802	11322
⋮	⋮	⋮	⋮

5　(1)　底面積が30×10÷２＝150(㎠)，高さが20㎝だから，体積は，150×20＝**3000**(㎤)

(2)　**【解き方】分けてできた四角柱と三角柱は高さが等しいから，底面積の比は体積比と等しく16：９である。**
(四角形ＡＢＱＰの面積)：(三角形ＰＱＣの面積)＝16：９だから，(三角形ＡＢＣの面積)：(三角形ＰＱＣの面積)＝(16＋９)：９＝25：９であり，この２つの三角形は同じ形である。同じ形で対応する辺の比がａ：ｂの図形の面積比は，(ａ×ａ)：(ｂ×ｂ)になる。25：９＝(５×５)：(３×３)だから，三角形ＡＢＣと三角形ＰＱＣの対応する辺の比は，５：３なので，ＰＱ＝ＡＢ×$\frac{3}{5}$＝10×$\frac{3}{5}$＝６(㎝)
よって，長方形ＰＱＲＳの面積は，６×20＝**120**(㎠)

(3)　【解き方】求める体積は，四角すいA－PQYXと三角すいA－BQYの体積の和に等しい。

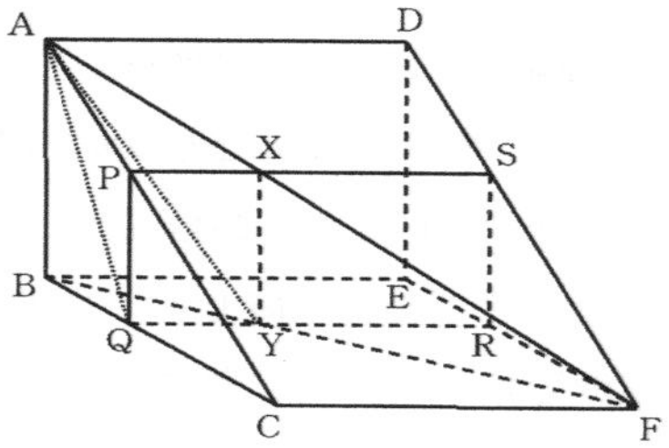

(2)より，AP：AC＝2：5であり，三角形APXと三角形ACFは同じ形だから，$PX=CF\times\frac{2}{5}=20\times\frac{2}{5}=8$ (cm)

四角形PQYXは長方形だから，面積は，PQ×PX＝6×8＝48(cm²)

四角すいA－PQYXの高さは$BQ=BC\times\frac{5-3}{5}=30\times\frac{2}{5}=12$ (cm)だから，体積は，48×12÷3＝192(cm³)

三角すいA－BQYは，底面積が，QY×BQ÷2＝8×12÷2＝48(cm²)，高さがAB＝10 cmだから，体積は，48×10÷3＝160(cm³)　　よって，求める体積は，192＋160＝**352**(cm³)

《2024　理科　解説》

1　**(問1)**　電球aをA～Dの端子《たんし》にいろいろな組み合わせでつないだとき，できた回路に含《ふく》まれるかん電池の数と電球の数と電球の明るさをまとめると表 i のようになる。ここでは，かん電池と電球がすべて直列につながれているから，かん電池の数が同じとき電球の数が多いほど電球は暗く光り，電球の数が同じときかん電池の数が多いほど明るく光る。

表 i

つなぐ端子の組み合わせ	かん電池の数	電球の数	電球の明るさ
AとB	1個	1個	○
AとC	1個	3個	①
AとD	0個	2個	②
BとC	2個	3個	●
BとD	1個	2個	③
CとD	1個	2個	△

①「AとC」と「CとD」を比べると，どちらもかん電池の数が1個だが，「AとC」の方が電球の数が1個多いから，「AとC」のときの電球の明るさは△より暗い▲である。　②かん電池の数が0個だから，電球は光らない(×)。　③かん電池の数と電球の数が「CとD」のときと同じだから，電球の明るさは△である。

(問2)　④電球の数を変えずに，直列につなぐかん電池の数を増やすと電球の明るさは明るくなり，並列につなぐかん電池の数を増やしても電球の明るさは変わらない。　⑦かん電池の数を変えずに，直列につなぐ電球の数を増やすと電球の明るさは暗くなり，並列につなぐ電球の数を増やしても電球の明るさは変わらない。

(問3)　PをE，QをGにつないだとき，EG間のかん電池とPQ間のかん電池が直列につながる向きになっているから，G側にかん電池の＋極，E側にかん電池の－極がつながっている(かん電池の記号の長い方が＋極である)。

(問5)　表1より，かん電池の数と電球の数が等しいとき，電球の明るさは○になるとわかる。

(問6)　ここまでの問題から，図4の箱の中では図 i のように電球とかん電池がつながっているとわかる。よって，PをH，QをGにつないだとき，かん電池2個と電球3個の回路ができるから，表 i の「BとC」より，明るさは●とわかる。

図 i

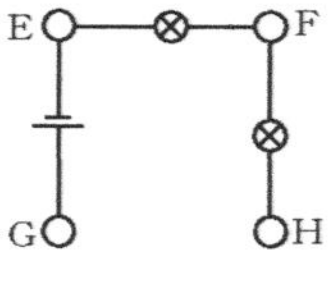

2　**(問1)(問2)**　アルミニウムは塩酸と水酸化ナトリウム水よう液のそれぞれと反応すると，水素が発生するから，2種類の液体と反応したBがアルミニウム，FとGは塩酸または水酸化ナトリウム水よう液，Yは水素とわかる。また，AとGが反応してY(水素)が発生したから，Aは鉄，Gは塩酸とわかり，Fは水酸化ナトリウム水よう液である。なお，残りの液体のEはオキシドールとわかり，Eと反応したDは二酸化マンガン，このとき発生したXは酸素である。残りの固体のCは石灰石であり，Cが塩酸と反応して発生したZは二酸化炭素である。

(問3)　(問1)(問2)解説より，Zは二酸化炭素である。二酸化炭素は水に少しとけ，空気より重い気体だから，水上置換《ちかん》または下方置換で集める。なお，アは水にとけにくい気体，イは水にとけやすく空気より軽い気体，ウは水にとけやすく空気より重い気体を集めるのに適している。

(問４) (問１)(問２)解説より，Ｘは酸素である。アは二酸化炭素の性質，イは酸素の性質，ウはガスを酸素が多いところで燃やしたときの現象(燃えているのはガスである)，エはアンモニアなどの性質である。

(問５) (問１)(問２)解説より，Ｄは二酸化マンガン，Ｅはオキシドールである。二酸化マンガンとオキシドールをまぜたとき，二酸化マンガンはオキシドール(過酸化水素水)が分解するのをはやめるはたらきをするだけで，二酸化マンガン自身は変化しない。そのため，発生するＸ(酸素)の量はオキシドールの量によって決まる。

(問６) ④発生する気体の量は，反応した金属(または塩酸)の量に比例する。亜鉛《あえん》2.5ｇが反応すると $180\times\frac{2.5}{0.5}=900$(㎤)の気体が発生し，アルミニウム１ｇが反応すると $600\times\frac{1}{0.5}=1200$(㎤)の気体が発生する。よって，合計 $900+1200=2100$(㎤)の気体が発生する。　⑤アルミニウム３ｇが反応すると $600\times\frac{3}{0.5}=3600$(㎤)の気体が発生する。これは発生した 2592 ㎤より 1008 ㎤多い。アルミニウム 0.5ｇを亜鉛 0.5ｇにおきかえると，発生する気体が $600-180=420$(㎤)少なくなるから，ふくまれていた亜鉛の量は $0.5\times\frac{1008}{420}=1.2$(ｇ)である。

3 **(問２)** 花粉がべたべたしていることで昆虫《こんちゅう》にくっつきやすくなっている。

(問３) アは種子植物＞被子《ひし》植物＞単子葉類，イは種子植物＞被子植物＞双子《そうし》葉類，ウとエは種子植物＞裸子《らし》植物，オはコケ植物，カはシダ植物である。なお，オとカは種子をつくらない植物(胞子《ほうし》でふえる植物)である。

(問４) 双子葉類の根は主根と側根からなり，茎《くき》の中の維管束《いかんそく》(道管と師管が集まった束)が輪状にならび，道管が集まった束(木部)と師管が集まった束(師部)の間に形成層があり，葉の葉脈は網目《あみめ》状(網状《もうじょう》脈)である。これに対し，単子葉類の根はひげ根で，茎の中の維管束はばらばらにあり，形成層がなく，葉の葉脈は平行(平行脈)である。

(問５) タンポポの花に見えるものは小さな花の集まりであり，花びらのように見えるものが１つの小さな花で，この小さな花の花びらはくっついている。このように花びらがくっついている花を合弁花という。合弁花に対し，サクラなどのように花びらが１枚１枚離《はな》れている花を離弁《りべん》花という。なお，舌状花とは合弁花の１種である。

(問６) 図３では，バナナとリンゴが区切りのない箱に入っているので，リンゴから放出されたエチレンがバナナが熟するのを早めたと考えられる。

4 **(問１)** ア～ウは，月が地球の衛星である(月が地球の周り，地球が太陽の周りをそれぞれ公転している)ことに関係している。

(問３) 「惑星《わくせい》の半径」に対する「最大衛星の半径」の比(割合)〔最大衛星の半径(km)÷惑星の半径(km)〕を求めて比べてもよいが，地球を基準にして考えることもできる。地球の「惑星の半径」と「最大衛星の半径」の値をそれぞれ１としたとき，他の惑星の[惑星の半径，最大衛星の半径]のおよその値は，火星が[およそ 0.5，0.01 より小さい]，木星と土星が[９より大きい，およそ 1.5]，天王星と海王星が[3.5 より大きい，0.8 より小さい]となる。この値について，「惑星の半径」＜「最大衛星の半径」になれば，「惑星の半径」に対する「最大衛星の半径」の比が地球より大きいことになるが，この条件にあう惑星はないので，「惑星の半径」に対する「最大衛星の半径」の比がもっとも大きいのは地球とわかる。

(問４) 問題文から，地球と月の間の距離《きょり》は約 38 万km，地球と太陽の間の距離は約１億５千万kmとわかる。また，地球の最大衛星は月だから，表より，月の半径は 1738 kmで，直径は 3476 kmとわかる。地球から見ると，月と太陽はほぼ同じ大きさに見えるので，月と太陽の直径の比は，地球と月の間の距離と地球と太陽の間の距離の比に等しく 38 万：１億５千万＝19：7500 となる。よって，太陽の直径は $3476\times\frac{7500}{19}=1372105.2\cdots$(km)と計算できる。

(問５) 太陽の表面温度は約 6000℃で，黒点の温度は約 4000℃～約 5500℃である。

（問６） 赤道付近では，黒点が６月４日から６月７日までの３日間でおよそ 45 度動いているから，自転周期（１周（360 度）回転する時間）は，およそ $3\times\frac{360}{45}=24$（日）である。

（問７） 極付近では，黒点が３日間でおよそ 40 度動いているから，自転の速さは赤道付近より遅く，自転周期は赤道付近より長い。

《2024　社会　解説》

1 問１　カ　　日本はサウジアラビア・アラブ首長国連邦などの中東の産油国から多くの原油を輸入している。国①はイギリスであり，イギリスは北海油田があるため，原油の輸入依存度は高くない。

問２　エ　　国②はフランスである。輸出入の両方に医薬品があるⅡがフランスであり，航空機が４位にある i を輸出と判断する。フランスのトゥールーズには，エアバス社の組み立て工場がある。また，日本が自動車などの機械類を輸出し，原油や液化天然ガスなどの資源を輸入していることからもⅠが日本，Ⅱがフランスと判断できる。

問３　ウ　　都府県③は青森県である。アはいか，イはたら，エは西洋なし。

問４　エ　　都道府県④は秋田県である。第３次産業（サービス業など）が多いＤは沖縄県，第２次産業（製造業など）が多いＥは三重県，第１次産業（農林水産業など）が多いＦは秋田県である。

問５　ア　　都道府県⑤は新潟県である。新潟県新潟市は，冬の降水量が多い日本海側の気候のアである。イは和歌山市，ウは長野市，エは岡山市。

問６　イ　　都道府県⑥は広島県である。アは北海道，ウは岩手県・宮城県，エは関東地方を流れる。

問７　ウ　　都道府県⑦は三重県である。三重県の志摩半島には，山地が地盤の沈降や海面の上昇によって沈んで生じたリアス海岸が形成されている

問８　ヒートアイランド　　都道府県⑧は東京都である。ヒートアイランド現象が起こる主な原因は，「地面のほ装」・「森林の減少」・「高層ビルが立ち並ぶことで風通しが悪くなる」・「冷房による熱い排気が大量に放出される」ことなどである。

問９　カ　　貨物輸送・旅客輸送の両方で輸送量が多いＨが自動車，貨物輸送の輸送量が最も少ないＩが航空である。航空では，小型軽量で単価の高い商品が輸送されるため，輸送量は少なくなる。

問 10　イ　　山口県と福岡県に多いＫはセメント工場である。静岡県富士市や愛媛県四国中央市に多いＬは製紙工場，愛知県から静岡県にかけての太平洋岸と東京湾から関東内陸にかけて工場の多いＭは自動車工場である。

2 問１　オ　　資料１は，1853 年のペリー来航による動揺を風刺した狂歌である。Ⅰの安政の大獄は 1858 年，Ⅱの大塩平八郎の乱は 1837 年に起きた。

問２　エ　　ｂとｄが正しい。「マンチューリア（満州）では，戦争らしいものが進行している」＝満州事変，「民族をそっくりそのまま刑務所に閉じこめ，よいこと悪いこと，すべての外部からの影響を断絶する」＝海外からの良い影響と悪い影響の両方を絶ってしまう，と一致する。満州事変は，奉天郊外の柳条湖で南満州鉄道の一部を関東軍が爆破したことから始まった。

問３　エ　　埴輪は，古墳時代につくられた。アは縄文土器，イは土偶，ウは抜歯をした人間の頭骨。

問４　空海　　空海は，高野山に金剛峯寺を建て真言宗を開いた。最澄は，比叡山に延暦寺を建て天台宗を開いた。

問５　ア　　武士として初めて太政大臣に就いた平清盛は，大輪田泊を修築し，瀬戸内海の航路を整備して，日宋貿易を進めた。平家の氏神である厳島神社に経典を奉納し，海路の安全を祈願した。イは雪舟が描いた『秋冬山水図（冬景）』，ウは朱印船貿易で使われた朱印船。エは御家人の竹崎季長が恩賞を得るために，自らの活躍を描かせ

た『蒙古襲来絵詞』である。

問6　エ　　徳川吉宗は江戸幕府の第８代将軍。奇兵隊は長州藩の高杉晋作らが組織した軍隊。

問7　頼通　　シャカの死後 2000 年が経過すると，末法の世となり，仏教の力がおとろえて世の中が乱れるとする末法思想が流行した。1052 年が末法の世の始まりとされ，人々の不安が高まる中，念仏を唱え，阿弥陀仏にすがれば，死後に極楽浄土に生まれ変われるとする浄土の教えが流行し，貴族たちは極楽浄土への強いあこがれから，阿弥陀仏の像やそれを納める阿弥陀堂を盛んにつくった。摂関政治の全盛期を築いた藤原道長・頼通親子も仏教を厚く信仰し，道長は９体の阿弥陀仏の像の手と自分の手を五色の糸で結び往生を迎え，頼通は宇治の平等院に阿弥陀堂を建設した。

問8　千利休　　茶の湯を大成させた千利休は，織田信長・豊臣秀吉に仕えた。

問9　イ　　天明のききんの責任をとる形で田沼意次が失脚すると，松平定信は寛政の改革と呼ばれる政治改革に着手し，囲い米，寛政異学の禁，旧里帰農令などの政策を行った。明暦の大火は，第４代将軍の家綱の治世に起きた。株仲間の解散は，老中の水野忠邦が天保の改革で行った政策である。

問10　サンフランシスコ　　日本の全権として吉田茂らが出席した。サンフランシスコ平和条約は，アメリカをはじめとする西側諸国と結んだ平和条約であり，ロシアや中国などは調印していない。また，同日に，日米安全保障条約に調印したことも覚えておきたい。

問11　生糸　　日本から大量の生糸が輸出され，生産が追いつかず，国内で品不足となり，他の生活用品まで値上がりした。

問12　ウ　　ａは菱川師宣の『見返り美人図』，ｂは喜多川歌麿の『ポッピンを吹く女』，ｃは葛飾北斎の『富嶽三十六景』，ｄは歌川広重の『東海道五十三次』。

3　問1　エ　　Ⅰ．誤り。日本万国博覧会は 1970 年に開かれた。Ⅱ．正しい。1992 年に成立した。Ⅲ．正しい。2003 年から派遣された。

問3　家庭　　こども家庭庁は，内閣府の外局として発足した。

問4　イ　　都市部より地方の方が過疎化は深刻で，地方経済は低迷している。

問5　バリアフリー　　精神的・物理的な障がいを取り除く取り組みをバリアフリーという。

問6　ＡＩ　　Artificial Intelligence の略称である。

問7　ふるさと　　生まれ育ったふるさとに貢献できる制度，自分の意思で応援したい自治体を選べる制度として，ふるさと納税はスタートした。

問8　エ　　Ⅰ．誤り。１選挙区から１名を選出する小選挙区制は，死票が出やすい。例えば，Ａ，Ｂ，Ｃの３人が立候補し，Ａに 40%，Ｂに 30%，Ｃに 30%の票が集まった場合，当選者はＡだが，死票は全体の 60%になる。Ⅱ．正しい。Ⅲ．正しい。

大阪桐蔭中学校

《国　語》

一 問一．Ⓧウ　Ⓨエ　問二．A．オ　B．ウ　問三．天　問四．良彦に説教したり無言で拳固を食らわしたりすることもなく、いつも通り接してきた点。　問五．エ　問六．近所の寺の～した仁王像　問七．未知なるも　問八．イ

二 問一．a．ウ　b．イ　c．ア　d．オ　e．ウ　問二．A．オ　B．エ　問三．両立しない意見の中から、一つに決めなければならない　問四．イ　問五．科学は一枚岩ではない　問六．科学者は合意が形成されていない問いには客観的に答えられず、権力者に意見を左右される可能性があるから。　問七．Ⅰ．多様な他者や他文化を尊重しよう　Ⅱ．相手と関わらないで済ますための最後通牒　問八．ウ

三 ①結構　②雑誌　③所在　④意気　⑤年賀　⑥未開　⑦消費　⑧道徳　㋐とびいし　㋑しゅくさい

《算　数》

1 (1)38　(2)6.7　(3)2

2 (1)44　(2)12　(3)85　(4)2500　(5)9　(6)3500　(7)き．24　く．28　(8)け．11　こ．9　(9)20　(10)し．5.4　す．32.4

3 (1)2400　(2)9，18　(3)10224

4 (1)26　(2)341　(3)20　(4)45，87

5 (1)46　(2)49　(3)1.6

《理　科》

1 (問1)55　(問2)エ　(問3)イ　(問4)④3　⑤42　(問5)イ　(問6)イ

2 (問1)エ　(問2)塩酸　(問3)イ　(問4)ウ　(問5)④37.5　⑤64　⑥80.6

3 (問1)イ，エ　(問2)エ　(問3)ア　(問4)ア　(問5)ウ　(問6)イ

4 (問1)ウ　(問2)ア　(問3)ウ　(問4)ア　(問5)イ　(問6)エ　(問7)偏西

《社　会》

1 問1．ウ　問2．ウ　問3．エ　問4．(1)カ　(2)ウ　問5．エ　問6．堺　問7．イ　問8．カ　問9．カ

2 問1．オ　問2．オ　問3．エ　問4．尾張　問5．ア　問6．エ　問7．水野忠邦　問8．ウ　問9．オ　問10．オ　問11．カ　問12．エ

3 問1．公衆衛生　問2．カ　問3．ウ　問4．オ　問5．ラムサール　問6．マイクロ　問7．ア　問8．バイオエタノール

《2023　国語　解説》

一　**問二A**　妹の美津子《みつこ》は、「描《か》き上げたばかりのこけしを差し出し」てきた老人の行動の意味がわからず「驚《おどろ》いたようにこけしを見つめていた」が、やがて老人がこけしをくれようとしていることを理解し、こけしを「受け取った」。よって、オが適する。「おずおず」は「こわがってためらいながら行動する様子」を表す。　**B**　祖母の多《た》嘉子《かこ》は当事者の「母と自分たちを叱責《しっせき》するだけでは飽《あ》き足ら」ず、「父に向かって」もずっと「文句を垂《た》れていた」とある。よって、ウが適する。「くどくど」は、「しつこくくり返して言う様子」を表す。

問三　「怒髪《どはつ》天を衝《つ》く」とは、髪《かみ》が逆立ち天をつき上げるほど怒《おこ》っている様子を表す故事成語。

問四　良彦《よしひこ》は「ひょっとすると、今度という今度は、父が振《ふ》り向いて、説教をするかもしれない。或《ある》いは、無言で拳固《げんこ》を食《く》らわされるかも分からない」と思い、「いつになく緊張《きんちょう》を覚えた」。ところが「父は相変わらず文机《ふみづくえ》に向かい、自分に背中を向けて」おり、「正座をして頭を下げた自分に父がかけたのは、いつもの一言だけだった」。良彦が、説教することも怒ることもなくいつもと変わりない父の態度に「拍子抜《ひょうしぬ》け」し、「不甲斐《ふがい》なさを覚えた」ことをまとめる。「拍子抜け」は、張り合いがなくなること、「不甲斐ない」は、意気地がなくて情けない様子。

問五　良彦は、二機の飛行機が「なにか面白《おもしろ》いものを見せてくれようとしているのに違《ちが》いない」と思い、屋根の上で「胸を躍《おど》らせながら」成り行きを見ていた。しかし父の「別人のような形相《ぎょうそう》と、訛《なま》りが強く出た怒声」で、大きな飛行機が敵機であるとようやく悟《さと》り、「土間に引きずり込《こ》まれ」た直後、機銃掃射《きじゅうそうしゃ》を受けて「屋根瓦《やねがわら》が割れる音が轟《とどろ》く」のを聞いている。良彦は「あのままあそこに居たら、どうなっていただろう」と思い、「頭から冷水をかけられたように、ぞっと」し、「腰が抜けたようになり、へなへなと土間に座《すわ》り込んでしまった」。ここから、エのような理由が読みとれる。「恐怖《きょうふ》を感じた」のは父ではなく敵機の攻撃《こうげき》に対してなので、アは適さない。父が「爆撃機《ばくげきき》でねぇ」と言っているので、イは適さない。不安で「さすがに蒼《あお》い顔をして」いる多嘉子が「普段《ふだん》とは違う様子」であることを、良彦は特に「気味が悪く感じ」てはいない。よって、ウは適さない。

問六　いつもは物静かな「父が豹変《ひょうへん》したのは屋根の上にいる自分を見つけたときだけ」であり、そのときの「両眼《りょうめ》を剥《む》いて、凄《すさ》まじい声をあげている」「別人のような形相」は、「まるで近所の寺の門の前で、憤怒《ふんぬ》に燃えるまなこを爛々《らんらん》と光らせている青い肌《はだ》をした仁王像《におうぞう》のようだ」と比喩《ひゆ》的に表現されている。

問七　良彦は、老人に「んだども、面白がったべ」と言われて、「……んだ」「恐《おそ》ろしかったけれど。『面白がった』」という、「自分では理解できなかった胸の中のざわつきが、ようやく言葉になった」。物語の最後近くに、そのときのことを思い返している場面があるが、そこで「未知なるものは恐ろしいけれど、その実、それと同じくらい、惹《ひ》きつけられる」という良彦の気持ちが、言いかえられて説明されている。

問八　方言による老人との会話や父の「訛りが強く出た怒声」からは、それを聞いた時の主人公の心情が伝わってくる。また、物語は主人公からの視点で展開されている。よって、イが適する。物語では「登場人物それぞれの思いを強調」してはいない。よって、アは適さない。「会話文を多用すること」によって「時間の経過とともに深まっていく家族の関係」を表現しているわけではない。よって、ウは適さない。「色彩《しきさい》に関する表現」はあるが、それが「それぞれの場面の情景を鮮明《せんめい》に把握《はあく》」するために多用されているとはいえない。よって、エは適さない。

二　**問一a**　機関　ア．完成　イ．感覚　ウ．関西　エ．圧巻　オ．公民館

b　提唱　ア．消化　イ．歌唱　ウ．完勝　エ．承知　オ．省略

c　規制　ア．規格　イ．期　ウ．起源　エ．強記　オ．希少

d　安易　ア．意中　イ．以心　ウ．異議　エ．移植　オ．難易

e　風潮　ア．一朝　イ．長考　ウ．干潮　エ．絶好調　オ．丁重

問二A　「はたして～疑問です」という直前の問題提起に対して、「価値観の異なる～問題は生じません」と、後の文の内容を一部認めている。よって、オが適する。　**B**　「こうした場面では～よいでしょう」という前の文に対し、「世の中には、～場合があります」と後の文で反論している。よって、エが適する。

問三　「そんな」という指示語があるので、――①の前の段落を見ると、「世の中には、両立しない意見の中から、どうにかして一つに決めなければならない場合」があることが述べられている。「そんなとき」は、こうした「『人それぞれ』『みんなちがってみんないい』」というわけにはいかない場合を指している。

問四　――②の直後に、「なぜなら、～さまざまな意見の正しさに差がないとするなら、選択《せんたく》は力任せに行うしかないからです」「つまり、～多様性を尊重するどころか、異なる見解を、権力者の主観によって力任せに切り捨てることを正当化することにつながってしまうのです」とある。「みんなちがってみんないい」という相対主義では、「何が正しいかなんて誰《だれ》にも決められない」以上、「決定は正しさにもとづいてではなく、人それぞれの主観的な信念にもとづいて行うしかない。それに納得《なっとく》できない人とは話し合っても無駄《むだ》だから権力で強制するしかない」ということになる。それは権力者にとっては都合《つごう》がよく、権力を振りかざして自分の思い通りにふるまうことを正当化してしまう。よって、イが適する。相対主義は「権力者が社会の多様性を実現するために都合がいい」わけではなく、むしろ反対方向に働く。よって、アは適さない。「権力者が力任せに自分の考えを実行に移す」のであり、「権力を持たない人々の意見を、自分にメリットがあるように変える」わけではない。よって、ウは適さない。相対主義でなくても「自由に自身の意見を変える」ことは可能である。よって、エは適さない。

問五　「科学者たちは『客観的で正しい答え』を教えてくれそうに思え」るが、「科学者の中にも、さまざまな立場や説を取っている人」がおり、科学者は、「合意がなされていない」ことについては「『自分が正しいと考える答え』しか教えてくれない」。そのことを比喩的に表現しているのは、――③の６行後の「科学は一枚岩ではない」。

問六　問五の解説にあるように、科学者は、「合意がなされていない」ことについては「『自分が正しいと考える答え』しか教えてくれない」。また、「政府の立場と一致《いっち》する主張をしている科学者には研究予算を支給し、そうでない科学者には支給しない～政府の立場を補強するような研究ばかりが行われる」というような可能性もある、つまり、権力者に左右される可能性もあるのである。これらの内容を、字数や理由文末に注意してまとめる。

問七Ⅰ　「人それぞれ」という相対主義的な主張は、冒頭から５行目にあるように「多様な他者や他文化を尊重しようと思っている」ことから生まれている。　**Ⅱ**　「まあ、人それぞれだからね」という言葉は、「話し合った結果、『結局、わかりあえないな』と思ったとき」に、対話を終了させるために使う言葉であり、そうした「お決まりの簡便な一言」は、「相手と関わらないで済ますための最後通牒《つうちょう》」と言いかえられている。

問八　「原子力発電所の例」は、「両立しない意見の中から、どうにかして一つに決めなければならない場合」の例である。よって、アは適さない。「『原子力推進派』やトランプ大統領の例」は、合意が形成されていない問題について「たくさんの科学者の中から、自分の意見と一致する立場をとっている科学者だけを集め」て、自分の意見を科学的だと主張した例である。よって、イは適さない。「アインシュタインの例」については、「提唱されたのは一〇〇年前～現在の物理学～それについては合意がなされていません。合意がなされていないからこそ、研究が進められているのです」と述べている。よって、エは適さない。

《2023　算数　解説》

1　(1)　与式＝$(\frac{3}{2}+\frac{8}{3}+\frac{15}{4})\times\frac{24}{5}=(\frac{18}{12}+\frac{32}{12}+\frac{45}{12})\times\frac{24}{5}=\frac{95}{12}\times\frac{24}{5}=$**38**

(2)　与式＝$7-1.65\times\frac{2}{11}=7-0.3=$**6.7**

(3)　与式より，$(1.3+1.4-□)\times 11=\frac{77}{10}$　　$2.7-□=\frac{77}{10}\div 11$　　$□=2.7-\frac{7}{10}=2.7-0.7=$**2**

2　(1)　大きい方の整数の２倍は73＋15＝88だから，大きい方の整数は，88÷２＝**44**

(2)　みかんを３個多く買うと，代金の合計は1740＋60×３＝1920(円)となり，買ったりんごとみかんの個数が同じになる。このとき，りんごの代金の合計とみかんの代金の合計の比は100：60＝５：３だから，りんごの代金の合計は，$1920\times\frac{5}{5+3}=1200$(円)である。よって，買ったりんごの個数は，1200÷100＝**12**(個)

(3)　**【解き方】列車が橋を渡《わた》り始めてから渡り終わるまでに，列車は(列車の長さ)＋(橋の長さ)だけ進む(右図参照)。**

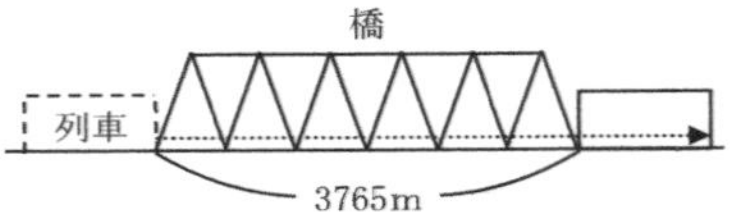

列車の速さは時速66㎞＝分速$\frac{66\times 1000}{60}$m＝分速1100mなので，

３分30秒＝3.5分で1100×3.5＝3850(m)進む。よって，列車の長さは，3850－3765＝**85**(m)

(4)　仕入れ値を100とすると，定価は100×(１＋0.4)＝140，定価の２割引は140×(１－0.2)＝112だから，このときの利益は112－100＝12で，これが300円にあたる。よって，仕入れ値は，$300\times\frac{100}{12}=$**2500**(円)

(5)　**【解き方】つるかめ算を用いて考える。**

製品を完成させるのに必要な仕事の量を，30と45の最小公倍数である90とすると，１分あたりの仕事の量は，Ａさんが90÷30＝３，Ｂさんが90÷45＝２となる。Ａさんが24分間１人で作業をすると，仕事の量の合計が３×24＝72となり，実際よりも90－72＝18少ない。Ａさん１人で作業をした１分間を２人で作業をすることに置きかえると，仕事の量は２多くなるから，２人で作業をした時間は，18÷２＝**9**(分)

(6)　**【解き方】兄の最初の所持金を２，弟の最初の所持金を③とする。**

プレゼントを買った後の所持金は，兄が$2\times(1-\frac{1}{2})=1$，弟が$③\times(1-\frac{1}{3})=②$となり，この比が２：１なのだから，１は②×２＝④にあたる。よって，兄の最初の所持金は④×２＝⑧と表せるから，⑧＋③＝⑪は7700円にあたる。プレゼントの値段は$⑧\times\frac{1}{2}+③\times\frac{1}{3}=⑤$だから，$7700\times\frac{⑤}{⑪}=$**3500**(円)

(7)　４人でリレーの順番を決めるとき，１走目の決め方は４通り，２走目の決め方は１走目以外の３通り，３走目の決め方は１，２走目以外の２通り，４走目の決め方は残りの１通りなので，順番の決め方は全部で，４×３×２×１＝**24**(通り)ある。

８人で大なわとびをするとき，なわを回す２人の選び方は，１人目の決め方が８通り，２人目の決め方が７通りあるので，全部で８×７＝56(通り)と考えると，１人目と２人目の順番は関係ない(Ａさん→Ｂさんの順で選ぶのと，Ｂさん→Ａさんの順で選ぶのは同じ)ので，２つずつ同じ組み合わせを数えていることになる。

よって，２人の選び方は全部で，56÷２＝**28**(通り)ある。

(8)　りんごが好きと答えた生徒と，みかんが好きと答えた生徒の合計は26＋35＝61(人)で，生徒は50人いるので，両方が好きと答えた生徒は，少なくとも61－50＝**11**(人)いる。

また，みかんが好きと答えた生徒と，りんごが好きではないと答えた生徒の合計は35＋(50－26)＝59(人)いるので，みかんは好きと答えたが，りんごは好きではないと答えた生徒は，少なくとも59－50＝**9**(人)いる。

(9)　折って重なる角の大きさは等しいので，角ＡＣＥ＝角(ア)＝35°，角ＡＥＤ＝角ＡＢＣ＝90°

平行線の錯角は等しいので，角ＣＡＤ＝角(ア)＝35°

三角形ＡＣＥの内角の和より，角(イ)＝180°－90°－35°－35°＝**20°**

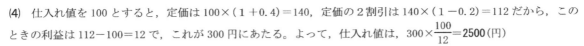

⑽　**【解き方】右のように作図し，太線部分を矢印の向きに移動させると，合同な正方形が 10 個できる。**

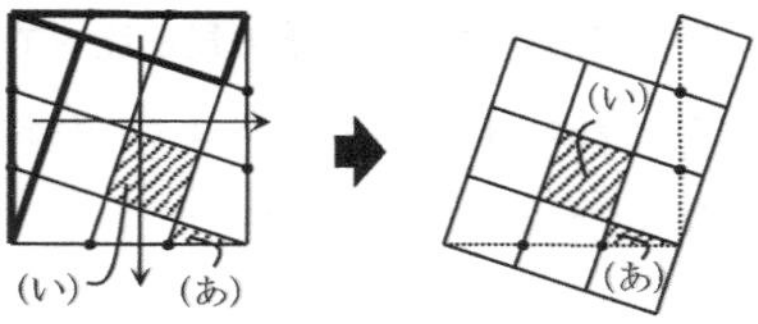

四角形ＡＢＣＤの面積は 18×18＝324(㎠)だから，

(い)の面積は，324÷10＝**32.4**(㎠)

太線で囲まれた三角形は，２つ合わせると面積が 32.4×３＝97.2(㎠)となるので，１つの面積は 97.2÷２＝48.6(㎠)

太線で囲まれた三角形と(あ)は同じ形で，辺の長さの比が３：１だから，面積の比は，(３×３)：(１×１)＝９：１

よって，(あ)の面積は，$48.6\times\frac{1}{9}$＝**5.4**(㎠)

3　⑴　２人が出発してから初めて出会うまでの９時６分－９時＝６分間で，２人は合わせて，池の周りを半周した。６分間で２人は合わせて(120＋80)×６＝1200(m)進むから，求める距離《きょり》は，1200×２＝**2400**(m)

⑵　２人が１回目に出会ってから２回目に出会うまでに，２人は合わせて 2400m(池１周)だけ進む。

よって，求める時刻は，９時６分から 2400÷(120＋80)＝12(分後)の，**９時 18 分**である。

⑶　**【解き方】２人が２回目に出会ってからは，弟が３分休けいしてから向きを変えて出発することに気をつける。**

２回目に出会ってから，弟が３分休けいしている間に兄は 120×３＝360(m)進む。

ここから，弟は時計回り(兄と同じ)に進むので，３回目に出会うのは，兄が弟より 2400－360＝2040(m)多く進んだときである。よって，２回目に出会ってから３＋2040÷(120－80)＝54(分後)に再び出会う。

３回目に出会ってから，弟は３分休けいし，反時計回りに進むので，４回目に出会うのは，兄と弟が合わせて 2040m 進んだときである。よって，３回目に出会ってから３＋2040÷(120＋80)＝13.2(分後)に再び出会う。

まとめると，出発から６＋12＋54＋13.2＝85.2(分後)で４回目に出会うのだから，求める距離は，120×85.2＝**10224**(m)

4　**【解き方】一番右の正三角形の数字は，上から１段目が１＝１×１，２段目が４＝２×２，３段目が９＝３×３，…となるので，Ｎ段目はＮ×Ｎと表せる。**

⑴　上から５段目の一番右の正三角形の数字は５×５＝25 だから，６段目の一番左の正三角形の数字は **26** である。

⑵　上から６段目の一番右の正三角形の数字は，６×６＝36 である。

各段にある正三角形の数は，１段目が１個で，２段目からは２個ずつ多くなるので，

６段目には１＋２×(６－１)＝11(個)の正三角形がある。

右の筆算を利用すると，求める数は，26＋27＋…＋36＝$\frac{62\times11}{2}$＝**341**

$$\begin{array}{r} 26+27+28+\cdots\cdots+36 \\ +)\ 36+35+34+\cdots\cdots+26 \\ \hline 62+62+62+\cdots\cdots+62 \end{array}$$

⑶　400＝20×20 だから，400 と書かれている正三角形は，上から **20** 段目の一番右にある。

⑷　44×44＝1936，45×45＝2025 より，上から 44 段目の一番右の正三角形の数字は 1936 だから，45 段目の一番左の正三角形の数字は 1937 である。2023－1937＋１＝87 より，2023 と書かれている正三角形は，上から **45** 段目の左から **87** 番目にある。

5　⑴　立方体を上から１段目，２段目，３段目，４段目に分け，それぞれを真上から見て，くりぬいた部分を斜線《しゃせん》で表すと，右のようになる。１辺１㎝の立方体(体積は１㎤)は，１段目と４段目に 14 個，２段目と３段目に９個あるので，求める体積は，(14＋９)×２＝**46**(㎤)

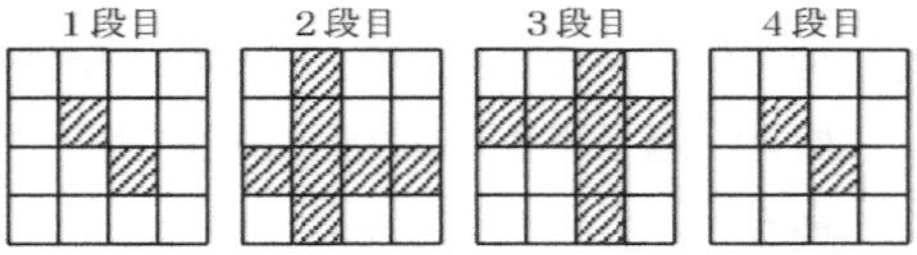

⑵　水そうの中の水の高さが２㎝のときは，⑴の図の３段目と４段目まで水がつかるから，水がつかった部分の立体の体積は，９＋14＝23(㎤)

立体を入れなかった場合，水そうの中の水の高さを２㎝にするには，水が６×６×２＝72(㎤)必要なので，

求める水の量は，72－23＝**49**(㎤)

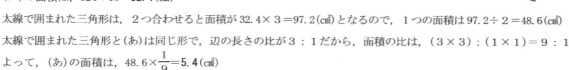

(3)　**【解き方】(2)の水の量と比べて考える。**

２分後は，19.1×２＝38.2(㎤)の水が入る。これは(2)の水の量より 49－38.2＝10.8(㎤)少ないので，水そうの中の水の高さは２㎝より低い。

水そうの中の水の高さが１㎝から２㎝のときは，立体の３段目が水につかり始めているところなので，

水面の面積は，６×６－９＝27(㎠)

よって，水そうの中の水の高さは，２㎝より 10.8÷27＝0.4(㎝)低い，２－0.4＝**1.6**(㎝)である。

これは１㎝から２㎝の間なので，条件に合う。

《2023　理科　解説》

1　**(問１)**　一様な針金の重さは針金の中心にかかるので，ばねばかりには，針金の中心にかかる重さの半分の重さがかかる。針金の中心には 100＋10＝110(ｇ)の重さがかかるので，ばねばかりは 110÷２＝55(ｇ)を指す。

(問２)　ばねばかりが 100ｇを指すとき，針金の中心にかかる重さは 100×２＝200(ｇ)である。針金の重さは 10ｇだから，おもりの重さは 200－10＝190(ｇ)となる。

(問３)　てこを回転させるはたらき〔重さ(ｇ)×支点からの距離(㎝)〕が時計回りと反時計回りで等しくなるときにつり合う。Ｂを支点として，おもりと針金の重さがてこを反時計回り回転させるはたらきは 100×15＋10×30＝1800 だから，ばねばかりがてこを時計回りに回転させるはたらきが 1800 になるときにつり合う。よって，ばねばかりは 1800÷60＝30(ｇ)を指す。

(問４)　④針金の重さがてこを反時計回りに回転させるはたらきは 10×30＝300，ばねばかりが 100ｇを指すとき，ばねばかりがてこを時計回りに回転させるはたらきは 100×60＝6000 だから，おもりがてこを反時計回りに回転させるはたらきは 6000－300＝5700 である。おもりの重さは 100ｇだから，支点(Ｂ)からの距離は 5700÷100＝57(㎝)であり，Ａからの距離は 60－57＝３(㎝)となる。　⑤(問３)解説より，おもりと針金の重さがてこを反時計回りに回転させるはたらきは 1800 だから，100ｇを指すばねばかりがてこを時計回りに回転させるはたらきも 1800 になる位置は，支点(Ｂ)から 1800÷100＝18(㎝)つまり，Ａから 60－18＝42(㎝)のところである。

(問５)　右側の半分のところで針金を折り曲げると，右側の針金の重さがかかる位置の支点からの距離が小さくなるため，てこを右にかたむけるはたらきが左に比べて小さくなる。よって，針金は左が下がる。

(問６)　図５のようにおもりをつるしたとき，支点からの距離の比はおもりの重さの比の逆比になるので，Ｘ：Ｙ＝70：30＝７：３となる。体積の等しいおもりを水面下にしずめたときにはたらく浮力《ふりょく》は等しいので，支点からの距離が大きい 30ｇのおもりの方が，てこをかたむけるはたらきの減り方が大きく，70ｇのおもりのある右が下がる。

2　**(問１)**　食塩水とホウ酸水は固体，炭酸水は気体がとけている。

(問４)　図１より，水の温度が 40℃のとき，もっとも水にとけやすいのは食塩だとわかる。

(問５)　④図１より，60℃のとき，ミョウバンは 100ｇの水に 60ｇまでとけることがわかる。〔濃《こ》さ(%)＝$\frac{\text{とけているものの重さ(g)}}{\text{水よう液の重さ(g)}}$×100〕より，ミョウバンのほう和水よう液の濃さは$\frac{60}{100+60}$×100＝37.5(%)となる。⑤水が 100ｇのときで考える。硝酸《しょうさん》カリウムのほう和水よう液 100＋64＝164(ｇ)を 20℃まで冷やすと 64－32＝32(ｇ)の結晶《けっしょう》がでてくるので，ほう和水よう液 328ｇでは，32×$\frac{328}{164}$＝64(ｇ)の結晶がでてくる。　⑥25ｇの硫酸銅の水和物には 16ｇの硫酸銅と９ｇの水が含《ふく》まれている。図１で，水の温度が 60℃のとき，水 100ｇに硫酸銅が約 40ｇまでとけることに着目すると，40ｇの硫酸銅は９×$\frac{40}{16}$＝22.5(ｇ)の水を取り込《こ》むから，100－22.5＝77.5(ｇ)

の水に，硫酸銅の水和物は $40+22.5=62.5$(g)までとけると考えることができる。よって，60℃の水 100 g に硫酸銅の水和物は最大 $62.5\times\frac{100}{77.5}=80.64\cdots\rightarrow80.6$ g とかすことができる。

3 **(問１)** ミツバチは背骨をもたない無セキツイ動物のなかまで，はねが４枚ある。

(問２) ミツバチなどのこん虫の６本のあしはすべて胸についている。

(問３) 図６の直進部分の角度は，重力と反対の方向から反時計回りに 135° だから，図５で太陽の方向から反時計回りに 135° の方向であるアが正答となる。

(問４) 太陽は 24 時間で 360° 動くので，３時間で $360\times\frac{3}{24}=45$(°)動いたオの方向にある。太陽の方向と花の方向が同じだから，ダンスの向きはアのようになる。

(問５) 図４より，花までの距離が近いほど，15 秒あたりの８の字ダンスの回数が多くなることがわかる。また，花までの距離が近いほど，ダンスの回数の差が大きくなるので，距離の情報がより詳《くわ》しく伝えられる。

(問６) １分→60 秒間で 20 回ということは 15 秒間で $20\times\frac{15}{60}=5$ (回) ８の字ダンスをするということだから，図４より，花までの距離は約 0.8 ㎞である。

4 **(問１)(問２)** 日中は太陽からの熱によって，海よりも陸の方があたたまりやすいので，陸の温度の方が高い。空気の温度が高い方が膨張《ぼうちょう》して軽くなるので，陸の上の空気が上昇《じょうしょう》し，そこに海からの空気が流れこむため，海から陸へ空気が移動する。

(問３)(問４) 太陽の光が当たる角度が 90 度に近い赤道付近では，太陽からの熱が伝わりやすく，太陽の光が当たる角度が小さい極付近では，太陽からの熱が伝わりにくいため，地球規模で大気の移動が起こる。

(問５) 上空から地表へ下降気流が生じているのは高気圧である。地球の自転の影響《えいきょう》で，北半球では上空から見て時計回りに空気が移動する。

(問６) 図より，低緯度《ていいど》帯と高緯度帯の地表付近では北から南，中緯度帯の地表付近では南から北へ大気が移動していることがわかる。このとき，地球の自転の影響を受けて少し右に曲がるように移動するので，エのようになる。

(問７) 中緯度帯に西から東にふく風を偏西風《へんせいふう》という。一方，低緯度帯に東から西にふく風を貿易風という。

《2023　社会　解説》

1 **問１**　ウ　　Ⅱ(青森県・ねぶた祭)→Ⅰ(秋田県・竿燈まつり)→Ⅲ(宮城県・七夕まつり)

問２　ウ　　南部鉄器は岩手県の伝統的工芸品である。岩手県には北緯 40 度線が通っている。この北緯 40 度線は，イタリア半島やイベリア半島を通っている。ⅣとＣがイギリス，ⅤとＡがイタリア，ⅥとＢがスペインである。

問３　エ　　本州四国連絡橋は，瀬戸内しまなみ海道(尾道－今治ルート)，瀬戸大橋(児島－坂出ルート)，明石海峡大橋・大鳴門橋(神戸－鳴門ルート)がある。

問４(1)　カ　　少なくとも吉野川と四万十川の位置は覚えておきたい。　**(2)**　ウ　　下線部④の川は四万十川である。四万十川には，沈下橋が多くつくられている。ⅧとＥは眼鏡橋(長崎県)，ⅨとＤは錦帯橋(山口県)の写真や説明である。

問５　エ　　三重県の志摩半島には，山地が沈降した谷の部分に海水が入りこんで，入り組んだ地形を形成するリアス海岸が見られる。リアス海岸は，若狭湾沿岸・三陸海岸・宇和海沿岸などに見られる。ⅶとⅹには砂浜海岸，ⅸには海岸段丘(海成段丘)が見られる。

問６　堺　　近畿地方の政令指定都市は，大阪市・堺市(大阪府)，京都市(京都府)，神戸市(兵庫県)の４つである。

問７　イ　　それぞれの地名の位置は右図を参照。端島は，軍艦島として知られている。

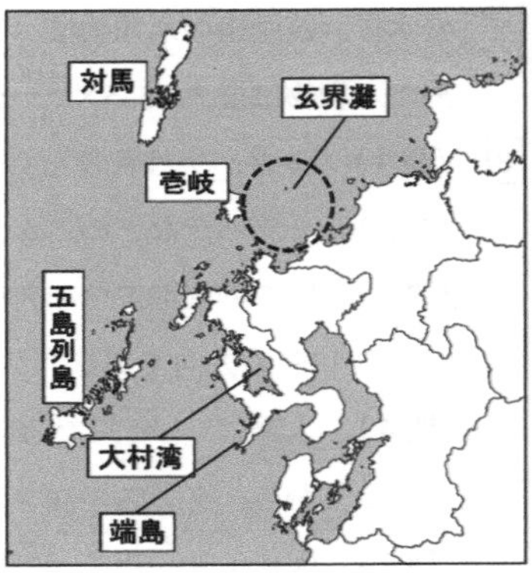

問８　カ　　オランダのロッテルダムには，ヨーロッパ最大の港であるユーロポートがあり，ライン川の分流の新マース川が注いでいる。ブリュッセルは，ベルギーの都市。アマゾン川は南アメリカ大陸を流れる河川。ガンジス川は，インド東部やバングラデシュを流れる河川である。

問９　カ　　J．肉用牛の飼育頭数は，北海道＞鹿児島県＞宮崎県の順である。K．近畿地方の米の産出額は，4549×0.26＝1182.74(億円)である。I．九州地方の野菜の産出額は，17422×0.249＝4338.078(億円)と5000億円を下回っている。また，トマトの収穫量が全国１位の県は，大分県ではなく熊本県である。L．東北地方の米の産出額は，14426×0.318＝4587.468(億円)と5000億円を下回っている。M．豚の飼育頭数は，鹿児島県＞宮崎県＞北海道の順である。N．キャベツの収穫量全国１位は群馬県や愛知県，レタスの収穫量全国１位は長野県である。

2　問１　オ　　資料中の「太閤」は藤原道長である。Ⅱ(９世紀末)→資料(11世紀前半)→Ⅰ(12世紀後半)

問２　オ　　日露戦争によって新たに南樺太が日本の領土となった。もともとの蛍の光の４番の歌詞は，「千島の奥も沖縄も　八洲の外の護りなり」であった。それが千島樺太交換条約・琉球処分の後には，「千島の奥も沖縄も八洲の内の護りなり」となり，日清戦争の後には，「千島の奥も台湾も」と変更されていた。

問３　エ　　Ⅰ．正しい。Ⅱ．調が課せられる17歳から65歳の男性は４人である。Ⅲ．702年に作成された戸籍をもとに６年ごとに戸籍が更新されるから，これは708年に更新されたものである。

問４　尾張　　尾張・紀伊・水戸を徳川御三家という。八代将軍徳川吉宗は紀伊徳川家，十五代将軍徳川慶喜は水戸徳川家から出ている。

問５　ア　　徳川家光の治世の頃に島原・天草一揆(1637年)が起き，その後ポルトガル船の来航が禁止され，オランダ商館が出島に移された。イは徳川秀忠，ウは徳川吉宗，エは徳川綱吉の治世であった。

問６　エ　　ア．３行目後半に「それまで演じてきたやさしい演目を忘れずに」とある。イ．４行目に「見る目が肥えていない観客にもすばらしいと思わせるような芸を演じる」とある。ウ．『風姿花伝』は世阿弥の記したものだから，文中の「父」は観阿弥である。下から２行目に「亡き父は，どんな田舎や山里のさびしいところであっても，その土地がらやその土地の人びとの好みに合わせて能を演じた」とある。

問７　水野忠邦　　水野忠邦は，天保の改革の中で，倹約令・人返し令・株仲間解散令・薪水給与令・上知令などを出した。

問８　ウ　　男子就学率の方が女子就学率より高かったことは覚えておきたい。ア・ウ．大日本帝国憲法が発布されたのは1889年のことであり，このときの就学率は50%を下回っている。イ・エ．日英同盟の締結は1902年であり，このときの就学率は８割をこえている。

問９　オ　　資料は，1918年の米騒動の内容である。女子英学塾の創設(1900年)→「君死にたまふこと勿れ」の発表(1904年)→米騒動(1918年)→初の女性議員の当選(1946年)　　ただし，1946年の選挙に市川房枝は立候補せず，彼女が当選したのは1953年のことであった。

問10　オ　　Ⅲ(満州事変・1931年)→Ⅰ(五・一五事件・1932年)→Ⅱ(ミッドウェー海戦・1942年)

問11　カ　　Eは東大寺の正倉院(８世紀)，Fは東大寺の南大門である。平安時代に倒壊した東大寺南大門は，12世紀初頭に重源らが再建した。

問12　エ　　12ページの２行目に「近代化の必要性から，節句の制度が廃止され，公式の祝日ではなくなりました」とある。

3　問１　公衆衛生　　社会保障の４つの柱は，社会福祉・社会保険・公衆衛生・公的扶助である。

問２　カ　　Ⅰ．Ａでは，阿賀野川流域で有機水銀を原因とする新潟水俣病が発生した。Ⅱ．正しい。Ⅲ．Ｃでは，水俣湾沿岸で有機水銀(メチル水銀)を原因とする水俣病が発生した。新潟県の新潟水俣病，三重県の四日市ぜんそく，熊本県の水俣病，富山県の神通川流域でカドミウムを原因として発生したイタイイタイ病を合わせて，四大公害病と呼ぶ。

問３　ウ　　Ⅰ．正しい。Ⅱ．クオータ制は，格差是正のために少数派(マイノリティ)に，一定の割り当てを行うポジティブアクションの一つ。職場や議員の少数派は女性だから，一定の割合を女性に割り当てる。Ⅲ．正しい。

問４　オ　　インダス川は，主にパキスタンを流れる河川である。世界遺産を担うのは，国連教育科学文化機関(ＵＮＥＳＣＯ)である。ＵＮＩＣＥＦは，国連児童基金の略称。百舌鳥・古市古墳群は，2019 年に世界文化遺産に登録された。

問５　ラムサール　　ラムサールは，会議の開かれたイランの都市名である。

問６　マイクロ　　プラスチックは水や紫外線により細かく粉砕されるが，完全に分解されることはなく，マイクロプラスチックは海洋汚染の原因の１つとして問題になっている。

問７　ア　　すべて正しい。法律案の議決について，衆議院で可決した法律案が，参議院で否決された場合，再び衆議院で出席議員の３分の２以上の賛成が得られれば法律となる。

問８　バイオエタノール　　バイオエタノールを燃焼させたときに発生する二酸化炭素は，とうもろこしやさとうきびが成長途中に吸収したものだから，二酸化炭素の総量は増えていないと考える。

2022 解答例 令和4年度　大阪桐蔭中学校

《国　語》

一　問一．Ⓧイ　Ⓨウ　問二．ウ　問三．イ　問四．エ　問五．ロ　問六．いまから勉強を始めて、保育園の先生になろうという考え。　問七．ウ　問八．エ

二　問一．a．イ　b．ウ　c．オ　d．ア　e．イ　問二．A．イ　B．ウ　問三．母系家族　問四．エ　問五．エ　問六．ア　問七．社会的地位の高い雌は娘を多く産み、社会的地位の低い雌は息子を多く産んでいる。　問八．イ

三　①困難　②欠　③検証　④定義　⑤実体　⑥視覚　⑦心臓　⑧観点
㋐ししつ　㋑そいん

《算　数》

1　(1)$6\frac{5}{6}$　(2)$\frac{4}{5}$　(3)2

2　(1)137　(2)700　(3)14　(4)1000　(5)76　(6)12　(7)き．10　く．17　(8)け．12.5　こ．11　(9)20　(10)し．339.12　す．386.22

3　(1)10，10　(2)15　(3)10，25

4　(1)37　(2)145　(3)210　(4)⑱，［ア］

5　(1)32　(2)20　(3)$10\frac{2}{3}$

《理　科》

1　(問1)ア　(問2)イ　(問3)イ　(問4)⑦d　⑧e　(問5)2.8　(問6)イ　(問7)ウ

2　(問1)①塩化水素　②水素　(問2)ウ，エ　(問3)ウ　(問4)X　(問5)⑤1.86　⑥1.5

3　(問1)ア　(問2)エ　(問3)酸素　(問4)オ　(問5)エ　(問6)陽生　(問7)ウ

4　(問1)ア　(問2)10　(問3)エ　(問4)示準　(問5)ア，オ　(問6)ア　(問7)ウ

《社　会》

1　問1．イ　問2．ラムサール　問3．(1)生野　(2)X．都市鉱山　Y．レアメタル　問4．ア　問5．ウ　問6．(1)天橋立　(2)エ　問7．ウ　問8．エ　問9．ア　問10．エ　問11．奈良(県)

2　問1．坂上田村麻呂　問2．ア　問3．イ　問4．祇園祭　問5．枕草子　問6．ア　問7．足軽　問8．ウ　問9．エ　問10．エ　問11．イ　問12．1945，8，9　問13．エ　問14．平将門　問15．関ヶ原　問16．ウ　問17．野口英世

3　問1．ヤルタ　問2．エ　問3．オ　問4．ア　問5．持続可能　問6．ア　問7．ア　問8．個人情報　問9．ロック　問10．エ　問11．ア

《2022　国語　解説》

一 問二　光枝は最初の方で「俊ちゃん、まだ小学六年生でしょう。こんなに早々と塾に行かせなきゃならないの」と言っている。つまり、俊介を塾に行かせたのは親の意向だと思っていた。しかし、これは俊介の方から言い出して始めたこと。菜月は、俊介が積極的に塾に通っていることをなんとかわかってもらおうと、これまでの経緯《けいい》を一つ一つ丁寧《ていねい》に話していった。しかし光枝はそんな話に興味を示さず、「子どもは遊ぶのが仕事なのだから塾なんて可哀《かわい》そうだ。小さい時に我慢《がまん》を強《し》いられた子どもは性格が歪《ゆが》み、ろくな大人にならない」と言い出した。よって、ウが適する。

問三　――①の１～４行後の光枝に対する発言と傍線部②の前後に着目する。――①の１～４行後の発言の内容は、イの「俊介が本気で頑張っている～許さない」と一致する。菜月は、これらの発言が光枝を怒らせたのを自覚しているが、それでも「自分の思いを、本心をきちんと伝えることができた」と、満足している。よって、イが適する。

問四　一心不乱とは、一つのことに集中して、他のことに気を取られないこと。続く２行がヒントになる。背中を丸めて問題を解いている俊介の姿を見た菜月は、集中して問題を解いていたので、二人の言い争う声が耳に入らなかったのだろうと思ってほっとしている。よって、エが適する。

問六　(中略)の前で、俊介に「お母さんのやりたいこと、なんかないの？」と聞かれた菜月は、「自分が夢を持つなんてことができるのだろうか」と思っていた。しかし、――③の２行前には、「春を迎えてからの一か月間、頑張る子どもたちを見ていると、自分もまだやれることがあるんじゃないかと思えてきた」とある。この「まだやれること」を具体的に述べた、直後の菜月の発言の内容からまとめる。

問七　俊介は、「お母さんさぁ、いまから夢を持てばいいじゃん」と言い、夢を持つことを勧《すす》めてくれた。また、菜月が口にした新しい夢を、俊介も美音も肯定《こうてい》的にとらえ、「いい」と言ってくれた。菜月は、自分に夢を持つことを勧め、その夢を応援してくれる俊介に感謝し、感動している。よって、ウが適する。

問八　光枝に歯向かうのは初めてだったという菜月だが、「自分の思いを、本心をきちんと伝えることができた」と、満足している。二人のやりとりを聞いていた俊介は、「いいじゃん。お母さんはまちがってなかったし」と言っていて、菜月の思いに理解を示した。この後、菜月は、俊介と二人で目を合わせて笑い、「心は晴れてすっきりしている」。よって、エが適する。

二 問一 a　要件　イ．所要　　b　服従　ウ．主従　　c　確保　オ．確認　　d　統計　ア．統治　　e　知見　イ．後見

問二 A　直前の「子供は母親と緊密《きんみつ》な関係を保ち、そのそばに寄り添《そ》って生活している～母親はそれらの子供をよく見守り～兄弟姉妹同士も互《たが》いに毛づくろいをし合う」などから、密接な関係を保っていると言える。

B　ここでは、下位の雌親《めすおや》の生殖《せいしょく》に対する悪影響《えいきょう》について、前の段落に書かれている内容と、この段落に書かれている内容を比べている。後者の方がより直接的で、前者の方が間接的である。

問四　――②をふくむ段落とその次の段落を参照。下位の雌が上位のサルに逆らうと、激しい攻撃《こうげき》を受ける。また、「口を上げて歯をむき出す行動」は、「下位の雌が上位の雌に対して示す服従の行動」であり、この行動をとる雌は肉体的な攻撃を受けない。よって、エが適する。

問五　次の段落の内容、特に最後の２文の内容より、エが適する。最後の１文の「注意を要する他家の娘《むすめ》」と、エの「社会的序列の安定を乱す可能性のある下位の雌」は同じ内容を指している。

問六　直前の３段落で、「娘を持つことで生じる『不利益』」が１つずつ説明されている。３つの不利益の内容について、過不足なく説明しているアが適する。イは、３つの不利益の内容が説明されているが、「さらに～できなくなる」の部分が誤り。

問七　前の４段落の内容、特に「このような下位の雌がより大きい繁殖《はんしょく》成績をおさめようと思えば、それは、娘より息子を産むように努力することである」、「社会的地位の高いアカゲザルの雌は、できれば息子より娘を多く産んだほうがいい、ということになる」よりまとめる。

問八　ア．後半部のようなことは言っておらず、適さない。　イ．最後の２段落の内容と一致し、適する。
ウ．雌は群れから出ないので、適さない。　エ．社会的地位の高いアカゲザルの雌が、群れの中での立場を安定させるために行うのは、他家の娘を抑《おさ》え込《こ》むことである。よって、適さない。

《2022　算数　解説》

1

(1)　与式$=7-(\frac{15}{4}-\frac{17}{6})\times\frac{2}{11}=7-(\frac{45}{12}-\frac{34}{12})\times\frac{2}{11}=7-\frac{11}{12}\times\frac{2}{11}=7-\frac{1}{6}=6\frac{5}{6}$

(2)　与式より，$(1\frac{10}{15}-1\frac{3}{15})\div\square=\frac{3}{4}-\frac{1}{6}$　　$\frac{7}{15}\div\square=\frac{7}{12}$　　$\square=\frac{7}{15}\div\frac{7}{12}=\frac{7}{15}\times\frac{12}{7}=\frac{4}{5}$

(3)　与式より，$(1.3+1.4-\square)\times17=\frac{119}{10}$　　$2.7-\square=\frac{119}{10}\div17$　　$2.7-\square=0.7$　　$\square=2.7-0.7=2$

2

(1)　**【解き方】４つの奇数の平均の536÷４＝134は，真ん中の２つの数の間の偶数である。**
真ん中の２つの数は133と135だから，一番大きい奇数は137である。

(2)　**【解き方】太郎さんと花子さんの所持金の合計は，850×２＝1700(円)**
３人の所持金の平均は，(1700＋400)÷３＝700(円)

(3)　**【解き方】つるかめ算を利用する。**
Bを30個買ったとすると，代金の合計は実際より，150×30－3800＝700(円)高くなる。B１個をA１個に置きかえるごとに代金の合計は150－100＝50(円)低くなるから，買ったAの個数は，700÷50＝14(個)

(4)　**【解き方】定価で売ると，200＋100＝300(円)の利益がある。**
仕入れ値は，$300\div\frac{3}{10}=1000$(円)

(5)　**【解き方】この数の列を次のように区切る。１｜１，２｜１，２，３｜１，２，３，４｜……**
それぞれの区切りを群と呼ぶ。左からｎ番目の群には，ｎ個の整数が１から順に並んでいる。
１回目に10が現れるのは10番目の群で，３回目に10が現れるのは12番目の群である。
12番目の群までにふくまれる数の個数は，$1+2+3+\cdots+12=\frac{(1+12)\times12}{2}=78$(個)
12番目の群の最後の方は，……10，11，12，となっているから，３回目の10は，78－２＝76(番目)の数である。

(6)　**【解き方】入場口１つの場合に，60分で行列がなくなったときまでに入場した人数の合計に注目する。**
入場口１つだと60分で600＋30×60＝2400(人)入場したから，１分ごとに2400÷60＝40(人)入場した。
したがって入場口を２つにすると，１分ごとに行列の人数は，40×２－30＝50(人)減る。
よって，600÷50＝12(分)で行列がなくなる。

(7)　**【解き方】右のような表にまとめる。㋓の人数の最少と最多を求めるが，**
㋓の人数は㋐の人数によって変化する。

		ピアノ教室		合計
		○	×	
学習塾	○	㋐	㋑	21
	×	㋒	㋓	17
合計		7	31	38

㋐は最少で０人であり，このとき㋒＝７－０＝７(人)だから，
㋓＝17－７＝10(人)
㋐は最多で７人であり，このとき㋒＝７－７＝０(人)だから，㋓＝17－０＝17(人)

よって，㊁は最少でき10人，最多でく17人である。

⑻　**【解き方】食塩水の問題は，うでの長さを濃度，おもりを食塩水の重さとしたてんびん図で考えて，うでの長さの比とおもりの重さの比がたがいに逆比になることを利用する。**

図①

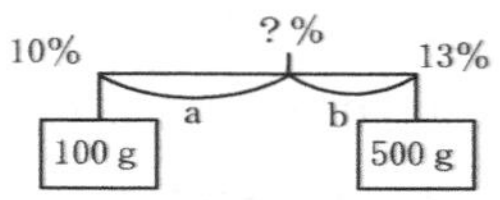

1回目の操作《そうさ》について，右図①のようなてんびん図がかける。

a ： bは，食塩水の量の比である100：500＝1 ： 5の逆比に等しくなるので，

a ： b＝5 ： 1となる。これより， b ：(a＋b)＝1 ： 6となるから，

b＝(13−10)×$\frac{1}{6}$＝0.5(%)なので，Bの食塩水の濃度は，13−0.5＝け12.5(%)

図②

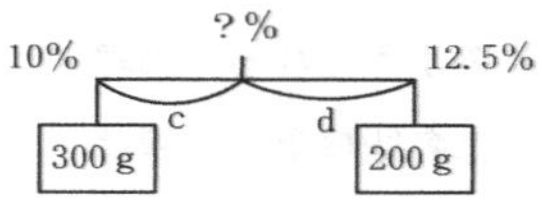

2回目の操作について，図②のようなてんびん図がかける。

c ： d＝200：300＝2 ： 3だから， c＝(12.5−10)×$\frac{2}{2+3}$＝1 (%)なので，

Aの食塩水の濃度は，10＋1＝こ11(%)

⑼　**【解き方】折り返したとき重なる角の大きさは等しいから，右のように作図できる。**

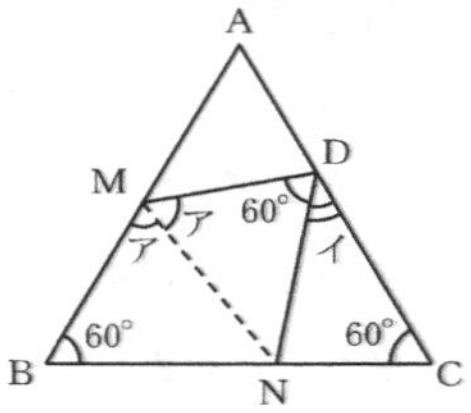

四角形MBCDの内角の和より，ア＋ア＋イ＋60°×3＝360°

ア＋100°＋180°＝360°　　ア＝360°−180°−100°＝80°　　イ＝100°−80°＝20°

⑽　**【解き方】図形①を回転させてできる立体をP，図形②を回転させてできる立体をQ，図形③を回転させてできる立体をRとする。RはPとQを重ねた右図のような立体である。**

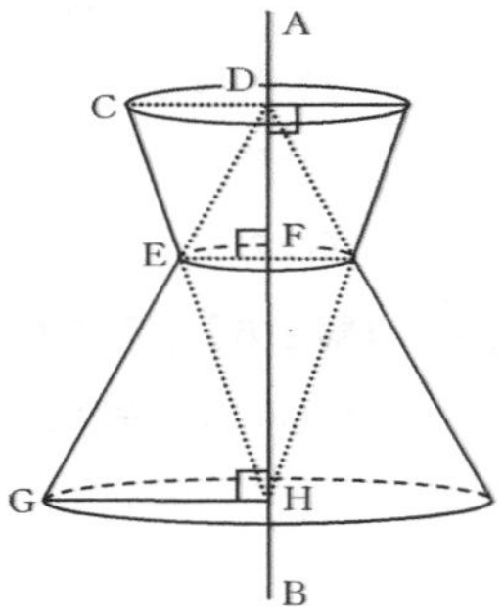

Pは底面の半径が6㎝，高さが9㎝の円すいだから，体積は，

6×6×3.14×9÷3＝108×3.14(㎤)＝し339.12(㎤)

Qは底面の半径が3㎝，高さが9㎝の円すいだから，体積は，

3×3×3.14×9÷3＝27×3.14(㎤)

RでPとQが重なっている部分は底面が合同な2つの円すいを合わせた立体だから，

その体積は，底面の半径がEF，高さがDHの円すいの体積と等しい。

三角形CDEと三角形HGEが同じ形だから，DE：GE＝CD：HG＝3 ： 6＝1 ： 2

三角形DEFと三角形DGHが同じ形で対応する辺の比がDE：DG＝1 ：(1＋2)＝1 ： 3だから，

EF＝GH×$\frac{1}{3}$＝2 (㎝)　　重なっている部分の体積は，2×2×3.14×9÷3＝12×3.14(㎤)

よって，Rの体積は，108×3.14＋27×3.14−12×3.14＝123×3.14＝す386.22(㎤)

3　**【解き方】問題を解きながら，⑶の解説にあるようなダイヤグラムをかいていく。**

⑴　特急はA駅‐C駅間に7時5分−5時50分＝75分かかるから，最初にC駅を出発するのは，

9時15分−75分＝8時0分である。したがって，特急の停車時間は，8時0分−7時5分＝55分である。

よって，特急が始発の次にA駅を出発するのは，9時15分＋55分＝10時10分

⑵　**【解き方】各駅停車も特急も，A駅‐B駅間にかかる時間とB駅‐C駅間にかかる時間の比は，距離の比と等しく2 ： 3である。**

特急はA駅‐B駅間に，75×$\frac{2}{2+3}$＝30(分)，B駅‐C駅間に75−30＝45(分)かかるから，B駅を2回目に通過するのは，8時0分＋45＝8時45分である。

特急が1回目にB駅を通過するのは5時50分＋30分＝6時20分で，各駅停車が1回目にB駅に着くのも同時刻だから，各駅停車がA駅‐B駅間にかかる時間は，6時20分−5時30分＝50分，B駅‐C駅間にかかる時間は，

$50\times\frac{3}{2}=75$ 分である。各駅停車が１回目にＢ駅に着いてから，２回目にＢ駅を出発するまでの時間は，

９時５分－６時 20 分＝165 分で，このうち移動時間が 75×２＝150(分)，停車回数が３回(Ｂ駅，Ｃ駅，Ｂ駅)だから，１回の停車時間は，(165－150)÷３＝５(分)

よって，各駅停車が２回目にＢ駅に着くのは９時５分－５分＝９時０分だから，求める時間は，

９時０分－８時 45 分＝15 分

⑶ **【解き方】ここまでの内容をダイヤグラムにすると，右のようになる。細線は各駅停車，太線は特急の運行の様子を表している。２つのグラフが交わるところが２つの電車が出会うことを表しているから，５つ目の〇のところ(図のＲ)の時刻を求めればよい。図形問題として解く。**

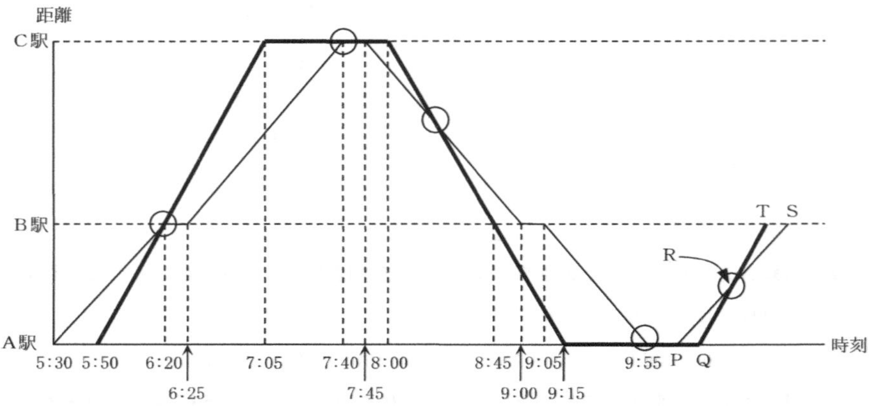

三角形ＰＱＲと三角形ＳＴＲは同じ形である。Ｐの時刻は 10:00，Ｑの時刻は 10:10 だから，ＰＱ＝10 分

Ｔの時刻は 10:40，Ｓの時刻は 10:50 だから，ＳＴ＝10 分　　ＰＱ＝ＳＴだから，三角形ＰＱＲと三角形ＳＴＲは合同なので，ＲはＱＴの真ん中の点である。よって，求める時刻は，10 時 10 分＋30 分÷２＝10 時 25 分

4 **【解き方】[ア]の段は１から３ずつ，[イ]の段は２から５ずつ，[ウ]の段は３から６ずつ増えている。また，ａからｂまで等間隔《とうかんかく》に並んでいるｎ個の数の和は，$\frac{(a+b)\times n}{2}$で求められることを利用する。**

⑴ [ア]の段にも[イ]の段にも現れる数は，７から 15(３と５の最小公倍数)増えるごとに現れる。

よって，小さい方から３番目は，７＋15×２＝37

⑵ [ア]の段の⑩列の数は，１＋３×(10－１)＝28 だから，求める和は，$\frac{(1+28)\times 10}{2}=145$

⑶ **【解き方】[イ]の段と[ウ]の段において，同じ列の数の差は，１，２，３，４，５，６，…と増えている。**

①列から⑳列までの各列の数の差をすべて足し合わせればいいので，求める数は，$\frac{(1+20)\times 20}{2}=210$

⑷ **【解き方】各列の３つの数の和は，①列が６で，それ以降は３＋５＋６＝14 ずつ増えていく。**

各列の３つの数の和は左から順に，６，20，34，48，…となる(この数の列を数列Ｐとする)。まず，これらの和が 2022 をこえるところは，およそ何番目まで足したときかのあたりをつける。

2022 の中に 14 がいくつあるかを調べると，2022÷14＝144 余り６より，144 個である。

数列Ｐの数には，左から順に 14 が，０個，１個，２個，３個，…とふくまれる(14 だけではなくすべての数に６もふくまれるが，だいたいのあたりをつけるだけなのでここでは６は考えない)。１から 10 までの整数の和は 55，１から 20 までの整数の和は，⑶より 210 だから，まず 15 番目を調べてみる(だいたいのあたりをつけて 15 番目なので，15 番目でなくてもかまわない)。

数列Ｐにおいて 15 番目の数は，６＋14×(15－１)＝202 だから，１番目から 15 番目までの数の和は，

$\frac{(6+202)\times 15}{2}=1560$ となる。これに 16 番目の数を足すと，1560＋(202＋14)＝1776，これに 17 番目の数を足すと，1776＋(216＋14)＝2006 となるから，2022 をこえるのは⑱列の数を足したときである。

[ア]段の⑱列の数は，１＋３×(18－１)＝52だから，2022をこえるのは⑱列の[ア]段目まで足したときである。

5 (1) 底面積が４×４＝16(㎠)，高さがＡＥ＝６㎝だから，体積は，16×６÷３＝32(㎤)

(2) **【解き方】２つの四角すいの辺が交わる点(右図のＩ，Ｊ)をとる。重なる部分は立体ＥＩＦ－ＨＪＧであり，これは底面が三角形ＥＩＦで高さがＥＨの三角柱を切断してできる立体である。三角柱を，底面と垂直な３本の辺を通るように切断してできる立体の体積は，(底面積)×(底面と垂直な辺の長さの平均)で求めることができる。**

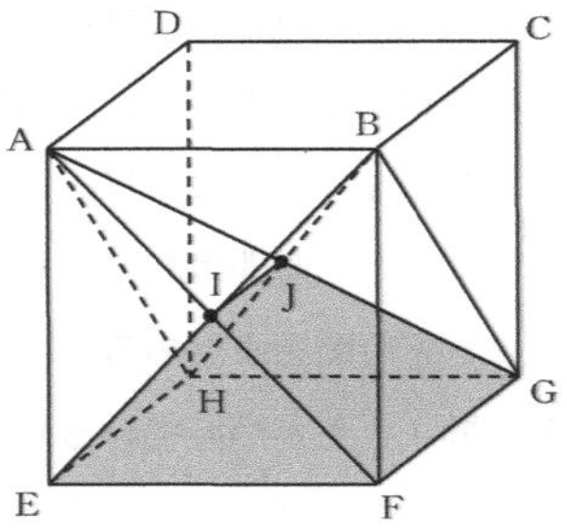

長方形(平行四辺形)は２本の対角線によって面積が４等分されるので，

三角形ＥＩＦの面積は，６×４÷４＝６(㎠)

立体ＥＩＦ－ＨＪＧの高さの平均は，$\frac{\text{EH}+\text{FG}+\text{IJ}}{3}$で求められる。

三角形ＡＩＪと三角形ＡＦＧは同じ形で対応する辺の比がＡＩ：ＡＦ＝１：２だから，ＩＪ＝ＦＧ×$\frac{1}{2}$＝２(㎝)

立体ＥＩＦ－ＨＪＧの高さの平均は，$\frac{4+4+2}{3}=\frac{10}{3}$(㎝)だから，この立体の体積は，６×$\frac{10}{3}$＝20(㎤)

(3) **【解き方】ＡＧとＰＥはどちらも平面ＡＥＧＣ上の直線なので，右図①のＫで交わる。重なる部分は四角すいＫ－ＥＦＧＨである。平面ＡＥＧＣ上で図②のように作図し，ＫＬの長さを求める。**

図①

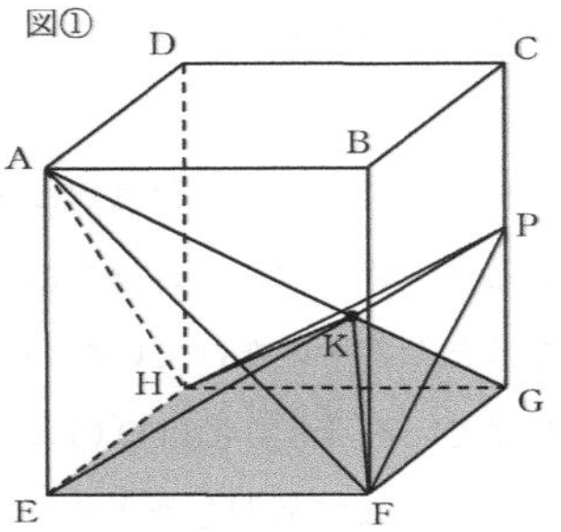

図②

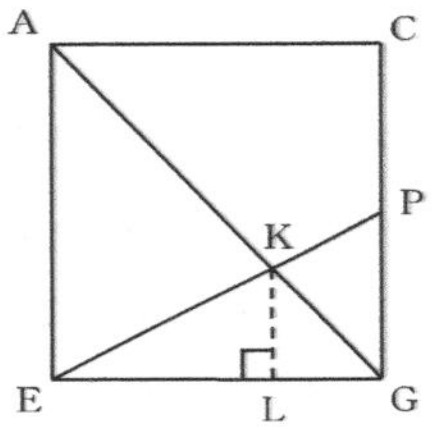

三角形ＡＥＫと三角形ＧＰＫは同じ形だから，

ＡＫ：ＧＫ＝ＡＥ：ＧＰ＝２：１

三角形ＡＥＧと三角形ＫＬＧは同じ形で，

対応する辺の比がＡＧ：ＫＧ＝(２＋１)：１＝３：１だから，ＫＬ＝ＡＥ×$\frac{1}{3}$＝２(㎝)

よって，四角すいＫ－ＥＦＧＨの体積は，(４×４)×２÷３＝$\frac{32}{3}=10\frac{2}{3}$(㎤)

《2022 理科 解説》

1 **問１** ふりこが１往復する時間は，糸の長さによってのみ変化する。

問２ おもりは手をはなした高さと同じ高さ(Ｄ)まで上がる。くぎの右側では，糸の長さはくぎからおもりまでの長さになり，くぎの左側と比べて短くなる。したがって，くぎをうつと，ＢＤ間を動くのにかかる時間が，ＡＢ間を動くのにかかる時間より短くなるので，１往復の時間も短くなる。

問３ おもりがＢに来たときに糸を切ると，おもりは一瞬《いっしゅん》水平方向(イ)に動き，その後重力によって左下に落ちていく。なお，ＡやＤでは一瞬静止するため，その瞬間に糸を切ると，重力のみがはたらいて真下に落ちる。

問４ おもりの重さと１往復の時間の関係が知りたいのだから，おもりの重さ以外の条件(ふれはばと糸の長さ)が同じｄとｅを比べればよい。

問５ 問１解説より，糸の長さと１往復の時間との関係に着目する。ａとｄ(またはｅ)を比べると，糸の長さが４倍になると，１往復の時間が２倍になるとわかる。よって，糸の長さが50㎝の４倍の200㎝のとき，１往復の時間は1.4秒の２倍の2.8秒である。

問6，7　図Ｉのように記号をおく。ａの１往復の時間は1.0秒だから，最初にＧまたはＧ′を通過するのは$1\times\frac{1}{4}=0.25$(秒後)であり，その後，左のふりこでは0.5秒ごとにＧを通過する。これに対し，右のふりこではＧ′→Ｉ→Ｇ′と移動するときに，糸の長さが25㎝の$\frac{1}{4}$のふりこになるので，かかる時間は左のふりこがＧ→Ｈ→Ｇと移動する時間の半分の0.25秒になり，Ｇ′→Ｆ′→Ｇ′にかかる時間は左のふりこと同じ0.5秒だから，最下点を通過するときの向きと時間をまとめると，表Ｉのようになる。

図Ｉ

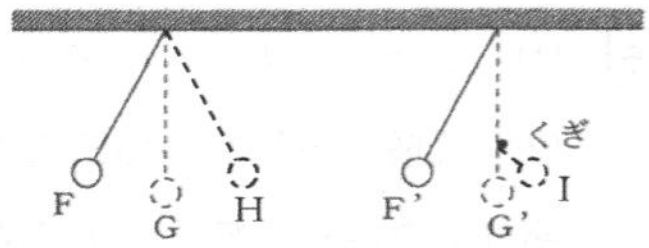

表Ｉ

G	
向き	時間(秒後)
→	0.25
←	0.75
→	1.25
←	1.75

G′	
向き	時間(秒後)
→	0.25
←	0.5
→	1.0
←	1.25

2 **問１**　色がついているＦが塩素である。Ｆ(塩素)以外でにおいがするＤとＥはアンモニアか塩化水素のどちらかであり，湿《しめ》った赤色リトマス紙が青色になったＤが，水にとけるとアルカリ性を示すアンモニアである(Ｅは塩化水素)。また，同じ体積で一番軽いＣが水素，石灰水に通すと白く濁《にご》ったＢが二酸化炭素，残りのＡが酸素とわかる。

問２　ウでは，卵の殻《から》の主成分の炭酸カルシウムと酸性の食酢《しょくす》が反応して二酸化炭素が発生する。エでは，化石燃料にふくまれる炭素が空気中の酸素と結びついて二酸化炭素が発生する。なお，アでは酸素，イでは水素が発生する。

問３　二酸化炭素は水に少しとけ，Ａ(酸素)は水にとけにくく，Ｄ(アンモニア)は水に非常にとけやすい。水にとけやすい気体が入っている試験管では，ゴム栓をはずすと気体が水にとけて，試験管内の気体が減るため，水をすいあげる。よって，水をほとんどすいあげていない「あ」にはＡ(酸素)，水を少しすいあげている「い」には二酸化炭素，水を多くすいあげている「う」にはＤ(アンモニア)が入っているとわかる。

問４　ドライアイスがなくなるまで放置したときの重さが，容器と二酸化炭素の重さとなるように，発生した(空気よりも重い)二酸化炭素が容器の下にたまっていって，容器内にあった空気を追い出せばよいから，容器の上の方に小さな穴を開ける。

問５　⑤容器内を水で満たした状態の重さは，容器と水の重さである。内容積が500㎤だから，入っている水の重さは500ｇであり，容器だけの重さは756.00－500＝256.00(ｇ)である。したがって，ドライアイスがなくなるまで放置した(容器内が二酸化炭素で満たされた)ときの重さより，二酸化炭素500㎤の重さは256.93－256.00＝0.93(ｇ)だから，１Ｌ→1000㎤の重さはその２倍の1.86ｇである。　⑥最初に重さをはかったときの容器内には空気が満たされているから，空気500㎤の重さは256.62－256.00＝0.62(ｇ)である。よって，同じ体積の気体の二酸化炭素の重さは空気の0.93÷0.62＝1.5(倍)である。

3 **問３**　光合成では，でんぷんなどの養分をつくるときに，酸素も発生する。

問４　陰生《いんせい》植物が生育可能なのは，二酸化炭素の吸収量が０より大きい，光の強さが１以上のときである。また，陰生植物の二酸化炭素の吸収量が陽生植物より大きい，光の強さが５以下のときに，陰生植物の方が有利に生育できる。

問５　陰生植物は，光の強さが３以上のとき二酸化炭素の吸収量が２だから，光の強さが10以上の８時～16時の酸素のはい出量は２となる。また，光の強さが０のときは二酸化炭素のはい出量は１だから，19時～４時の酸素の吸収量は１となる。

問６，７　里山の雑木林は，人が木を使うなどして管理していたため，全体に日光がよく当たる状態になっていたが，管理する人がいなくなると森林内が暗くなるため，光が弱くてもよく生育する陰生植物が多くなる。

4 **問１**　火成岩には，マグマが地下深くでゆっくりと冷え固まってできる深成岩と，マグマが地表付近で急に冷やされてできる火山岩がある。アは深成岩，イとウとエは火山岩である。なお，深成岩には他にハンレイ岩やセンリョク岩がある。

問2　Aの標高は200mだから，地下水が出た標高は200－30＝170(m)である。この地域の地層は南北方向に水平だから，Bで地下水が出る標高も170mと考えられる。Bの標高は180mだから，180－170＝10(m)ほると地下水が出ると考えられる。

問3　アンモナイトとシソチョウは中生代に生きていた。また，アは新生代，イとウは古生代に生きていた。

問4　限られた時代に広く栄えた生物の化石を示準化石といい，地層ができた時代の推測《すいそく》に役立つ。なお，限られた環境《かんきょう》で生息する生物の化石を示相化石といい，地層ができた当時の環境の推測に役立つ。

問6　地層はふつう，下にあるものほど古い時代に堆積《たいせき》したものである。また，川を流れてきた土砂は，粒《つぶ》が大きいものほど河口近くの浅い海に堆積する。ここでは，下から粘土《ねんど》(直径0.06mm以下)，砂(直径0.06mm～2mm)，小石(直径2mm以上)の順に堆積しているから，河口から遠くにあった地点が，海水面の低下により河口に近い地点になったと考えられる。

問7　東西方向には一定の傾《かたむ》きで傾いているので，BとCから傾きを調べる。BとCの砂の層は上下の層のならびから同じ地層と考えられる。標高が180mのBで，砂の層の上面は地表から5mにあるから，砂の層の上面の標高は180－5＝175(m)である。同じように求めると，Cの砂の層の上面の標高は190－20＝170(m)である。CはBとEのちょうど真ん中にあるから，Eで砂の層の上面は170mより5m低い165mにあると考えられる。よって，Eの標高は200mだから，砂の層の上面が地表から200－165＝35(m)にあるウが正しい。

《2022　社会　解説》

1　**問1**　イが正しい。大阪万博2025は，夢洲で開かれる。

問2　国際会議が開催された地名(イラン)から，ラムサール条約と呼ばれる。

問3(1)　③は兵庫県である。生野銀山(朝来市)では，安土桃山時代から明治時代まで採掘が続けられた。

問4　アが正しい。灘には多くの酒造業者があり，清酒生産量は日本一である。イは滋賀県の信楽焼，ウは京都府の西陣織，エは大阪府堺の打刃物。

問5　ウが正しい。④は三重県で，Dは伊勢神宮のある伊勢市である。アは四日市市，イは鈴鹿市，エは津市。

問6(1)　⑤は京都府である。日本三景は，天橋立(京都)・宮島(広島)・松島(宮城)である。砂州は，沿岸流によって堆積した砂礫が，湾の入り口をふさぐか潮の流れだけになった地形である。ふさがれていないと砂嘴と呼ばれる。

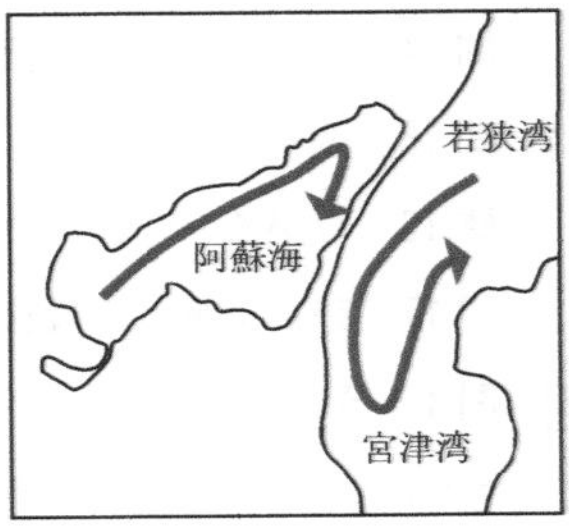

(2)　エが正しい。宮津湾は若狭湾と続く湾だから，潮の流れは右図のようになる。また，阿蘇海の流れは，西岸を河口にもつ野田川からの流れだから，右図のようになる。阿蘇海の南側は島ではないので，陸繋島にはならない。

問7　ウが正しい。2010年から2019年にかけて発電量が大幅に減っている部分を読み取って，ⅰを原子力と判断する。2011年の東日本大震災における福島第一原子力発電所の事故を受けて，全国の原子力発電所は稼働を停止し，厳しい基準をクリアした発電所だけが稼働を許されている。原子力発電による電力量の不足を補うために，天然ガス等による火力発電の割合が増えたから，ⅱを火力と判断する。

問8　エが正しい。東日本大震災以降，全国で津波に対する対応が協議されている。

問9　アが正しい。尾鷲市(s)は夏に降水量が多い太平洋側の気候のⅳ，姫路市(r)は一年を通して降水量が少ない瀬戸内の気候のⅴ，舞鶴市（ｔ）は，冬に降水量が多い日本海側の気候のⅵである。

問10　エが正しい。⑥は和歌山県だから，ミカン・ウメ・カキなどの果実の生産量が多い。アは②の滋賀県，イは③の兵庫県，ウは①の大阪府。

問11　内陸県である奈良県には大きな湖もないので海岸・湖岸線がない。

2　問1　征夷大将軍に任じられた坂上田村麻呂は，蝦夷の首長の一人であるアテルイを破ったことで知られる。

問2　アの螺鈿紫檀五弦琵琶が正しい。シルクロードと遣唐使によって日本に伝わった，聖武天皇が愛用した品々が正倉院におさめられている。イは弥生時代に奴国王に授けられたとする金印（発見は江戸時代），ウは市の聖とよばれた空也の像（平安時代），エは法隆寺にある玉虫厨子（飛鳥時代）である。

問3　イが正しい。日中戦争は1937年，関東大震災は1923年，米騒動は1918年，本土空襲開始は1944年。

問4　「山鉾巡行」「八坂神社」から祇園祭と判断する。

問5　国風文化を代表する作品として，清少納言の随筆『枕草子』，紫式部の長編小説『源氏物語』がある。

問6　アが誤り。「花の御所」は，足利義満が京都の室町に建てた邸宅である。北山に建てたのは鹿苑寺金閣。

問7　足軽は，「足軽くよく走る兵」を表した言葉である。

問8　ウが正しい。イ（1600年）→ア（1792年）→ウ（1837年）→エ（1853年）　ヤン・ヨーステンは，リーフデ号でウィリアム・アダムスとともに漂着したオランダ人である。モリソン号事件は，異国船打払令が出された後のことだから，細かい年号を覚えていなくても，ア→ウの順番は判断できる。

問9　エが正しい。風神雷神図の作者として，俵屋宗達・尾形光琳・酒井抱一の三人がいるが，寛永期（17世紀前半）とあることから，俵屋宗達と判断する。宗達の風神雷神図を模写した尾形光琳は元禄期の絵師である。また，酒井抱一は18世紀後半から19世紀の絵師である。

問10　エが正しい。ア．誤り。濠をめぐらしたのは弥生時代である。イ．誤り。防人は当初全国の農民に課せられ，その後は西国の農民に課せられるようになった。ウ．誤り。石塁は，宋ではなく元の襲来に備えてつくられた。

問11　イが正しい。ア．誤り。ザビエルは，カトリックのイエズス会の宣教師である。ウ．誤り。禁教令は，島原の乱（1637年）以前の1612年に出された。エ．誤り。五榜の掲示では，キリスト教を邪宗門として禁止していた。

問12　広島に1945年8月6日，長崎に1945年8月9日に原爆が投下された。

問13　エが誤り。三毛作ではなく，稲と麦の二毛作が広まった。

問14　新皇から，平将門と判断する。同じころに瀬戸内海で反乱を起こした藤原純友と合わせて覚えておきたい。

問15　関ヶ原は，現在の岐阜県にある。

問16　ウが誤り。江戸幕府8代将軍は徳川吉宗である。ウは松平定信が寛政の改革の中で行った寛政異学の禁。

問17　野口英世は，現在の千円札（Ｅ券）の肖像に使われている。

3　問1　ヤルタは，ウクライナのクリミア半島にある地名である。アメリカのＦ・ルーズベルト，イギリスのチャーチル，ソ連のスターリンによる会談であった。

問2　エの日本が誤り。敗戦国である日本は，国際連合の発足時には加盟すらできていなかった。

問3　オが正しい。国際連合の常任理事国（アメリカ・イギリス・フランス・ソ連（現ロシア）・中国）には，拒否権があったので，日本が西側諸国に組み込まれるのを良しとしないソ連は，日本の国連加盟に反対していた。1956年に日ソ共同宣言に署名し，国交が回復したことで，日本の国連加盟が実現した。池田勇人は「所得倍増計画」を唱えた首相，吉田茂はサンフランシスコ平和条約と日米安全保障条約に調印した首相である。

問4　アが誤り。平和維持活動（ＰＫＯ）として，自衛隊派遣が初めて行われたのはカンボジアである。

問5　国連環境開発会議は,「地球サミット」「リオサミット」などとも呼ばれる。持続可能な開発を続けるために,「アジェンダ21」が採択された。

問6　アが正しい。イ，ウ，エはいずれも内閣の権限である。

問7　アが正しい。日本国憲法第９条の重要単語は必ず覚えておきたい。

問8　プライバシーの権利を守るための「個人情報保護法」，知る権利を守るための「情報公開法」を覚えておく。

問9　『市民政府二論』からロックと判断する。思想家として,『社会契約論』のルソー,『法の精神』のモンテスキューと合わせて覚えておきたい。

問10　エが直接税である。直接税とは，税金を納める人物と負担する人物が同じ税である。ガソリン税・酒税・消費税は，税金を納める人物と負担する人物が異なる間接税である。

問11　アが正しい。渋沢栄一は，明治時代の実業家。杉原千畝は，第二次世界大戦時のリトアニアで，多くのユダヤ人の脱出を手助けした外交官。新渡戸稲造は，国際連盟発足時の事務次長を務めた人物。

2021 解答例 令和３年度　大阪桐蔭中学校

《国　語》

一　問一．Ⓧウ　Ⓨウ　　問二．エ　　問三．お母さんが行李の中へ健の着がえも一緒に詰めこむかどうかを確かめたかったから。　　問四．ア　　問五．イ　　問六．ウ　　問七．イ　　問八．エ

二　問一．a．ア　b．イ　c．エ　d．ア　e．エ　　問二．A．エ　B．ウ　　問三．エ　　問四．イ
問五．生活共同体（コミュニティ）の崩壊　　問六．高度経済成長期　　問七．子どもが直接的に他者と、とりわけ大人と交流することが極端に少なくなったこと。　　問八．ウ

三　①新幹線　②評価　③拡大　④否定　⑤野菜　⑥肥料　⑦効率　⑧均一
㋐てしお　㋑さい

《算　数》

1　(1)$\frac{2}{7}$　(2)1　(3)18700

2　(1)162　(2)300　(3)4　(4)155　(5)50　(6)か．1800　き．150　(7)く．41　け．2460
(8)こ．40　さ．60　(9)24　(10)141.3

3　(1)2　(2)32　(3)38

4　(1)100　(2)58　(3)338

5　(1)3600　(2)48000　(3)12000

《理　科》

1　(問１)イ　(問２)ア　(問３)イ　(問４)⑤31.8　⑥30　(問５)31.5　(問６)イ

2　(問１)塩化水素　(問２)エ　(問３)②2.42　③44　④1.28　(問４)ウ　(問５)ア

3　(問１)ア　(問２)維管束　(問３)エ　(問４)エ　(問５)17　(問６)ア

4　(問１)7.3　(問２)77　(問３)ア　(問４)6　(問５)④1.4　⑤10.6　(問６)イ

《社　会》

1　Ⅰ．問１．エ　問２．水屋　問３．(1)エ　(2)台風　問４．エ　問５．(1)ア　(2)チセ　問６．ア
問７．がっしょう　Ⅱ．問１．(1)キ　(2)ＡＳＥＡＮ　問２．ア　問３．ウ　問４．ア　問５．ゲル　問６．ウ

2　問１．エ　問２．モース　問３．イ　問４．富本　問５．太政大臣　問６．ウ　問７．ア
問８．惣〔別解〕惣村　問９．イ　問10．ウ　問11．田沼意次　問12．ウ　問13．イ→ウ→ア
問14．前島密　問15．イ　問16．開拓使　問17．ウ

3　問１．ＯＥＣＤ　問２．エ　問３．イ　問４．ウ　問５．(1)イ　(2)イ　問６．(1)田中角栄　(2)ア
問７．長野　問８．ア　問９．パリ協定

2021 解説
令和３年度

大阪桐蔭中学校

←解答例は前のページにありますので，そちらをご覧ください。

―《2021　国語　解説》

一
問一Ｘ　匙《さじ》を投げるとは、薬を調合するさじを投げ出す意から、医者がこれ以上治療《ちりょう》法がないとして、病人を見放す。また、救済や解決の見こみがないとして、手を引くこと。よって、ウが適する。　**Ｙ**　時を得るとは、良い時機にめぐりあって栄える、時機をうまくとらえて利用すること。よって、ウが適する。

問二　健が手のかかる年ごろであることや、「お祭りに行ったときも、学校の運動会のときも、いっしょにつれて行ってくれた。それなのに神戸へはどうしてもつれて行ってくれない。この前のときも、そしてまた、こんども」から事情が推測できる。よって、エが適する。

問三　健はまず、お母さんが「行李《こうり》の中へは克《かつ》ちゃんの洋服と着物と、それからお母さんの着物や羽織《はおり》や、新しい毛糸の束などをたくさんつめこんで蓋《ふた》をしてしまった」のを見た。「そして、健の着替えの洋服やエプロンは別の風呂敷《ふろしき》に包《つつ》んだ」のを見ると、「またもとのすねた顔にもどり、くるりと背をむけて、うつむいてしまった」。つまり、神戸に行く克子と母の荷物と自分の荷物を別々につめたのを見て、自分はやはり神戸につれていってもらえないと知ったのである。

問四　少し前の「大きい鼻がひろがって、頬《ほお》をゆるめて笑うと頬《ほ》っぺたの垂れさがった、丸い顔が大きくなった」あたりからは、お母さんの優しい口調や態度にのせられて、明らかに気分がよくなっている。だから、「思わず不覚をとった健は、あわてて地だんだをふみ」、――③のようなことをおこなった。よって、アが適する。イ～エに「子どもだましのようなお母さんのたくらみ」「ひきょうな手」「はかりごと」などとあるが、母の行為自体に対する、このような非難や反感の気持ちはない。

問五　少し前に「健は力いっぱいの大声で泣き出し、縁からころげ落ちそうにしてすべりおり、はだしでかけだした」とある。必死にお母さんを追いかけてきた健だったが、お母さんが自分を待っていたことを知ると安心し、またすねてしまった。かんたんには神戸行きをあきらめそうにない健のようすを見たお母さんが、どんなことを「あきらめたような顔をし」たのか考える。

問六　村の人たちのほめことばは、克子は目が見えていないという現実から目をそらし、当たり障《さわ》りのない言い方をしたもの。そうしたことばは、克子の母親からみれば、逆に過酷《かこく》な現実をつきつけられているようでつらかった。よって、ウが適する。

問七　６行前にある「四、五年待ったうえで」というのは、「四、五年待ったうえで、（また診断《しんだん》しましょう）」という意味で、実質的には治療をあきらめている。そんな中、神戸の医者は、克子の目が動くのを「どうにかしてものを見ようとする視神経のけんめいな努力の現われ方」だと説明し、目がよくなる可能性にかけて、できるだけ早く手術をするように勧めてくれた。――⑤でつらい思いをし、それでもあきらめきれずに正月休みにあちこちの目医者をまわって診てもらったお母さんに、初めて希望の光が見えたのだ。よって、イが適する。

問八　少し前の「しかし、どうしてもしなければならない。お母さんは、視神経の努力という言葉が忘れられず」からは、手術に向けたお母さんの強い意志と意欲が感じられる。また、うれしくて声をあげて泣いたあとの、「しかし、その場で手術が受けられるほど裕福《ゆうふく》でないお母さんは、一たんは思いあきらめて帰らねばならなった。ちょうど寒いさかりで、毛糸編物屋のお母さんには仕事がたくさんつかえているし、それをほっぽり出すわけにもいかない」などからは、すぐにでも手術をしたいが、いまや暮らしを支えている毛糸編物屋の仕事を、稼ぎ時にほっぽり出すわけにはいかないという思いが読み取れる。よって、エが適する。

□二 **問一** a 容易 ア．容姿 イ．養分 ウ．洋風 エ．陽光 オ．副作用 b 乳幼児 ア．意地 イ．児童 ウ．指示 エ．自信 オ．辞退 c 構造 ア．増減 イ．貯蔵庫 ウ．映像 エ．創造 オ．臓器 d 状態 ア．態度 イ．大河 ウ．身体 エ．帯同 オ．対人 e 警告 ア．敬礼 イ．模型 ウ．軽快 エ．警笛 オ．神経

問二 A 前で述べている事柄、特に前の文を理由として「家庭と地域と学校の変化が社会化に与える影響は大きいが」と述べているから、エの「それゆえ」が適する。 B 前の文のように述べた、あるいは断定した理由をあとで述べているから、ウの「なぜなら」が適する。

問三 2段落後に「どこにも自動販売機《はんばいき》や自動券売機が配備され、人の姿が見えなくなり、人と直《じか》に接触《せっしょく》する機会が急速に減ってきている」「家庭生活の中をみても～電化製品やＩＴ機器がところ狭《せま》しと置かれている」とある。このあと、そのために起きる、子どもや若者たちの心象風景の無機質化、無人化についてふれ、「子どもや若者たちの心の風景がこのような特性を帯びているとすれば、自分から進んで、生きた生身の人間(他者)に近づいて行き、行動をともにするという選択《せんたく》をすることはきわめて乏《とぼ》しくなるであろうことは容易に推測できる」としている。よって、エが適する。

問四 次の段落に「家族構成がこのように変化したということは、家庭内での人間関係の絶対量が少なくなり、人間関係に多様性が乏しくなった分、質的にも大きく変化したということである。こうして、ヒトの子の社会化にとって最も重要な『他者の取り込み』を可能にする、多様な他者との相互行為《そうごこうい》が著しく損なわれることになった」とある。これはつまり、家庭内での人間関係の量や多様性が減少し、子どもの社会化に大きな影響が出ているということ。よって、イが適する。

問五 問四の正答である選択肢《し》イの原因となった、家庭における「家族構成の変化」に当たるのは、地域においては、「生活共同体(コミュニティ)の崩壊」である。

問六 日本の一世帯当たりの平均人数は、高度成長の加速する一九六〇年頃から著しく減り、今は三人以下である。また、「生活共同体(コミュニティ)の崩壊」は、経済の高度成長につながった「産業構造の変化による」、「農村部から都市部への大量の人口移動」によって起きたものである。

問七 「モノ環境」について述べた最後の部分で、「自分から進んで、生きた生身の人間(他者)に近づいて行き、その人と交流し、行動をともにするという選択をすることはきわめて乏しくなるであろうことは容易に予測できる」と述べている。「ひと環境」については、問四の選択肢イや――線③のようなことを言っている。

問八 ア．一世帯当たりの人数が減少したことで、人間関係の多様性が乏しくなり、子どもの社会化を促す、多様な他者との相互行為が著しく損なわれたとあるので、誤り。 イ．心象風景の無機質化、無人化が進み、生身の人間(他者)との交流に消極的になったとあるので、誤り。 ウ．――③の前の段落に「そこ(＝都市部)に新しいコミュニティが生まれることはなかった」とあるので、適する。 エ．本文では現状について述べているが、それを「改善する具体案」は提言していないので、誤り。

《2021　算数　解説》

1 (1) 与式$=(\frac{3}{8}\times\frac{10}{7}-\frac{1}{4})\times\frac{10}{3}-\frac{2}{3}=(\frac{15}{28}-\frac{7}{28})\times\frac{10}{3}-\frac{2}{3}=\frac{8}{28}\times\frac{10}{3}-\frac{2}{3}=\frac{20}{21}-\frac{14}{21}=\frac{6}{21}=\frac{2}{7}$

(2) 与式より，$3\frac{1}{3}-(4-□)=\frac{2}{9}\times\frac{3}{2}$　　$4-□=3\frac{1}{3}-\frac{1}{3}$　　$4-□=3$　　$□=4-3=1$

(3) 与式＝187×38＋187×２×61－187×４×15＝187×(38＋122－60)＝187×100＝18700

2 (1) **【解き方】(身長の平均)×(人数)＝(身長の合計)を考える。**

１番高い身長の人をのぞいた４人の身長の合計は，150×４＝600(cm)で，５人の身長の合計は 152.4×５＝762(cm)だから，１番高い人の身長は，762－600＝162(cm)

(2) **【解き方】食塩水の問題は，うでの長さを濃度《のうど》，おもりを食塩水の重さとしたてんびん図で考えて，うでの長さの比とおもりの重さの比がたがいに逆比になることを利用する。**

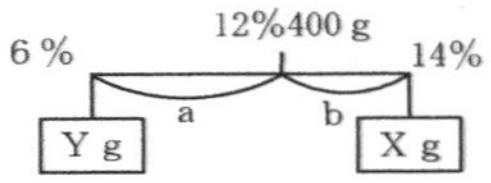

右の天びん図で，ａ：ｂ＝(12－６)：(14－12)＝６：２＝３：１だから，

Ｙ：Ｘ＝１：３になる。Ｙ＋Ｘ＝400ｇだから，い＝Ｘ＝400×$\frac{3}{1+3}$＝300(ｇ)

(3) **【解き方】３つの比を考えるが，値《あたい》が小さい整数であることから，それぞれをしぼることができる。**

自転車とバスの両方を使っているＡ組の人数を③，Ｂ組の人数を①とする。バスのみを使っているＡ組の人数を[5]，Ｂ組の人数を[2]とする。どちらも使っていないＡ組の人数を❶，Ｂ組の人数を❸とする。

Ａ組について，③＋[5]＋❶＝36－22＝14(人)…㋐　　Ｂ組について，①＋[2]＋❸＝30－22＝８(人)…㋑

㋑×３をすると，③＋[6]＋❾＝８×３＝24(人)…㋒　　㋒－㋐より，([6]＋❾)－([5]＋❶)＝[1]＋❽が 24－14＝10(人)にあたる。❽は 10 以下の整数で８の倍数になるから，❽＝８人に決まるので，[1]＝10－８＝２(人)

よって，Ｂ組でバスのみを使っている生徒の人数は，[2]＝２×２＝４(人)

(4) **【解き方】短針は１分間に 0.5°，長針は１分間に６°進むから，１分あたりに針が進む角度の差は，６°－0.5°＝5.5°である。**

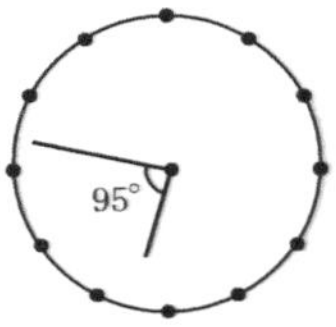

右図の状態から，１分であたり 5.5°の割合で角度が開いていくから，20 分で，5.5°×20＝110°の差になる。短針と長針の差は，95°＋110°＝205°になるから，180°より小さい角度で表すと，360°－205°＝155°

(5) **【解き方】水と原液の比が３：１になったときに注目する。**

水と原液の比が３：１になったのは，ジュースが 200－50＋10＝160(mL)になったときである。この中に入っている原液の量は 160×$\frac{1}{3+1}$＝40(mL)だから，原液を 10mL 足す前は 40－10＝30(mL)の原液が入っていた。飲む前のジュースに入っていた原液の量は，30×$\frac{200}{150}$＝40(mL)だから，残っている原液は，100－40－10＝50(mL)

(6) **【解き方】兄と弟の所持金を，ペンとノートの値段を使って表す。**

ペンとノートの値段の比は５：４だから，ペンの１本の値段を⑤円，ノート１冊の値段を④円とする。

兄が使ったお金は，⑤×５＋④×８＝○57(円)だから，兄の初めの所持金は，○57＋60＋30＝○57＋90(円)

弟が使ったお金は，⑤×３＋④×９＝○51(円)だから，弟の初めの所持金は，○51－30(円)

初めの兄と弟の所持金の比は６：５だから，比の数の差の１は，(○57－○51)＋(90＋30)＝⑥＋120(円)にあたる。

初めの兄の所持金は，(⑥＋120)×６＝㊱＋720(円)とも表せるので，○57＋90(円)と㊱＋720(円)は同じ値である。

したがって，○57－㊱＝㉑が 720－90＝630(円)にあたるから，①＝630÷21＝30(円)

よって，初めの兄の所持金は，30×36＋720＝か 1800(円)，ペンの値段は，30×５＝き 150(円)

(7) **【解き方】ａからｂまで等間隔《とうかんかく》で並ぶｎ個の数の和は，(ａ＋ｂ)×ｎ÷２で求めることができる。**

１～100 までに２の倍数は 100÷２＝50(個)あり，19÷２＝９余り１より，１～19 までに２の倍数は９個あるか

ら，20～100までに2の倍数は，50－9＝く41(個)ある。その和は，(20＋100)×41÷2＝け2460

⑻　**【解き方】まず，B組の人数は，A組とB組の平均点から求める。次にA組の情報から合格最低点を求める。**

B組については，右図のような縦を平均点，横を人数とした面積図で考えると，色をつけた長方形と斜線をつけた長方形の面積が等しくなる。

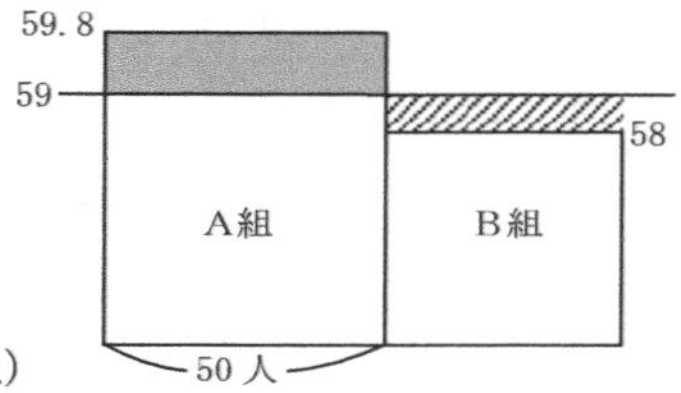

2つの長方形の縦の長さの比は(59.8－59)：(59－58)＝0.8：1＝4：5だから，横の長さの比は5：4になるので，B組の人数は，$50\times\frac{4}{5}$＝こ40(人)

A組50人の平均点が59.8点だから，A組の得点の合計は，59.8×50＝2990(点)

A組の合格者の平均点は合格最低点より9点高く，A組の不合格者の平均点は合格最低点より14点低いのだから，A組の合格者の平均点は，A組の不合格者の平均点より，9＋14＝23(点)高い。A組の合格者数は50×0.60＝30(人)であり，この30人の得点を23点ずつ下げるとA組の合計点は2990－23×30＝2300(点)となるから，A組の不合格者の平均点は，2300÷50＝46(点)　　合格最低点は，46＋14＝さ60(点)

⑼　**【解き方】側面上を通る糸が最も短くなるとき，糸の長さは側面の展開図上でまっすぐ引いた線の長さになる。また，円すいの展開図において，側面のおうぎ形の中心角の大きさは，$360°\times\frac{(底面の半径)}{(母線の長さ)}$で求めることができる。**

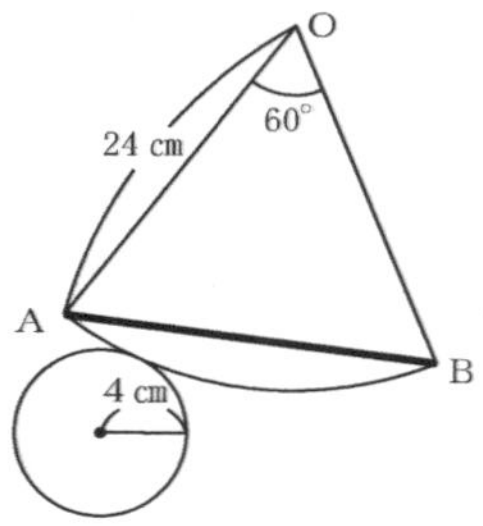

展開図において，側面のおうぎ形の中心角の大きさは，$360°\times\frac{4}{24}=60°$ だから，展開図は右のようになる。求める長さは，右図のABの長さである。

三角形OABは，OA＝OB，角AOB＝60°の二等辺三角形，つまり，正三角形になるから，求める長さは，AB＝OA＝24 cm

⑽　**【解き方】A，D，Cが一直線になっていないので，上の部分と下の部分に分けて考える。**

図1

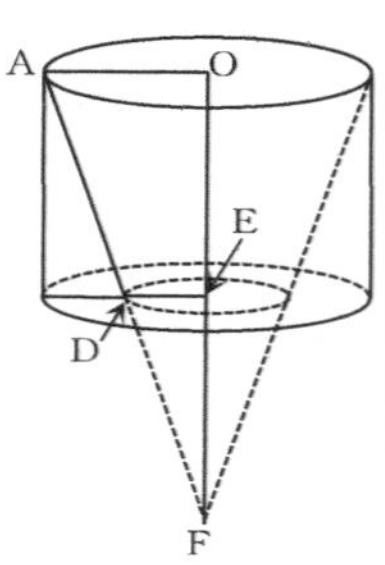

図2

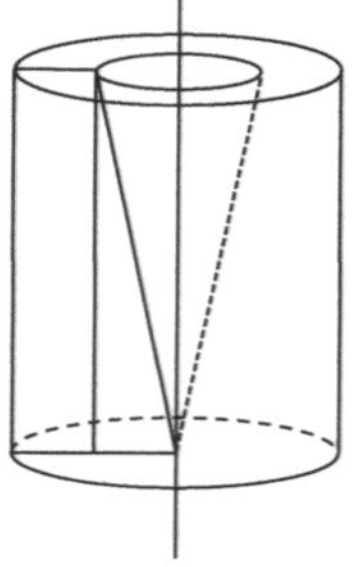

図1において，三角形AFOと三角形DFEは，同じ形の三角形で，

AO：DE＝(1＋1)：1＝2：1だから，OF：OEも2：1である。

EはOFの真ん中の点になるから，OF＝5×2＝10(cm)

図1の立体の体積は，$(2\times2\times3.14)\times5-(2\times2\times3.14)\times10\times\frac{1}{3}+(1\times1\times3.14)\times5\times\frac{1}{3}=3.14\times5\times(4-\frac{8}{3}+\frac{1}{3})=3.14\times5\times\frac{5}{3}=\frac{25}{3}\times3.14$(cm³)

図2の立体の体積は，$(2\times2\times3.14)\times10-(1\times1\times3.14)\times10\times\frac{1}{3}=10\times3.14\times(4-\frac{1}{3})=\frac{110}{3}\times3.14$(cm³)

よって，求める体積は，$\frac{25}{3}\times3.14+\frac{110}{3}\times3.14=(\frac{25}{3}+\frac{110}{3})\times3.14=45\times3.14=141.3$(cm³)

3　⑴　**【解き方】(上りの速さ)＝(静水時の船の速さ)－(川の流れの速さ)を利用する。**

上りの速さは，時速(12－6)km＝時速6kmだから，B市からA市まで行くのに，12÷6＝2(時間)

⑵　**【解き方】川の流れの速さとB市からC市までの距離がわからないので，川の流れの速さを考える。**

川の流れの速さを時速①kmとする。行きは(12＋①)×2＝24＋②(km)，帰りは(12－①)×4＝48－④(km)進んだことになる。行きと帰りの距離は等しいことから，②＋④＝⑥(km)が48－24＝24(km)にあたる。

①＝24÷6＝4(km)だから，B市からC市までの距離は，24＋4×2＝32(km)

⑶　**【解き方】再び動き始めた地点がB市より上流なのか下流なのかを考える。**

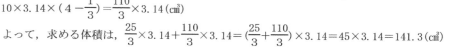

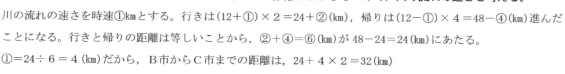

A市からB市までの間は，川の流れの速さが時速６kmで，船の上りの速さが時速(12－６)km＝時速６kmだから，A市からB市までの間で川に流された時間と，流された距離をもどるのにかかった時間は等しい。ところが，流された時間が３時間で，遅くなった時間が倍の６時間になっていないことから，再び動き始めたのはB市よりも下流だったとわかる。B市からC市までの間で，川の流れの速さと上りの速さの比は，４：(12－４)＝１：２だから，B市からC市までの間で流された時間とその距離を戻るのにかかった時間の比は２：１になるので，B市からC市までの間で流された時間を②，その距離を戻るのにかかった時間を①とする。
流され始めてから再び動き始めるまでにかかった時間が３時間で，流された距離をもどるのにかかった時間が５－３＝２(時間)だから，②－①＝①は，３－２＝１(時間)にあたる。したがって，流され始めたのは，B市より，(３－２)×６＝６(km)上流の地点だから，C市との距離は，６＋32＝38(km)

4 (1) **【解き方】タイルの個数に注目すると，１番目は１個，２番目は４個，３番目は９個，４番目は16個…となるから，n番目はn×n(個)になる。**
１個のタイルの面積は１×１＝１(㎠)で，10番目には10×10＝100(個)のタイルが並ぶから，求める面積は，１×100＝100(㎠)

(2) **【解き方】右図のように，周りの長さの一部を移動させると，n番目には，たてがn cmで横が(２×n－１)cmの長方形ができる。**

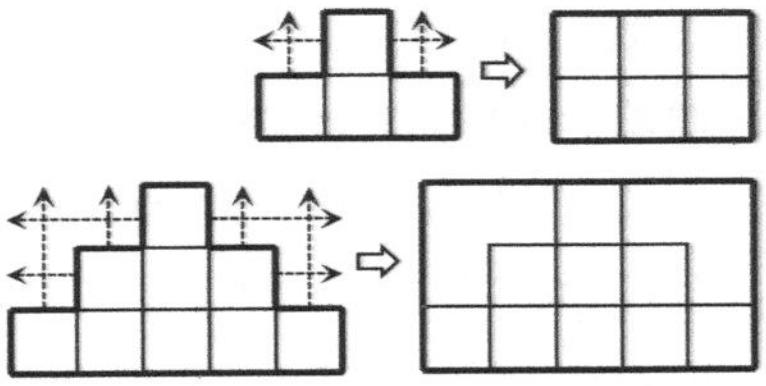

10番目の図形の周りの長さと，同じ周りの長さをもつ長方形のたての長さは10 cm，横の長さは２×10－１＝19(cm)だから，10番目の図形の周りの長さは，(10＋19)×２＝58(cm)

(3) **【解き方】たてと横の長さの和が2021÷２＝1010.5(cm)より長くなるときを考える。**
n番目の図形の周りの長さと同じ周りの長さをもつ長方形のたてと横の長さの和は，n＋２×n－１＝(１＋２)×n－１＝３×n－１(cm)だから，３×nが1010.5＋１＝1011.5をこえるときを求める。
1011.5÷３＝337余り0.5だから，図形の周りの長さが初めて2021 cmより長くなるのは，338番目である。

5 (1) **【解き方】右のように作図すると，同じ形をした図形ができる。**

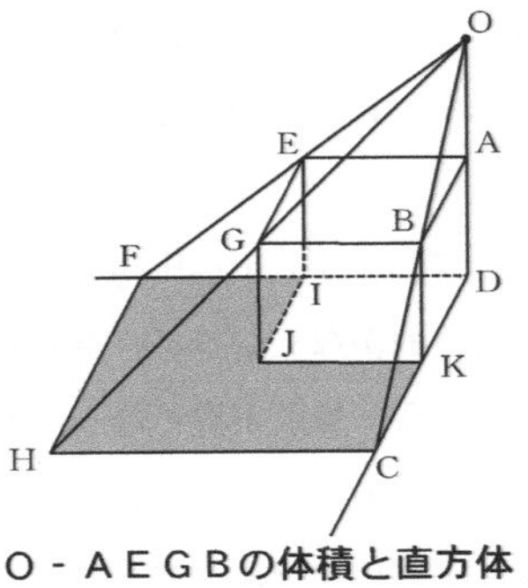

右図の色をつけた部分が，ついたての影の部分である。右図で，三角形OABと三角形ODCは同じ形であり，AがODの真ん中の点であることから，対応する辺の比は，１：２になる。長方形AEGBと長方形DFHCも同じ形であり，対応する辺の比は１：２だから，HF＝GE×２＝30×２＝60(cm)，CH＝BG×２＝40×２＝80(cm)
よって，影の面積は，60×80－30×40＝4800－1200＝3600(㎠)

(2) **【解き方】(1)の解説図で，四角すいO－DFHCの体積から，四角すいO－AEGBの体積と直方体AEGB－DIJKの体積を引けばよい。**
四角すいO－DFHCの体積は，60×80×60÷３＝96000(㎤)　四角すいO－AEGBの体積は，30×40×30÷３＝12000(㎤)　直方体AEGB－DIJKの体積は，30×40×30＝36000(㎤)　よって，求める体積は，96000－12000－36000＝48000(㎤)

(3) **【解き方】もう一つの電灯の位置は，(1)の解説図の点Fの真上になる。**

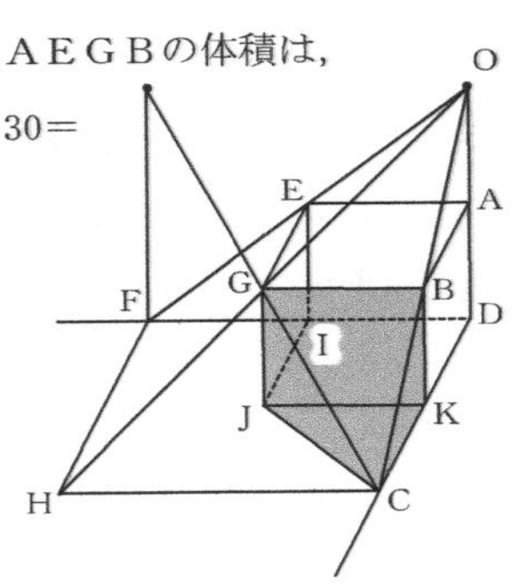

どちらの電灯の光も当たらない部分は，右図の色をつけた四角すいになる。
よって，求める体積は，30×40×30÷３＝12000(㎤)

《2021　理科　解説》

1　問１　イ○…電磁石では，永久磁石と同じように，異なる極どうしは引き合い，同じ極どうしはしりぞけ合う。

問２　ア○…電磁石では，コイルの内側を通る磁力線もできる。また，コイルの外側の磁力線は，棒磁石と同様に，Ｎ極とＳ極を結ぶ曲線になる。

問３　イ○…コイルのまわりで磁石を動かすことでコイルに電流が流れる現象を電磁誘導《でんじゆうどう》，そのとき流れる電流を誘導電流という。

問４⑤　図４より，この電熱線では，５分間で水の温度が２℃上がることがわかる。したがって，12 分間電流を流すと，水の温度は$2\times\frac{12}{5}=4.8$(℃)上がって，27＋4.8＝31.8(℃)となる。　⑥　水の温度が 39－27＝12(℃)上がったので，$5\times\frac{12}{2}=30$(分)である。

問５　上がった温度は，ダイヤルの目盛りが１のとき 0.5℃，２のとき２℃，４のとき８℃で，ダイヤルの目盛りを２倍にすると(２×２＝)４倍，４倍にすると(４×４＝)16 倍になることがわかる。ダイヤルの目盛りを１から３へと３倍にすると，上がる水の温度は 0.5℃から(３×３＝)９倍の 4.5℃になるから，27＋4.5＝31.5(℃)となる。

問６　コイルの周りで磁石の力を変化させることで，電磁誘導が起こる。コイル２(調理器具)で電磁誘導が起こるように，コイル１(ＩＨクッキングヒーター)には交流を流し，電流の向きが周期的に変わるようにする。

2　問２　エ○…酸性の塩酸とアルカリ性の水酸化ナトリウム水よう液を混ぜると互いの性質を打ち消し合う中和が起こる。塩酸と水酸化ナトリウム水よう液の中和によってできる物質は塩化ナトリウム(食塩)と水である。完全に中和して食塩水になったときに電流は最も小さくなるが，電流が０にはならない。

問３②　表より，加えた 2.5%塩酸の量が０㎤のときの残った白い固体 1.21ｇは，すべて水酸化ナトリウムだから，50 ㎤→50ｇに 1.21ｇの白い固体がとけている。したがって，100ｇの水酸化ナトリウム水よう液には 1.21×２＝2.42(ｇ)とけており，濃さは 2.42%である。　③　表より，加えた 2.5%塩酸の量が 16 ㎤増えるごとに，残った白い固体の重さが 0.2ｇ増えていることがわかる。残った白い固体の重さは 1.76ｇで一定になっているので，水酸化ナトリウム水よう液 50 ㎤が完全に中和すると，1.76ｇの白い固体ができることがわかる。このとき白い固体は 1.76－1.21＝0.55(ｇ)増えたので，$16\times\frac{0.55}{0.2}=44$(㎤)の塩酸が必要である。　④　塩酸 44 ㎤によって完全に中和して，1.76ｇの塩化ナトリウムができるので，塩酸 32 ㎤では，$1.76\times\frac{32}{44}=1.28$(ｇ)の塩化ナトリウムができる。

問４　ウ○…(あ)では中和反応が起こっており，温度が最大の(う)で完全中和している。(い)では水酸化ナトリウム水よう液がなくなっているので，中和反応は起こっていない。

問５　ア○…塩酸が濃くなったので，反応が速く進む。反応する水酸化ナトリウム水よう液の量は 2.5%のときと変わらないので，最大の温度は変わらない。

3　問１　ア○…マツ，ツバキは常緑樹《じょうりょくじゅ》で，冬でも葉が緑色をしている。また，イチョウは葉の色が黄色く変わる。

問３　エ○…他の木と交配し，多様な性質をもつ子をつくることで，環境の変化に対応することができる。

問４　エ○…ソメイヨシノの花芽の成長量は，気温が高いほど大きいので，南に位置し，標高が低い場所である。

問５　下線部(5)より，積算温度が 400℃を超える日を計算する。２月の積算温度は 8.0×29＝232(℃)，３月１日～３月 14 日の積算温度は 10.5×14＝147(℃)だから，残り 400－(232＋147)＝21(℃)である。３月 15 日と３月 16 日の積算温度は 8.6＋6.6＝15.2(℃)，３月 15 日～３月 17 日の積算温度は 15.2＋6.8＝22(℃)だから，積算温度が

400℃を超えるのは３月17日である。

問６　ア○…葉の葉脈しか残らないので，アメリカシロヒトリは葉をかみ切って食べられるような口の形をしていると考えられる。したがって，草をかみ切って食べるトノサマバッタのような口をしていると考えられる。

4　**問１**　14℃でのほう和水蒸気量は12.1ｇだから，空気１㎥に含まれる水蒸気量は，問題の式を利用して，12.1×60÷100＝7.26→7.3ｇとなる。

問２　10℃でのほう和水蒸気量は9.41ｇだから，$\frac{7.26}{9.41}\times100=77.1\cdots\to77\%$となる。

問３　ア×…高気圧では下降気流が生じている。

問４　問１より，空気１㎥に含まれる水蒸気量は7.26ｇである。この値とほう和水蒸気量が同じになる温度で，水滴ができはじめるので，表より，６℃になると水滴ができはじめる。

問５④　水滴ができはじめるまでに温度が20－６＝14(℃)下がったので，0.1×14＝1.4(km)となる。　⑤　水滴ができはじめた６℃から氷点下40℃になるまでに40＋６＝46(℃)下がるので，水滴ができはじめてから0.1×46÷0.5＝9.2(km)上がる。したがって，標高は1.4＋9.2＝10.6(km)となる。

問６　イ○…周囲の空気は標高が0.1㎞上昇するごとに0.6℃下がり，空気のかたまりは標高が0.1㎞上昇するごとに１℃下がるので，空気のかたまりの温度はやがて周囲の空気の温度よりも低くなって，ある高さで上昇が止まる。

《2021　社会　解説》

1　**Ⅰ問１**　エが正しい。輪中は，濃尾平野の木曽三川(長良川・木曽川・揖斐川)に見られる。

問２　水屋には，洪水に備えて水・味噌・食料などが蓄えられた(右図参照)。

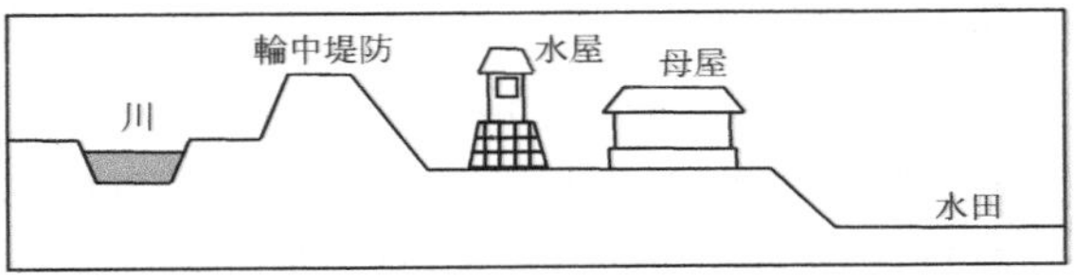

問３(1)　い　県は沖縄県だから，南西諸島の気候のエが正しい。アは太平洋側の気候，イは日本海側の気候，ウは瀬戸内の気候である。　**(2)**　台風が正しい。太平洋や南シナ海では台風，北大西洋・メキシコ湾ではハリケーン，インド洋ではサイクロンと呼ばれる。

問４　エが誤り。窓は小さく数も少ないのは，乾燥帯の日干しレンガの家屋によく見られる。

問５(1)　アが正しい。北海道は畜産＞野菜＞米の順に割合が多い。米の割合が高いイは東北，野菜の割合が高いウは四国，各割合に差のないエは近畿である。

問６　アが正しい。2011年の東日本大震災を境に，急激に発電量の減ったⅱが原子力，不足した電力を補うために急激に増えたⅰが火力である。

問７　合掌造り集落だが，ひらがな５文字とあるので「がっしょう」と答える。

Ⅱ問１(1)　キが正しい。人口は日本(１億2600万人)より多い２億７千万人，首都はジャカルタである。

(2)　ＡＳＥＡＮは，東南アジア諸国連合の略称である。

問２　アが正しい。それぞれの国の工業出荷額の合計額を考えると，アメリカ＞日本＞イタリアになるから，ⅶがアメリカ，ⅷがイタリア，ⅸが日本と判断できる。

問３　ウが正しい。石灰岩によってできたカルスト地形は，山口県の秋吉台や大分県に分布している。

問４　アが正しい。スイスは，ドイツ・フランス・イタリア・オーストリア・リヒテンシュタインに囲まれる。

問５　ゲルのような移動式住居は，中国語でパオとも呼ばれる。

問6　ウが正しい。イランではカナート，北アフリカではフォガラ，アフガニスタンやパキスタンなどではカレーズ，日本ではマンボという。

2 問1　エが正しい。Ｘは石包丁，Ｙは土偶である。

問2　モースは，横浜駅から新橋駅に向かう汽車の窓から貝塚を発見した。

問3　イが正しい。ア．刑部親王らに命じて編纂されたのは飛鳥浄御原令で，この法令の不備を補うために編纂が続けられ，後の大宝律令の制定につながった。ウ．東大寺の建立や大仏の造立を命じたのは聖武天皇である。エ．飛鳥から近江大津宮へと都を移したのは天智天皇である。

問4　天武天皇の頃とあることから富本銭と判断する。日本最古の貨幣は富本銭，流通が確認されている日本最古の貨幣は和同開珎である。

問5　太政大臣は，太政官の最高位だが臨時職である。太政官は，太政大臣＞左大臣＞右大臣の順に地位が高い。

問6　ウが正しい。踊念仏から一遍の時宗と判断する。法華宗（日蓮宗）の開祖が日蓮である。

問7　どちらも正しいからアを選ぶ。

問8　惣（村）で，掟を話し合うための会議を寄合と呼んだ。

問9　Ｙが誤りだからイを選ぶ。Ｘ．正長の土一揆の説明として正しい。Ｙ．山城国一揆は，浄土真宗信徒ではなく農民・国人が起こした一揆で，支配した期間は８年である。浄土真宗信徒が 100 年に渡って支配したのは加賀一向一揆である。

問10　ウが正しい。文治政治が進んだ徳川綱吉の治世を元禄時代と呼ぶ。寛永は徳川家光，慶長は豊臣秀吉・秀頼・徳川家康・秀忠，享保は徳川吉宗が天下人または将軍だった頃。

問11　田沼意次の政治は，次の松平定信の政治と比較されることが多い。狂歌に，白河の　清きに魚も　住みかねて　もとの濁りの　田沼恋しき（松平定信の政治はきれいすぎて　私たち町人には住みにくい　これだったら腐敗政治ではあっても生活が豊かで華やいだ田沼時代のほうが良かった）と歌われている。

問12　ウが誤り。開国当時，アメリカでは南北戦争が起き，日本との貿易額はイギリスより少なかった。

問13　イ（井原西鶴・元禄文化）→ウ（徳川吉宗・享保の改革）→ア（大塩の乱・1837 年）

問14　前島密は，日本近代郵便の父と呼ばれ，現在でも１円切手の肖像にある。

問15　イが正しい。2021 年２月から，渋沢栄一を描くＮＨＫ大河ドラマが放映されている。また，2024 年から発行される日本銀行券の一万円札の肖像でもある。

問17　ウが正しい。クラークは札幌農学校，コンドルは鹿鳴館の設計，フェノロサは日本美術に携わったお雇い外国人である。

3 問1　ＯＥＣＤは，経済協力開発機構の略称である。

問2　エが誤り。傾斜生産方式は，大戦後の石炭・鉄鋼の生産で実施された生産方式である。

問3　イが誤り。新三種の神器である３Ｃ（自動車・クーラー・カラーテレビ）と合わせて覚えておこう。

問4　ウが誤り。沖縄が返還されたときの内閣総理大臣は佐藤栄作で，日ソ共同宣言に調印し，ソ連との国交を回復したのは，鳩山一郎である。

問5(1)　イが正しい。ケネディ（民主党）は 1961 年～1963 年，レーガン（共和党）は 1981 年～1989 年，ブッシュ（共和党）はＨ・ブッシュが 1989 年～1993 年，その子のブッシュが 2001 年～2009 年に大統領を務めた。

(2)　イが正しい。周恩来首相がアメリカに呼びかけ，毛沢東国家主席とニクソン大統領の会談が実現した。

問6(1)　田中角栄首相が中国を訪れ，田中角栄首相と周恩来首相の間で日中共同声明が調印された。

(2)　アが正しい。大逆事件は1910年，リクルート事件は1988年，二・二六事件は1936年に起きた。

問7　長野が正しい。日本での1回目の冬季五輪は札幌で開かれた。

問8　アが正しい。盧武鉉(ノムヒョン)は，2003年～2008年の韓国大統領。小泉純一郎は2001年～2006年の内閣総理大臣。

問9　パリ協定は，京都議定書と異なり，発展途上国を含むすべての国が対象となっている。

2020 解答例 令和２年度　大阪桐蔭中学校

《国　語》

一　問一．Ⓧウ　Ⓨエ　問二．A．手　B．身　問三．崖崩れが起きた　問四．イ　問五．馬と花島をよく知る祖父が出した答えなので、馬を助ける手段はないということ。　問六．エ　問七．イ　問八．エ

二　問一．a．ウ　b．エ　c．ウ　d．ウ　e．オ　問二．A．エ　B．ウ　問三．ア　問四．タンパク質の代謝が遅くなるので、体内時計が物理的な時間より遅く進むから。　問五．エ　問六．ウ　問七．Ⅰ．文様　Ⅱ．複雑　問八．ウ

三　①状況　②降格　③序列　④査定　⑤対象　⑥格式　⑦収量　⑧良港
㋐ひとむかし　㋑ちみ

《算　数》

1　(1)10　(2)$\frac{5}{16}$　(3)2420

2　(1)1008　(2)34　(3)8　(4)48　(5)70　(6)か．6　き．24　(7)く．120　け．84　(8)こ．36　さ．40　(9)1080　(10)135

3　(1)17.5　(2)35　(3)22.75　(4)1，30

4　(1)63　(2)ア．6　イ．5　(3)478

5　(1)72　(2)9　(3)18　(4)90

《理　科》

1　(問１)①ア　②イ　③イ　(問２)イ　(問３)７　(問４)ク　(問５)エ　(問６)エ

2　(問１)ウ　(問２)酸化鉄　(問３)ウ　(問４)④19.3　⑤20.8　(問５)⑥0.8　⑦1.2

3　(問１)ア　(問２)イ　(問３)イ　(問４)ウ　(問５)ウ　(問６)エ

4　(問１)①天　②地　(問２)ウ　(問３)11，57　(問４)イ　(問５)い　(問６)イ

《社　会》

1　Ⅰ．問１．ア　問２．カ　問３．(a)食料　(b)農村　問４．水産物…のり〔別解〕海苔　記号…エ
問５．イ　問６．イ　問７．ア　問８．抑制〔別解〕電照　記号…エ
Ⅱ．問１．エ　問２．イ　問３．ア　問４．ウ　問５．ウ　問６．G　問７．オ

2　問１．風土記　問２．壬申の乱　問３．ア　問４．エ　問５．藤原純友　問６．鴨長明　問７．ウ　問８．イ　問９．解体新書　問10．打ちこわし　問11．田中正造　問12．ポーツマス条約　問13．ア　問14．関東大震災　問15．エ，オ

3　問１．イ　問２．アジェンダ21　問３．55年体制　問４．ウ　問５．パリ　問６．イ　問７．７　問８．オバマ〔別解〕バラク・オバマ　問９．ＩＯＣ　問10．ウ

←解答例は前のページにありますので，そちらをご覧ください。

《2020　国語　解説》

一　**問三**　顔役の帰った後の祖父との会話で、和子の聞いた「大きな海鳴りのような音」の正体が、崖崩《がけくず》れの音だったことが明らかになった。――②の直後で祖父が「ゆんべの台風で、花島で崖崩れが起きた」と言い、和子は「明け方の大きな音を思い出した～あの、大きな海鳴りのような音。まさか、あれが」と理解した。

問四　この後の祖父の様子、特に――④の後から――⑤までの「家族たる～馬を見捨てねばならぬ祖父の多大な心痛が、その背からにじみ出ている。やがて～嗚咽《おえつ》のようにも聞こえた。『及《およ》ばれねえ。及ばれねえモンなんだ。もう、だめだ……』言葉からは軋《きし》むような痛みが漏《も》れていた」に着目する。「及ばれねえ」とは、自分の力が足りない、どうにもできないということだと受け取れる。この部分に馬を助けられない祖父の無力感と悲しみが表われている。よってイが適する。

問五　――③の２行前から――③までの「駄目《だめ》。その意味を察して和子の心臓が跳《は》ねる。馬と花島をよく知る祖父と顔役が～出した結論」「しかしもはや助けられない。もう、自分達の力は及《およ》ばない」からまとめる。

問六　――③の５行後の「和子は馬を諦《あきら》めてしまった祖父に言いようのない怒《いか》りを覚えた」、――④の直前の「祖父が馬をいかに大事にしてきたか、それを知りつつあえて責める」などからエが適する。　ア．「そもそも助け出せるものではないとか、そんなことは和子も分かっている～致《いた》し方ないのだとも」を参照。和子は馬を助けられないことを頭ではわかっているので、「祖父の考えを覆《くつがえ》そうとしている」が適さない。また、祖父が「いとも簡単に馬たちの救出を諦め」たわけではなく、苦渋《くじゅう》の決断をしたことも理解している。　イ．アと同様に祖父が考えをかえることは期待していない。　ウ．「ワカだけなら、まだ救出の方法があると信じている」の部分が適さない。

問七　――⑤の直前に「その背は小さく、ただの憐《あわ》れな老人に見えた」とあり、和子は祖父を、馬を助けられない無力な存在だと感じている。それは自分についても同じであり「何もできずにいた、馬に何もしてやれずにいるこの私も、花島の下でいっそ朽《く》ちてしまいたい」と感じている。また「朽ちてしまいたい」、「私もその後を追うから」などから、自分も「消え去りたいという投げやりな気持ち」が読み取れる。よってイが適する。

問八　――⑥は、和子も祖父も「嘆《なげ》きと後悔《こうかい》」を感じ、慟哭《どうこく》（ひどく悲しんで、激しく泣くこと）していたが、その気持ちには違《ちが》いがあり、ぴたりと重なるものではなかったということ。祖父は、馬を大切に思い、失ったことを嘆き悲しんでいるが、「俺《おれ》らは結局、馬、使い潰《つぶ》さねば生きてかれねえんだ」「俺らは～そういうもんなんだ。だから変えられねえんだ」と、馬を失ったことを受け止めている部分もある。祖父にとって馬は、家族であるとともに財産でもあり、馬で生活していく中で、失うこともあると理解している。しかし、和子は、特にワカに対して思い入れが強く、自分も海の中で朽ちてしまいたいと思うほど思いつめ、悲嘆《ひたん》にくれている。よってエが適する。――⑥は、和子が祖父に対して反発や反感を感じているということを言おうとしているのではなく、二人の気持ちが異なるということを表現しているので、ア、イ、ウは適さない。

二　**問一 a**　衣食　ア．移動　イ．異国　ウ．衣類　エ．意見　オ．医学　　**b**　厳然　ア．言動　イ．元気　ウ．原始　エ．厳格　オ．減税　　**c**　容易　ア．陽気　イ．洋画　ウ．容色　エ．様式　オ．幼児　　**d**　密接　ア．解説　イ．骨折　ウ．間接　エ．痛切　オ．除雪　　**e**　法則　ア．方針　イ．報告　ウ．放出　エ．豊富　オ．法案

問三　三歳《さい》のときに体内時計で感じる一年と、三〇歳の時ときに感じる一年では、三〇歳のときに感じる一年のほうが長いのが「意外」というのだから、一般《いっぱん》に、歳《とし》をとって感じる一年のほうが短いととらえられているということ。よってアが適する。

問四　――①の３～５行後の「タンパク質の新陳代謝《しんちんたいしゃ》速度が、体内時計の秒針なのである～私たちの新陳代謝速度が加齢《かれい》とともに確実に遅《おそ》くなるということである。つまり体内時計は、徐々《じょじょ》にゆっくりと回ることになる」ということをふまえ、11～12 行後で「タンパク質の代謝回転が遅くなり、その結果、一年の感じ方は徐々に長くなっていく。にもかかわらず、実際の物理的な時間はいつでも同じスピードで過ぎていく」と説明している。

問五　この後に述べられている、実際にはしない音を聞く「空耳」や、偶然《ぐうぜん》にある物事に特別なパターンを見てしまう「空目《ソラメ》」などは、「実際のありようとは違った感じ方をしてしまう」ことの具体例なので、エが適する。

問六　直後の「なぜこのように～」以降に理由が説明されている。特に次の段落の「人間の祖先は～常に環境《かんきょう》の変化と闘《たたか》いながら生き残ってきた。そのときに複雑な自然界の中から、何らかの手がかりを見つけることが、生き延びていく上でとても大事だった」が、ウの内容と一致《いっち》する。

問七Ｉ　４行後の「他の生物の文様の中にも人は人の顔を容易に見出《みいだ》す」を参照。　Ⅱ　――③の３～４行後の「そのときに複雑な自然界の中から、何らかの手がかりを見つけることが、生き延びていく上でとても大事だった」を参照。この一文も、Ⅱをふくむ文の「パターン化」について説明したもの。

問八　ウの「すべて錯覚《さっかく》に過ぎなくて」の部分が誤り。【　　】の４～５行後に「実は、私たちが自分の目で見て『事実』と感じていること自体も『錯覚』であることが多い」とある。よってウが答え。　ア．――①の後の段落の内容と一致する。　イ．［Ｉ］の前の段落の内容と一致する。　エ．最後から３番目の段落の内容と一致する。

―《2020　算数　解説》―

1　(1)　与式 $=(\frac{20}{36}-\frac{9}{36})\div\frac{121}{12}+9\frac{32}{33}=\frac{11}{36}\times\frac{12}{121}+9\frac{32}{33}=\frac{1}{33}+9\frac{32}{33}=10$

(2)　与式 $=\{\frac{7}{2}+(\frac{10}{12}-\frac{5}{12})\}\times\frac{3}{4}-1\frac{1}{8}\times\frac{7}{3}=(\frac{42}{12}+\frac{5}{12})\times\frac{3}{4}-\frac{9}{8}\times\frac{7}{3}=\frac{47}{12}\times\frac{3}{4}-\frac{21}{8}=\frac{47}{16}-\frac{42}{16}=\frac{5}{16}$

(3)　与式 $=121\times4\times5\times3+9\times5\times121\times4-121\times5\times4\times11=121\times4\times5\times(3+9-11)=2420\times1=2420$

2　(1)　３つの整数を小さい順に，a，b，cとすると，$a+b=17$，$a+c=22$，$b+c=23$ とわかる。この３つの式を足し合わせると，$(a+b+c)\times2$ の値《あたい》が $17+22+23=62$ となるので，$a+b+c$ は $62\div2=31$ である。したがって，$a=31-23=8$，$b=17-8=9$，$c=22-8=14$ である。
よって，３つの整数の積は，$8\times9\times14=1008$

(2)　ある場所の周りを１周するように等間隔《とうかんかく》に木を植えるときの木の本数は，木と木の間の数と等しくなる。この長方形の土地の周りの長さは，$(35+50)\times2=170$(m)だから，木と木の間は，$170\div5=34$(か所)となる。よって，木の本数は 34 本である。

(3)　右のような表にまとめ，㋐の人数を求めればよい。
㋑ $=35-25=10$(人)，㋒ $=10-6=4$(人)，㋐ $=12-4=8$(人)

		犬		合計
		飼っている	飼っていない	
ねこ	飼っている	㋒	6人	㋑
	飼っていない	㋐		25人
合計		12人		35人

(4)　３年前の父と子の年れいの和は，$66-3\times2=60$(才)であり，このとき，２人の年れいの和と父の年れいの比は，$(3+1):3=4:3$ だから，父の年れいは，$60\times\frac{3}{4}=45$(才)だった。よって，現在の父の年れいは，$45+3=48$(才)

(5)　定価で売ったときの１個あたりの利益は $50\times\dfrac{2}{10}=10$(円)だから，定価は 50＋10＝60(円)である。定価の１割引きは $60\times\left(1-\dfrac{1}{10}\right)=54$(円)だから，この値段で売ったときの１個あたりの利益は 54－50＝４(円)である。仕入れ値の６割で売ると１個につき仕入れ値の 10－６＝４(割)の損失になるので，$50\times\dfrac{4}{10}=20$(円)の損失になる。
定価の１割引きで売った分の利益は４×18＝72(円)だから，その他の値段で売った分の利益は 532－72＝460(円)であり，その個数の合計は 100－18＝82(個)である。82 個をすべて定価で売ると，利益は実際より，10×82－460＝360(円)多くなる。定価で売った１個を仕入れ値の６割で売った１個に置きかえると，利益は 10＋20＝30(円)減るから，仕入れ値の６割で売った個数は，360÷30＝12(個)である。よって，定価で売った個数は，82－12＝70(個)

(6)　１きゃくに座る人数を７－４＝３(人)増やしたときに空く席の数は，３×(長いすの数)となるのだから，空く席は３の倍数になる。１きゃくに７人ずつ座ったとき，最後の長いすに座っている人数は，１人以上３人以下だから，空いている席は，７×３－３＝18(席)以上，７×３－１＝20(席)以下である。このうち３の倍数は 18 だけだから，空いている席は 18 席であり，長いすの数は，18÷３＝か 6(きゃく)である。また，クラスの生徒は全部で，４×６＝き 24(人)である。

(7)　大きい位から順に数を決めると，千の位は５通り，百の位は残りの４通り，十の位は残りの３通り，一の位は残りの２通りの選び方があるから，４けたの整数は全部で，５×４×３×２＝く 120(個)できる。
５個の数のうち和が３になる２個の数は１と２だけだから，となり合う数字の和がどれも３にならない整数の個数は，(全部の個数)－(１と２がとなり合っている数の個数)で求められる。１と２をひとかたまりで「１２」とし，「１２」，３，４，５の４個から３個を選んで(ただし「１２」は必ず選ぶ)並べる並べ方を考える。３個を並べる場所を㋐㋑㋒とする。「１２」を並べる場所は㋐，㋑，㋒の３通りある。残りの２つの場所への３，４，５の並べ方は３×２＝６(通り)あるから，「１２」がふくまれる４けたの整数は３×６＝18(個)できる。同様に，「２１」がふくまれる４けたの整数も 18 個できる。
よって，となり合う数字の和がどれも３にならない４けたの整数は，120－18×２＝け 84(個)できる。

(8)　８と 14 の最小公倍数は 56 だから，２つの電車は 56 分ごとに同時に発車する。56 分が１回の周期であり，１回の周期の中で２つの電車が発車する時間をまとめると，右表のようになる。午前７時に発車する電車から数えて 20 番目の電車は，20－２－11＝７より，２回目の周期の７番目の電車だから，午前７時の 56＋40＝96(分後)，つまり１時間 36 分後の，午前８時こ 36 分に発車する電車である。

A駅行き	B駅行き
①８分	
	②14分
③16分	
④24分	
	⑤28分
⑥32分	
⑦40分	
	⑧42分
⑨48分	
⑩56分	⑪56分

A駅行きの電車が発車した６分後に発車するB駅行きの電車は，表の②だけなので，ある周期の１番はじめのA駅行きの電車について考える。午後１時は午前７時の６時間後＝360 分後であり，360÷56＝６余り 24 だから，７回目の周期は午後１時を 56－24＝32(分)過ぎたときに終わる。８回目の周期の１本目の電車はこの８分後に発車するので，午後１時さ 40 分に発車し，この６分後にB駅行きの電車が発車する。

(9)　右のように作図する。ａとｅは対頂角で等しいから，ｂ＋ｃ＋ｄ＝ｆ＋ｇ＋ｈなので，求める角度は八角形の内角の和と等しい。よって，180×(８－２)＝1080(度)

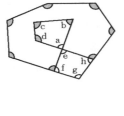

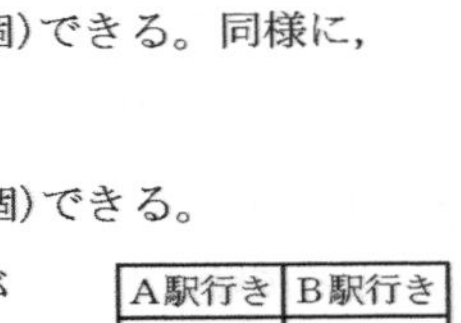

(10)　右のように作図する。高さが等しい三角形の面積比は底辺の長さの比に等しいことを利用し，三角形ＱＢＤ→三角形ＡＢＤ→平行四辺形ＡＢＣＤの順に面積を求めていく。

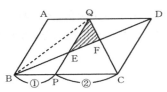

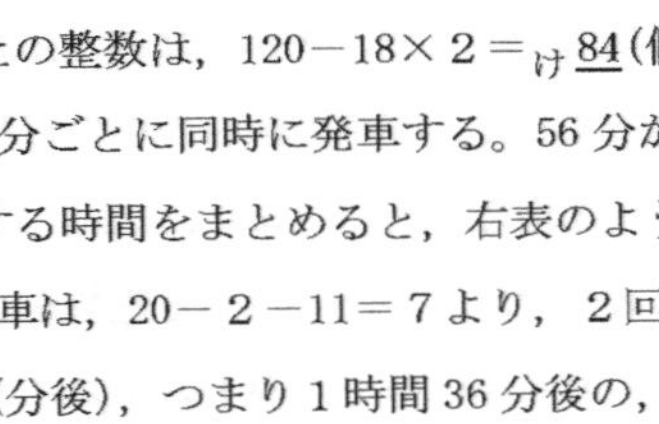

(三角形ＱＥＦの面積)：(三角形ＱＢＤの面積)＝ＥＦ：ＢＤだから，まずＥＦ：ＢＤを求める。

ＡＤとＢＣが平行なので，三角形ＢＰＥと三角形ＤＱＥは同じ形であり，ＢＰ：ＤＱ＝ＢＰ：ＣＰ＝１：２だから，ＢＥ：ＤＥ＝１：２となるため，ＢＥ＝ＢＤ$\times\frac{1}{3}$

三角形ＢＣＦと三角形ＤＱＦも同じ形であり，ＢＣ：ＤＱ＝(１＋２)：２＝３：２だから，

ＢＦ：ＤＦ＝３：２となるため，ＢＦ＝ＢＤ$\times\frac{3}{5}$

したがって，ＥＦ：ＢＤ＝(ＢＦ－ＢＥ)：ＢＤ＝(ＢＤ$\times\frac{3}{5}-$ＢＤ$\times\frac{1}{3}$)：ＢＤ＝$(\frac{3}{5}-\frac{1}{3})$：１＝４：15

これより，(三角形ＱＢＤの面積)＝(三角形ＱＥＦの面積)$\times\frac{15}{4}=12\times\frac{15}{4}=45$(㎠)

(三角形ＡＢＤの面積)：(三角形ＱＢＤの面積)＝ＡＤ：ＱＤ＝３：２より，

(三角形ＡＢＤの面積)＝(三角形ＱＢＤの面積)$\times\frac{3}{2}=45\times\frac{3}{2}=\frac{135}{2}$(㎠)

平行四辺形ＡＢＣＤの面積は三角形ＡＢＤの面積の２倍だから，$\frac{135}{2}\times 2=135$(㎠)

3 次郎君が太郎君を追いこした地点をＰとする。

(1) 太郎君は10時40分にＰを通過したので，家からＰまで40－５＝35(分)，つまり$\frac{35}{60}$時間＝$\frac{7}{12}$時間で進んだことになる。したがって，家からＰまでの道のりは，$30\times\frac{7}{12}=\frac{35}{2}=17.5$(km)であり，これが求める道のりである。

(2) 次郎君は家からＰまで40－７－３＝30(分)，つまり$\frac{30}{60}$時間＝$\frac{1}{2}$時間で進んだので，次郎君の速さは，時速$(\frac{35}{2}\div\frac{1}{2})$km＝時速35 kmである。

(3) 太郎君はＰから図書館まで10分30秒＝$10\frac{30}{60}$分＝$\frac{21}{2}$分＝$(\frac{21}{2}\times\frac{1}{60})$時間＝$\frac{7}{40}$時間かかったので，Ｐから図書館までの道のりは，$30\times\frac{7}{40}=\frac{21}{4}$(km)である。よって，家から図書館までの道のりは，$\frac{35}{2}+\frac{21}{4}=\frac{91}{4}=22.75$(km)

(4) 次郎君がＰから図書館まで休まずに移動すると，$\frac{21}{4}\div 35=\frac{3}{20}$(時間)かかるから，Ｐから図書館の間で次郎君が休けいした時間は，$\frac{7}{40}-\frac{3}{20}=\frac{1}{40}$(時間)，つまり，$(\frac{1}{40}\times 60)$分＝$1\frac{1}{2}$分＝１分$(\frac{1}{2}\times 60)$秒＝１分30秒である。

4 (1) 奇数は，右図の実線で囲んだ左下がりに連なったマスを，右上から左下に向かって順に大きくなっていく。実線の囲みの中の奇数の個数は，左上から順に，１個，２個，３個，…と増えていく。また，(１，１)のマスから右下に連なるマス(点線上のマス)に入る数は，平方数《へいほうすう》(ある整数を２つかけあわせてできる数)になっていて，□番目の囲みの中で点線上のマスに入る数は，□×□になっている。(４，４)は７番目の囲みの中の点線上のマスだから，７×７＝49である。

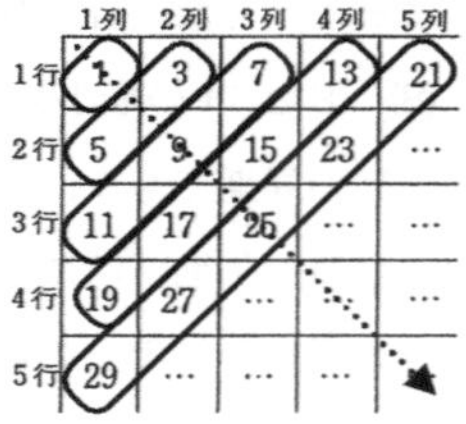

(４，５)のマスはその右どなりであり，８番目の囲みの中の８÷２＝４(番目)の数とわかる。

７番目の囲みには49のあとに(７－１)÷２＝３(個)の数が並ぶから，８番目の囲みの中の４番目の数は，49＋２×(３＋４)＝63である。よって，(４，５)＝63

(2) (1)の解説をふまえる。９×９＝81だから，(５，５)＝81である。101はこの，(101－81)÷２＝10(個)あとの奇数である。９番目の囲みには81のあとに(９－１)÷２＝４(個)の数が並ぶから，101は10番目の囲みの中の10－４＝６(個目)の数である。(５，５)の右どなりの(５，６)は10番目の囲みの中の10÷２＝５(個目)の数だから，101は(５，６)の次なので，(ア 6，イ 5)である。

(3) ９以下の奇数(１けたの奇数)は５個ある。99以下の奇数は，(99＋１)÷２＝50(個)あるので，２けたの奇数は50－５＝45(個)ある。したがって，２けたの奇数のうち最大の数である99の一の位の９は，1357911131517……

の数の列の，1×5＋2×45＝95(番目)にあたる。3けたの奇数は101，103，…と続くから，[100]は103の十の位の0である。したがって，99までの奇数の各位の数の和に，1＋0＋1＋1＋0＝3を足せばよい。

1けたの奇数の和は，1＋3＋5＋7＋9＝25であり，1357911131517……の数の列に13579は10回くり返される。2けたの奇数の十の位の数には1，2，3，…，9が5回ずつ現れる。

よって，求める値は，25×10＋(1＋2＋3＋…＋9)×5＋3＝250＋45×5＋3＝478

5 (1) 立方体の体積から，合同な4つの三角すいC－FGH，A－FEH，F－ABC，H－ADCの体積を引けばよい。立方体の体積は，6×6×6＝216(㎤)である。

三角すいC－FGHの体積は，6×6÷2×6÷3＝36(㎤)である。

よって，立体①の体積は，216－36×4＝72(㎤)

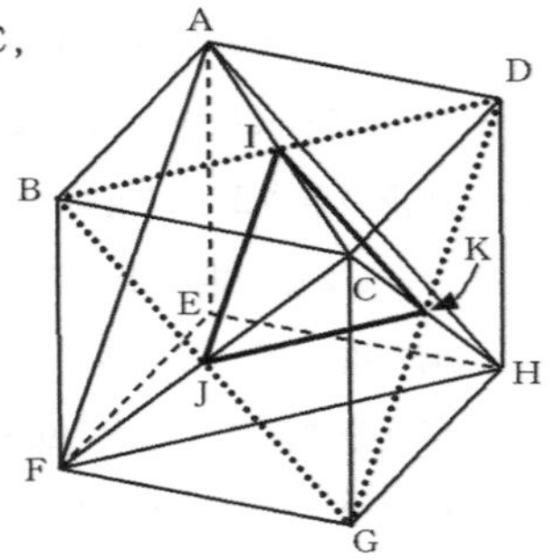

(2) 立体②は右図の三角すいC－IJKであり，立体①と同じ形である。

CI：CA＝1：2だから，立体②と立体①の体積比は，

(1×1×1)：(2×2×2)＝1：8なので，立体②の体積は，$72\times\frac{1}{8}=9$(㎤)

(3) 立体③は右図Iのようになり，これを4点P，Q，R，Sを通る平面で切ると，図IIのようになる。立体④は四角すいI－JKLMである。四角形JKLMはJL＝KM＝6cmのひし形だから，面積は，6×6÷2＝18(㎤)

面JKLMから点Iまでの距離《きょり》は，BFの長さの半分だから，6÷2＝3(cm)

よって，立体④の体積は，18×3÷3＝18(㎤)

図I

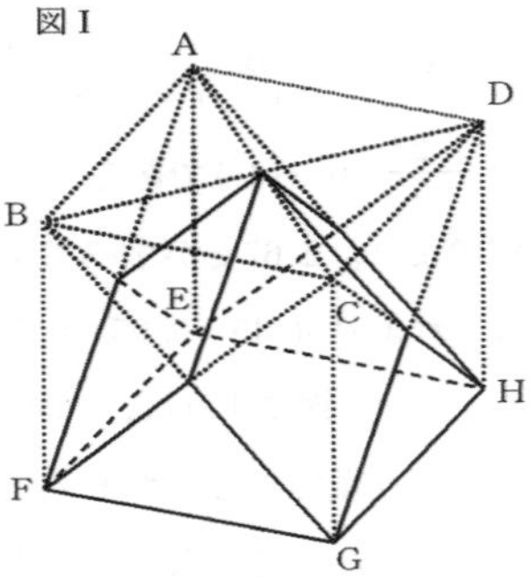

図II

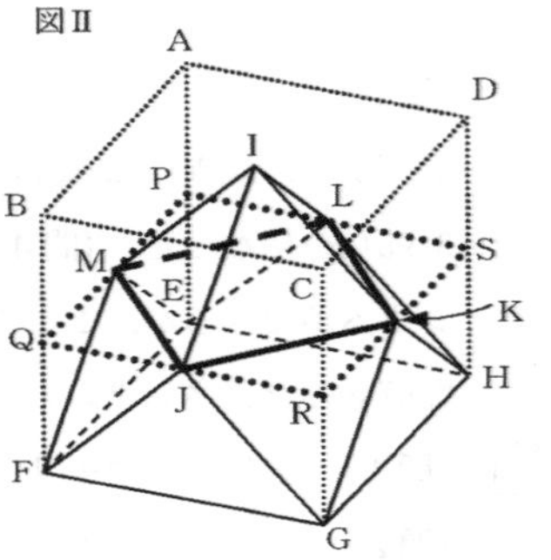

(4) 立体⑤の体積は，(3)の図IIにおいて，直方体PQRS－EFGHの体積から，4つの合同な三角すいG－JRK，H－KSL，E－LPM，F－MQJの体積を引くと求められる。

直方体PQRS－EFGHの体積は立方体の体積の半分だから，216÷2＝108(㎤)

三角すいG－JRKの体積は，$3\times3\div2\times3\div3=\frac{9}{2}$(㎤)　　よって，立体⑤の体積は，$108-\frac{9}{2}\times4=90$(㎤)

《2020　理科　解説》

1 (問1) 直列つなぎの乾電池《かんでんち》の数が多くなるほど豆電球に流れる電流が大きくなり，豆電球は明るくなる。回路1が乾電池1個であるのに対し，回路2は直列つなぎの乾電池が2個だから◎，回路3は乾電池が2－1＝1(個)だから○である。回路4のように，並列つなぎの乾電池では1個の乾電池と同じ大きさの電流が流れるから○である。

(問2) 回路5では，乾電池と乾電池をつなぐ導線だけに非常に大きな電流が流れることになり，大量の熱が発生する。このような回路をショート回路という。

(問3) 直列つなぎの豆電球の数が多くなるほど豆電球に流れる電流が小さくなり，乾電池は長持ちする。また，並列つなぎの乾電池の数が多くなるほど乾電池は長持ちする。よって，回路7が正答となる。

(問4) 回路8は，豆電球3個が並列つなぎになった回路なので，すべて回路1と同じ明るさで光る。

(問5) スイッチ1のみを入れると，回路1と同じになり，豆電球1だけが光る。

(問6) スイッチ2と3を入れると，豆電球1に対しては一番下の乾電池と豆電球2の下の乾電池が直列につながるので，明るさは◎になる。豆電球2に対しては豆電球2の下の乾電池だけがつながるので，明るさは○になる。

2 **(問1)** ウ○…ほのおは気体が燃えているときに出るものである。例えば，ろうそくを燃やしたときにほのおが出るのは，固体から液体に変化したろうがしんをのぼってきて，しんの先で液体から気体に変化したものが燃えているためである。

(問4) 金属と酸素は一定の割合で結びつく。表1より，銅の重さが 3.0－1.8＝1.2(g)増えると，加熱後の重さが 21.55－20.05＝1.5(g)増えることがわかる。よって，銅の重さが 1.2gから 1.8gへと 0.6g増えるときには加熱後の重さが 1.5gの半分の 0.75g増えるはずだから，④には 20.05－0.75＝19.3(g)が入る。また，このことから，1.2gの銅が十分に反応すると 1.5gの酸化銅になることがわかる。つまり，④の 19.3gのうち，1.5gが酸化銅の重さだから，ステンレス皿の重さが 19.3－1.5＝17.8(g)だとわかる。さらに表2より，1.2gのマグネシウムが十分に反応すると 19.8－17.8＝2(g)の酸化マグネシウムになることがわかり，マグネシウムの重さを 1.2gから 1.8gへと 0.6g増やすと，加熱後の重さは2gの半分の1g増えるはずだから，⑤には 19.8＋1＝20.8(g)が入る。

(問5) ⑥ 21.75《加熱後の重さ》－(17.8《ステンレス皿の重さ》＋2.67《混合物の重さ》)＝1.28(g)が必要な酸素の重さである。酸素1Lあたりの重さが 1.6gだから，酸素 1.28gは $1\times\frac{1.28}{1.6}$＝0.8(L)である。　⑦混合物 2.67gに酸素 1.28gが結びついて 2.67＋1.28＝3.95(g)になった。(問4)解説より，2.67gがすべてマグネシウムだとすると，$2\times\frac{2.67}{1.2}$＝4.45(g)の酸化マグネシウムができるが，ここではそれより 4.45－3.95＝0.5(g)小さい。また，1.2gの銅は 1.5gの酸化銅になるから，2.67gのマグネシウムのうち 1.2gを銅にすれば，加熱後の重さが2－1.5＝0.5(g)小さくなることがわかる。

3 **(問1)** ア○…コウモリはホニュウ類である。カモノハシは卵を産むが，乳で子どもを育てるホニュウ類である。

(問2) イ×…イルカはホニュウ類なので，水中で生活するが肺呼吸を行い，えら呼吸を行わない。

(問3) イ○…(表)より，耳栓《みみせん》がなければ目かくしがあっても通常通り動き，エサを獲得《かくとく》できる。また，耳栓があると目かくしがなくても通常通り動けず，エサを獲得できない。よって，エコーロケーションは，目を使わず耳を使う方法だとわかる。

(問5) ヤガのようにさなぎの時期がある成長の仕方を完全変態という。

(問6) ア，イ，ウ×…コウモリはエサを取るのに目を使わない。

4 **(問2)** ウ○…かかった時間が同じであれば，移動した距離《きょり》が長いものほど速さが速い。

(問3) 太陽は10時から13時までの3時間(180分)で透明半球上を 8.0㎝移動したから，PからRまでの 5.2㎝を移動するには $180\times\frac{5.2}{8.0}$＝117(分)→1時間57分かかる。よって，南中時刻は10時の1時間57分後の11時57分である。

(問4) イ○…日の出・日の入りの位置が最も北よりで，太陽の通り道が最も長い(昼の時間が最も長い)Aは夏至である。なお，日の出・日の入りの位置が真東・真西のBは春分や秋分，日の出・日の入りの位置が最も南よりのCは冬至である。

(問5) 図3で，それぞれの地球で「あ」から「え」の記号が書かれている方が北半球とすると，北半球が太陽の方向にかたむいている「い」が夏至の位置であり，そこから反時計回りに「う」→「え」→「あ」の順に，秋分→

冬至→春分の位置である。

(問６)　イのようになっているため，季節によって太陽の南中高度や昼の長さが異なり，日本では四季が存在する。

―《2020　社会　解説》―

1　Ⅰ

問１　アが誤り。本文中の「熱帯・亜熱帯の高温多湿地域」にあてはまらない南アフリカを選ぶ。2015 年時点では，オーストラリア＞中国＞ブラジル＞マレーシア＞インドの順である。ただし，2016 年からマレーシアは採掘を停止していて，マレーシアにかわってギニアが４位に入っている。

問２　カが正しい。公害対策基本法(1967 年)→環境庁(1971 年)→環境基本法(1993 年)

問３　ａは２度目の(ａ)の安定供給から食料を導く。ｂは２度目の(ｂ)の振興から農村を導く。

問４　エが正しい。海苔の養殖は，佐賀県・福岡県の有明海沿岸でさかんに行われている。エが有明海に臨む地域で，アは長崎県との県境，イとウは福岡県との県境であり，海に面していない。

問５　イが正しい。Ａは大分県，Ｂは山口県，Ｃは山梨県のシルエットである。ⅰ．空港周辺にＩＣ工場があるのは，シリコンアイランドと呼ばれる九州地方の特徴だからＡの大分県である。ⅱ．中央自動車道は東京から山梨・長野を通る高速道路だからＣの山梨県である。ⅲ．宇部・セメント工業から，山口県と判断する。大分県もカルスト地形が広がるが，宇部・県西部から山口県と判断したい。

問６　イが誤り。重要無形文化財は，演劇・音楽・工芸などで歴史上または芸術上で価値の高いものに対して，文部科学省が指定するものであり，地域に根差した伝統的工芸品が重要無形文化財に指定されることはほとんどない。

問７　アの日光東照宮が最も東にある。イは兵庫県の姫路城，ウは岐阜県・富山県の合掌造り，エは広島県の厳島神社である。

問８　エが正しい。電照菊の抑制栽培の説明である。菊は日照時間が短くなると季節の変化を感じて開花するので，日照時間を短くならないように光を当て続けることで，開花時期を遅らせ，需要の多い 12 月～１月，３月に出荷している。

Ⅱ

問１　エのイタリアが正しい。刻印された建造物はコロッセオである。ブドウ・オリーブからイタリアと判断する。ユーロコインは，片面が共通デザイン，もう片面が各国のオリジナルデザインとなっている。

問２　イが正しい。「国土が東西に分断」「1990 年に統一」からドイツと判断する。ドイツはヨーロッパ最大の工業国であり，ルール地方に広がるルール工業地帯で重工業が発展している。アはイギリス，ウはイタリア，エはオランダの説明である。

問３　アのノルウェーを選ぶ。他の国でも使用する硬貨は，ＥＵ加盟国で使用されるユーロ貨幣である。ノルウェーはＥＵに加盟していない。

問４　ウが正しい。Ｆはオーストラリアであり，オーストラリアは南東部にシドニー・メルボルンなどの大都市がある。

問５　ウが正しい。Ｇはアメリカ合衆国であり，フロリダ半島はメキシコ湾沿岸の南部，アパラチア山脈は東部，五大湖は北東部にある。ロッキー山脈はカナダ‐アメリカの太平洋沿岸を縦断する。

問６　Ｇのアメリカ合衆国の人口は約 3.1 億人，日本の人口は約 1.26 億人である。

問７　オが正しい。ⅳはオーストラリアのウルル(エアーズロック)，ⅴはイタリアのピサの斜塔，ⅵはアメリカのホワイトハウスである。

2　問１　「諸国の地名の由来や産物，伝説」から風土記を導く。現存する風土記は「出雲国」「播磨国」「肥前国」「常陸国」「豊後国」の５つであり，ほぼ完本で残るのは「出雲国風土記」だけである。

問２　壬申の乱は，天智天皇の死後に，天智天皇の弟の大海人皇子と，天智天皇の子の大友皇子の間で争われた。勝利した大海人皇子が天武天皇として即位した。

問３　アが誤り。和同開珎の鋳造は飛鳥時代末の708年のことである。聖武天皇は奈良時代中期の天皇である。

問４　エが正しい。アは清少納言，イは作者不詳であり，内容は鎌倉時代末から室町時代前半を描いている。ウは紀貫之によって書かれた。

問５　瀬戸内海で藤原純友が，関東で平将門が乱を起こし，これがきっかけで武士が台頭していった。

問７　イ→エ→ウ→アだから，ウが正しい。安徳天皇の即位(1180年３月)→頼朝の挙兵(1180年８月)→壇ノ浦の戦い(1185年)→源頼朝の征夷大将軍就任(1192年)

問８　応仁の乱では，西軍が足利義尚をおす山名持豊(宗全)，東軍が足利義視をおす細川勝元が総大将であった。西軍が解体され，義視が将軍となった。

問９　「解体新書」はオランダ語で書かれた解剖書「ターヘルアナトミア」を翻訳したものである。

問11　衆議院議員であった田中正造は，議員を辞職したあとも抗議活動をやめず，ついに天皇への直訴を試みたが，失敗に終わった。

問12　ポーツマス条約は，アメリカのルーズベルト大統領の仲介で，アメリカ東部のポーツマスで結ばれた。

問13　アのイギリスが誤り。ロシアとの対立から，ロシアの南下をおそれたイギリスはこのあと日英同盟を結ぶ。

問14　1923年から関東大震災を導く。

問15　エとオが誤り。第一次世界大戦終結は1918年，第二次世界大戦開戦は1939年である。三国同盟は1940年，「君死にたまふことなかれ」は与謝野晶子が日露戦争に出征した弟を案じて読んだ詩である。五・一五事件は1932年，世界恐慌は1929年，普通選挙法は1925年，柳条湖事件は1931年のことである。

3　問１　イの入湯税は地方税に分類される間接税である。

問３　1955年以降続いていたために55年体制と名付けられた。

問４　ウが正しい。阪神淡路大震災と東日本大震災のときは，非自民政権が与党になっていることは覚えておきたい。宮澤喜一→細川護熙→羽田孜→村山富市→橋本龍太郎→小渕恵三→森喜朗→小泉純一郎→…と続く。下線部は非自民政権。

問５　すべての国が参加するパリ協定を，アメリカが離脱することをトランプ大統領は発表している。

問６　イが誤り。ユネスコが採択した世界遺産条約に基づき，文化遺産・自然遺産・複合遺産が登録される。

問７　ＪＲ北海道・ＪＲ東日本・ＪＲ東海・ＪＲ西日本・ＪＲ四国・ＪＲ九州・ＪＲ貨物の７株式会社に分かれた。

問８　バラク・オバマは民主党所属の第44代大統領で，アメリカ初の非白人系大統領である。

問９　International Olympic Committeeの略称である。

問10　ウが誤り。アメリカとキューバの国交回復は1995年のことである。香港が中国に返還されたのは1984年，ソ連邦の崩壊は1991年，単一通貨ユーロの使用は1999年。

■ ご使用にあたってのお願い・ご注意

（1）問題文等の非掲載

著作権上の都合により，問題文や図表などの一部を掲載できない場合があります。

誠に申し訳ございませんが，ご了承くださいますようお願いいたします。

（2）過去問における時事性

過去問題集は，学習指導要領の改訂や社会状況の変化，新たな発見などにより，現在とは異なる表記や解説になっている場合があります。過去問の特性上，出題当時のままで出版していますので，あらかじめご了承ください。

（3）配点

学校等から配点が公表されている場合は，記載しています。公表されていない場合は，記載していません。

独自の予想配点は，出題者の意図と異なる場合があり，お客様が学習するうえで誤った判断をしてしまう恐れがあるため記載していません。

（4）無断複製等の禁止

購入された個人のお客様が，ご家庭でご自身またはご家族の学習のためにコピーをすることは可能ですが，それ以外の目的でコピー，スキャン，転載（ブログ，ＳＮＳなどでの公開を含みます）などをすることは法律により禁止されています。学校や学習塾などで，児童生徒のためにコピーをして使用することも法律により禁止されています。

ご不明な点や，違法な疑いのある行為を確認された場合は，弊社までご連絡ください。

（5）けがに注意

この問題集は針を外して使用します。針を外すときは，けがをしないように注意してください。また，表紙カバーや問題用紙の端で手指を傷つけないように十分注意してください。

（6）正誤

制作には万全を期しておりますが，万が一誤りなどがございましたら，弊社までご連絡ください。

なお，誤りが判明した場合は，弊社ウェブサイトの「ご購入者様のページ」に掲載しておりますので，そちらもご確認ください。

■ お問い合わせ

解答例，解説，印刷，製本など，問題集発行におけるすべての責任は弊社にあります。

ご不明な点がございましたら，弊社ウェブサイトの「お問い合わせ」フォームよりご連絡ください。迅速に対応いたしますが，営業日の都合で回答に数日を要する場合があります。

ご入力いただいたメールアドレス宛に自動返信メールをお送りしています。自動返信メールが届かない場合は，「よくある質問」の「メールの問い合わせに対し返信がありません。」の項目をご確認ください。

また弊社営業日（平日）は，午前９時から午後５時まで，電話でのお問い合わせも受け付けています。

2025 春

教英出版

株式会社教英出版

〒422-8054　静岡県静岡市駿河区南安倍３丁目 12-28

TEL　054-288-2131　　FAX　054-288-2133

URL　https://kyoei-syuppan.net/

MAIL siteform@kyoei-syuppan.net

教英出版の中学受験対策

中学受験面接の基本がここに！
知っておくべき面接試問の要領

面接試験に，落ち着いて自信をもってのぞむためには，あらかじめ十分な準備をしておく必要があります。面接の心得や，受験生と保護者それぞれへの試問例など，面接対策に必要な知識を1冊にまとめました。

- 面接の形式や評価のポイント，マナー，当日までの準備など，面接の基本をていねいに指南「面接はこわくない！」
- 書き込み式なので，質問例に対する自分の答えを整理して本番直前まで使える
- ウェブサイトで質問音声による面接のシミュレーションができる

定価：770円(本体700円+税)

入試テクニックシリーズ

必修編

基本をおさえて実力アップ！
1冊で入試の全範囲を学べる！
基礎力養成に最適！

こんな受験生には必修編がおすすめ！

- 入試レベルの問題を解きたい
- 学校の勉強とのちがいを知りたい
- 入試問題を解く基礎力を固めたい

定価：1,100円(本体1,000+税)

発展編

応用力強化で合格をつかむ！
有名私立中の問題で
最適な解き方を学べる！

こんな受験生には発展編がおすすめ！

- もっと難しい問題を解きたい
- 難関中学校をめざしている
- 子どもに難問の解法を教えたい

定価：1,760円(本体1,600+税)

絶賛販売中！

詳しくは教英出版で検索

教英出版 検索

URL https://kyoei-syuppan.net/

教英出版の親子で取りくむシリーズ

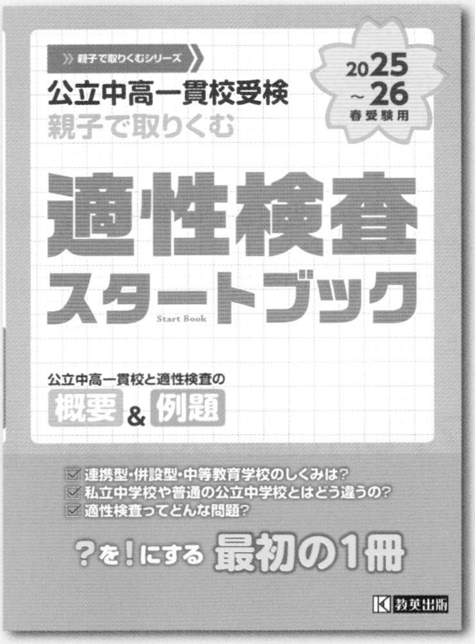

公立中高一貫校とは？適性検査とは？
受検を考えはじめた親子のための
最初の１冊！

「概要編」では公立中高一貫校の仕組みや適性検査の特徴をわかりやすく説明し，「例題編」では実際の適性検査の中から，よく出題されるパターンの問題を厳選して紹介しています。実際の問題紙面も掲載しているので受検を身近に感じることができます。

- 公立中高一貫校を知ろう！
- 適性検査を知ろう！
- 教科的な問題〈適性検査ってこんな感じ〉
- 実技的な問題〈さらにはこんな問題も！〉
- おさえておきたいキーワード

定価：1,078円（本体980+税）

適性検査の作文問題にも対応！
「書けない」を「書けた！」に
導く合格レッスン

「実力養成レッスン」では，作文の技術や素材の見つけ方，書き方や教え方を対話形式でわかりやすく解説。実際の入試作文をもとに，とり外して使える解答用紙に書き込んでレッスンをします。赤ペンの添削例や，「添削チェックシート」を参考にすれば，お子さんが書いた作文をていねいに添削することができます。

- レッスン１ 作文の基本と，書くための準備
- レッスン２ さまざまなテーマの入試作文
- レッスン３ 長文の内容をふまえて書く入試作文
- 実力だめし！入試作文
- 別冊「添削チェックシート・解答用紙」付き

定価：1,155円（本体1,050+税）

絶賛販売中！

詳しくは教英出版で検索

教英出版 検索

URL https://kyoei-syuppan.net/

教英出版　2025年春受験用　中学入試問題集

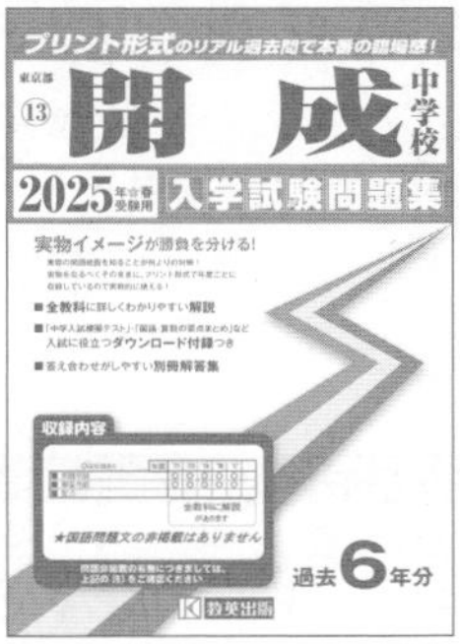

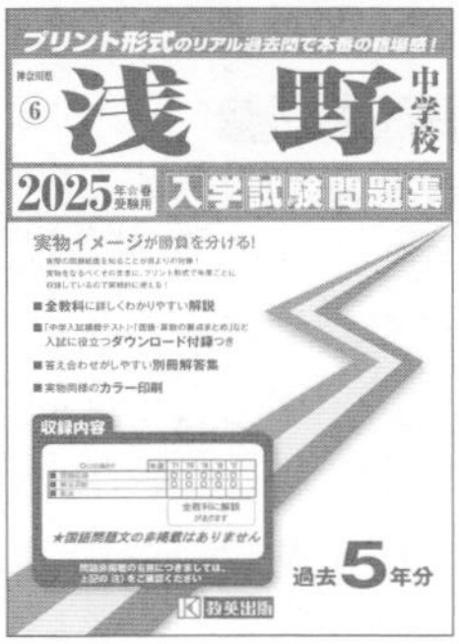

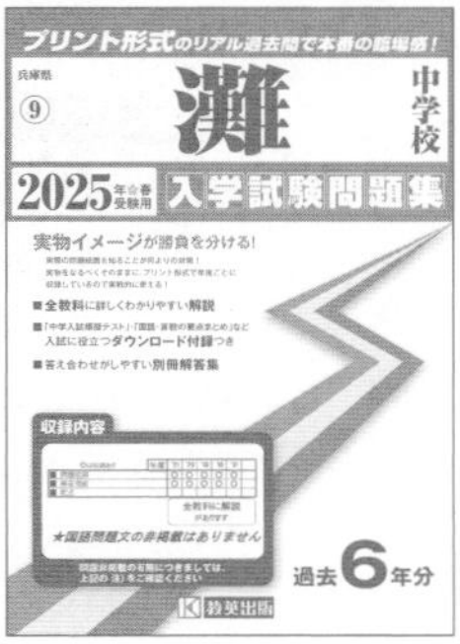

学校別問題集

✿はカラー問題対応

北海道

①[市立]札幌開成中等教育学校
②藤女子中学校
③北嶺中学校
④北星学園女子中学校
⑤札幌大谷中学校
⑥札幌光星中学校
⑦立命館慶祥中学校
⑧函館ラ・サール中学校

青森県

①[県立]三本木高等学校附属中学校

岩手県

①[県立]一関第一高等学校附属中学校

宮城県

①[県立]宮城県古川黎明中学校
②[県立]宮城県仙台二華中学校
③[市立]仙台青陵中等教育学校
④東北学院中学校
⑤仙台白百合学園中学校
⑥聖ウルスラ学院英智中学校
⑦宮城学院中学校
⑧秀光中学校
⑨古川学園中学校

秋田県

①[県立]
- 大館国際情報学院中学校
- 秋田南高等学校中等部
- 横手清陵学院中学校

山形県

①[県立]
- 東桜学館中学校
- 致道館中学校

福島県

①[県立]
- 会津学鳳中学校
- ふたば未来学園中学校

茨城県

①[県立]
- 日立第一高等学校附属中学校
- 太田第一高等学校附属中学校
- 水戸第一高等学校附属中学校
- 鉾田第一高等学校附属中学校
- 鹿島高等学校附属中学校
- 土浦第一高等学校附属中学校
- 竜ヶ崎第一高等学校附属中学校
- 下館第一高等学校附属中学校
- 下妻第一高等学校附属中学校
- 水海道第一高等学校附属中学校
- 勝田中等教育学校
- 並木中等教育学校
- 古河中等教育学校

栃木県

①[県立]
- 宇都宮東高等学校附属中学校
- 佐野高等学校附属中学校
- 矢板東高等学校附属中学校

群馬県

①
- [県立]中央中等教育学校
- [市立]四ツ葉学園中等教育学校
- [市立]太田中学校

埼玉県

①[県立]伊奈学園中学校
②[市立]浦和中学校
③[市立]大宮国際中等教育学校
④[市立]川口市立高等学校附属中学校

千葉県

①[県立]
- 千葉中学校
- 東葛飾中学校

②[市立]稲毛国際中等教育学校

東京都

①[国立]筑波大学附属駒場中学校
②[都立]白鷗高等学校附属中学校
③[都立]桜修館中等教育学校
④[都立]小石川中等教育学校
⑤[都立]両国高等学校附属中学校
⑥[都立]立川国際中等教育学校
⑦[都立]武蔵高等学校附属中学校
⑧[都立]大泉高等学校附属中学校
⑨[都立]富士高等学校附属中学校
⑩[都立]三鷹中等教育学校
⑪[都立]南多摩中等教育学校
⑫[区立]九段中等教育学校
⑬開成中学校
⑭麻布中学校
⑮桜蔭中学校
⑯女子学院中学校
✿⑰豊島岡女子学園中学校
⑱東京都市大学等々力中学校
⑲世田谷学園中学校
✿⑳広尾学園中学校（第2回）
✿㉑広尾学園中学校（医進・サイエンス回）
㉒渋谷教育学園渋谷中学校（第1回）
㉓渋谷教育学園渋谷中学校（第2回）
㉔東京農業大学第一高等学校中等部（2月1日 午後）
㉕東京農業大学第一高等学校中等部（2月2日 午後）

神奈川県

①[県立]（相模原中等教育学校
　　　　 平塚中等教育学校
②[市立]南高等学校附属中学校
③[市立]横浜サイエンスフロンティア高等学校附属中学校
④[市立]川崎高等学校附属中学校
✿⑤聖光学院中学校
✿⑥浅野中学校
⑦洗足学園中学校
⑧法政大学第二中学校
⑨逗子開成中学校（1次）
⑩逗子開成中学校（2·3次）
⑪神奈川大学附属中学校（第1回）
⑫神奈川大学附属中学校（第2·3回）
⑬栄光学園中学校
⑭フェリス女学院中学校

新潟県

①[県立]（村上中等教育学校
　　　　 柏崎翔洋中等教育学校
　　　　 燕中等教育学校
　　　　 津南中等教育学校
　　　　 直江津中等教育学校
　　　　 佐渡中等教育学校
②[市立]高志中等教育学校
③新潟第一中学校
④新潟明訓中学校

石川県

①[県立]金沢錦丘中学校
②星稜中学校

福井県

①[県立]高志中学校

山梨県

①山梨英和中学校
②山梨学院中学校
③駿台甲府中学校

長野県

①[県立]（屋代高等学校附属中学校
　　　　 諏訪清陵高等学校附属中学校
②[市立]長野中学校

岐阜県

①岐阜東中学校
②鶯谷中学校
③岐阜聖徳学園大学附属中学校

静岡県

①[国立]静岡大学教育学部附属中学校
　　　（静岡·島田·浜松）
②（[県立]清水南高等学校中等部
　 [県立]浜松西高等学校中等部
　 [市立]沼津高等学校中等部
③不二聖心女子学院中学校
④日本大学三島中学校
⑤加藤学園暁秀中学校
⑥星陵中学校
⑦東海大学付属静岡翔洋高等学校中等部
⑧静岡サレジオ中学校
⑨静岡英和女学院中学校
⑩静岡雙葉中学校
⑪静岡聖光学院中学校
⑫静岡学園中学校
⑬静岡大成中学校
⑭城南静岡中学校
⑮静岡北中学校
⑯（常葉大学附属常葉中学校
　 常葉大学附属橘中学校
　 常葉大学附属菊川中学校
⑰藤枝明誠中学校
⑱浜松開誠館中学校
⑲静岡県西遠女子学園中学校
⑳浜松日体中学校
㉑浜松学芸中学校

愛知県

①[国立]愛知教育大学附属名古屋中学校
②愛知淑徳中学校
③（名古屋経済大学市邨中学校
　 名古屋経済大学高蔵中学校
④金城学院中学校
⑤椙山女学園中学校
⑥東海中学校
⑦南山中学校男子部
⑧南山中学校女子部
⑨聖霊中学校
⑩滝中学校
⑪名古屋中学校
⑫大成中学校
⑬愛知中学校
⑭星城中学校
⑮名古屋葵大学中学校
　（名古屋女子大学中学校）
⑯愛知工業大学名電中学校
⑰海陽中等教育学校（特別給費生）
⑱海陽中等教育学校（I·II）
⑲中部大学春日丘中学校
新刊⑳名古屋国際中学校

三重県

①[国立]三重大学教育学部附属中学校
②暁中学校
③海星中学校
④四日市メリノール学院中学校
⑤高田中学校
⑥セントヨゼフ女子学園中学校
⑦三重中学校
⑧皇學館中学校
⑨鈴鹿中等教育学校
⑩津田学園中学校

滋賀県

①[国立]滋賀大学教育学部附属中学校
②[県立]（河瀬中学校
　　　　 守山中学校
　　　　 水口東中学校

京都府

①[国立]京都教育大学附属桃山中学校
②[府立]洛北高等学校附属中学校
③[府立]園部高等学校附属中学校
④[府立]福知山高等学校附属中学校
⑤[府立]南陽高等学校附属中学校
⑥[市立]西京高等学校附属中学校
⑦同志社中学校
⑧洛星中学校
⑨洛南高等学校附属中学校
⑩立命館中学校
⑪同志社国際中学校
⑫同志社女子中学校（前期日程）
⑬同志社女子中学校（後期日程）

大阪府

①[国立]大阪教育大学附属天王寺中学校
②[国立]大阪教育大学附属平野中学校
③[国立]大阪教育大学附属池田中学校

④[府立]富田林中学校
⑤[府立]咲くやこの花中学校
⑥[府立]水都国際中学校
⑦清風中学校
⑧高槻中学校(A日程)
⑨高槻中学校(B日程)
⑩明星中学校
⑪大阪女学院中学校
⑫大谷中学校
⑬四天王寺中学校
⑭帝塚山学院中学校
⑮大阪国際中学校
⑯大阪桐蔭中学校
⑰開明中学校
⑱関西大学第一中学校
⑲近畿大学附属中学校
⑳金蘭千里中学校
㉑金光八尾中学校
㉒清風南海中学校
㉓帝塚山学院泉ヶ丘中学校
㉔同志社香里中学校
㉕初芝立命館中学校
㉖関西大学中等部
㉗大阪星光学院中学校

兵庫県

①[国立]神戸大学附属中等教育学校
②[県立]兵庫県立大学附属中学校
③雲雀丘学園中学校
④関西学院中学部
⑤神戸女学院中学部
⑥甲陽学院中学校
⑦甲南中学校
⑧甲南女子中学校
⑨灘中学校
⑩親和中学校
⑪神戸海星女子学院中学校
⑫滝川中学校
⑬啓明学院中学校
⑭三田学園中学校
⑮淳心学院中学校
⑯仁川学院中学校
⑰六甲学院中学校
⑱須磨学園中学校(第1回入試)
⑲須磨学園中学校(第2回入試)
⑳須磨学園中学校(第3回入試)
㉑白陵中学校
㉒夙川中学校

奈良県

①[国立]奈良女子大学附属中等教育学校
②[国立]奈良教育大学附属中学校
③[県立]
- 国際中学校
- 青翔中学校

④[市立]一条高等学校附属中学校
⑤帝塚山中学校
⑥東大寺学園中学校
⑦奈良学園中学校
⑧西大和学園中学校

和歌山県

①[県立]
- 古佐田丘中学校
- 向陽中学校
- 桐蔭中学校
- 日高高等学校附属中学校
- 田辺中学校

②智辯学園和歌山中学校
③近畿大学附属和歌山中学校
④開智中学校

岡山県

①[県立]岡山操山中学校
②[県立]倉敷天城中学校
③[県立]岡山大安寺中等教育学校
④[県立]津山中学校
⑤岡山中学校
⑥清心中学校
⑦岡山白陵中学校
⑧金光学園中学校
⑨就実中学校
⑩岡山理科大学附属中学校
⑪山陽学園中学校

広島県

①[国立]広島大学附属中学校
②[国立]広島大学附属福山中学校
③[県立]広島中学校
④[県立]三次中学校
⑤[県立]広島叡智学園中学校
⑥[市立]広島中等教育学校
⑦[市立]福山中学校
⑧広島学院中学校
⑨広島女学院中学校
⑩修道中学校
⑪崇徳中学校
⑫比治山女子中学校
⑬福山暁の星女子中学校
⑭安田女子中学校
⑮広島なぎさ中学校
⑯広島城北中学校
⑰近畿大学附属広島中学校福山校
⑱盈進中学校
⑲如水館中学校
⑳ノートルダム清心中学校
㉑銀河学院中学校
㉒近畿大学附属広島中学校東広島校
㉓AICJ中学校
㉔広島国際学院中学校
㉕広島修道大学ひろしま協創中学校

山口県

①[県立]
- 下関中等教育学校
- 高森みどり中学校

②野田学園中学校

徳島県

①[県立]
- 富岡東中学校
- 川島中学校
- 城ノ内中等教育学校

②徳島文理中学校

香川県

①大手前丸亀中学校
②香川誠陵中学校

愛媛県

①[県立]
- 今治東中等教育学校
- 松山西中等教育学校

②愛光中学校
③済美平成中等教育学校
④新田青雲中等教育学校

高知県

①[県立]
- 安芸中学校
- 高知国際中学校
- 中村中学校

福岡県

① [国立] 福岡教育大学附属中学校（福岡・小倉・久留米）

② [県立]
- 育徳館中学校
- 門司学園中学校
- 宗像中学校
- 嘉穂高等学校附属中学校
- 輝翔館中等教育学校

③西南学院中学校
④上智福岡中学校
⑤福岡女学院中学校
⑥福岡雙葉中学校
⑦照曜館中学校
⑧筑紫女学園中学校
⑨敬愛中学校
⑩久留米大学附設中学校
⑪飯塚日新館中学校
⑫明治学園中学校
⑬小倉日新館中学校
⑭久留米信愛中学校
⑮中村学園女子中学校
⑯福岡大学附属大濠中学校
⑰筑陽学園中学校
⑱九州国際大学付属中学校
⑲博多女子中学校
⑳東福岡自彊館中学校
㉑八女学院中学校

佐賀県

① [県立]
- 香楠中学校
- 致遠館中学校
- 唐津東中学校
- 武雄青陵中学校

②弘学館中学校
③東明館中学校
④佐賀清和中学校
⑤成穎中学校
⑥早稲田佐賀中学校

長崎県

① [県立]
- 長崎東中学校
- 佐世保北中学校
- 諫早高等学校附属中学校

②青雲中学校
③長崎南山中学校
④長崎日本大学中学校
⑤海星中学校

熊本県

① [県立]
- 玉名高等学校附属中学校
- 宇土中学校
- 八代中学校

②真和中学校
③九州学院中学校
④ルーテル学院中学校
⑤熊本信愛女学院中学校
⑥熊本マリスト学園中学校
⑦熊本学園大学付属中学校

大分県

① [県立] 大分豊府中学校
②岩田中学校

宮崎県

① [県立] 五ヶ瀬中等教育学校

② [県立]
- 宮崎西高等学校附属中学校
- 都城泉ヶ丘高等学校附属中学校

③宮崎日本大学中学校
④日向学院中学校
⑤宮崎第一中学校

鹿児島県

① [県立] 楠隼中学校
② [市立] 鹿児島玉龍中学校
③鹿児島修学館中学校
④ラ・サール中学校
⑤志學館中等部

沖縄県

① [県立]
- 与勝緑が丘中学校
- 開邦中学校
- 球陽中学校
- 名護高等学校附属桜中学校

もっと過去問シリーズ

北海道

北嶺中学校
7年分(算数・理科・社会)

静岡県

静岡大学教育学部附属中学校
(静岡・島田・浜松)
10年分(算数)

愛知県

愛知淑徳中学校
7年分(算数・理科・社会)
東海中学校
7年分(算数・理科・社会)
南山中学校男子部
7年分(算数・理科・社会)
南山中学校女子部
7年分(算数・理科・社会)
滝中学校
7年分(算数・理科・社会)
名古屋中学校
7年分(算数・理科・社会)

岡山県

岡山白陵中学校
7年分(算数・理科)

広島県

広島大学附属中学校
7年分(算数・理科・社会)
広島大学附属福山中学校
7年分(算数・理科・社会)
広島学院中学校
7年分(算数・理科・社会)
広島女学院中学校
7年分(算数・理科・社会)
修道中学校
7年分(算数・理科・社会)
ノートルダム清心中学校
7年分(算数・理科・社会)

愛媛県

愛光中学校
7年分(算数・理科・社会)

福岡県

福岡教育大学附属中学校
(福岡・小倉・久留米)
7年分(算数・理科・社会)
西南学院中学校
7年分(算数・理科・社会)
久留米大学附設中学校
7年分(算数・理科・社会)
福岡大学附属大濠中学校
7年分(算数・理科・社会)

佐賀県

早稲田佐賀中学校
7年分(算数・理科・社会)

長崎県

青雲中学校
7年分(算数・理科・社会)

鹿児島県

ラ・サール中学校
7年分(算数・理科・社会)

※もっと過去問シリーズは
国語の収録はありません。

教英出版
〒422-8054
静岡県静岡市駿河区南安倍3丁目12−28
TEL 054-288-2131
FAX 054-288-2133
詳しくは教英出版で検索
教英出版　検索
URL https://kyoei-syuppan.net/

二〇二四

大阪桐蔭中学校

中学入学試験　前期

〈国語〉

（60分）

K 教英出版

令和六年度　大阪桐蔭中学校入学試験問題　［国語］（前期）

一　次の文章を読んで、あとの問いに答えなさい。（問いに「……字」とある場合は、「、」や「。」やその他の記号もすべて一字と考えます。）

「侍《さむらい》なぞ、なっても仕方がないと、私にはそう思えます」
「菓子屋《かしや》だって、似たようなものだがな」
「そんなことはありません！　親方の菓子には、力があります！」
びっくりするほどの大声に、治兵衛《じへえ》は目をしばたたかせた。
「親方の菓子をひと口食べただけで、嫌《いや》なことを忘れて、とても幸せな気持ちになります。侍の剣《けん》なぞより、親方の菓子の方がよほど力があります」
「たかが菓子だ。そんな大げさなものじゃねえさ」
笑いに紛《まぎ》らせながらも、治兵衛には不安が残った。菓子屋を褒《ほ》める一方で、侍を疎《うと》んでいる。翠之介《すいのすけ》が抱《かか》える屈託《くったく》は、存外に根の深いものかもしれない。それ以上、諭《さと》す文句も思いつかず、治兵衛はいつものように妹への土産《みやげ》を持たせ、家に帰した。
騒《さわ》ぎが起きたのは、同じ日の夕刻だった。
「南星屋《なんぼしや》治兵衛というのは、おまえか！　このようなもので倅《せがれ》をたぶらかしおって。いったいどういう了見《りょうけん》だ！」
男が紙の包みを地面にたたきつけ、こぼれた砂糖菓子がばらばらと散った。今日の昼、翠之介に持たせた、若みどりだった。
「おやめください、父上！　親方は何も悪くありません。私が無理を言って、弟子《でし》入りを乞《こ》うたのです。どうか、どうか話を……」
男の腰《こし》に、翠之介が必死でしがみつく。南星屋をふいに訪《おとず》れたのは、翠之介の父親だった。
店仕舞《じま》いを終え、すでに閉じていた表戸が乱暴に叩《たた》かれた。治兵衛が潜戸《くぐりど》から出てみると、血相を変えた父親が仁王《におう》立ちになっていた。
「朝稽古《あさげいこ》などと親に嘘《うそ》をついて……この半月、道場はおろか、手習いにさえ行っていないというではないか！」
治兵衛ははっとして、声もなくうなだれた。やはり翠之介は手習いと道場を怠《なま》けて、ここへ通っていたのだ。それを承知で何も言わずにいたのは、明らかに己《おのれ》の手落ちだった。
娘《むすめ》や弟の懸念《けねん》はもっともだ。翠之介の姿に昔の己の面影《おもかげ》を見て、また、男の孫が――跡取《あとと》りができたような、甘《あま》い夢に浸《ひた》っていた。
①少し考えればわかるはずの現実から、あえて目を逸《そ》らし、見ないようにしていた。その浅はかさを、いまさらながら治兵衛は悔《く》いた。
「すみません、親方、父には私から申しますから……」
悲しそうな表情を、勘違《かんちが》いしたのだろう。翠之介が詫《わ》びて、地面にかがみ込《こ》んだ。散らばった菓子を、ひとつひとつていねいに拾い上げる。

「そのような恥《は》ずかしい真似《まね》をするな！」
首根っこをつかまえて、倅を立ち上がらせると、父親はその頬《ほお》を張った。西日に赤く染まった地面に、翠之介が横ざまに倒《たお》れる。思わず助け起こそうとした治兵衛を押《お》しのけて、父親があいだに立った。
「立て、翠之介。帰るぞ」
翠之介は返事をせず、ゆっくりと立ち上がった。叩かれたときに口の中が切れたのか、唇《くちびる》の端《はし》に血がにじんでいる。その唇を噛《か》みしめて、翠之介は父親を睨《にら》みつけた。
「帰りません。私は親方のもとで修業《しゅぎょう》します」
「何だと……まだそのようなことを……」
「私は菓子職人になります！　侍にはなりません！」
「おまえは稲川家の、嫡男《ちゃくなん》なのだぞ！　私の跡を継《つ》ぐのが、おまえの役目だ！」
「父上のような侍には、私はなりたくありません！」
ぱん！　と、先刻より大きな音で、翠之介の頬が鳴った。子供の軽いからだが、放られた猫《ねこ》のように宙をとび、地面にたたきつけられた。
「翠坊《すいぼう》！」
治兵衛があわてて駆《か》け寄った。頭を強く振《ふ》られて、もうろうとしているようだ。翠之介はうっすらとあけた目をまた閉じて、治兵衛の腕《うで》の中でくたりとなった。たまらない思いが胸を突《つ》き上げて、治兵衛はぎゅっと子供のからだを抱《だ》きしめた。
「もう、勘弁《かんべん》してやってください。あっしが……あっしが悪かったんです……お願いですから、坊《ぼっ》ちゃんを叱《しか》らないでやってください」
「菓子屋の分際で、余計な口を叩くな。倅をこちらに寄越《よこ》せ」
「……私は、帰りません……」
まだ頭がはっきりしないようだが、治兵衛の腕の中で、翠之介はそれでも抗《あらが》おうとする。
夕陽《ゆうひ》を浴びた父親の顔が、さらに朱《しゅ》に染まった。憤怒《ふんぬ》にかられた形相《ぎょうそう》で、ぎりぎりと治兵衛を睨みつける。
「よくもこうまで、息子《むすこ》をたぶらかしてくれたものだな。このまま手打ちにしても飽《あ》き足らんわ」
その目はすでに怒《いか》りをとおり越し、憎《にく》しみに満ちている。
狭《せま》い裏通りとはいえ往来だから、店先の騒ぎをききつけて、人垣《ひとがき》ができはじめた。
馴染《なじ》みの菓子屋が面倒《めんどう》に巻《ま》き込まれているようだ。察した近所の者たちが、差配《さはい》を呼べだの、鳶《とび》の頭《かしら》を連れて来いだのと言い合っている。その中に、お君《きみ》の声も混じっていた。

「どうしよう、おっかさん。あたし、五郎《ごろう》おじさんを呼んでくるわ」

「落ち着きなさい、お君。いまから四ツ谷に走っても、間に合わないわ」

これ以上、騒ぎが大きくなる前に事を収めなければ、翠之介の父親は、ますますXのっぴきならない羽目《はめ》に追い込まれる。だが、いまさら治兵衛がどう説いたところで、（　A　）を貸そうとしないだろう。何の手立ても思いつけぬまま、ただ②子供を抱く手に力を込めた。

そのとき治兵衛の前に、救いの（　B　）がさしのべられた。

「南星屋の亭主《ていしゅ》ではないか。いったい、どうした。何があった？」

人垣をかき分けてきた若い侍が、治兵衛の前をふさぐ父親の背中から声をかけた。

「河路《かわじ》さま……」

平戸藩《ひらどはん》松浦《まつら》家の家臣、河路金吾《きんご》だった。

今年の二月、治兵衛は松浦家で（　C　）とされる菓子、カスドースの製法を盗《ぬす》んだとして、平戸藩から訴《うった》えられた。幸い、どうにか事なきを得たが、その折に見分役を務めたのが、河路金吾だった。

河路はすぐに、治兵衛が厄介《やっかい》に見舞《みま》われていると察したようだ。父親とのあいだに、割って入った。

「事の次第《しだい》はわかりませぬが、相手は年寄りと子供ではありませんか」

「仔細《しさい》を知らぬ者が出しゃばるな！　これは当家の威信《いしん》に関わることだ」

河路は丸みを帯びた頰を引《ひ》き締《し》めて、己より上背のある相手の目を見据《す》えた。

「そうは参りませぬ。この南星屋は、当家に縁《ゆかり》の店。看板こそ与《あた》えていないものの、ご家老直々の覚えを受けておりまする」

家老ときいて、さすがに父親が、わずかに怯《ひる》んだようすを見せる。河路は改めて、名前と身分を告げた。

「ここは人目に立ち過ぎまする。ひとまず中で落ち着きなされ。腰を据えて話をすれば、互《たが》いの行き違《ちが》いも見えてきましょう」

河路金吾のとりなしに、ようやく父親がY矛《ほこ》を収めた。

治兵衛は安堵《あんど》の息をつき、腕の力を抜《ぬ》いたが、子供の表情を見てどきりとした。

翠之介は、しっかりと目をあけていたが、その口許《くちもと》は頑《かたく》なに引き結ばれていた。

「父上がどう言おうと、私の気持ちは変わりません。私はここで、菓子職人の修業をします！」

あまりの頑固《がんこ》さに、河路金吾がため息をついた。

お永《えい》とお君は隣《となり》の四畳半《よじょうはん》に下がり、居間には男四人が膝《ひざ》をつき合わせていたが、一刻近くが経《た》っても、話はいっこうに折り合わない。

治兵衛が息子をそそのかしたのではなく、ただ甘やかしていただけだと知ると、③父親は意外にも、己の短慮《たんりょ》を詫びるような言葉を口にした。河路金吾のおかげもあって、治兵衛との和解までは円滑《えんかつ》に進んだが、④そこから先が思うように運ばなかった。

翠之介はどうしても、菓子屋になると言ってきかない。父親はもちろん、治兵衛や河路までもが説得にあたったが、翠之介の決心は揺《ゆ》らがなかった。

堂々巡《どうどうめぐ》りの話し合いに、大人三人の顔には疲労《ひろう》が色濃《こ》く浮《う》いていた。

やがて、父親が、覚悟《かくご》を決めたように口を開いた。

「先刻、店の前で叫《さけ》んでいたな。おれのような侍にはなりたくないと……おまえがそうまで言い張るのはそれ故《ゆえ》か？」

翠之介は膝に目を落としたまま黙《だま》っていたが、両手に握《にぎ》られた袴《はかま》が、きゅっと絞《しぼ》られた。

「おれが父上の⑤ように立派な侍ではないから……学問もできず、碌《ろく》なお役目にもつけずおまえたちに菓子ひとつ与えてやれぬ。おまえが侍を厭《いと》うのは、そのためか？」

他人の前で己の恥《はじ》をさらす、その正直さに、治兵衛は少なからず驚《おどろ》いた。

翠之介の父親、稲川崎十郎《いながわさきじゅうろう》は、先手《さきて》組同心《どうしん》を務めている。先手とは、弓組と鉄砲《てっぽう》組から成る、戦時においては先陣を務める者たちだ。平時には江戸城内の門の警護を任されており、同心はその先手組の末端《まったん》にあたる。

崎十郎は、鉄砲組に配された、三十俵二人扶持《ぶち》の御家人《ごけにん》だった。

翠之介の祖母を含《ふく》めた一家五人を養うには、あまりにも少ない禄《ろく》で、さらに使用人もいる。たとえ小役人でも、武家には使用人の数から着物に至るまで、公儀《こうぎ》から細かなとり決めがなされている。いくら貧乏《びんぼう》しても、体面を保つためには相応の費《つい》えがかかり、自《おの》ずと出ていく金ばかりが増えていく。

幕府の開府から、すでに二百五十年が経とうとしている。禄はそのあいだいっこうに変わらぬのに、物価だけはどんどん上がる。いまや下級武士の暮らしは、かつてないほど逼迫《ひっぱく》していた。

「父上が生きていた頃《ころ》は、まだ良かった。決して豊かとは言えぬまでも、暮らしはいまよりずっと楽だった」

先手組はその役目柄《がら》、武術の心得が必要で、稲川崎十郎もまた剣にはすぐれている。しかし翠之介の祖父である父親は、剣だけでなく学問をよくし、名の知れた書家でもあった。門弟《もんてい》には高禄の武家や大商人もおり、書家としての余録は扶持米《ふちまい》の何倍にもなった。

あいにく崎十郎は、父の風流を爪《つめ》の先ほども受《う》け継《つ》がず、先代の死後、稲川家はまたたく間に困窮《こんきゅう》した。自身の不甲斐《ふがい》なさ故と、忸怩《じくじ》たる思いを抱えているのだろう。父親は声を落とした。

「おまえはその頃のことを覚えているからな。以前の暮らしぶりが忘れられず、貧乏に嫌気《いやけ》がさしたのだろう。おれとて同じ思いだが……」

「昔を忘れられぬのは、父上の方ではありませんか！」

愚痴《ぐち》めいた弱気な呟《つぶや》きを、翠之介がさえぎった。顔を真っ赤にして、袴を握り締めていた両手を、ぱん、と畳《たたみ》について父親に向き直った。

「同心のお役目も、貧しい暮らしも、私は少しも苦にしてはおりません。佳苗《かなえ》がかわいそうに思えることはありますが、それだけで菓子屋を志したのではありません」

　翠之介は妹の名前を出して、なおも父親に詰《つ》め寄った。

「父上が毎晩のようにもらす繰《く》り言《ごと》が、きくに堪《た》えなくなったのです」

　平時の先手は城の門番に過ぎず、同輩《どうはい》と軽口をたたくより、暇《ひま》の潰《つぶ》しようがない退屈《たいくつ》な勤めだった。それを父親は、酒を飲みながら飽くことなく繰り返していた。

「お役目がつまらない、禄が少ないと、おじいさまと己を引き比べてはこぼしている。それがどうにも辛《つら》くてなりませんでした」

「翠之介……」

「おじいさまは、たしかに立派な方でした。だからといって、そのために父上を軽《かろ》んじるような真似は誰《だれ》もしてはおりません。父上だけがいつまでも、おじいさまを引きずって……」

　それまでずっと堪えてきた涙《なみだ》が、子供の目からこぼれ落ちた。それをぐいと袖《そで》で拭《ぬぐ》い、翠之介は言葉を継いだ。

「……私もやはり、（　Ｄ　）はあまりできません。このまま大人になってお役目についても、やっぱり同じ繰り言を呟きながら、一生を終えるのかと思うと怖《こわ》くなりました」

　しばしの沈黙《ちんもく》の後、やがて父親が、そうか、と呟いた。

（西條奈加《さいじょうなか》『まるまるの毬《いが》』）

問一　――X・Yとありますが、その意味として最もふさわしいものを次の中から一つずつ選び、それぞれ記号で答えなさい。

X　のっぴきならない

ア　どうしようもない
イ　体面を保てない
ウ　くやみきれない
エ　感情を抑えられない

Y　矛を収めた

ア　元気をなくした
イ　非を認めて謝った
ウ　攻めるのをやめた
エ　言動を反省した

問二　――①とありますが、これはどのようなことを指していますか。その説明として最もふさわしいものを次の中から一つ選び、記号で答えなさい。

ア　そそのかすつもりはなくとも、翠之介に菓子を与えれば、翠之介の父親が怒るのも当たり前だということ。
イ　武家の嫡男である翠之介が自分のもとで修業を積んで菓子職人になることなど、許されるはずもないということ。
ウ　しなければならないことを怠けているという事実を、翠之介は自分自身の父親には伝えていないということ。
エ　手習いと道場に行かないで菓子作りをしているようでは、翠之介は立派な侍にはなれないということ。

問三 ――②とありますが、ここでの治兵衛の心情の説明として最もふさわしいものを次の中から一つ選び、記号で答えなさい。

ア 親子とはいえ、騒ぎが大きくなると翠之介の父親も罪に問われてしまうので、河路金吾が来るまで時間を稼《かせ》ごうと思っている。

イ 自分の力では、怒っている翠之介の父親をどうすることもできないので、落ち着くまで様子を見ようと思っている。

ウ 菓子職人である以上、侍の家庭について意見するのは気が引けるものの、翠之介の境遇を気の毒だと思っている。

エ 翠之介の父親を落ち着かせることができず困っているが、翠之介のことは自分が守らなければいけないと強く思っている。

問四 （　　）A・Bを補うのに最も適切な、身体の一部を表す漢字一字をそれぞれ答えなさい。

問五 （　C　）には、「大切な技術などを、部外者に知られないように隠しておく」という意味の四字熟語が入ります。解答らんに合うように、漢字を補って四字熟語を完成させなさい。

問六 ――③とありますが、「意外にも」という表現から読み取れる治兵衛の思いの説明として最もふさわしいものを次の中から一つ選び、記号で答えなさい。

ア 治兵衛は、翠之介の父親について、翠之介に暴力的な行動をとっていたことから、話し合いによる解決は不可能だろうと思っていた。

イ 治兵衛は、翠之介の父親について、河路金吾から家老のことを聞いて態度を変えたことから、油断できない人物だろうと思っていた。

ウ 治兵衛は、翠之介の父親について、翠之介が意志を曲げようとしないことから、より一層怒りを募《つの》らせているだろうと思っていた。

エ 治兵衛は、翠之介の父親について、翠之介や自分に対する言動から、頑固《がんこ》で自分の考えを簡単には曲げない人物だろうと思っていた。

5 図1はABの長さが10 cm，BCの長さが30 cm，角ABCの大きさが90°の直角三角形を底面とし，高さが20 cmの三角柱ABC−DEFです。

このとき，次の問いに答えなさい。

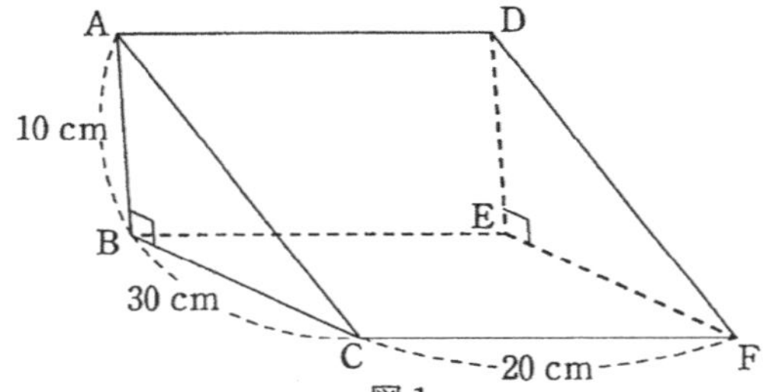

図1

(1) 図1の三角柱の体積は何 cm^3 ですか。

次に，図2のように，AC上の点P，BC上の点Q，EF上の点R，DF上の点Sを頂点とする，長方形ABEDに平行な四角形PQRSによって，図1の三角柱は，体積の比が16 : 9の四角柱と三角柱に分かれます。

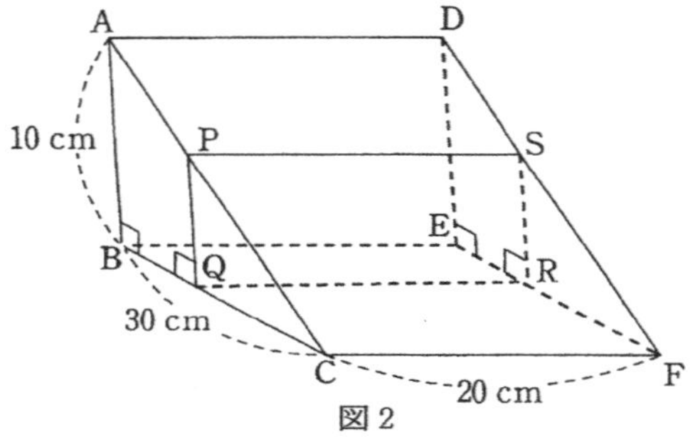

図2

(2) 長方形PQRSの面積は何 cm^2 ですか。

(3) 図3のように，図2の三角柱において，AFとPSの交わった点をX，BFとQRの交わった点をYとします。このとき，3つの四角形ABQP，PQYX，ABYXおよび2つの三角形APX，BQYで囲まれた立体の体積は何 cm^3 ですか。

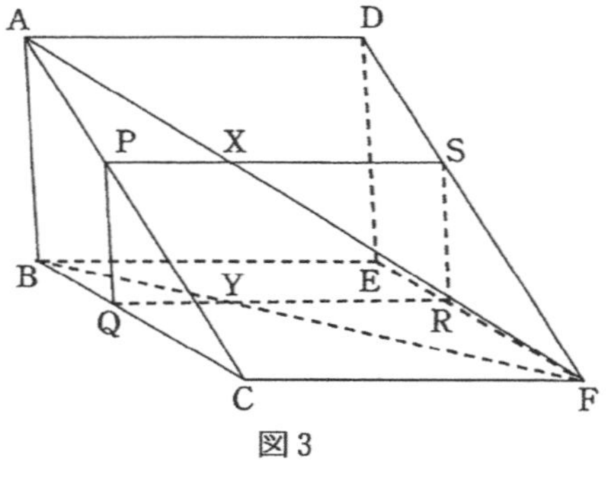

図3

4　図のような立体がたくさんあり，次のような規則で，1つの立体の4つの各面に1つずつ数字を書きます。

1個目の立体には，1，2，3，4の数字を書きます。
2個目の立体には，5，7，9，11の数字を書きます。
3個目の立体には，12，15，18，21の数字を書きます。
4個目の立体には，22，26，30，34の数字を書きます。

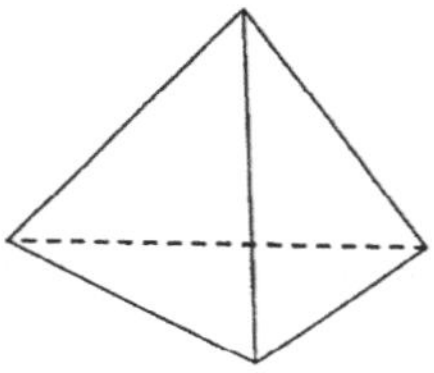

以下，同じ規則で立体に数字を書きます。
このとき，次の問いに答えなさい。

(1)　10個目の立体に書かれた4つの数字の中で一番大きい数字は何ですか。

(2)　1つの立体に書かれた4つの数字の和が，はじめて1000より大きくなるのは何個目の立体ですか。

(3)　1つの立体に書かれた4つの数字の和を，1個目の立体から順に足し合わせた数が10000に最も近くなるとき，その数はいくつになりますか。

3　右の図のように，1周の長さが 10 km の池のまわりの道沿いに，1番から 10 番までの看板が等間かくで並んでいます。A さんと B さんは，1番の看板をスタート地点とし，A さんは図の矢印の向きに徒歩で，B さんは図の矢印の向きと反対向きに自転車で，それぞれ同時に出発します。A さんは，1番の看板を出発してから，池の周りを向きを変えることなく進み，1周して1番の看板に着くとすぐに進むのをやめて止まります。B さんは，A さんと同じ位置にくると，それまでに進んでいた向きと反対向きに進み，A さんが1番の看板に着いて止まるのと同時に進むのをやめて止まります。2人が出発してから最初に同じ位置にきたのは，3番の看板のところでした。また，2人の進む速さはそれぞれ一定であるとします。

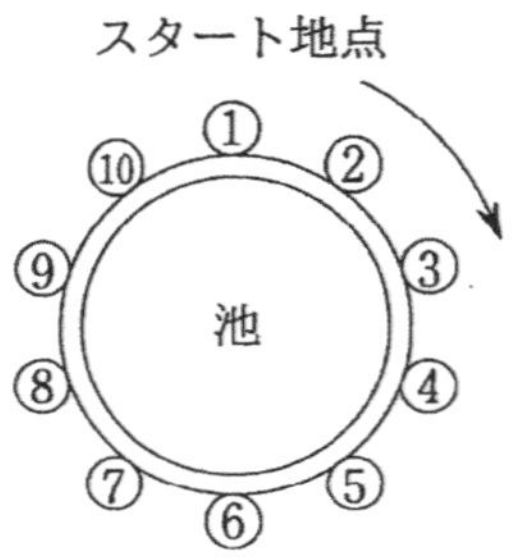

このとき，次の問いに答えなさい。

(1)　2人が出発してから，B さんが初めて図の矢印の向きで4番の看板を通過するとき，B さんは，A さんの前方何 km のところにいますか。

(2)　2人が出発してから，2度目に A さんと B さんが同じ位置にきたとき，2人は4番の看板から，図の矢印の向きに何 km のところにいますか。

(3)　2人が出発してから，最後に A さんと B さんが同じ位置にきたとき，2人は4番の看板から，図の矢印の向きに何 km のところにいますか。

（問１）文中の下線部（1）に関係することとしてもっとも適当なものを，次の中から選び記号で答えなさい。

ア．地球から月を見ると満ち欠けして見える

イ．月の満ち欠けの周期が公転の周期と異なる

ウ．月の出の時刻が毎日約 48 分ずつ遅《おく》れる

エ．地球に対して，月は常に同じ面を向けている

（問２）文中の下線部（2）について，地球にクレーターがあまり見られない理由を説明したものとして正しいものを，次の中から選び記号で答えなさい。

ア．地球上では，いん石が落ちた跡は風や水によって消されてしまうから

イ．地球上にいん石が落ちることは全くないから

ウ．地球の表面は硬《かた》いので，いん石が落ちてもクレーターができないから

エ．海の中などの見えないところにしかいん石が落ちることはないから

（問３）文中の空らん①に入る惑星を，（表）中の惑星から選び答えなさい。

（問４）文中の空らん②に入る数値を，次の中から選び記号で答えなさい。

ア．7 万　　イ．14 万　　ウ．70 万　　エ．140 万　　オ．700 万　　カ．1400 万

（問５）文中の空らん③に入る数値を，次の中から選び記号で答えなさい。

ア．2000　　イ．4000　　ウ．6000　　エ．8000　　オ．10000

（問６）文中の空らん④に入る数値を，次の中から選び記号で答えなさい。

ア．20　　イ．25　　ウ．30　　エ．35

（問７）文中の空らん⑤，⑥に入る語句の組み合わせとして正しいものを，次の中から選び記号で答えなさい。

ア．⑤ 短く　⑥ 遅《おそ》い　　イ．⑤ 短く　⑥ 速い

ウ．⑤ 長く　⑥ 遅い　　エ．⑤ 長く　⑥ 速い

4 次の文を読んで後の問いに答えなさい。

地球から大きく見える天体の例として月や太陽があり，私たちは昔からそれらを観測してきました。そこで，月や太陽について詳《くわ》しく見ていくことにしましょう。

月は地球から約 38 万 km 離《はな》れたところにあり，地球の周りを回っています。その公転の周期は約 27.3 日で，月の自転の周期も公転周期と同じです。そのため，(1) 1 日に公転する角度と，1 日に自転する角度が等しくなります。また，月の表面には，いん石が落ちた跡《あと》だと言われている (2) クレーターがたくさん見られます。

太陽は，太陽系の中心であり，太陽系には地球を含《ふく》めて 8 個の惑星《わくせい》があります。そのうちの水星と金星以外の惑星は 1 個以上の衛星をもちます。次の（表）は，衛星をもつ惑星の半径と，各惑星の一番大きい衛星（最大衛星）の半径を示したものです。（表）中の惑星のうち，惑星の半径に対する最大衛星の半径の比がもっとも大きいものは，（　①　）です。

（表）　衛星をもつ惑星の半径と最大衛星の半径

惑星	惑星の半径〔km〕	最大衛星の半径〔km〕
地球	6378	1738
火星	3396	11
木星	71492	2634
土星	60268	2575
天王星	25559	789
海王星	24764	1353

太陽について，詳しく見ていくことにしましょう。地球と太陽の間の距離《きょり》は約 1 億 5 千万 km で，地球から見ると月と太陽はほぼ同じ大きさに見えるので，太陽の直径は約（　②　）km と計算できます。太陽を観察すると，黒点が見られます。太陽の表面温度は約（　③　）℃であり，黒点はその温度より低いため，黒く見えます。また，1 つの黒点に注目するとその黒点が移動することから，太陽も地球と同じように自転していることがわかります。

そこで，太陽の自転について調べるために，ある 2 つの黒点を毎日正午に観察し，スケッチしました。（図）は，観察することができた 6 月 4 日と 6 月 6 日，6 月 7 日の黒点をスケッチしたもので，太陽の経線と緯線《いせん》は 10° ごとに描《えが》かれています。この（図）から，地球から見た太陽の自転周期は赤道付近では約（　④　）日となり，極付近の自転周期は赤道付近の自転周期より（　⑤　），自転の速さは極付近の方が赤道付近よりも（　⑥　）ことがわかります。

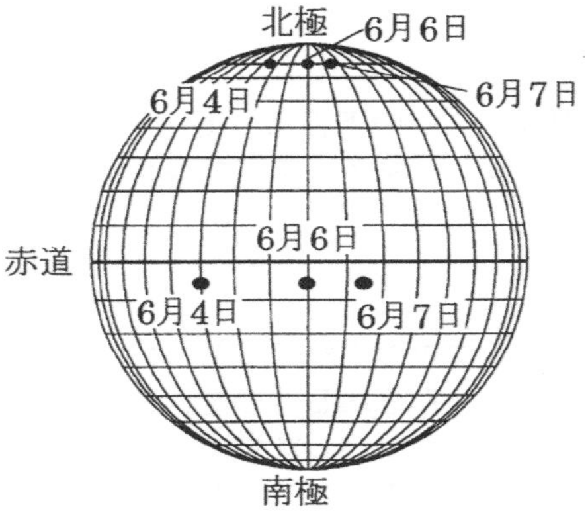

（図）　観察した黒点の移動の様子

このように，太陽の自転周期は赤道付近と極付近で異なっており，場所によって周期が異なる回転を差動回転といいます。太陽が主にガスでできた天体であるために差動回転が起こり，この差動回転によって太陽内部の磁場が複雑に乱れ，一部が太陽内部から浮《う》き上《あ》がり，黒点などの様々な太陽活動を示すようになると考えられています。

(問1) 文中の下線部 (1) について，発芽に必要な条件として正しいものを，次の中から 3つ選び記号で答えなさい。

ア．光　　イ．温度　　ウ．水　　エ．空気　　オ．肥料

(問2) 文中の下線部 (2) について，昆虫を通じて受粉する花を何というか答えなさい。
また，この花の花粉の特ちょうとして正しいものを，次の中から選び記号で答えなさい。

ア．ふくろ状の形をしている　　イ．べたべたしている　　ウ．さらさらしている

(問3) 文中の下線部 (3) について，単子葉類と双子葉類を，次の中からそれぞれ選び記号で答えなさい。

ア．イネ　　イ．サクラ　　ウ．マツ
エ．イチョウ　　オ．ゼニゴケ　　カ．ベニシダ

(問4) 文中の空らん①～③に入る語句の組み合わせとして正しいものを，次の中から選び記号で答えなさい。

ア．①ひげ根　②あり　③平行脈　　イ．①ひげ根　②あり　③網状《もうじょう》脈
ウ．①ひげ根　②なく　③網状脈　　エ．①ひげ根　②なく　③平行脈
オ．①主根と側根　②あり　③平行脈　　カ．①主根と側根　②あり　③網状脈
キ．①主根と側根　②なく　③網状脈　　ク．①主根と側根　②なく　③平行脈

(問5) 文中の下線部 (4) について，タンポポのような花びらの特ちょうをもつ花を何というか，漢字3文字で答えなさい。

(問6) 文中の下線部 (5) について，(図 1) ～ (図 4) のうちシュガースポットがもっとも多くみられるものを，次の中から選び記号で答えなさい。ただし，すべて室温で行っているものとします。

ア．(図 1)　　イ．(図 2)　　ウ．(図 3)　　エ．(図 4)

問３　下線部③について、このころは日本の縄文時代にあてはまります。縄文時代の出土品として誤っているものを、次のア～エから一つ選び、記号で答えなさい。

ア

イ

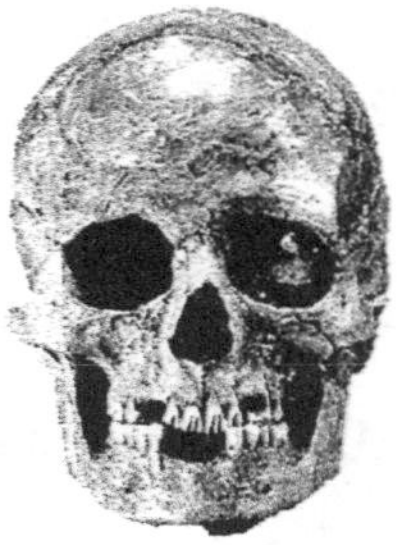
ウ

エ

問４　文中の空らん［　Ａ　］にあてはまる、高野山に金剛峯寺を建て、真言宗を広めた人物を漢字２字で答えなさい。

問５　下線部④について、宋（北宋）との関わりを示す写真や図として最も適切なものを、次のア～エから一つ選び、記号で答えなさい。

中国からの瀬戸内海の航路の安全を祈って、当時の政権により厚い信仰を受けた神社の社殿。

ア

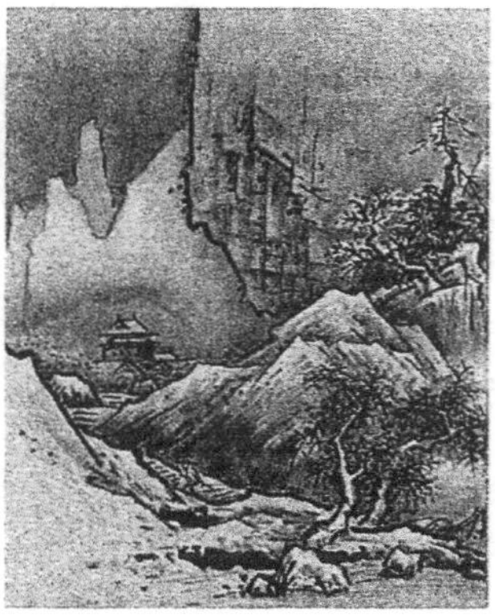

大内氏の保護のもと中国に渡って画法を学び、帰国後日本的な様式を完成させた僧が描いた水墨画。

イ

幕府が貿易を奨励するために発行した海外渡航許可証を携帯し、海外貿易に従事した商船を描いた図。

ウ

肥後の御家人が、中国が率いた連合軍との戦闘における自身の姿を描かせた絵巻物の一部。

エ

問６　下線部⑤について、次の文章は、駿河（現在の静岡県）を代表する牧之原（まきのはら）茶についての説明です。文中の空らん あ ・ い にあてはまる語句の組合せとして正しいものを、次のア～エから一つ選び、記号で答えなさい。

大政奉還後、駿府に隠居した あ の身辺警護をおこなうため、中條景昭（ちゅうじょうかげあき）を隊長として組織された「精鋭隊（のち新番組）」の武士たちが、1869年に各地の藩主が領地と人民を返上した版籍奉還によって突然その任を解かれて職を失ったのち、牧之原台地の茶畑の開墾にあたった。1873年に初めて茶つみがおこなわれ、その後日本を代表するブランドへと成長した。同じように職を失った武士が土地の開拓に関わった例としては、北海道の い があげられる。

ア　あ―徳川吉宗　い―奇兵隊
イ　あ―徳川吉宗　い―屯田兵
ウ　あ―徳川慶喜　い―奇兵隊
エ　あ―徳川慶喜　い―屯田兵

問７　下線部⑥について、次の写真１は宇治に建てられた阿弥陀堂です。この建物を建立し、約50年間にわたって摂政・関白として大きな力を持った人物を解答らんにあわせて漢字２字で答えなさい。

写真１

問８　文中の空らん B にあてはまる、茶の湯を大成した人物を、漢字３字で答えなさい。

問９　下線部⑦について、次の３枚のカードは当時の日本国内の状況について説明したものです。Ｘ・Ｙにあてはまる文の組合せとして正しいものを、次のア～エから一つ選び、記号で答えなさい。

社会的背景 Ｘ	→	老中松平定信が政治の 立て直しをはかった。	→	具体的政策 Ｙ

Ｘ　a　浅間山の噴火を一因としておこった天明のききんで農民が困窮していた。
　　b　明暦の大火の復興費用で幕府が財政難に陥っていた。

Ｙ　c　物価の下落に期待し、株仲間を解散させた。
　　d　各地に囲い米の設置を奨励し、大名に米を蓄えさせた。

ア　Ｘ―a　Ｙ―c　　イ　Ｘ―a　Ｙ―d
ウ　Ｘ―b　Ｙ―c　　エ　Ｘ―b　Ｙ―d

問10　下線部⑧について、次の写真２は、アメリカのある都市で、日本が平和条約を調印した様子です。日本はこの条約によって主権を回復しました。この条約が結ばれた都市をカタカナ８字で答えなさい。

写真２

問11　下線部⑨について、次の図１は開国後の1865年における日本の輸入品・輸出品の割合を示したグラフです。空らんにあてはまる品目を、漢字２字で答えなさい。

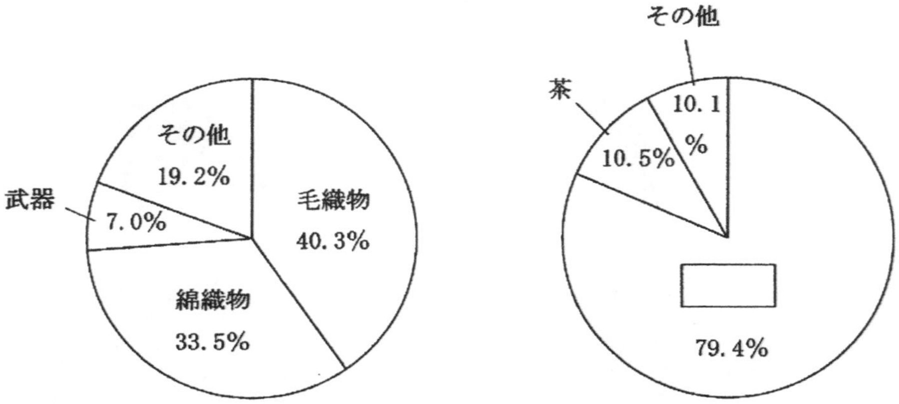

輸入品　　輸出品

図１

問12　下線部⑩について、次の浮世絵師Ⅲ・Ⅳと、その作品ａ～ｄとの組合せとして正しいものを、次のア～エから一つ選び、記号で答えなさい。

Ⅲ　喜多川歌麿　　　Ⅳ　葛飾北斎

ａ

ｂ

ｃ

ｄ

ア　Ⅲ－ａ　Ⅳ－ｃ　　　イ　Ⅲ－ａ　Ⅳ－ｄ
ウ　Ⅲ－ｂ　Ⅳ－ｃ　　　エ　Ⅲ－ｂ　Ⅳ－ｄ

3　次の日本における少子高齢化についての文を読んで、あとの問いに答えなさい。

日本の少子高齢化が急速に進んでいます。厚生労働省は、2022年の出生数は77万人余りと、国の統計開始以来はじめて80万人を下回り、過去最少を更新したと発表しました。①1980年の出生数が約158万人であり、この40年で半減したことになります。国立社会保障・人口問題研究所が2017年に公表した予測では、出生数が80万人を下回るのは2030年となっており、少子化が想定を上回るペースで進んでいることが分かります。

一方で、2022年の死亡数は約157万人で、前年比約13万人増えて過去最多となりました。厚生労働省は出生数の減少について、「結婚や出産、子育ての希望実現を阻む様々な要因が複雑に絡み合っている」とした上で、「②社会や経済の基盤が大きく変わる危機ともいえ、関係省庁と連携しながら対策に取り組む」と述べています。

このような中、こども［ A ］庁が「子ども政策の司令塔」として、2023年4月1日に発足しました。内閣府や厚生労働省から子どもに関係する業務が一元化され、児童手当の支給、妊娠から出産・子育てまでの一貫した支援、保育行政、児童虐待・いじめ・貧困対策を主な担当業務としています。しかし、進む③少子高齢化には様々な費用の増加が見込まれます。高齢化社会の進展には［ B ］などのインフラ整備が、労働人口の減少には［ C ］の活用などが必要であり、国や④地方自治体の財政事情は厳しさを増していくでしょう。⑤幅広い年齢層の要望に対し、さまざまな施策の財源を確保しつつ効果的な取り組みが求められるという、日本社会は難しい選択を強いられています。

問1　下線部①について、次の日本の年代ごとの出来事についての説明Ⅰ～Ⅲの正誤の組合せとして正しいものを、次のア～カから一つ選び、記号で答えなさい。

Ⅰ　1980年代に、大阪で日本万国博覧会が開かれた。
Ⅱ　1990年代に、ＰＫＯ協力法が成立した。
Ⅲ　2000年代に、イラクに自衛隊が派遣された。

	Ⅰ	Ⅱ	Ⅲ
ア	正	正	誤
イ	正	誤	正
ウ	正	誤	誤
エ	誤	正	正
オ	誤	正	誤
カ	誤	誤	正

問２　下線部②について、次の条文は、1919年に制定され、世界ではじめて社会権について規定したドイツ共和国の憲法の一部です。この憲法を解答らんにあわせてカタカナ５字で答えなさい。ただし、条文は問題にあわせて一部を改訂しています。

第151条①	経済生活の秩序は、すべての者に人間たるに値する生活を保障する目的をもつ正義の原則に適合しなければならない。
第153条①	所有権は、憲法によって保障される。その内容およびその限界は、法律によって明らかにされる。
③	所有権は、義務を伴う。その行使は、同時に公共の福祉に役立つべきである。
第159条①	労働条件および経済条件を維持し、かつ、改善するための団結の自由は、各人およびすべての職業について、保障される。

問３　空らん［ A ］にあてはまる語句を解答らんにあわせて漢字２字で答えなさい。

問４　下線部③について、少子高齢化による影響について述べた文として誤っているものを、次のア～エから一つ選び、記号で答えなさい。

ア　国際競争力が低下し、経済成長が抑制される。
イ　地方の過疎化がゆるみ、地方経済が活性化する。
ウ　介護の負担が増加し、保険料負担の増加が見込まれる。
エ　労働人口が減少し、専門知識や熟練技術の消失が見込まれる。

問５　空らん［ B ］にあてはまる、障がい者や高齢者などの生活に不便な障害を取り除こうという考え方を、カタカナ６字で答えなさい。

問６　空らん［ C ］にあてはまる、人間が活動する中でおこなう推理・判断・行動など、人間の知的能力をコンピュータによって再現する人工知能技術を、アルファベット２字で答えなさい。

問７　下線部④について、任意の自治体に寄付をおこない、寄付の一部が所得税・住民税から差し引かれ、返礼品をもらえる制度を、解答らんにあわせてひらがな４字で答えなさい。

問８　下線部⑤について、幅広い年齢層の要望に応えるため、2016年に選挙権年齢が18歳以上に引き下げられる法律が施行されました。次の日本の選挙制度についての説明Ⅰ～Ⅲの正誤の組合せとして正しいものを、次のア～カから一つ選び、記号で答えなさい。

Ⅰ　小選挙区制では、死票が少ないが、小党分立で政局が不安定になりやすい。
Ⅱ　衆議院選挙では、小選挙区と比例代表での重複立候補が認められている。
Ⅲ　衆議院選挙での期日前投票や不在者投票は認められているが、インターネットでの投票は認められていない。

	Ⅰ	Ⅱ	Ⅲ
ア	正	正	誤
イ	正	誤	正
ウ	正	誤	誤
エ	誤	正	正
オ	誤	正	誤
カ	誤	誤	正

令和６年度　大阪桐蔭中学校前期入試
国　語

↓ここにシールを貼ってください↓

24J11

受験番号	
氏　　名	
合　　計	※

※120点満点

一	※
二	※
	※

一

問一　X　Y

問二

問三

問四　A　B

問五　外　不　出

問六

問七

問八

問九

問一．２点×２
問二．８点
問三．８点
問四．３点×２
問五．３点
問六．８点
問七．10点
問八．３点
問九．５点

↓ここにシールを貼ってください↓

24J13

受験番号	
氏　　名	

令和６年度　大阪桐蔭中学校前期入試　　算数

※このらんには、何も記入しないこと。

1

(1)	(2)	(3)

※1　4点×3

2

(1)あ 点	(2)い 円	(3)う 冊	(4)え ひき
(5)お m	(6)か g	き g	
(7)く	け	(8)こ %	さ %
(9)し 度	(10)す cm		

※2　4点×13

【解答

↓ここにシールを貼ってください↓

24J14

受験番号	
氏　　名	

令和６年度　大阪桐蔭中学校前期入試　　理科

※このらんには、何も記入しないこと。

1

(問1)①　(問1)②　(問1)③　(問2)

(問3)⑤　(問3)⑥　(問4)⑧　(問4)⑨

(問5)⑩　(問5)⑪　(問6)

※1

問１．２点×３
問２．１点
問３．完答２点
問４．１点×２
問５．完答２点
問６．２点

2

(問1)　(問2)

(問3)　(問4)　(問5)

※2

問１．２点
問２．２点
問３．２点
問４．２点
問５．２点

【解答

↓ここにシールを貼ってください↓

24J12

受験番号	
氏　　名	

令和６年度　大阪桐蔭中学校前期入試　社会

２点×30

※この欄には何も記入しないこと

1

問1	問2	問3	問4	問5	問6

問7	問8								現象

問9	問10

※1

2

問1	問2	問3	問4	

※2

【解答

問9

問10

問11

問12

3

問1

問2　憲法

問3　こども　庁

問4

問5

問6

問7　納税

問8

※3

合計 ※

※60点満点

3

(問1)

(問2) 花のなまえ | 特ちょう

(問3) 単子葉類 | (問3) 双子葉類

(問4)

(問5)

(問6)

※3

問1. 2点
問2. 3点
問3. 2点×2
問4. 2点
問5. 2点
問6. 2点

4

(問1)

(問2)

(問3)

(問4)

(問5)

(問6)

(問7)

※4

問1. 2点
問2. 2点
問3. 3点
問4. 2点
問5. 2点
問6. 2点
問7. 2点

※合計

※60点満点

3	(1) km	(2) km	(3) km

4	(1)	(2) 個目	(3)

5	(1) cm^3	(2) cm^2	(3) cm^3

※3

6点×3

※4

(1) 6点
(2) 6点
(3) 7点

※5

(1) 6点
(2) 6点
(3) 7点

※合計

※120点満点

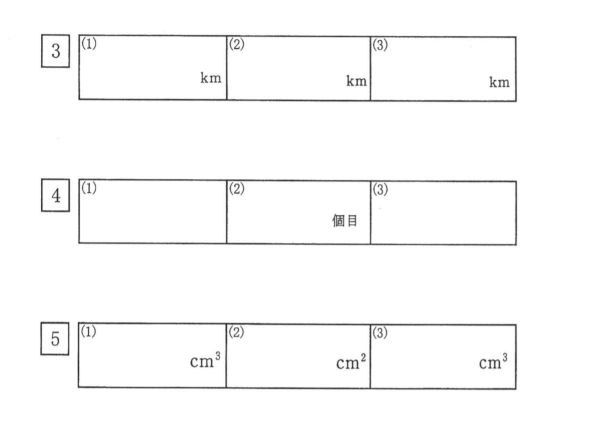

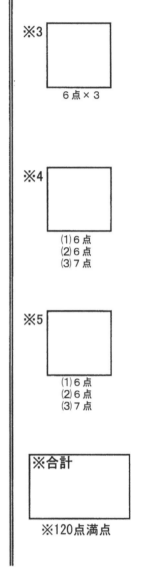

二

問一

a

b

c

d

e

問二

X

Y

問三

問四

問五

問六

エピソード記憶は

問七

問八

問一．１点×５
問二．２点×２
問三．８点
問四．５点
問五．８点
問六．12点
問七．５点
問八．８点

三

①

②

③

④

⑤

⑥

⑦

⑧

X

Y

１点×10

令和６年度　大阪桐蔭中学校入学試験問題　［社会］（前期）

1　次の図１・２は、日本の文学作品に登場する都市または都道府県の場所を示したものです。これらを見て、あとの問いに答えなさい。

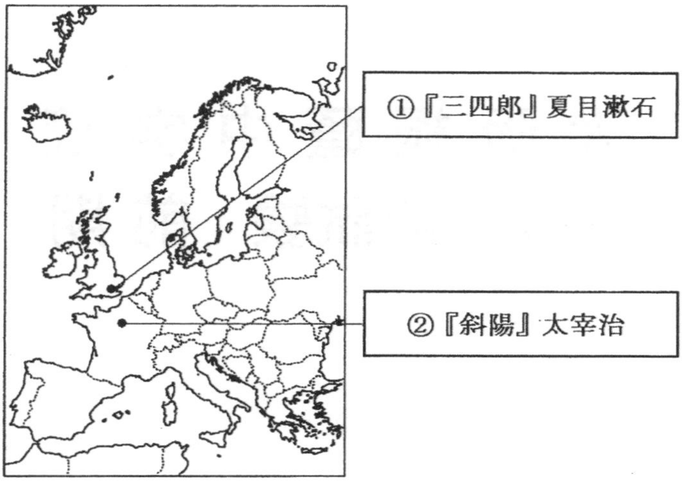

図１

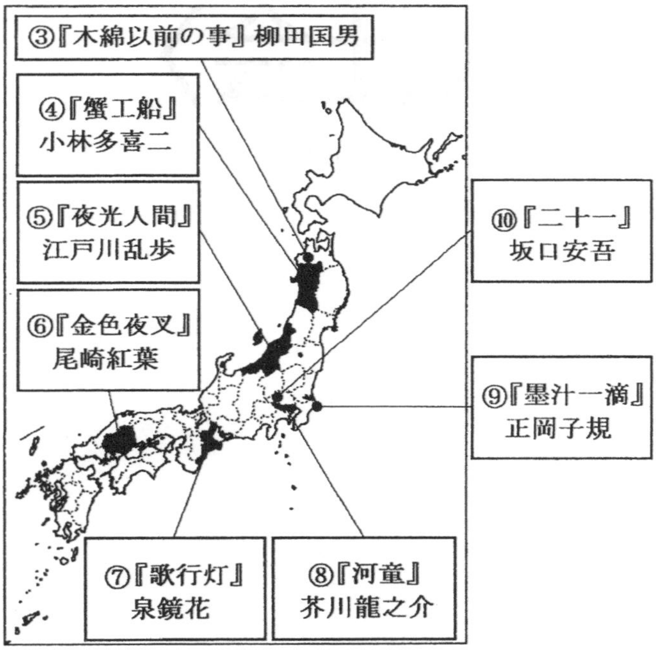

『ブン地図（https://bunkomap.com)』より作成

図２

問1　図1中の都市①について、次の図3は、2021年における主な国の輸入原油の中東依存度です。図中の A ～ C は、都市①が位置する国（国①とする）、イタリア、日本のいずれかです。 A ～ C にあてはまる国名の組合せとして正しいものを、次のア～カから一つ選び、記号で答えなさい。

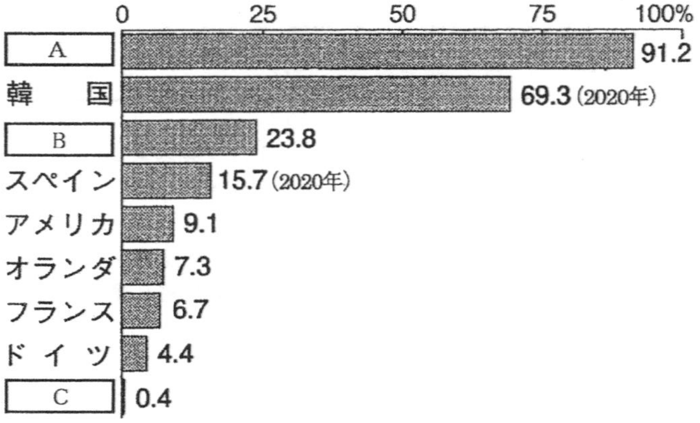

『データブック　オブ・ザ・ワールド2023』より作成

図3

	A	B	C
ア	国①	イタリア	日本
イ	国①	日本	イタリア
ウ	イタリア	国①	日本
エ	イタリア	日本	国①
オ	日本	国①	イタリア
カ	日本	イタリア	国①

問２　図１中の都市②について、次の図４は、2021 年における都市②が位置する国（国②とする）または日本のいずれかの主要輸出入品上位５品目を示しています。図中のⅠとⅡは国②と日本のいずれか、ⅰとⅱは主要輸出品と主要輸入品のいずれかです。国②の主要輸入品を表しているものを、図中のア～エから一つ選び、記号で答えなさい。

		国②または日本	
		Ⅰ	Ⅱ
主要輸出品または主要輸入品	ⅰ	１位：機械類 ２位：自動車 ３位：精密機械 ４位：鉄鋼 ５位：自動車部品 ア	１位：機械類 ２位：自動車 ３位：医薬品 ４位：航空機 ５位：化粧品類 イ
	ⅱ	１位：機械類 ２位：原油 ３位：液化天然ガス ４位：医薬品 ５位：衣類 ウ	１位：機械類 ２位：自動車 ３位：医薬品 ４位：衣類 ５位：石油製品 エ

『日本国勢図会　2023/24』より作成

図４

問３　図２中の都市③について、次の表１は、都市③が位置する都府県（都府県③とする）が生産量上位５位に入る水産物または農作物の統計で、いか、西洋なし、たら、りんごのいずれかです。りんごを表しているものを表中のア～エから一つ選び、記号で答えなさい（水産物の統計年度は 2020 年、農作物は 2021 年です）。

表１

	ア	イ	ウ	エ
１位	都府県③	北海道	都府県③	山形県
２位	北海道	都府県③	長野県	新潟県
３位	長崎県	岩手県	岩手県	都府県③
４位	石川県	宮城県	山形県	長野県
５位	兵庫県	石川県	福島県	福島県

『データでみる県勢　2023』より作成

問４　図２中の都道府県④について、次の図５は、2020 年における都道府県④、沖縄県、三重県のいずれかの産業別就業者割合を表しています。図中のＤ～Ｆを示す都道府県の組合せとして正しいものを、次のア～カから一つ選び、記号で答えなさい。

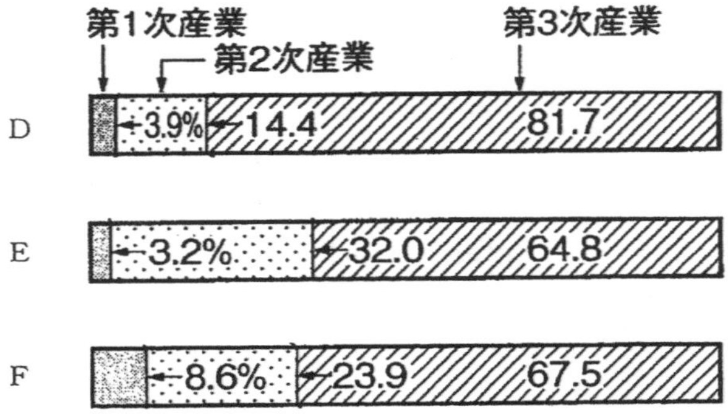

『データでみる県勢　2023』より作成

図５

	D	E	F
ア	都道府県④	沖縄県	三重県
イ	都道府県④	三重県	沖縄県
ウ	沖縄県	都道府県④	三重県
エ	沖縄県	三重県	都道府県④
オ	三重県	都道府県④	沖縄県
カ	三重県	沖縄県	都道府県④

問５　図２中の都道府県⑤について、次の図６は、都道府県⑤の都道府県庁所在都市（市⑤とする）、岡山市、長野市、和歌山市のいずれかの月平均気温と月降水量を示したものです。市⑤の月平均気温と月降水量を示したものを、次のア～エから一つ選び、記号で答えなさい。

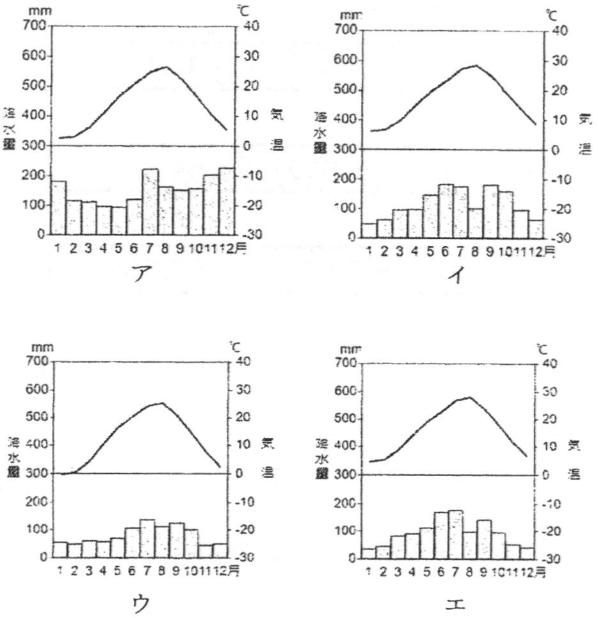

『理科年表』より作成

図６

問６　図２中の都道府県⑥を流れる河川として正しいものを、次のア～エから一つ選び、記号で答えなさい。

ア　石狩川　　イ　太田川　　ウ　北上川　　エ　利根川

問７　図２中の都道府県⑦について、次の図７は、都道府県⑦の地形図を示しています。この地形図内にみられる海岸地形について述べた文として正しいものを、次のア～エから一つ選び、記号で答えなさい。

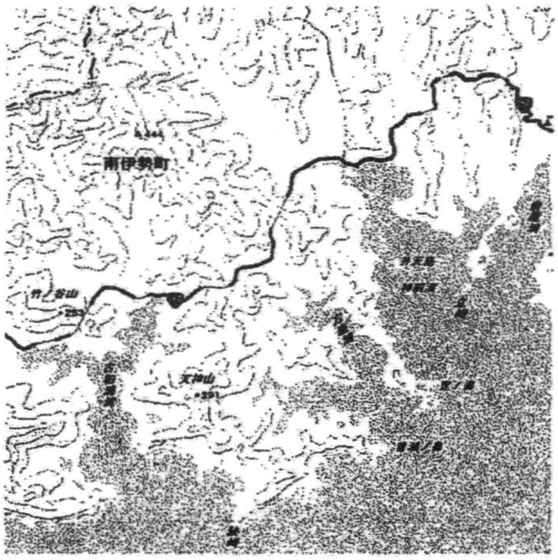

図７

ア　海底の一部が隆起したり、海面が低下したりすることによって生じた。
イ　海岸にそって広がる階段状の地形で、海岸の侵食と隆起のくり返しで生じた。
ウ　起伏の多い山地の一部が、地盤の沈降や海面の上昇によって沈んで生じた。
エ　標高が低く平らな地形で、河川に運ばれた土砂が河口に堆積することで生じた。

問８　図２中の都道府県⑧について、次の図８は、2013年８月11日５時（左図）と同日15時（右図）における関東地方の気温の分布図で、色が濃いほど気温が高いことを表しています。このように、都市部を中心として高温域が広がり、都市部の気温が周囲と比較して高くなる現象を、解答らんに合わせてカタカナ８字で答えなさい。

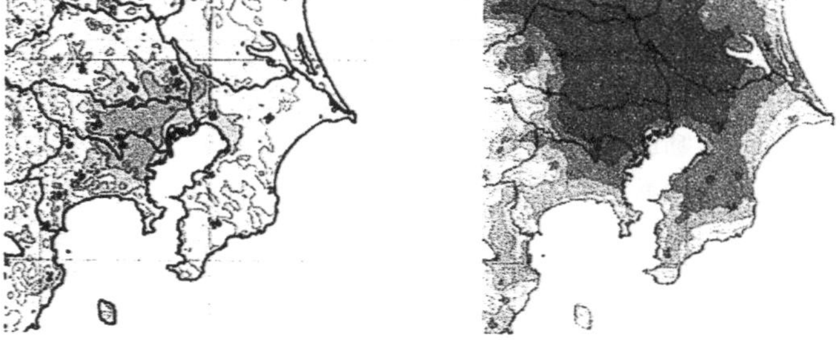

『気象庁ＨＰ(https://www.data.jma.go.jp/cpdinfo/himr_faq/01/qa.html)』
より作成

図８

問９　図２中の都市⑨（千葉県銚子市）について、次の新聞記事は銚子電鉄についての記事の一部です。日本の鉄道は、明治末期までにほぼ全国の幹線網が完成するに至り、現在でも日本の各地域へ移動する際の交通手段の一つです。また、あとの図９は2020年における日本の輸送機関別輸送量の割合とエネルギー消費量の割合で、図中の G ～ I は、航空、自動車、鉄道のいずれかです。 G ～ I にあてはまる交通手段（輸送手段）の組合せとして正しいものを、次のア～カから一つ選び、記号で答えなさい。

> 都市⑨のローカル鉄道「銚子電鉄」（銚電）は９日、開業100周年記念のイベント「銚電まつり」を同市の銚電犬吠駅前で開いた。竹本勝紀社長は、過去の経営難から立ち直りつつある現状を念頭に「挑戦はこれからも続く。鉄道のともしびを守るべく、社員一同が気持ちを新たにする」と決意を語った。

『産経ニュース　2023年７月９日』より一部抜粋

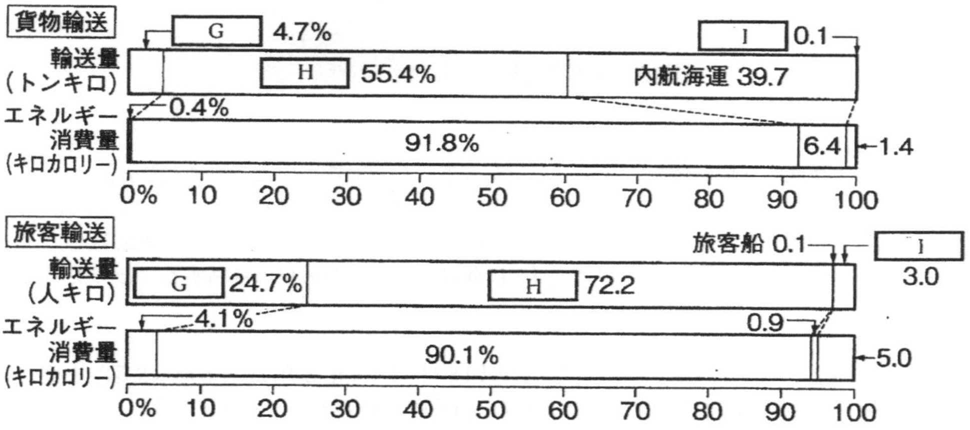

『日本国勢図会　2023/24』より作成

図９

	G	H	I
ア	航空	自動車	鉄道
イ	航空	鉄道	自動車
ウ	自動車	航空	鉄道
エ	自動車	鉄道	航空
オ	鉄道	航空	自動車
カ	鉄道	自動車	航空

問10　図2中の都市⑩（埼玉県秩父市）について、次の文は都市⑩の周辺地域にある企業へインタビューした際の記事の一部で、文中の空らん［　J　］は、この都市で作られている工業製品です。また、あとの図10中K～Mは、2022年（3月または4月）における［　J　］工場、自動車工場、製紙工場のいずれかの所在地です。K～Mが示す工場の組合せとして正しいものを、次のア～カから一つ選び、記号で答えなさい。

> この企業は、［　J　］のトップメーカーとして日本各地に生産拠点があります。その中の一つの工場をご案内いただき、［　J　］についてはもちろんのこと、地域貢献のための活動や施設等についても教えていただきました。

『秩父地域おもてなし観光公社（https://www.chichibu-omotenashi.com）』より作成

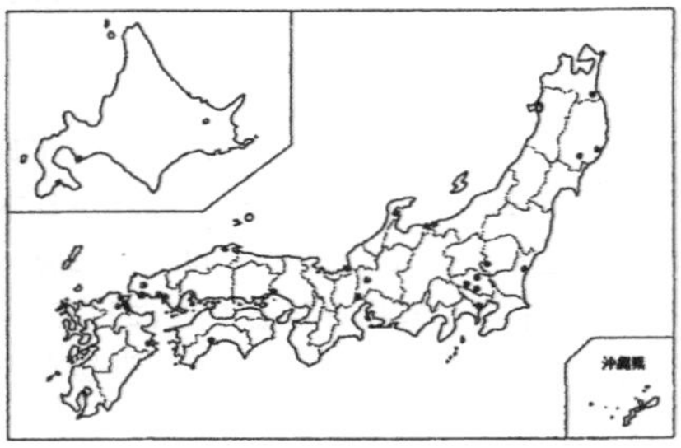

K

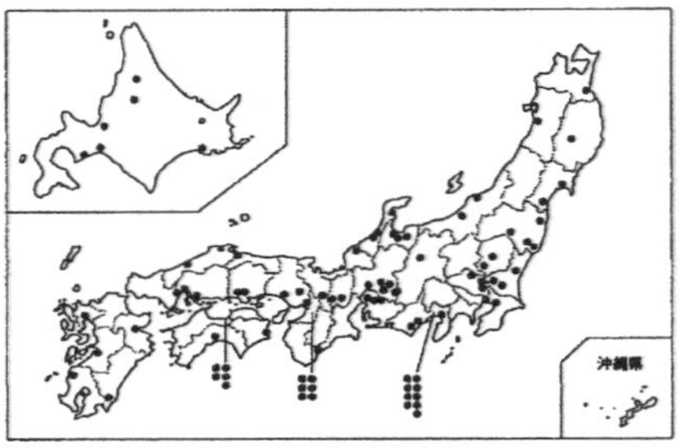

L

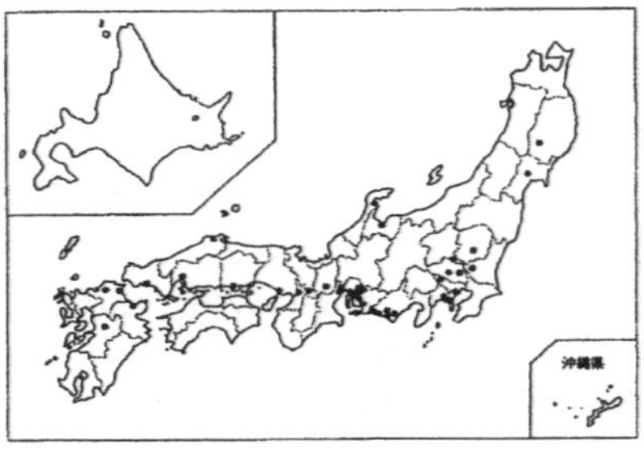

M

『データでみる県勢　2023』より作成

図10

	K	L	M
ア	［　J　］工場	自動車工場	製紙工場
イ	［　J　］工場	製紙工場	自動車工場
ウ	自動車工場	［　J　］工場	製紙工場
エ	自動車工場	製紙工場	［　J　］工場
オ	製紙工場	［　J　］工場	自動車工場
カ	製紙工場	自動車工場	［　J　］工場

2　次の会話文を読んで、あとの問いに答えなさい。

先生：今日は「日本の文化」について調べたことを発表してみましょう。

奈美：はい。私たちのグループは「①お茶」について調べました。お茶の木は中国南西部や②インドのアッサム地方が原産とされていて、③紀元前2800年ごろの中国で、今日の農業と漢方薬の基礎を築いたとされる神農という人物は、自らの身体を使って身近な草木の薬効を調べていたため、連日服毒し、そのたびにお茶の葉を噛んで解毒していたと伝えられています。

先生：お茶が薬として用いられていたのは興味深いですね。

奈美：今から1200年ほど前に日本に伝えられた際も、お茶は日常的な飲み物ではなく薬として輸入されていました。平安時代に記された漢詩文集には、「茶を飲めば体内を調和して病を除く」という記述が見られます。「お茶を一服」という言葉は、薬を「服用」するということに由来するとも言われています。

先生：お茶が日本に伝わった経緯はどのようなものでしょうか。

翔太：平安時代の初めに、遣唐使らによってもたらされたと推定されています。『日本後紀』には、「僧永忠が嵯峨天皇に茶を煎じて奉った」と記され、これが日本でお茶を飲んだということを示した最初の記述といわれています。同時代に唐への留学経験がある［　A　］は、「お茶を飲みながら中国の書物を見ることにしている」という文章を残しています。当時、お茶はとても貴重で、僧侶や貴族階級などの限られた人しか口にすることはできませんでした。

先生：なるほど。お茶が普及したのはいつごろなのでしょうか。

翔太：鎌倉時代に入ってからです。臨済宗の開祖として知られる栄西が④宋（北宋）から帰国後、茶の種子を各地にまいて日本にお茶を広め、さらにその後、お茶が健康によいという内容の『喫茶養生記』を著し、3代将軍源実朝に献上しています。当時のお茶は今の抹茶に近く、茶せんで泡立てて飲んでいたようです。鎌倉末期から南北朝のころにかけては、寺院を中心とした茶園は京都をはじめ、伊勢、伊賀、⑤駿河、武蔵でも栽培されるようになりました。禅宗寺院に喫茶の習慣が広がると、武士階級の社交の場にも喫茶の習慣が浸透していきました。

奈美：足利義満が保護した⑥宇治のお茶は、豊臣秀吉に受け継がれて宇治茶ブランドが形成されました。またこの時代には、村田珠光が「わび茶」を創出し、これを受け継いだ［　B　］によって、のちに「茶の湯」が大成し、豪商や武士たちの間に広まりました。

先生：よく調べられていますね。庶民の間にお茶を飲む習慣が広がったのはいつごろでしょうか。

翔太：煎茶（せんちゃ）が出回るようになった江戸時代からです。⑦18世紀に、煎茶の祖と呼ばれる永谷宗円が生み出した「永谷式煎茶」は、それまでの中国式製法のお茶にはなかった鮮やかな色や香りが特徴で、この製法は別名「宇治製法」と呼ばれ、18世紀後半以降全国の茶園に広がり、日本茶の主流となっていきました。

奈美：19世紀半ばに⑧アメリカのペリーが来航し、日本が開国してからは、⑨日本茶は数少ない輸出品の一つとなりました。輸出用の茶箱には木版多色刷りの華やかなラベルが貼られ、このラベルは中国の茶商の業界用語で「蘭字」（「西洋の文字」の意）と呼ばれました。蘭字の制作には⑩浮世絵師や彫師らが関わり、そのデザインは外国人の注目を集めました。現在では和食人気と健康志向の高まりにより、

日本茶の輸出量はこの10年間で約３倍に増加し、2021年には過去最高となる6179トンもの日本茶が海外に輸出されました。

先生：とても興味深い発表をありがとうございました。お茶は日本では緑茶として広まりましたが、海外では紅茶が有名ですね。お茶が世界に及ぼした影響について調べても面白いかもしれません。

問１　下線部①について、次の資料１は、江戸時代によまれたお茶を題材にした狂歌とその解説です。この狂歌がよまれた時期と江戸時代におきた出来事についての説明Ⅰ・Ⅱを年代の古い順に並べたものを、次のア～カから一つ選び、記号で答えなさい。

資料１

泰平の眠りをさます上喜撰（じょうきせん）たった四盃で夜も寝られず

（解説）「上喜撰」とはお茶の銘柄の一つで、湯のみ四杯のお茶と、四隻の「蒸気船」をかけています。さらに、突然の外国船の来航に驚いて夜も不安で眠れないことと、お茶の効能で目が覚めることもかけています。

Ⅰ　大老井伊直弼が、幕府の方針に反対する大名や公家を処罰した。
Ⅱ　大坂町奉行所の役人であった大塩平八郎が、大坂で乱をおこした。

ア　資料１　→　Ⅰ　→　Ⅱ
イ　資料１　→　Ⅱ　→　Ⅰ
ウ　Ⅰ　→　資料１　→　Ⅱ
エ　Ⅰ　→　Ⅱ　→　資料１
オ　Ⅱ　→　資料１　→　Ⅰ
カ　Ⅱ　→　Ⅰ　→　資料１

問２　下線部②について、次の資料２はインド共和国の初代首相となったネルーが、1932年に娘にあてた手紙の一部です。この資料について述べたものの組合せとして正しいものを、次のア～エから一つ選び、記号で答えなさい。また、資料は一部わかりやすく書き改めています。

資料２

…朝鮮はいまでも自由を夢み、独立をもとめてたたかっている。日本のほうは、いましきりに活躍して、新聞はその中国攻撃の記事で埋まっている。こうして書いているあいだにも、マンチューリア（満州）では、戦争らしいものが進行している。だからやはり朝鮮と、中国の過去についてふれておくほうがよい。ときにそれは現代の理解のたすけにもなる。

第一に忘れてはならないことは、かれらの長期にわたる孤立だ。じっさい日本は、孤立と侵略からの自由（侵略をまぬがれること）にかけては、おどろくべき記録をもつ。（中略）一時期、日本はみずから外部の世界と、完全に交渉を断ったことさえあった。そのため日本人が国外に出ること、また、外国人が入国することはほとんど不可能になった。これはヨーロッパから来る外国人や、キリスト教伝道者にたいする防衛のための措置であった。こんなことをするのはばかげたことでもあり、あぶなっかしいやり方でもあった。それは民族をそっくりそのまま刑務所に閉じこめ、よいこと悪いこと、すべての外部からの影響を断絶することを意味したからだ。そしてそれから、とつぜん日本は門戸を開け放って、ヨーロッパから学べるものは、なにもかも、しゃにむに学びとった。（中略）わずか一、二世代を経たのちには、外面的には、どのヨーロッパの国にもおとらないようになり、かれらのあらゆる悪い習慣まで、そのまままねしたほどであった！

（『父が子に語る世界歴史１　文明の誕生と起伏』より作成）

a　この手紙は盧溝橋事件がおこったのちに書かれた。

b　この手紙は柳条湖事件がおこったのちに書かれた。

c　筆者は日本の鎖国政策を、日本の独自文化の発展に貢献したものとしてとらえている。

d　筆者は日本の鎖国政策を、海外からの良い影響と悪い影響の両方を断ってしまうととらえている。

ア　a・c　　イ　a・d　　ウ　b・c　　エ　b・d

大阪桐蔭中学校
中学入学試験　前期

〈社会〉

（40分）

3 次の文を読んで後の問いに答えなさい。

植物は種子が(1)芽をだし，土の中に含《ふく》まれる栄養分や光を利用して，成長します。そして，開花，受粉することで，果実や種子をつくります。

最初に受粉について着目しましょう。受粉にもさまざま方法で受粉する植物があり，１つの花の中におしべとめしべがあり簡単に受粉ができる植物，花粉を風で運んでもらう植物，(2)昆虫《こんちゅう》に運んでもらう植物などがあります。

次に植物のからだのつくりに着目しましょう。植物のからだは根・茎《くき》・葉と大きく３つの器官に分かれており，種類によってそのつくりも変わります。例えば，(3)単子葉類と双子葉《そうしよう》類では，それぞれ，からだのつくりが異なります。双子葉類の場合，根は（　①　）で，形成層が（　②　），葉脈は（　③　）です。さらに，(4)花びらの形状によって，細かく分けることもできます。

最後に果実について着目しましょう。果実をつくる植物の多くは被子《ひし》植物です。バナナは果実が熟してくると，皮に黒いはん点ができます。このはん点をシュガースポットといい，これが多くみられると，果実に糖分が増え，はん点ができる前より甘《あま》くなっています。リンゴの果実は，他の野菜や果物が熟するのを早めるエチレンという気体を放出します。そのため，野菜や果物を長く保存したいときはリンゴと場所を分ける必要があります。

バナナのシュガースポットとリンゴのエチレンについて調べるため，次の【実験】を行いました。

【実験】

バナナとリンゴを以下の（図 1）～（図 4）のように分けた。(図 1) は区切りのない箱にバナナのみを入れた。(図 2) は区切りのある箱にバナナとリンゴをそれぞれ入れた。(図 3) は区切りのない箱にバナナとリンゴを入れた。(図 4) は広い空間にバナナのみを置いた。数日放置してシュガースポットを数えてみるとそれぞれ(5)シュガースポットの数が異なっていた。

(図1)

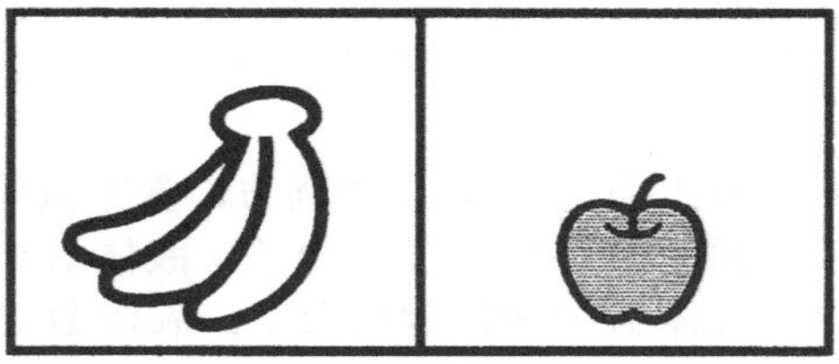

(図2)

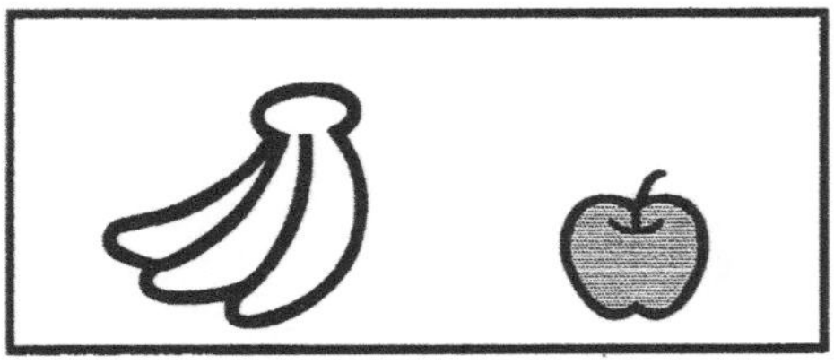

(図3)

(図4)

(問1) 文中の空らん①，②に入るものの組み合わせとして正しいものを，次の中から選び記号で答えなさい。

ア．① アルミニウム　② 塩酸　　イ．① アルミニウム　② 水酸化ナトリウム水よう液
ウ．① 鉄　② 塩酸　　エ．① 鉄　② 水酸化ナトリウム水よう液
オ．① 石灰石　② 塩酸　　カ．① 石灰石　② 水酸化ナトリウム水よう液

(問2) 文中の空らん③に入る気体を答えなさい。

(問3) 気体Zの捕集《はしゅう》方法として正しくないものを，次の中から選び記号で答えなさい。

ア．水上置換《ちかん》　イ．上方置換　ウ．下方置換

(問4) 気体Xの性質として正しいものを，次の中から選び記号で答えなさい。

ア．石灰水《せっかいすい》に通すと，白くにごる。
イ．水に溶けにくく，空気の約20％をしめる。
ウ．火を近づけると，青色の炎《ほのお》を上げて燃える。
エ．水に溶けやすく，その水よう液はアルカリ性を示す。

(問5) 固体Dを液体Eに加えて気体Xを発生させるときの，固体D，液体Eの量と，発生する気体Xの量に関する説明として正しいものを，次の中から選び記号で答えなさい。

ア．固体Dと液体Eの両方の量で気体Xの量がきまる。
イ．固体Dの量に関係なく，液体Eの量だけで気体Xの量がきまる。
ウ．液体Eの量に関係なく，固体Dの量だけで気体Xの量がきまる。

(問6) 文中の空らん④，⑤に入る数値をそれぞれ答えなさい。

2 次の文を読んで後の問いに答えなさい。

気体を発生させる【実験】を以下のように行いました。

【実験 1】 鉄，石灰石《せっかいせき》，アルミニウム，二酸化マンガンのいずれかである 4 種類の固体 A, B, C, D が入った三角フラスコをそれぞれ 3 個ずつ，あわせて 12 個用意した。その中へ，塩酸，水酸化ナトリウム水よう液，オキシドールのいずれかである 3 種類の液体 E, F, G を入れたときの気体の発生について調べた。結果は（表）のようになった。なお，固体 D が入った三角フラスコへ液体 G を入れる実験は行っていない。

（表）

	液体 E	液体 F	液体 G
固体 A	気体は発生せず	気体は発生せず	気体 Y が発生
固体 B	気体は発生せず	気体 Y が発生	気体 Y が発生
固体 C	気体は発生せず	気体は発生せず	気体 Z が発生
固体 D	気体 X が発生	気体は発生せず	実験せず

このことから，固体 A は（ ① ），液体 F は（ ② ），気体 Y は（ ③ ）ということがわかります。

【実験 2】 三角フラスコに 0.5g の亜鉛《あえん》を入れ，すべて溶《と》けるまで塩酸を加えると気体が 180cm³ 発生した。また，0.5g のアルミニウムについても同じようにすると気体が 600cm³ 発生した。

このことから，三角フラスコに亜鉛 2.5g とアルミニウム 1g を一緒《いっしょ》に入れ，すべて溶けるまで【実験 2】と同じ塩酸を加えると，気体は（ ④ ）cm³ 発生することがわかります。また，亜鉛（ ⑤ ）g とアルミニウムをあわせて 3g 入れ同じようにすると，気体は 2592cm³ 発生することがわかります。

（問１）（表 1）中の空らん①～③に入る記号を，次のア～オからそれぞれ選びなさい。
ア．○　　イ．●　　ウ．△　　エ．▲　　オ．×

（問２）文中の空らん④，⑦に入る語句の組み合わせを，次の中から選び記号で答えなさい。
ア．④ 直列　⑦ 直列　　イ．④ 並列《へいれつ》　⑦ 並列
ウ．④ 直列　⑦ 並列　　エ．④ 並列　⑦ 直列

（問３）文中の空らん⑤，⑥に入るものを，次の中から選びそれぞれ記号で答えなさい。
ア．E　　イ．F　　ウ．G　　エ．H

（問４）文中の空らん⑧，⑨に入るものを，次の中から選びそれぞれ記号で答えなさい。
ア．EF　　イ．EG　　ウ．EH　　エ．FG　　オ．FH　　カ．GH

（問５）文中の空らん⑩，⑪に入る数値をそれぞれ答えなさい。

（問６）（表 2）中の空らん⑫に入る記号を，次のア～カから選びなさい。
ア．◎　　イ．○　　ウ．●　　エ．△　　オ．▲　　カ．×

令和６年度　大阪桐蔭中学校入学試験問題　[理科]（前期）

1　次の文を読んで後の問いに答えなさい。

（図 1）のような 4 つの端子《たんし》 A ～ D がついた中が見えない箱があります。箱の中では（図 2）のように電球とかん電池がつながっています。（図 3）のような端子 P，Q がついた電球 a を A ～ D の端子にいろいろな組み合わせでつないで，そのときの電球 a の明るさを調べ，（表 1）にその結果をまとめました。これらの電球とかん電池はすべて同じものであるとします。

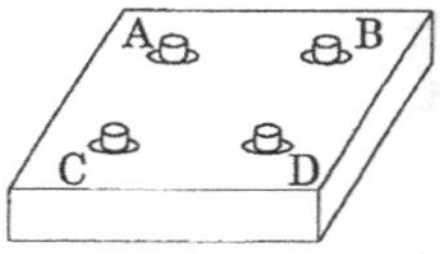

（図1）

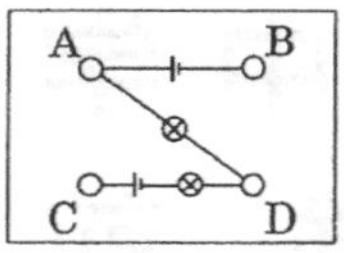

（図2）

（図3）

（表1）

		Pにつなげる端子			
		A	B	C	D
Qにつなげる端子	A		○	①	②
	B			●	③
	C				△
	D				

○：明るく光った
●：光ったが○より暗かった
△：光ったが●より暗かった
▲：光ったが△より暗かった
×：光らなかった

次に，（図 4）のような 4 つの端子 E ～ H がついた中が見えない（図 1）と異なる箱があります。この中では（図 5）の電球 2 つとかん電池が異なる E ～ H の端子にそれぞれつながっています。

どのようにつながっているかを調べるために，（図 6）の端子 P，Q がついたかん電池と電球 b を E ～ H の端子にいろいろな組み合わせでつないで，電球 b の明るさを調べました。（表 2）はその結果をまとめたものです。電球とかん電池は（図 1）の中のものと同じであり，（表 2）中の記号は（表 1）と同じ明るさを示します。

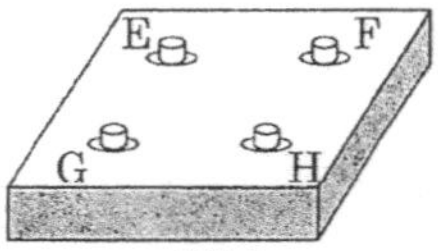

（図4）

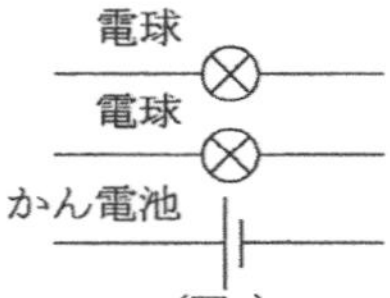

（図5）

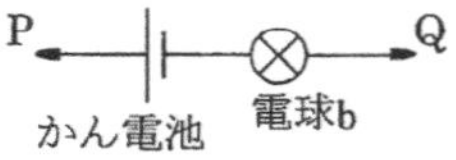

（図6）

（表2）

		Pにつなげる端子			
		E	F	G	H
Qにつなげる端子	E		△	×	▲
	F	△		×	△
	G	◎	○		⑫
	H	▲	△	×	

◎：○より明るく光った
○：明るく光った
●：光ったが○より暗かった
△：光ったが●より暗かった
▲：光ったが△より暗かった
×：光らなかった

1 個の電球に対してかん電池 2 個を（　④　）につなぐと，電球はより明るく光るので，◎の記号から端子（　⑤　）にかん電池の＋極が，端子（　⑥　）にかん電池の－極がつながっていることがわかります。また，1 個のかん電池に対して電球 2 個を（　⑦　）につなぐと，電球の明るさは暗くなるので，△の記号から（　⑧　）間と（　⑨　）間に電球が 1 個ずつあることがわかります。また，P を F に，Q を G につなげたときに，明るさが○であることから，このときの回路ではかん電池が（　⑩　）個，電球が（　⑪　）個，直列につながっていることが分かります。

大阪桐蔭中学校
中学入学試験　前期

〈理科〉

（40分）

(9)　三角形 ABC において，BC 上に点 D を BD と CD の長さの比が 1 : 2 になるようにとり，AD 上に点 E を AD と CE が垂直になるようにとったところ，下の図のようになりました。このとき，角 ACB の大きさは [し] 度です。

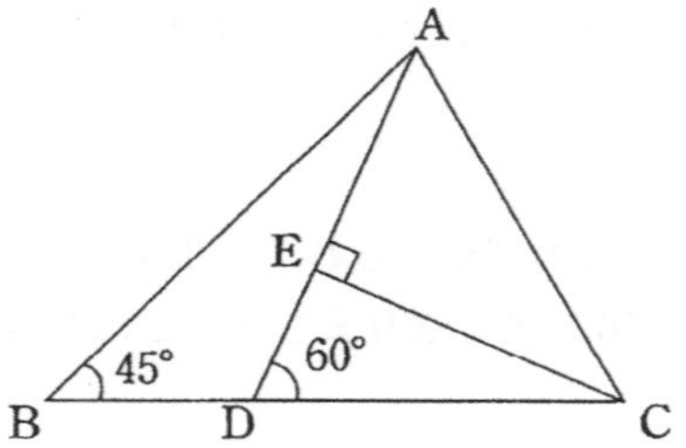

(10)　下の図のように，底辺が 12 cm，高さが 4 cm の二等辺三角形があります。辺上に 4 つの点をとり正方形をつくります。このとき，正方形の 1 辺の長さは [す] cm です。

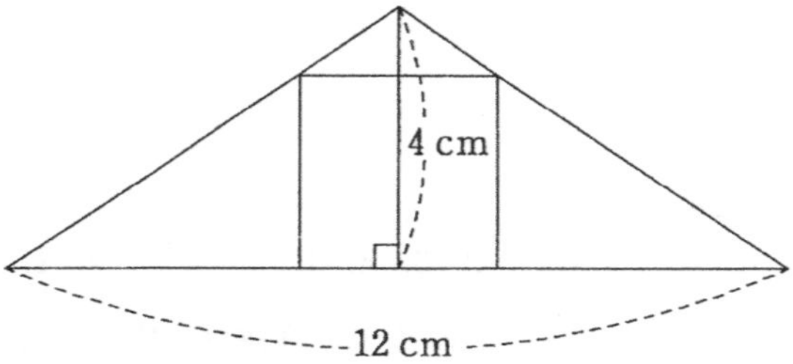

(4) 動物園で鳥とカメを，鳥は3羽ずつ，カメは1ぴきずつそれぞれ分けてかごに入れていきます。すべての鳥とカメを入れるにはかごは35個必要で，かご内の動物の足の本数の和は186本でした。このとき，かごに入れたカメは [え] ひきです。ただし，鳥はちょうど3羽ずつかごに入れられたものとします。

(5) ある池の周りに12 mごとに木が植えられています。木と木の間に3 mごとに花を植えたところ，花は木よりも30本多くなりました。このとき，池の周りの長さは [お] mです。

(6) 重さが同じ大玉と重さが同じ小玉が合わせて55個あります。大玉1個と小玉1個の重さの比は5：4です。玉の重さの和は1020 gで，大玉の重さの和は小玉の重さの和より380 g重くなっています。このとき，大玉の重さの和は [か] gで，大玉1個の重さは [き] gです。

(7) 数がある規則にしたがって

1，1，2，1，2，3，1，2，3，4，1，2，3，4，5，1，……

のように左から順に並んでいます。このとき，80番目の数は [く] で，1番目から80番目までの数をすべて足した数は [け] です。

(8) 4種類の食塩水A，B，C，Dの濃《のう》度と重さの関係は下の表のようになっています。AとCをすべて混ぜ合わせるとBと同じ濃度の [こ] %になります。また，すべての食塩水を混ぜ合わせると濃度は [さ] %となります。

	A	B	C	D
濃度(%)	3	[こ]	7	7.6
重さ(g)	50	50	75	100

令和６年度　大阪桐蔭中学校入学試験問題　［算数］（前期）

- 答えが分数になるときは，これ以上約分することができない分数で答えなさい。
- 比で答えるときは，もっとも簡単な整数の比で答えなさい。
- 問題文に断りがない場合は，円周率は 3.14 として求めなさい。
- 角すいや円すいの体積は，(底面積)×(高さ)÷３で求めることができます。

1　次の $\square$ にあてはまる数を答えなさい。

(1)　$2\frac{1}{15} \div \left\{\left(2-\frac{1}{5}\right)\times\frac{2}{3}-\frac{1}{6}\right\} = \square$

(2)　$\left(\square - \frac{3}{4}\right)\times 6 = \frac{3}{2}$

(3)　$\frac{1}{8}\times 3.14 + 22.5\times 0.314 + \frac{5}{32}\times 12.56 = \square$

2　次の $\boxed{\text{あ}}$ から $\boxed{\text{す}}$ にあてはまる数をそれぞれ答えなさい。

(1)　算数のテストを行ったところ，A さんと B さんの点数の平均は 76 点，B さんと C さんの点数の平均は 74 点となりました。このとき，A さんの点数は C さんの点数より $\boxed{\text{あ}}$ 点高くなります。

(2)　A さんと B さんは合わせて 10000 円持っています。2 人が同じ値段のものを買ったところ A さんの所持金は B さんの所持金より 3000 円多くなりました。初めに A さんが持っていたのは $\boxed{\text{い}}$ 円です。

(3)　何人かの生徒に全部で $\boxed{\text{う}}$ 冊のノートを配ります。1 人 9 冊ずつ配ると 13 冊余り，12 冊ずつ配ると 11 冊足りません。

2024(R6) 大阪桐蔭中
K 教英出版

大阪桐蔭中学校
中学入学試験　前期

〈算数〉

（60分）

問七　――④とありますが、「そこから先」とは具体的に何をすることですか。文中のことばを用いて三十字以内で答えなさい。

問八　――⑤の「ように」と同じ意味・用法で用いられているものを次の中から一つ選び、記号で答えなさい。

ア　風邪をひくことがないように、暖かくして寝てください。
イ　納豆のように栄養が豊富なものを食べることを心がける。
ウ　いつでも自分の好きなように行動していいわけではない。
エ　努力を続けた結果、英語が流暢《りゅうちょう》に話せるようになった。

問九　（　Ｄ　）を補うのに最も適切なことばを文中から二字でぬき出して答えなさい。

二

次の文章を読んで、あとの問いに答えなさい。（問いに「・・・・・字」とある場合は、「、」や「。」やその他の記号もすべて一字と考えます。）

お詫び
著作権上の都合により、文章は掲載しておりません。
ご不便をおかけし、誠に申し訳ございません。
教英出版

お詫び

著作権上の都合により、文章は掲載しておりません。
ご不便をおかけし、誠に申し訳ございません。

教英出版

お詫び

著作権上の都合により、文章は掲載しておりません。
ご不便をおかけし、誠に申し訳ございません。

教英出版

（妹尾武治《せのおたけはる》『脳はなぜあなたをだますのか』ちくま新書）

＊五〇〇ms――〇・五秒と同じ。

問一　――a～eのカタカナを漢字に直しなさい。

問二　（　　）X・Yを補うことばとして最も適切なものを次の中から一つずつ選び、それぞれ記号で答えなさい。ただし、同じことばを複数回使用してはいけません。

ア　例えば　　イ　しかし　　ウ　そもそも　　エ　さらに　　オ　いわゆる

問三　筆者は文中で「クモ」「雲」「ペッパー君」「人間」について一般《いっぱん》の人の考えを推測しているが、その推測として正しいものを次の中から全て選び、記号で答えなさい。

ア　「人間」は意思を持つ生き物だが、その他の「モノ」は生物か否《いな》かにかかわらず意思を持たないとほとんどの人は考える。

イ　「ペッパー君」に搭載される人工知能を意思と考える人よりも、生物である「クモ」に意思があると考える人の方が多い。

ウ　「人間」は意思を持ち「雲」は意思を持たないと大半の人が思っているが、「クモ」は意思を持つと考える人はおよそ半分程度である。

エ　「ペッパー君」は人工知能搭載なので「クモ」と同じく意思を持ち、「雲」は無生物なので意思を持たないと思っている人が多い。

オ　「人間」と「クモ」は生物なので意思を持ち、「雲」や「ペッパー君」のような無生物は意思を持たないとほとんどの人が思っている。

問四　――①とありますが、ここでいう「同じ」とはどういうことですか。そのことを比喩《ひゆ》的に表している箇所《かしょ》を文中から八字以上十字以内でぬき出しなさい。

問五 ――②とありますが、その理由を筆者はどう考えていますか。最もふさわしいものを次の中から一つ選び、記号で答えなさい。

ア 意識が環境の変化に対応できない時は、無意識の力がそれを補うことで変化に対応する行動を可能にするから。

イ 無意識の力こそが環境の変化に対応して適切な行動をとらせるのであり、そこにおいては意識は少しも働かないから。

ウ 意識だけでは適切な行動が取れないと身体が予《あらかじ》めわかっており、緊急《きんきゅう》の場合は無意識の力が取って代わるから。

エ 無意識の力が重要な任務を果たすのは無計画な行動の場合のみで、それ以外は意識が率先して適切な行動に導くから。

問六 ――③とありますが、「エピソード記憶を持てたこと」がなぜ人間の生存上有利に働いたと筆者は考えていますか。その理由を「エピソード記憶」の特徴《とくちょう》を踏《ふ》まえた上で、解答らんに合うように、文中のことばを用いて四十字以内で答えなさい。

問七 （ Ａ ）には共通することばが入ります。十字で考えて答えなさい。

問八 本文の表現や構成について述べたものとして最もふさわしいものを次の中から一つ選び、記号で答えなさい。

ア まず身近な例を挙げ、意思という抽象《ちゅうしょう》的なものについて興味を抱《いだ》かせ、次に人は意思を持たないという事実を実験結果を交えながら述べることで、先入観の危うさを示している。

イ まず身近な例を挙げ、自然の中で取り上げた現象が自分たちの生活に密接につながっていることを述べ、次に自然科学の第一人者であるダーウィンの説を提示することで自説の権威《けんい》付けをしている。

ウ まず一般的に考えられている説がもはや時代遅れであることを主張し、次に膨大なデータを提示することによって自説がもはや動かしがたい事実であることを証明している。

エ まず一般的に考えられている説に疑問を投げかけ、次に自説の根拠《こんきょ》となる実験結果や自分以外の専門家の説を提示することで、自説の正当性を強く印象づけている。

三　次の文章を読んで、（　　）①～⑧に当てはまることばを、後の語群から選び、それぞれ漢字に直しなさい。ただし、同じことばを複数回使用してはいけません。また、――X・Yの漢字のよみをひらがなで答えなさい。

建築は、住んでいる家、通っている学校、勤めているオフィス、買い物に行くショッピングセンター等、雨風から私たちや物を覆《おお》い、生活や仕事の場所を（　①　）するもので、皆《みな》さんにも身近な存在だと思います。この建築を設計するには、建築意匠《いしょう》、建築構造、建築設備の三者のプロフェッショナルが必要です。建築意匠のプロフェッショナルは、建築家（アーキテクト）と呼ばれ、建築の設計（デザイン）、すなわち建築の平面計画、（　②　）デザイン、インテリアデザイン、色彩《しきさい》計画の設計を行います。建築設備には、水道、ガスの配管、X空調、電気、エレベーターなどがあり、建築設備のプロフェッショナルである設備技術者はこれらを取り扱《あつか》います。建築構造のプロフェッショナルである構造技術者の役割は、建築の構造（骨組）が、自分自身の重さ（自重＋積載荷重《せきさいかじゅう》）と、外から加わる力（地震《じしん》、風、雪などの荷重）に対して壊《こわ》れないで安全であるようにすることです。

建築にかかわるプロフェッショナルというと、一般《いっぱん》的には「建築家」だけがイメージされるかもしれません。実際、建築設計に当たっては、建築家が統括《とうかつ》し、そのもとで構造と設備の技術者がそれぞれの分野の設計を行いますが、日本のような大地震国《だいじしんこく》では、耐震《たいしん》設計という点から構造技術者の役割が（　③　）視されています。建設費全体に占《し》める構造の（　④　）は二割程度ですが、もし、地震で構造が壊れたならば、建築全体の（　⑤　）になってしまうからです。

主な建築構造として、木《もく》構造、鉄筋《くふう》コンクリート構造（ＲＣ造）、鋼《こう》構造の三つが挙げられます。この他に、石造、レンガ造等もありますが、地震国の日本では特別の工夫をしない限り建てることができません。日本の建築は昔から木を用いて造られてきました。たとえば、奈良《なら》の法隆寺《ほうりゅうじ》は千数百年前（六〇七年）にY創建された現存する世界（　⑥　）の木造建築として有名であり、何より、日本人が住む住宅の多くは木構造です。コンクリートは、鉄筋で補強された鉄筋コンクリート構造（ＲＣ造）として、中規模から高層のビルにまで、多くのマンションやアパート等に用いられています。

私が（　⑦　）にしているのは、鋼材を用いた構造、鋼構造です。鋼は重いものと思われるかもしれませんが、他の材料よりも重さに比べて強度が大きく、構造材の（　⑧　）を軽くすることができるので、超高層《ちょうこうそう》ビルのような背の高い建築や、体育館、展示場などの大空間を必要とする建築に適しています。また、鋼材は、外から力が加わった時に塑性《そせい》変形して力を吸収し、なかなか壊れないので、日本のような地震国では安全面からも適した構造材です。

（岩田衛《いわたまもる》「大空間構造から地球環境建築へ」『いま、この研究がおもしろいＰａｒｔ2』所収　岩波ジュニア新書）

【語群】

ヒリツ　　テイキョウ　　センモン　　ジュウリョウ
サイコ　　ソンガイ　　ジュウヨウ　　ガイカン

二〇二三

大阪桐蔭中学校
中学入学試験　前期

〈国語〉

（60分）

令和五年度　大阪桐蔭中学校入学試験問題　［国語］（前期）

一　次の文章を読んで、あとの問いに答えなさい。（問いに「……字」とある場合は、「、」や「。」やその他の記号もすべて一字と考えます。）

【良彦《よしひこ》は母の寿子《ひさこ》と妹の美津子《みつこ》と中山平《なかやまだいら》温泉を訪れていたが、トンネルを見に行った帰りに母とはぐれてしまった。そんなときに、老人に声をかけられた。】

「坊主、トンネルは、おっがねがったか」
老人の静かな眼差《まなざ》しが、じっと良彦を覗《のぞ》き込《こ》む。
「おっがねがった」
素直《すなお》に頷《うなず》けば、老人の眼《め》が弓なりになった。
「んだども、面白《おもしろ》がったべ」
瞬間《しゅんかん》、ふらふらとトンネルに吸い込まれそうになった感覚が甦《よみがえ》り、ごくりと唾《つば》を呑《の》んだ。
望遠鏡を担《かつ》いだ父が少しだけ振《ふ》り返り、にやりと笑う。
「……んだ」
気がつくと、深く頷いていた。
老人に言われて、自分では理解できなかった胸の中のざわつきが、ようやく言葉になった。
恐《おそ》ろしかったけれど。
「面白がった」
老人はもう一度良彦の肩《かた》をぽんぽんとたたき、それから机の上の筆を取りにいった。
しゃくりあげている美津子の前に立ち、一番小さな白木のこけしを手に取り、素早《すばや》く絵筆を動かし始める。
振り分け髪《がみ》、つぶらな瞳《ひとみ》、赤いおちょぼ口。
のっぺらぼうだったこけしに、魔法《まほう》のように、愛らしい顔ができていく。
「泣ぐな、泣ぐな。めんごい童子《わらしこ》は、もう泣ぐな」
優《やさ》しく声をかけながら、老人は最後にこけしの細い胴体《どうたい》に見事な菊《きく》の絵を描《か》いた。
「ほうら、お前《め》だ」
描き上げたばかりのこけしを差し出し、老人は眼を細める。
美津子は涙を溜《た》めた瞳で驚《おどろ》いたようにこけしを見つめていたが、やがて（　　A　　）受け取った。
「ありがでがす……」

ぺこりと下げられた美津子のおかっぱ頭を、老人はただ黙《だま》って静かに撫《な》でた。

母と妹と一緒に中山平温泉にいってから一週間後に、古川では初雪が降った。

良彦は柿《かき》の木伝いに屋根に上り、灰色の空から舞《ま》い落ちてくる雪片《せっぺん》を眺《なが》めていた。これから嫌《いや》というほど毎日眺める雪だが、降り始めの時期はやっぱり少しだけ心が躍《おど》る。

あの日、こけし小屋の老人に連れられて中山平温泉へ戻ると、宿では大変な騒《さわ》ぎになっていた。良彦と美津子が暗くなっても戻らないので、沢《さわ》に落ちたか、汽車に轢《ひ》かれたかと、祖母の多嘉子《たかこ》が今まさに警察を呼ぼうとしているところだった。

〝んだがら、こっだらおだづもっこ、連れでぐんなど……〟

良彦たちを送ってくれた老人に礼も言わず、多嘉子は怒髪《どはつ》[I]を衝《つ》くほどに怒鳴り散らした。今回ばかりは良彦も、さすがに力なく首《こうべ》を垂《た》れるしかなかった。

多嘉子は寿子のことも散々に詰《なじ》ったが、母はなにも言わずに自分と美津子を抱《だ》きしめてくれた。母の胸にしっかりと抱かれると、良彦は再び涙が湧《わ》いてくるのをこらえることができなかった。

母と自分たちを叱責《しっせき》するだけでは飽《あ》き足らなかったようで、古川に戻るなり、祖母は父の書斎《しょさい》にまで押《お》し入った。随分《ずいぶん》長い間、祖母は父に向かって（　B　）文句を垂れていた。

良彦は本当にろくでなし。次男だからと甘《あま》やかしていると、今に手のつけられないことになる。たまには父親として云々《うんぬん》――。

廊下《ろうか》の隅《すみ》にいても、祖母のいつ終わるとも分からない苦言が聞こえてきた。

その晩、良彦は父に挨拶《あいさつ》に向かわされたとき、いつになく緊張《きんちょう》を覚えた。

ひょっとすると、今度という今度は、父が振り向いて、説教をするかもしれない。或《ある》いは、無言で拳固《げんこ》を食《く》らわされるかも分からない。

ところが、襖《ふすま》をあけると、父は相変わらず文机《ふみづくえ》に向かい、自分に背中を向けていた。

〝お休み〟

①正座をして頭を下げた自分に父がかけたのは、いつもの一言だけだった。

拍子《ひょうし》抜けしながら襖を閉めた瞬間、心のどこかで父に対する不甲斐《ふがい》なさを覚えた。

別に怒《おこ》られたかった訳ではないけれど、父の眼には本当に、自分は映ってはいないのではないかと思われた。

その日以来、良彦は夜なかなか寝《ね》つけなくなった。眼を閉じていると、トンネルの漠々《ばくばく》とした闇《やみ》が追いかけてくるような気がするのだ。

おかげで寝不足で仕方がない。

今も、ひらひらと舞い降りてくる雪を眺めていると、ふっと意識が飛びそうになる。うとうとしかけては寒さに眼を覚ますということを、良彦は何回か繰《く》り返した。

そろそろ家の中に入ったほうがいいだろう。このままでは本当にうたた寝をして、屋根から転げ落ちるような事態になりかねない。

2023(R5) 大阪桐蔭中
教英出版

水っぱなも出てきたし……。

ずずっと鼻水を啜《すす》り上げ、良彦はかじかんできた両手をこすり合わせた。

そのとき、ふと、見慣れぬものが視界をかすめた。白い息を吐《は》きながら、良彦は眼を凝《こ》らす。

見たことのない形の飛行機が、厚い雲の向こうからやってくる。随分と大きな飛行機だ。

もっとよく見ようと、良彦は屋根の上に立ち上がった。

すると、今度は反対側から、もう一機飛行機がやってくるのが眼に入った。いつもの王城寺原《おうじょうじはら》飛行場から飛んでくる軍用機だ。

一度に二機も飛行機が見られるなんて、今日は運が良い。

良彦は二機に向かって大きく手を振った。

まるで応えるかのように、大きな見知らぬ飛行機と、いつもの軍用機が向かい合う。そのまま二機がぐるぐると円を描き始めたので、良彦は寒さも忘れて眼を見張った。

きっと、なにか面白いものを見せてくれようとしているのに違《ちが》いない。

良彦は胸を躍《おど》らせながら厚い雲に覆《おお》われた空を見上げた。

タタタタッ

上空で微《かす》かな音がする。

一体、なにをしているのだろう。

二機の飛行機は、時折厚い雲に隠《かく》れて見えなくなる。

タタタタッ　タタタタッ　タタタタッ

規則正しく降ってくる音の方向に、亀《かめ》のように首を伸《の》ばした瞬間――。

「ごらぁっ、良彦ぉっ！」

耳をつんざくような大音声《だいおんじょう》が聞こえてきて、良彦はぎょっとした。

庭に視線をやり、もう一度仰天《ぎょうてん》する。

ほとんど書斎から出てこない父が、はだしで庭に立っていた。

「なにしてるがぁっ！　早ぐ、下りろぉおおおっ！」

父が両眼を剥《む》いて、凄《すさ》まじい声をあげている。

その様子は、まるで近所の寺の門の前で、憤怒《ふんぬ》に燃えるまなこを爛々《らんらん》と光らせている青い肌《はだ》をした仁王像《におうぞう》のようだ。

父の別人のような形相《ぎょうそう》と、訛《なま》りが強く出た怒声に、良彦ははたと悟《さと》る。

それでは、あれは――。

あの大きな飛行機は、友軍機ではないのか。

あれは敵機か。

空襲《くうしゅう》など一度も経験したことのない良彦は、これまですべての飛行機を友軍機だと思い込んでいたが、ついにこの村にも敵の軍用機がやってきたのだ。

転がるようにして屋根から下りると、むんずと首根っこをつかまれた。

そのままものすごい力で土間に引きずり込まれ、良彦は唖然《あぜん》とする。常に書斎に閉じこもっている父に、こんな馬鹿力《ばかぢから》があるとは思ってもみなかった。

直後、飛行機が急降下する音が響《ひび》いた。

ダダダダッ!

上空から聞こえていた音が間近に迫《せま》り、まったく同時に、屋根瓦《やねがわら》が割れる音が轟《とどろ》く。振り向けば、砕《くだ》けた瓦が屋根の上に飛び散り薄《うす》い煙《けむり》をあげていた。

あのままあそこに居たら、どうなっていただろう。

頭から冷水をかけられたように、ぞっとする。

良彦は腰《こし》が抜けたようになり、へなへなと土間に座《すわ》り込んでしまった。

「お父《ど》さん!」

機銃掃射《きじゅうそうしゃ》の音を聞きつけ、母が妹を抱いて飛び出してきた。

「大丈夫だ、あれは爆撃機《ばくげきき》でねえ。あれ以上のことはでぎねえ」

父は落ち着き払ってそう言うと、家族全員に家の一番奥《おく》の台所に集まるように指示した。恐怖《きょうふ》に引きつっている美津子の顔を見るうちに、良彦の足にもやっと力が戻ってきた。妹をこれ以上怖《こわ》がらせてはなるまいと気を張ったが、②身体の芯《しん》が震《ふる》えるのをなかなかとめることができなかった。

それからしばらく、家族全員、家の奥で息を潜《ひそ》めて過ごした。祖母の多嘉子も、さすがに蒼《あお》い顔をして黙りこくっていた。屋根に上っていた良彦に、雷《かみなり》を落とす気力はない様子だった。

その晩、村役場で緊急《きんきゅう》の会合が開かれた。

夜遅く会合から帰ってきた祖母と母がひそひそ交《か》わしていた話によれば、井出《いで》のおんちゃんを中心とする数人が、この村にも空襲がくると大騒ぎをしたらしかった。

父は当然の如《ごと》く会合を欠席したが、珍《めずら》しく書斎にこもらず、小作人からもらった自然薯《じねんじょ》をすって、良彦と美津子に夕飯を食べさせてくれた。

疲《つか》れきって戻ってきた祖母と母にも薯蕷《とろろ》を供しながら、父は静かに首を横に振った。

「あれはただの偵察機《ていさつき》だ。王城寺原の飛行場の様子を見にきただけだろう。王城寺原に爆撃機は配備されていないし、こんな田畑を焼い③たところで意味はない。仙台《せんだい》ならともかく、この村に空襲はこないよ」

いつもの無気力な表情で呟《つぶや》くようにそれだけ言うと、父はさっさと書斎に引き上げていった。

あの日以来、父は再びずっと書斎に引きこもっている。

母と祖母が村役場の会合にいった夜は、良彦たちに夕飯まで作ってくれたのに、今は家族と一緒に食事をしようともしない。

しんしんと冷える霜月《しもつき》の晩、良彦は寝床《ねどこ》で手足を丸めてじっと考え込んでいた。傍《かたわ》らの布団《ふとん》の美津子はすっかり寝入っているようだが、良彦はどうにも眠《ねむ》ることができなかった。

あれから、敵機は一度も見ていない。父の言葉通り、空襲もなかった。

いつの間にか村は元通りになり、一時はどこかに逃《に》げるだの、防空壕《ぼうくうごう》を掘《ほ》るだのと騒いでいた井出のおんちゃんたちも静かになった。

豆電球の薄暗い明かりの下で、良彦は何度も寝返りを打った。

ようやくぼんやりしてくると、頭の中に、大きなトンネルが浮《う》かんだ。

明るい場所に背を向けて、どんどん闇の中へ歩いていく父。

その先に、一体なにがあるというのだろう。

分からないものは恐ろしい。

太陽を吸い込む宇宙の穴も、木星の衛星も、土星の輪っかも、普段《ふだん》から眼に見えないものはおっかない。

けれど父は、そんなものばかり見ようとしている気がする。

いつだったか、盆《ぼん》に帰ってきた父から、天体望遠鏡で月を見せられたことがあった。

肉眼ではほの白く優しげに見えた月が、望遠レンズを通すと、黒い染《し》みやぼつぼつとしたあばたを浮かばせて、なんとも⊗おどろおどろしい有り様だった。

あんな月は見たくないと良彦は思ったが、あれが天体の本当の姿なのだろう。

闇に眼を凝らして真実を見ようとするのは、恐ろしいことなのではないだろうか。

皆《みな》と一緒に、明るい場所にいるほうが安全だ。

〝ごらぁっ、良彦ぉっ！〟

その瞬間、父の怒声が耳元で甦り、良彦はハッと我に返った。

父のあんな大きな声を聞いたのは、生まれて初めてだった。

父の眼に、自分は映っていないのではないかと、何度も思ったけれど。
仁王様のようにかっと見開いたまなこが、確かに自分に注がれていた。
あの晩、誰《だれ》よりも落ち着いていたのは、実のところ父だ。
鬼畜《きちく》米英がやってきたら猟銃《りょうじゅう》で撃ち殺すはずだった井出のおんちゃんが浮き足立ち、いつも書斎に引きこもっている〝非国民〟の〝情けねえ〟お父さんが、庭に飛び出してきて自分を助けてくれた。
父が豹変《ひょうへん》したのは屋根の上にいる自分を見つけたときだけで、その後は、いつもの物静かな様子に戻っていた。だが、不安そうな大人たちの中で、父は誰よりも冷静だった。
分がんねぇ……。
良彦は布団の中で身体を丸くする。
トンネルと同じだ。黒いばかりで向こうにはなにも見えない。
父はなにを見ているのか。父にとって、自分たち家族はどう見えているのか。
父は本当に「非国民」なのか。
どれだけ考えてみても、良彦には分からない。
ふと、傍らの美津子が寝返りを打つ気配がした。そっと布団から身を起こして妹の様子を窺《うかが》えば、美津子はあの日老人からもらったこけしをしっかりと胸に抱いて眠っていた。
〝んだども、面白がったべ〟
ふいにこけし小屋の老人の声が脳裏《のうり》に響く。
〝……んだ。面白がった〟
あのときどうして自分は、そんなふうに答えてしまったのだろう。
胸の奥がざわつく。
自分の心のどこかにも、闇の向こうになにがあるのかを探《さぐ》りたい気持ちがあるのだろうか。
未知なるものは恐ろしいけれど、その実、それと同じくらい、惹《ひ》きつけられる。
良彦は息を吐き、再び布団に身を横たえた。

（古内一絵《ふるうちかずえ》『星影《ほしかげ》さやかに』文藝春秋刊）

問一　――Ⓧ・Ⓨとありますが、そのことばの意味として最もふさわしいものを次の中から一つずつ選び、それぞれ記号で答えなさい。

Ⓧ　おどろおどろしい

ア　非常に荒々《あらあら》しい
イ　醜《みにく》く汚《けが》らわしい
ウ　不気味で恐ろしい
エ　薄暗く寂《さび》しい

Ⓨ　浮き足立ち

ア　勇気をなくし
イ　落ちつきはらい
ウ　立場をなくし
エ　逃げ腰《こし》になり

問二（　）A・Bに入れるのに最もふさわしいことばを次の中から一つずつ選び、それぞれ記号で答えなさい。ただし、同じことばを使用してはいけません。

ア　いそいそと　　イ　ひしひしと　　ウ　くどくどと　　エ　こんこんと
オ　おずおずと　　カ　ひょうひょうと

問三　[Ⅰ]に入れるのに最もふさわしい漢字一字を答えなさい。

問四　――①とありますが、良彦は具体的に父のどのような点に「拍子抜け」し、「不甲斐なさを覚えた」のですか。文中のことばを用いて四十字以内で答えなさい。

問五 ——②とありますが、それはなぜですか。その理由として最もふさわしいものを次の中から一つ選び、記号で答えなさい。

ア 普段は落ち着いていて常に書斎に閉じこもっている父が、いきなり大音声で怒鳴ってきた姿を見て驚くと同時に恐怖を感じたから。

イ 興味本位で見ていた飛行機が爆撃機であったと知り、父に言われなければ自分はどうなっていたのだろうかと考えると恐怖心に飲み込まれたから。

ウ いつも声を荒らげて叱責したり文句を垂れたりする多嘉子が蒼い顔をしているのを見て、普段とは違う様子で気味が悪く感じたから。

エ 面白いものを見せてくれるだろうと期待したものが敵の軍用機だったとわかり、突如《とつじょ》として攻撃された様子を見て、恐ろしさを感じたから。

問六 ——③とありますが、これと対照的な父の様子を比喩的《ひゆてき》に表している箇所《かしょ》を、文中から三十五字以上四十字以内でぬき出し、そのはじめと終わりの五字をそれぞれ答えなさい。

問七 ===とありますが、このときの良彦の気持ちを説明した一文を文中から探し、そのはじめの五字をぬき出して答えなさい。

問八 本文の表現に関する説明として最もふさわしいものを次の中から一つ選び、記号で答えなさい。

ア ところどころに反復を用いることで、登場人物それぞれの思いを強調しながら物語を展開している。

イ 会話文で方言を交えたり一人の人物を中心に描いたりすることで、主人公の心情がありありと伝わるようになっている。

ウ 会話文を多用することで、時間の経過とともに深まっていく家族の関係がわかりやすく表現されている。

エ 色彩《しきさい》に関する表現をふんだんに使うことで、それぞれの場面の情景を鮮明《せんめい》に把握《はあく》できるようになっている。

二　次の文章を読んで、あとの問いに答えなさい。（問いに「……字」とある場合は、「、」や「。」やその他の記号もすべて一字と考えます。）

昨今、「正しさは人それぞれ」とか「みんなちがってみんないい」といった言葉や、「現代社会では価値観が多様化している」「価値観が違《ちが》う人とは結局のところわかりあえない」といった言葉が流布《るふ》しています。このような、「人や文化によって価値観が異なり、それぞれの価値観には優劣《ゆうれつ》がつけられない」という考え方を相対主義といいます。「正しさは人それぞれ」ならまだしも、「絶対正しいことなんてない」とか、「何が正しいかなんて誰《だれ》にも決められない」といったことさえ主張する人もけっこういます。

こうしたことを主張する人たちは、おそらく多様な他者や他文化を尊重しようと思っているのでしょう。そういう善意はよいものではありますが、はたして「正しさは人それぞれ」や「みんなちがってみんないい」という主張は、本当に多様な他者を尊重することにつながるのでしょうか。そもそも、「正しさ」を各人が勝手に決めてよいものなのか。それに、人間は本当にそれほど違っているのかも疑問です。

（　A　）、価値観の異なる人と接触《せっしょく》することがなかったり、異なっていても両立できるような価値観の場合には、「正しさは人それぞれ」と言っていても大きな問題は生じません。たとえば、訪ねることも難しい国の人たちがどのような価値観によって生活していても、自分には関係がありません。またたとえば、野球が好きな人とサッカーが好きな人は、スポーツのネタでは話が合わないかもしれませんが、好きなスポーツの話さえしなければ仲良くできるでしょう。サッカーが好きなのは間違っていて、すべての人は野球が好きでなければならない、なんていうことはありません。

こうした場面では、「人それぞれ」「みんなちがってみんないい」でよいでしょう。（　B　）、世の中には、両立しない意見の中から、どうにかして一つに決めなければならない場合があります。たとえば、「日本の経済発展のためには原子力発電所が必要だ」という意見と、「事故が起こった場合の被害《ひがい》が大きすぎるので、原子力発電所は廃止《はいし》すべきだ」という意見とは、両立しません。どちらの意見にももっともな点があるかもしれませんが、日本全体の方針を決めるときには、どちらか一つを選ばなければなりません。原子力発電所を維持《いじ》するのであれば、廃止した場合のメリットは捨てなければなりません。逆もまたしかり。「みんなちがってみんないい」というわけにはいかないのです。

①そんなときには、どうすればよいでしょうか。「価値観が違う人とはわかりあえない」のであれば、どうすればよいのでしょうか。

そうした場合、現実の世界では権力を持つ人の考えが通ってしまいます。本来、政治とは、意見や利害が対立したときに妥協点《だきょうてん》や合意点を見つけだすためのはたらきなのですが、最近は、日本でもアメリカでもその他の国々でも、権力者が力任せに自分の考えを実行に移すことが増えています。批判に対してきちんと正面から答えず、単に自分の考えを何度も繰《く》り返したり、論点をずらしてはぐらかしたり、権力を振《ふ》りかざして脅《おど》したりします。

5　下の図1のように，1辺4cmの立方体の各面に，1辺1cmの正方形が16個できるように線をひきます。そのあと，斜《しゃ》線部分を反対側までまっすぐくりぬいた立体を考えます。

このとき，次の問いに答えなさい。

図1

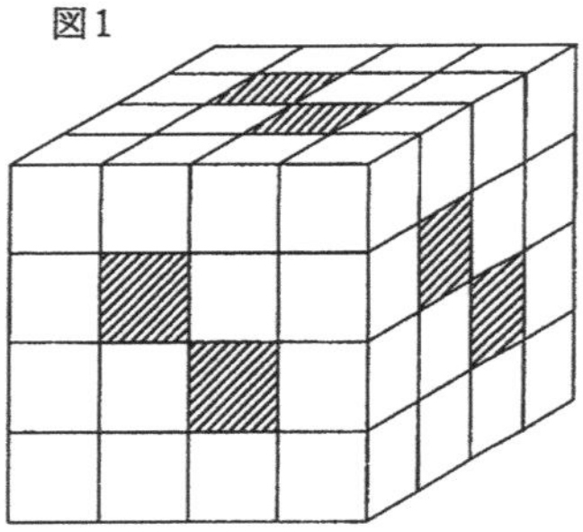

(1)　この立体の体積は何cm^3ですか。

次に下の図2のように，(1)で考えた立体を，たて，横，高さがそれぞれ6cmの空の水そうに入れ，その水そうに1分間に19.1cm^3ずつ水を入れていきます。ただし，水を入れても立体は浮《う》かないものとします。

図2

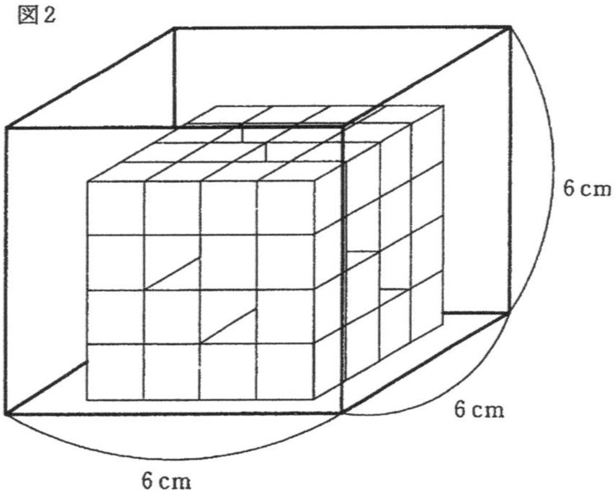

(2)　水そうの中の水の高さを2cmにするには，何cm^3の水が必要ですか。

(3)　水を入れ始めてから2分後に，水そうの中の水の高さは何cmになりますか。

4　下の図のように，同じ大きさの正三角形を，重ならないようにすき間なく並べて大きな正三角形を作ります。

また，すき間なく並べた１つ１つの正三角形には上から順に１段目には１と数字を書き，２段目には左から２，３，４と数字を書き，３段目には左から５，６，７，８，９と数字を書き，４段目以降の正三角形にも左から10，11，12，… と数字を書いていくものとします。

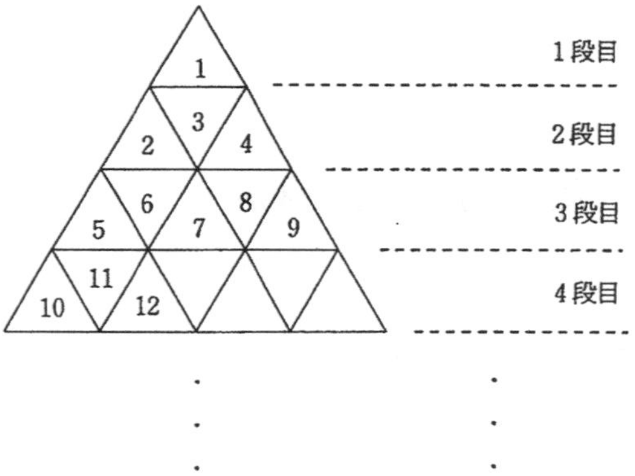

このとき，次の問いに答えなさい。

(1)　上から６段目の１番左にある正三角形に書かれている数字は何ですか。

(2)　上から６段目にある正三角形に書かれている数字をすべて足すといくつになりますか。

(3)　400と数字の書かれている正三角形は上から何段目にありますか。

(4)　2023と数字の書かれている正三角形は上から何段目の左から何番目にありますか。

2023(R5) 大阪桐蔭中
K 教英出版

3 兄と弟が円形の池の周りの道を歩きます。はじめ2人は下の図のように，池のちょうど反対側にいます。9時になったとき，兄は時計回りに分速120 m で，弟は反時計回りに分速80 m で，それぞれ同時に出発しました。初めて2人が出会ったのは，9時6分でした。そのまま2人は歩き続け，もう一度出会ったとき，兄はそのまま歩き続けましたが，弟はその場で3分休けいしてから，向きを変えて時計回りに同じ速さで歩き始めました。この後も，弟は兄と出会うたびにその場で3分休けいしてから，それまで歩いていた向きと反対の向きに同じ速さで歩きます。

このとき，次の問いに答えなさい。

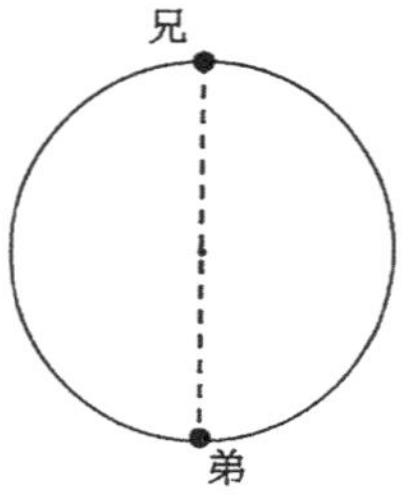

(1) 池の周りの道の長さは1周何 m ですか。

(2) 2人が2回目に出会うのは何時何分ですか。

(3) 2人が同時に歩き始めてから4回目に出会うまでに，兄は何 m 歩きましたか。

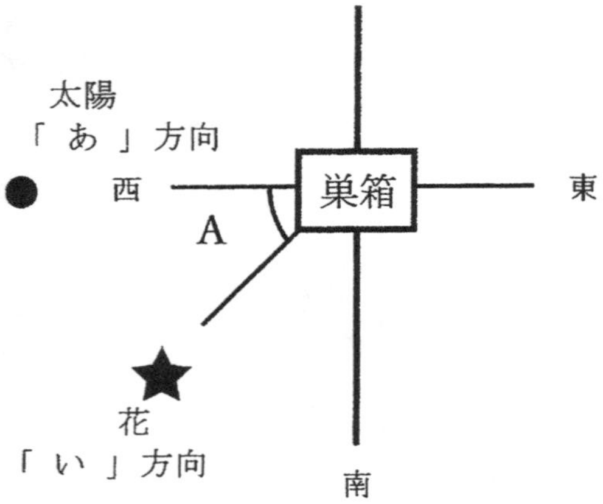

（図 3）

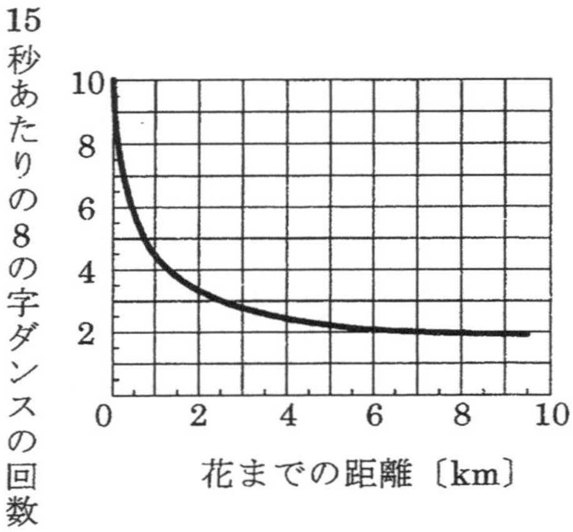

（図 4）

問１）文中の下線部（1）について，ミツバチの特徴を，次の中から2つ選び記号で答えなさい。

ア．　セキツイ動物　　イ．　無セキツイ動物
ウ．　はねが２枚　　エ．　はねが４枚　　オ．　はねが６枚

問２）次の図は，ミツバチを背中側から見た図を示しています。あしのつき方として正しいものを，次の中から選び記号で答えなさい。なお，目やはねなどは省略しています。

ア．　イ．　ウ．　エ．

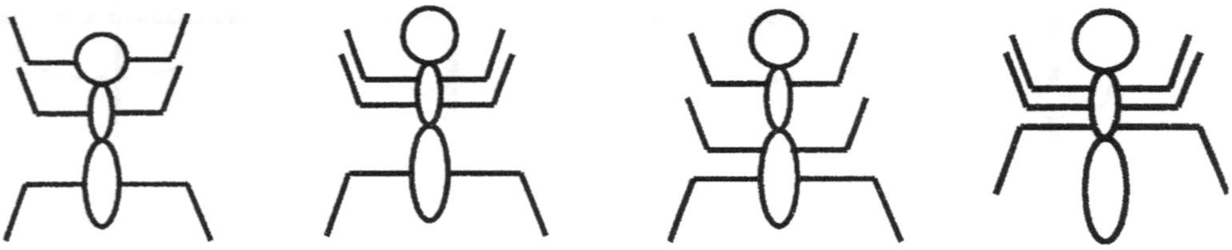

（問３）文中の下線部（2）について，（図 5）のように南東の方向に太陽があるときに，巣箱の中を観察しました。花から巣へ戻ってきたミツバチが，巣の中で（図 6）のようなダンスをした場合の花の方向を，（図 5）のア～クの中から選び記号で答えなさい。

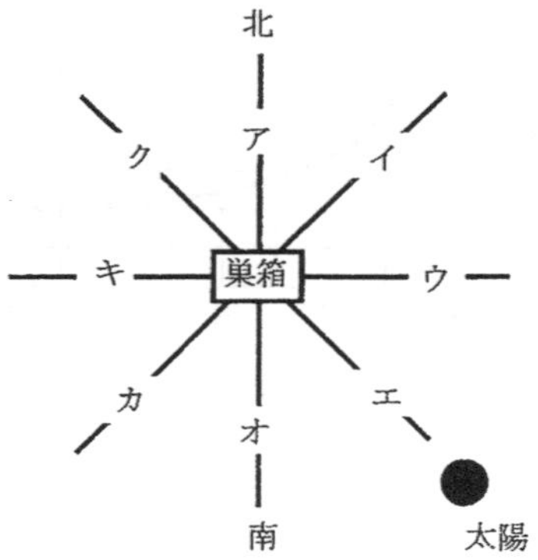

（図 5）

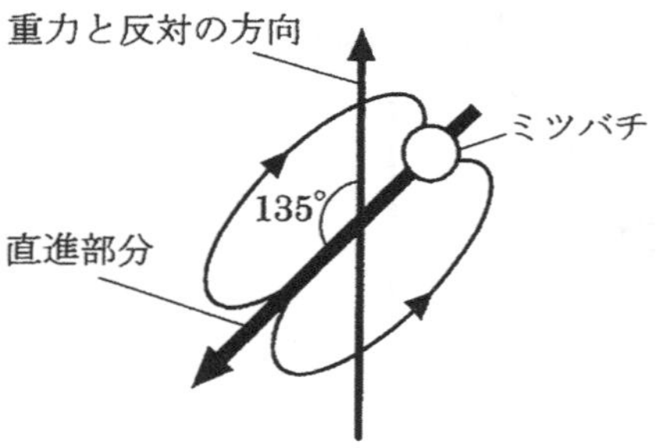

（図6）

（問４）（問３）の 3 時間後，（図 5）のオの方向にある花を仲間にダンスで伝えたい場合，どの向きにダンスをすればよいですか。次の中から選び記号で答えなさい。

ア．

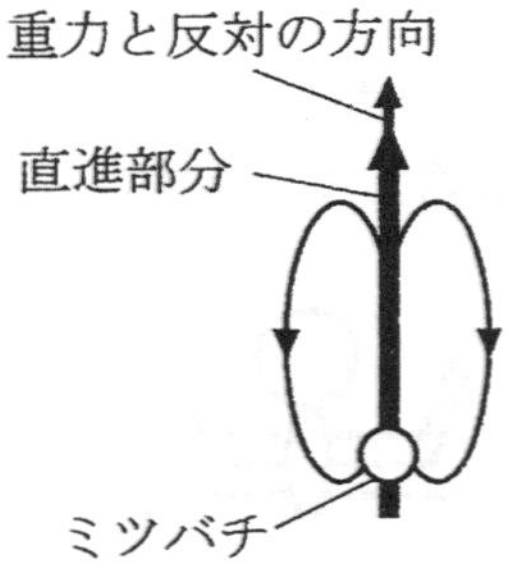

イ．

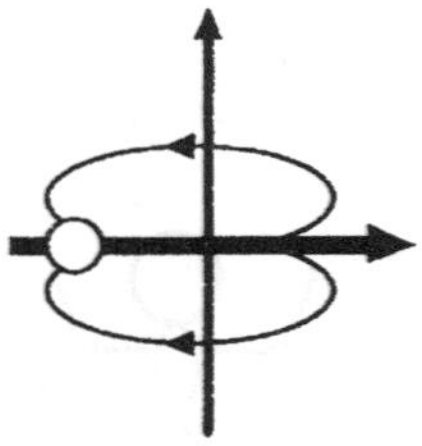

ウ．

エ．

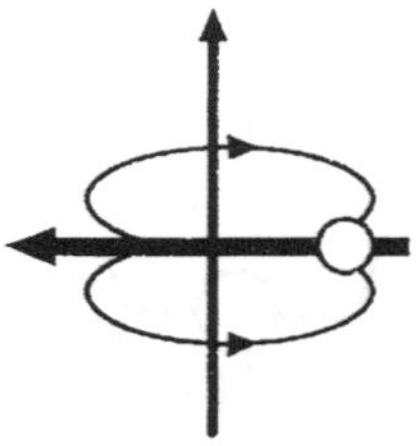

（問５）文中の空らん①，②に入る語句の組み合わせとして正しいものを，次の中から選び記号で答えなさい。

ア．① 多い　② 近い　　イ．① 多い　② 遠い
ウ．① 少ない　② 近い　　エ．① 少ない　② 遠い

（問６）文中の空らん③に入る数値として正しいものを，次の中から選び記号で答えなさい。

ア．0.05　　イ．0.8　　ウ．1.5　　エ．7

2023(R5) 大阪桐蔭中
教英出版

理科の問題は次のページに続きます。

4 次の文を読んで後の問いに答えなさい。

水を温めると，はじめは温かい部分と冷たい部分ができますが，しばらくすると対流によって全体の温度が均一になります。

地球をおおう大気にも同じことが起きます。日中は陸と海の温度が（　①　）の方が高いため，空気が（　②　）へ移動します。これは，空気は温度が上がると，体積が（　③　）するため（　④　）するからです。また，温度が下がるとその逆となります。地球は赤道付近の空気が（　⑤　），北極や南極付近の空気が（　⑥　）です。これは（　⑦　）の違《ちが》いによるためです。また，これらを踏《ふ》まえ，イギリスのジョージ・ハドレー（1753 年）は地球規模における大気の移動の基礎《きそ》を築きました。

実際は地球の自転の影響《えいきょう》を受けるため大気の移動は少し複雑になり，（図）のように 3 つのパターンの循環《じゅんかん》にわかれます。緯度《いど》 30° 付近一帯（破線部－－－－）は大気が上空から地表へ下降する位置となります。この一帯は（　⑧　）気圧で，上空から見て（　⑨　）回りに空気が移動します。このようなことから大気の移動には一定の規則性があり，これを大気大循環《だいじゅんかん》といい（　⑩　）のようなモデルであらわされます。そのため，中緯度《ちゅういど》帯には（　⑪　）風という西よりの風が吹《ふ》くため，日本の天気が西から東へ移り変わります。一方，低緯度帯の天気は東から西へ移り変わります。

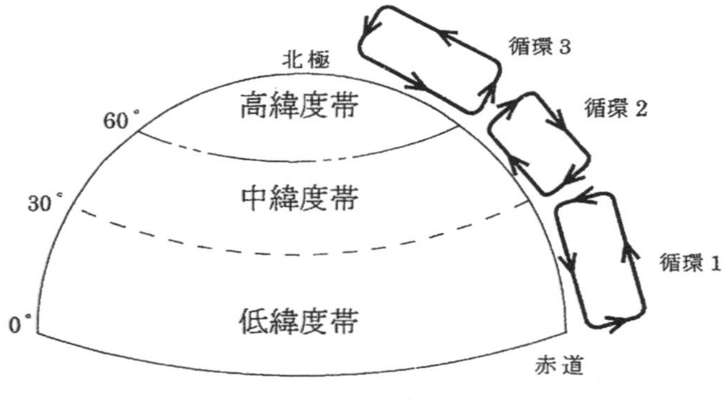

（図）

（問１）文中の空らん①，②に入る語句の組み合わせとして正しいものを，次の中から選び記号で答えなさい。

ア．①海　②海から陸　　イ．①海　②陸から海
ウ．①陸　②海から陸　　エ．①陸　②陸から海

（問２）文中の空らん③，④に入る語句の組み合わせとして正しいものを，次の中から選び記号で答えなさい。

ア．③膨張《ぼうちょう》　④上昇《じょうしょう》　　イ．③収縮　④上昇
ウ．③膨張　④下降　　エ．③収縮　④下降

問３）文中の空らん⑤～⑦に入る語句の組み合わせとして正しいものを，次の中から選び記号で答えなさい。

ア．⑤暖かく　⑥冷たい　⑦太陽との距離《きょり》　イ．⑤冷たく　⑥暖かい　⑦太陽との距離

ウ．⑤暖かく　⑥冷たい　⑦太陽の高度　エ．⑤冷たく　⑥暖かい　⑦太陽の高度

問４）文中の下線部について，考えとして正しいものを，次の中から選び記号で答えなさい。ただし，図の矢印は大気の移動を表している。

ア．

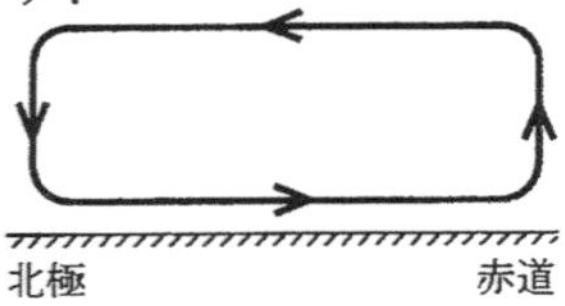

イ．

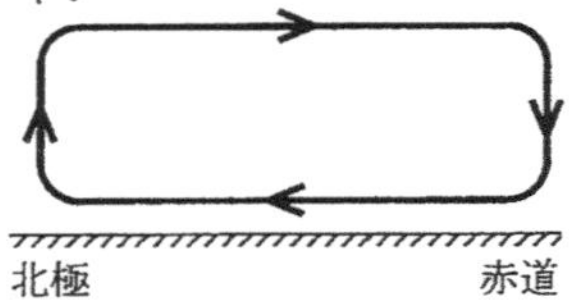

ウ．

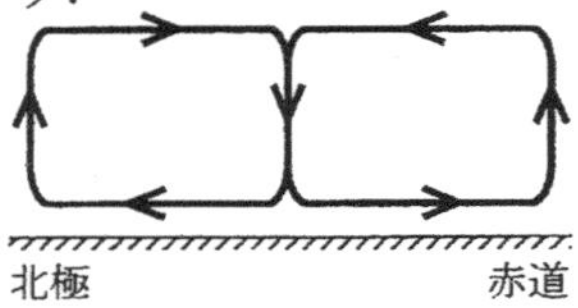

問５）文中の空らん⑧，⑨に入る語句の組み合わせとして正しいものを，次の中から選び記号で答えなさい。

ア．⑧低　⑨時計　イ．⑧高　⑨時計

ウ．⑧低　⑨反時計　エ．⑧高　⑨反時計

問６）文中の空らん⑩に入るものとして正しいものを，次の中から選び記号で答えなさい。ただし，図の矢印は大気の移動を表している。

ア．

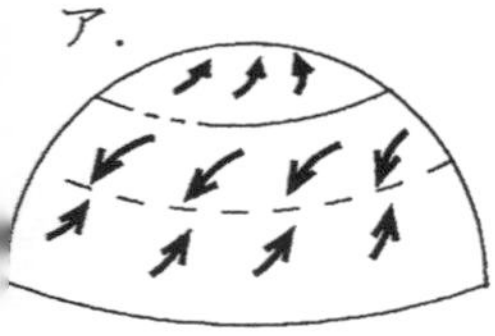

イ．

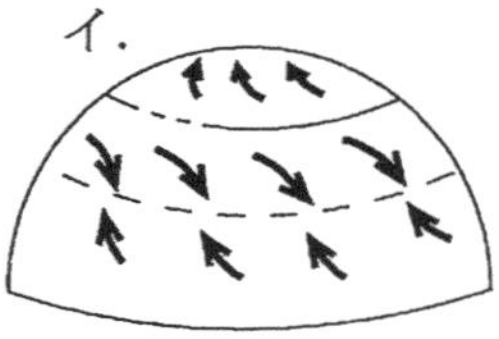

ウ．

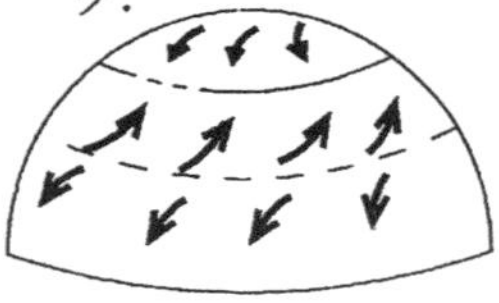

エ．

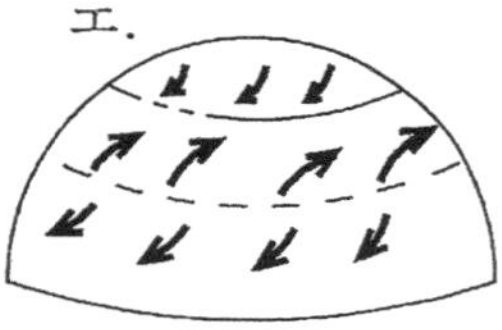

問７）文中の空らん⑪に入る語句を漢字で答えなさい。

問２　下線部②について、唱歌「蛍の光」の４番の歌詞は、日本の領土の変化にあわせてたびたび変更されました。次の歌詞は日露戦争の終結後に変更されたものです。空らん X には日清戦争によって獲得した領土、空らん Y には日露戦争によって獲得した領土がそれぞれ入ります。空らん X 、 Y にあてはまる領土の形の組合せとして正しいものを、次のア～カから一つ選び、記号で答えなさい。ただし、Ⅰ～Ⅲのそれぞれの縮尺は正しいとは限りません。

X の果ても Y も	八洲（やしま）の内の護りなり
至らん国にいさおしく	つとめよわが兄（せ）つつがなく

Ⅰ

Ⅱ

Ⅲ

	X	Y
ア	Ⅰ	Ⅱ
イ	Ⅰ	Ⅲ
ウ	Ⅱ	Ⅰ
エ	Ⅱ	Ⅲ
オ	Ⅲ	Ⅰ
カ	Ⅲ	Ⅱ

問３　下線部③について、次の表は702（大宝２）年に作成された戸籍をもとに作成したものです。あとの注を参考に、この表から読み取れる内容や戸籍についての説明Ⅰ～Ⅲの正誤の組合せとして正しいものを、次のア～カから一つ選び、記号で答えなさい。

名前	性別	歳
卜部乃母曽	男	49
葛野部伊志売	女	74
卜部甫西豆売	女	47
卜部久漏麻呂	男	19
卜部和哿志	男	6
卜部方名	男	46
中臣比多米売	女	37
卜部黒	男	17
卜部赤猪	男	16
卜部平許自	男	2
卜部赤売	女	13
卜部麻呂売	女	1

注
・口分田は６歳以上の男女に支給される。
・調が課せられるのは17歳から65歳の男性のみである。
・戸籍は６年に一度更新された。

Ⅰ　この戸では、合計10人に口分田が支給された。
Ⅱ　この戸では、合計６人に調が課せられた。
Ⅲ　この戸籍は706年に更新された。

	Ⅰ	Ⅱ	Ⅲ
ア	正	正	正
イ	正	正	誤
ウ	正	誤	正
エ	正	誤	誤
オ	誤	正	正
カ	誤	正	誤
キ	誤	誤	正
ク	誤	誤	誤

問４　本文中の空らん［　Ａ　］には徳川氏一族の大名で徳川家康の子から出た家が入ります。紀伊家、水戸家と並び称されたこの家を、解答らんにあわせて漢字２字で答えなさい。

問５　下線部④について、徳川家光の治世の出来事に関して述べた文として正しいものを、次のア～エから一つ選び、記号で答えなさい。

ア　重い年貢とキリスト教弾圧に対し、島原・天草地方の農民が蜂起した。
イ　京都方広寺の鐘の銘文が口実でおきた大坂の役で、徳川氏が豊臣氏を滅ぼした。
ウ　大名から石高１万石につき 100 石を臨時に上納させる上げ米をおこなった。
エ　井原西鶴が、町人生活の悲喜こもごもを描いた『世間胸算用』を著した。

問６　下線部⑤について、武家だけでなく庶民にも広まったものの一つに能があります。次の資料は室町時代に能について記された『風姿花伝』の一節を現代語訳したものです。これを参考にいくつかのカードをまとめてクラスで発表したところ、そのうち一枚は適当でないとの指摘を受けました。発表したカードのうち内容が適当でないものを、次のア～エから一つ選び、記号で答えなさい。ただし、資料は問題に合わせて一部改訂しています。

芸能というものは、多くの人に愛され親しまれてこそ一座が成り立っていくものだ。あまりにも観客に理解できない上品な芸のみでは、多くの人びとにほめたたえられることはない。それを防ぐためには、能をやる場合に、それまで演じてきたやさしい演目を忘れずに、時や場所に応じて、見る目が肥えていない観客にもすばらしいと思わせるような芸を演じることが、一座が栄える秘けつだ。よくよく、演者と観客の理想的な関係を考えると、身分が高い人の前や山寺、田舎、遠国、諸国の神社の祭礼にいたるまで、あらゆる場所で悪い評価をうけない者を、すばらしい役者というべきではないだろうか。したがって、どんなに上手であっても、多くの人びとに愛され、親しまれるという点で欠けたところのあるような役者を、達人とはいいがたいのだ。だからこそ亡き父は、どんな田舎や山里のさびしいところであっても、その土地がらやその土地の人びとの好みに合わせて能を演じたのだ。

ア	イ
これまでに演じてきたやさしい芸を、忘れないでいることが大切である。	能を見る目が肥えていない観客にも満足してもらえる演技を目指すべきだ。

ウ	エ
観阿弥はどんなにさびしい山里でもその土地がらにあわせて能を演じた。	どんなに芸が上手でも古くからの伝統を守り抜かないと達人とはいえない。

問７　下線部⑥について、1841 年に倹約令を発布し、身分の上下を問わず華美な服装やぜいたくな食事を禁止するなど、風俗の取り締まりをはかった老中を、漢字４字で答えなさい。

問８　下線部⑦について、次のグラフは義務教育の男子及び女子の就学率の変化を示したものです。ａのグラフが示すものと、男女の就学率の平均について述べた文との組合せとして正しいものを、次のア～エから一つ選び、記号で答えなさい。

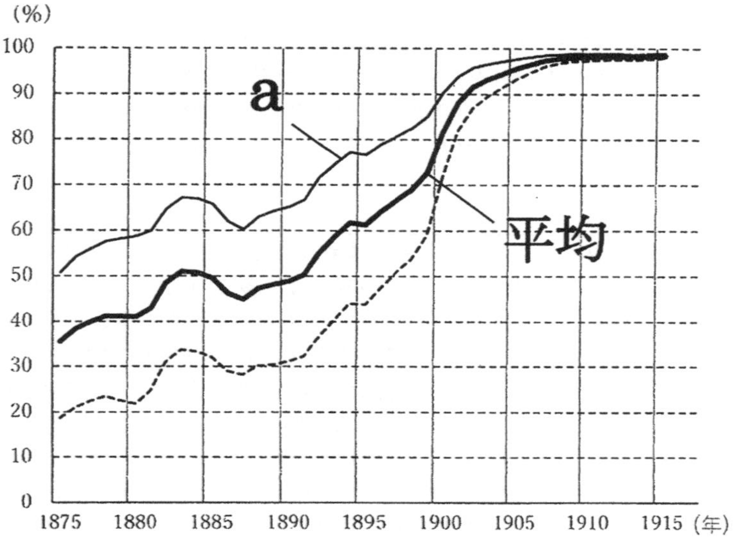

	a	男女の就学率の平均について
ア	女子就学率	大日本帝国憲法が発布されたとき、就学していない生徒は５割以上いた。
イ	女子就学率	日英同盟締結時には、８割を超えていなかった。
ウ	男子就学率	大日本帝国憲法が発布されたとき、就学していない生徒は５割以上いた。
エ	男子就学率	日英同盟締結時には、８割を超えていなかった。

問9　下線部⑧について、次の資料は女性たちがある県でおこした暴動について記した新聞記事の一節を現代語訳したものです。[D]県の位置と、この新聞記事の出来事がおこった時期との組合せとして正しいものを、次のア～ケから一つ選び、記号で答えなさい。

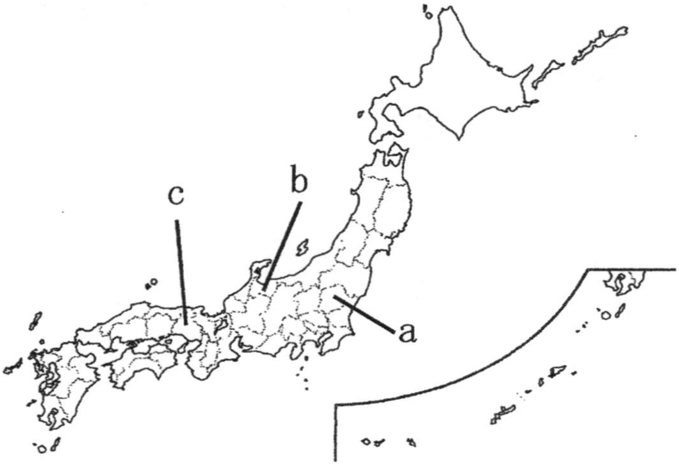

資料

> [D]県中新川郡西水橋町町民の大部分は出稼ぎ労働者であるが、…帰りの旅費にも支障があるありさまで、生活は大いに窮迫し、さらに昨今の米価の急上昇で、生活難はいよいよ最悪の状態に達しているが、三日午後七時漁師町一帯の女房二百名は海岸に集合して三隊に分かれ、一つは海岸地方の有力者、一つは町の有力者、一つは海岸の米屋および米所有者をおそい、持っている米は他に売らないこと、およびこの際情けだと思って米を安く売ることを求めている…

> 岩倉使節団に同行した津田梅子が、帰国後女子英学塾を創設した
> Ⅰ
> 与謝野晶子が「君死にたまふこと勿れ」を雑誌『明星』に発表した
> Ⅱ
> 初の女性議員として、市川房枝ら39人が当選した
> Ⅲ

ア　a・Ⅰ	イ　a・Ⅱ	ウ　a・Ⅲ
エ　b・Ⅰ	オ　b・Ⅱ	カ　b・Ⅲ
キ　c・Ⅰ	ク　c・Ⅱ	ケ　c・Ⅲ

問10　下線部⑨について、次の昭和時代に発行された新聞記事Ⅰ～Ⅲを古い順に並べたものを、次のア～カから一つ選び、記号で答えなさい。

首相遂に兇手に倒る
昨夜十一時廿六分絶命
後継総裁は高橋翁か

Ⅰ

東太平洋の敵根拠地を強襲
ミッドウエー沖に大海戦
アリューシャン列島猛攻
陸軍部隊も協力要所を奪取
米空母二隻撃沈
わが二空母一巡艦に損害
太平洋の戦局此一戦に決す

Ⅱ

守れ満蒙－帝國の生命線
結晶！特殊權益
滿洲事變導火線
何故日本は起つた？
權益蹂躙と排日

Ⅲ

ア　Ⅰ→Ⅱ→Ⅲ　　イ　Ⅰ→Ⅲ→Ⅱ　　ウ　Ⅱ→Ⅰ→Ⅲ
エ　Ⅱ→Ⅲ→Ⅰ　　オ　Ⅲ→Ⅰ→Ⅱ　　カ　Ⅲ→Ⅱ→Ⅰ

問11　下線部⑩について、次の表は重要文化財に指定されている現存する日本の建築物について、建設開始から完成にいたるまでの期間を示したものです。あとの建築物E・Fとその建築期間Ⅰ～Ⅲとの組合せとして正しいものを、次のア～カから一つ選び、記号で答えなさい。

E

F

	9世紀	10世紀	11世紀	12世紀	13世紀	14世紀
Ⅰ						
Ⅱ						
Ⅲ						

ア　E・Ⅰ　　イ　E・Ⅱ　　ウ　E・Ⅲ
エ　F・Ⅰ　　オ　F・Ⅱ　　カ　F・Ⅲ

問12　先生と生徒の会話文について述べた文章として正しいものを、次のア～エから一つ選び、記号で答えなさい。

ア　『源氏物語』夕霧の巻には、3月に若紫がひな遊びに熱中する様子が描かれている。
イ　武家社会で広まった豪華なひな人形に対し、庶民に広まったひな人形は、その生活が反映された質素なものだった。
ウ　江戸時代、将軍の息女に献上されたひな人形は、「良き妻」としての女性像を、人形遊びを通じて学んでほしいという願いがこめられていた。
エ　明治時代のはじめにおいて、近代化の必要性から節句は公式な祝日ではなくなった。

3　次の【社会に関する目標】、【生物に関する目標】、【経済に関する目標】の各表は、2015年の国連総会で採択された「持続可能な開発目標（ＳＤＧｓ）」に関するものです。この国際目標は、17の目標と169のターゲットによって構成されています。各表の内容について、あとの問いに答えなさい。ただし、ターゲットの内容は、問題に合わせて一部改訂しています。

【社会に関する目標】

目標	ターゲットの内容
貧困をなくそう	各国において①適切な社会保護制度および対策を実施し、2030年までに貧困層およびぜい弱層に対し十分な保護を達成する。
すべての人に健康と福祉を	②有害化学物質、並びに大気、水質および土壌の汚染による死亡および疾病の件数を大幅に減少させる。
ジェンダー平等を実現しよう	政治、経済、公共分野でのあらゆるレベルの意思決定において、完全かつ効果的な③女性の参画および平等なリーダーシップの機会を確保する。
住み続けられるまちづくりを	④世界の文化遺産および自然遺産の保護・保全の努力を強化する。

外務省HPより作成

問１　下線部①について、日本では、日本国憲法第25条の内容に沿って、社会保障制度および対策が実施されています。次の空らん あ に当てはまる語句を、漢字４字で答えなさい。

国は、すべての生活部面について、社会福祉、社会保障及び あ の向上及び増進に努めなければならない。（日本国憲法第25条　第２項）

問２　下線部②について、次の地図中Ａ～Ｃは高度経済成長期において日本で四大公害病が発生した都道府県を示したものです。Ａ～Ｃを説明したⅠ～Ⅲの文章の正誤の組合せとして正しいものを、次のア～クから一つ選び、記号で答えなさい。

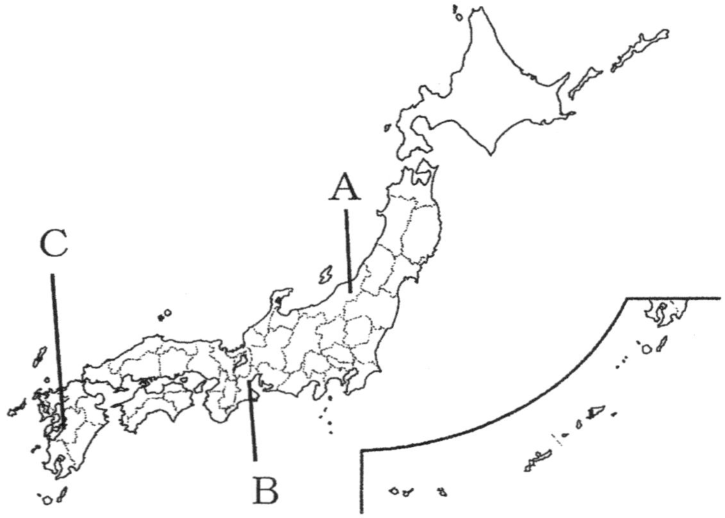

Ⅰ　Ａでは、阿賀野川流域で有機水銀を原因とするイタイイタイ病が発生した。
Ⅱ　Ｂでは、四日市市周辺で亜硫酸ガスを原因とする四日市ぜんそくが発生した。
Ⅲ　Ｃでは、水俣湾沿岸でカドミウムを原因とする水俣病が発生した。

	Ⅰ	Ⅱ	Ⅲ
ア	正	正	正
イ	正	正	誤
ウ	正	誤	正
エ	正	誤	誤
オ	誤	正	正
カ	誤	正	誤
キ	誤	誤	正
ク	誤	誤	誤

問３　下線部③について、次の文章は男女共同参画社会を実現するために導入されている取り組みとその成果についての説明です。Ⅰ～Ⅲの文章の正誤の組合せとして正しいものを、次のア～クから一つ選び、記号で答えなさい。

Ⅰ　育児休業は、子どもが１歳になるまで原則１年間休業ができるものであり、近年では男性の育児休業取得率が上昇している。

Ⅱ　クオータ制は、職員や議員の定員に対し、一定の割合を男性に割り当てるものであり、職場における男女間格差の是正が進んでいる。

Ⅲ　テレワークは、情報通信技術を活用し、時間や場所の制約を受けない働き方によって仕事や子育ての両立を可能にしている。

	Ⅰ	Ⅱ	Ⅲ
ア	正	正	正
イ	正	正	誤
ウ	正	誤	正
エ	正	誤	誤
オ	誤	正	正
カ	誤	正	誤
キ	誤	誤	正
ク	誤	誤	誤

問４　下線部④について、2022年は世界遺産条約制定から50年の節目の年です。条約制定の背景にあった出来事に関する文章の空らん[い]～[え]に当てはまる語句の組合せとして正しいものを、次のア～カから一つ選び、記号で答えなさい。

> 1960年代にエジプトの[い]川にダム建設計画が持ち上がり、多くの遺産が水没の危機に陥った。要請を受けた[う]は遺跡の移築と保護を世界中に訴えた。これをきっかけに世界遺産条約が制定され、日本でも2021年には新たな文化遺産として[え]が登録された。

	い	う	え
ア	インダス	UNESCO	北海道・北東北の縄文遺跡群
イ	インダス	UNESCO	百舌鳥・古市古墳群-古代日本の墳墓群-
ウ	インダス	UNICEF	北海道・北東北の縄文遺跡群
エ	ナイル	UNESCO	百舌鳥・古市古墳群-古代日本の墳墓群-
オ	ナイル	UNESCO	北海道・北東北の縄文遺跡群
カ	ナイル	UNICEF	百舌鳥・古市古墳群-古代日本の墳墓群-

【生物に関する目標】

目標	ターゲットの内容
安全な水とトイレを世界中に	山地、森林、湿地、河川、帯水層、湖沼を含む⑤水に関連する生態系の保護・回復を行う。
海の豊かさを守ろう	⑥海洋ごみや富栄養化を含む、特に陸上の人間の活動による汚染など、あらゆる種類の海洋汚染を防止し、大幅に削減する。

『外務省 HP』より作成

問５　下線部⑤について、1971 年に結ばれた、渡り鳥など水鳥の生息地として重要な湿地を登録して保全するための条約を解答らんに合わせてカタカナで答えなさい。

問６　下線部⑥について、世界中で問題となっている海洋汚染の原因の一つとされる直径５㎜以下の細かなプラスチック類を解答らんにあわせてカタカナで答えなさい。

【経済に関する目標】

目標	ターゲットの内容
働きがいも 経済成長も	若者や障がい者を含むすべての男性および女性の、完全かつ生産的な雇用および働きがいのある人間らしい仕事、並びに⑦同一労働同一賃金を達成する。
産業と技術革新の 基盤をつくろう	資源利用効率の向上と⑧クリーン技術および環境に配慮した技術・産業プロセスの導入拡大を通じたインフラ改良や産業改善により、持続可能性を向上させる。

外務省 HP より作成

問７　下線部⑦について、2019 年から同一労働同一賃金を含む形で働き方改革関連法が実施されています。法律の制定について述べたⅠ～Ⅲの文章の正誤の組合せとして正しいものを、次のア～クから一つ選び、記号で答えなさい。

Ⅰ　法律案の議決については、衆議院の優越が認められている。
Ⅱ　国会は国の唯一の立法機関であり、法律を制定する役目を持つ。
Ⅲ　法律案は衆議院と参議院のどちらからでも提出することができる。

	Ⅰ	Ⅱ	Ⅲ
ア	正	正	正
イ	正	正	誤
ウ	正	誤	正
エ	正	誤	誤
オ	誤	正	正
カ	誤	正	誤
キ	誤	誤	正
ク	誤	誤	誤

問８　下線部⑧について、とうもろこしやさとうきびなどの植物を原料としてつくられるアルコール燃料は、化石燃料よりも二酸化炭素排出量が少ないことから、地球温暖化対策としても注目されています。この燃料をカタカナで答えなさい。

三

問一	問二	問三	問四	問五	問六	問七	問八
a	A					I	
b	B					II	
c		とき。					
d							
e							

問一．１点×５
問二．２点×２
問三．10点
問四．６点
問五．７点
問六．10点
問七．３点×２
問八．７点

①	④	⑦	㋐
②	⑤	⑧	㋑
③	⑥		

１点×10

※二

※三

※合計

※120点満点

↓ここにシールを貼ってください↓

23J13

受験番号	
氏　　名	

令和５年度　大阪桐蔭中学校前期入試　　算数

※このらんには、何も記入しないこと。

1

(1)	(2)	(3)

※1

4点×3

2

(1)あ	(2)い	(3)う	(4)え
	個	m	円
(5)お 分	(6)か 円	(7)き とおり	く とおり
(8)け 人	こ 人	(9)さ 度	
(10)し	す		

※2

4点×13

【解答用

↓ここにシールを貼ってください↓

23J14

受験番号	
氏　　名	

令和５年度　大阪桐蔭中学校前期入試　　理科

※このらんには、何も
記入しないこと。

1

(問1)

(問2)

(問3)

(問4)④

(問4)⑤

(問5)

(問6)

問１．３点
問２．２点
問３．２点
問４．２点×２
問５．２点
問６．２点

※1

2

(問1)

(問2)

(問3)

(問4)

問１．２点
問２．２点
問３．２点
問４．２点
問５．④２点
⑤３点
⑥２点

※2

【解答用

↓ここにシールを貼ってください↓

23J12

受験番号

氏　　名

令和５年度　大阪桐蔭中学校前期入試　　社会

※ この欄には何も記入しないこと

1

問1　問2　問3　問4 (1)　問4 (2)　問5

２点×10

問6　市　問7　問8　問9

※1

各2点

2

問1　問2　問3　問4　家　問5　問6

2点×12

問7　問8　問9　問10　問11

問12

※2

各2点

【解答用

3

問1

問2

問3

問4

2点×8

※3

問5 条約

問6 プラスチック

各2点

問7

問8

合計 ※

※60点満点

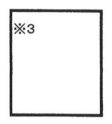

3

(問1) (問2) (問3)

(問4) (問5) (問6)

問1．３点
問2．３点
問3．３点
問4．２点
問5．２点
問6．２点

※3

4

(問1) (問2) (問3)

(問4) (問5) (問6)

(問7)

問1．３点
問2．２点
問3．２点
問4．２点
問5．２点
問6．２点
問7．２点

※4

※合計

※60点満点

3	(1)	(2)	(3)
	m	時　分	m

4	(1)	(2)	(3)	(4)
			段目	段目　番目

5	(1)	(2)	(3)
	cm^3	cm^3	cm

※3

6点×3

※4

⑴4点
⑵4点
⑶5点
⑷6点

※5

⑴6点
⑵6点
⑶7点

※合計

※120点満点

↓ここにシールを貼ってください↓

23J11

受験番号	氏名

令和五年度　大阪桐蔭中学校前期入試　国語

一

問一	問二	問三	問四	問五	問六	問七	問八
ⓧ	A						
					〜		
ⓨ	B						

問一．２点×２
問二．２点×２
問三．７点
問四．10点
問五．７点
問六．８点
問七．８点
問八．７点

※このらんには、何も記入しないこと。

※一

1　次の先生と生徒たちの会話文を読んで、あとの問いに答えなさい。

先生　：COVID -19 によるパンデミック以降、全国的に緊急事態宣言の発令などで都道府県間の移動の制限や自粛が求められてきました。しかし、2022 年は３年ぶりにどこの都道府県においても制限が求められず、ゴールデンウィーク、夏休み共に都道府県間での多くの人々の往来がみられました。みなさんは夏休みにどこに行きましたか。

生徒ａ：私は８月４日から７日に東北地方を巡りました。まず、４日から６日には東北三大祭りに行きました。①４日にねぶた祭、５日に竿燈（かんとう）まつり、６日に七夕まつりという順で巡りました。どの祭りも迫力があり、とても楽しめました。最終日の７日には②南部鉄器作りを体験しました。

生徒ｂ：私は８月 10 日から 13 日に四国地方に行きました。③本州四国連絡橋の見学ツアーに参加しました。普段は入ることができない柱の中に入ることができて、とても貴重な経験になりました。また、④日本最後の清流とよばれ、四国最長をほこる川で遊んだり、バーベキューをしたりしました。

生徒ｃ：私は８月 11 日から 14 日に近畿地方を巡りました。まず、⑤三重県にある日本最大級のパワースポットで、アマテラスオオミカミが祀られる神社に行き、開運や健康を祈願しました。また、近くにあるおかげ横丁で食べ歩きをして楽しみました。その後、⑥近畿地方の４つの政令指定都市を巡りました。

生徒ｄ：私は８月 13 日から 16 日まで⑦長崎県に行きました。長崎県ではハウステンボスに行き、そこでは⑧オランダの街並みが再現されており、海外旅行に行った気分を味わえました。また、平和記念公園に行き、戦争の悲惨さや平和の大切さを学びました。

生徒ｅ：私は８月 17 日から 19 日に北海道へ⑨農業体験ツアーに行きました。野菜作りや牛の乳搾り、バター作りをおこないました。とても貴重な経験ができました。

問１　下線部①について、次の図１中のⅠ～Ⅲは、生徒ａが東北三大祭りで訪れた３県を示しています。生徒ａが訪れた県の順番として正しいものを、次のア～カから一つ選び、記号で答えなさい。ただし、Ⅰ～Ⅲのそれぞれの縮尺は同じとは限りません。

Ⅰ　　　Ⅱ　　　Ⅲ

図１

ア　Ⅰ　→　Ⅱ　→　Ⅲ　　　イ　Ⅰ　→　Ⅲ　→　Ⅱ
ウ　Ⅱ　→　Ⅰ　→　Ⅲ　　　エ　Ⅱ　→　Ⅲ　→　Ⅰ
オ　Ⅲ　→　Ⅰ　→　Ⅱ　　　カ　Ⅲ　→　Ⅱ　→　Ⅰ

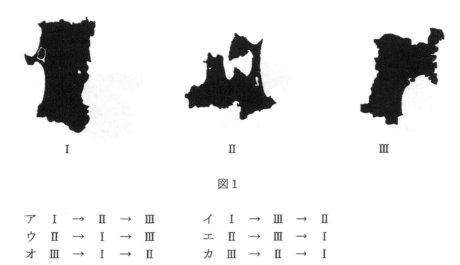

問２　下線部②について、この生産がおこなわれる県と同じ緯度帯を通る国として誤っているものを図２中のⅣ～Ⅵから選び、また、その国に関して述べた文として正しいものを、次のＡ～Ｃから選びなさい。そして、それらの組合せとして正しいものを、次のア～ケから一つ選び、記号で答えなさい。ただし、Ⅳ～Ⅵのそれぞれの縮尺は同じとは限りません。

Ⅳ　　　Ⅴ　　　Ⅵ

図２

Ａ　北部は自動車などの生産がさかんであるが、南部は農業が中心で貧困率が高く、南北の経済格差が社会問題となっている。

Ｂ　オリーブの生産がさかんで、生産量は世界最大をほこる。サグラダファミリアなどの世界遺産があり、観光業も国の経済を大きく支えている。

Ｃ　蒸気機関を動力に世界初の産業革命に成功し、“世界の工場”とよばれた。2020年にＥＵを離脱した。

ア　Ⅳ・Ａ	イ　Ⅳ・Ｂ	ウ　Ⅳ・Ｃ	エ　Ⅴ・Ａ
オ　Ⅴ・Ｂ	カ　Ⅴ・Ｃ	キ　Ⅵ・Ａ	ク　Ⅵ・Ｂ
ケ　Ⅵ・Ｃ			

2023(R5) 大阪桐蔭中
教英出版

問３　下線部③について、四国地方は３つの本州四国連絡橋（ルート）で本州と繋がっており、次の図３中のⅰ～ⅲはそれらを地図上で示したものです。ⅲの連絡橋（ルート）の名称と、起点となっている四国側の都市名との組合せとして正しいものを、次のア～ケから一つ選び、記号で答えなさい。

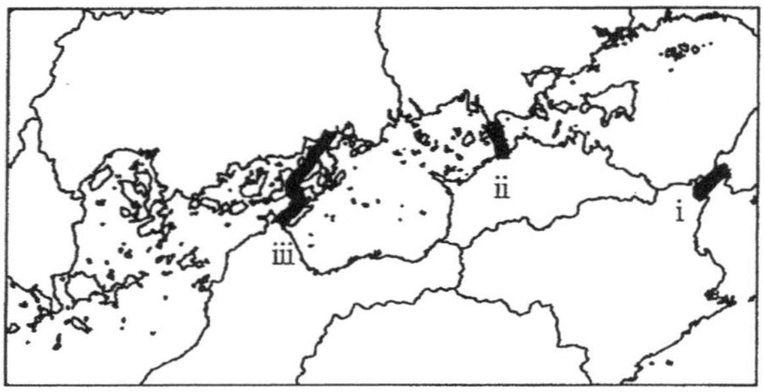

図３

	連絡橋（ルート）	都市
ア	大鳴門橋	今治
イ	大鳴門橋	坂出
ウ	大鳴門橋	鳴門
エ	瀬戸内しまなみ海道	今治
オ	瀬戸内しまなみ海道	坂出
カ	瀬戸内しまなみ海道	鳴門
キ	瀬戸大橋	今治
ク	瀬戸大橋	坂出
ケ	瀬戸大橋	鳴門

問４　下線部④について、（１）・（２）に答えなさい。

（１）　この河川は四国三大河川の一つです。四国三大河川を示した次の図４をみて、iv～vi と河川名の組合せとして正しいものを、次のア～カから一つ選び、記号で答えなさい。

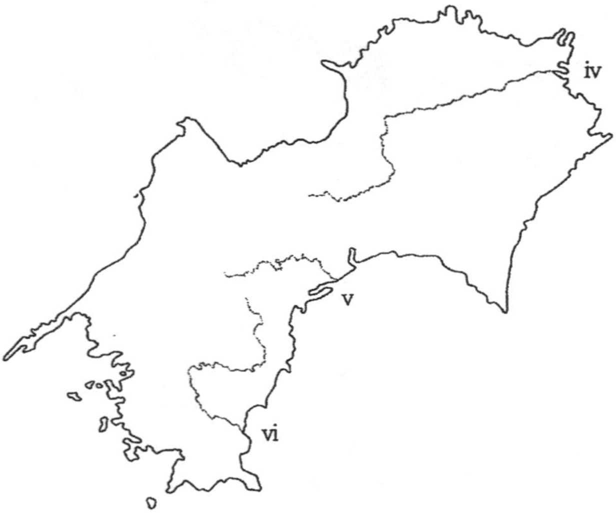

図４

	iv	v	vi
ア	四万十川	仁淀川	吉野川
イ	四万十川	吉野川	仁淀川
ウ	仁淀川	四万十川	吉野川
エ	仁淀川	吉野川	四万十川
オ	吉野川	四万十川	仁淀川
カ	吉野川	仁淀川	四万十川

（２） この河川に多くかけられている橋を次の図５中のⅦ～Ⅸから選び、また、その橋の特徴について述べた文として正しいものを、あとのＤ～Ｆから選びなさい。そして、それらの組合せとして正しいものを、次のア～ケから一つ選び、記号で答えなさい。

Ⅶ

Ⅷ

Ⅸ

図５

Ｄ　名勝指定 100 周年を迎え、世界遺産への登録も目指す木造橋である。
Ｅ　国の重要文化財に指定されており、現存最古のアーチ型石橋である。
Ｆ　満水時に沈水することで、降水量が増えた際に橋が倒壊するのを防ぐ。

ア　Ⅶ・Ｄ　　イ　Ⅶ・Ｅ　　ウ　Ⅶ・Ｆ　　エ　Ⅷ・Ｄ
オ　Ⅷ・Ｅ　　カ　Ⅷ・Ｆ　　キ　Ⅸ・Ｄ　　ク　Ⅸ・Ｅ
ケ　Ⅸ・Ｆ

問５　下線部⑤について、図６中のＺの半島でみられる海岸地形と同じ地形が大規模にみられる場所を、図中のⅶ～ⅹから選び、また、その地形の特徴について述べた文として正しいものを、次のＧ・Ｈから選びなさい。そして、それらの組合せとして正しいものを、次のア～クから一つ選び、記号で答えなさい。

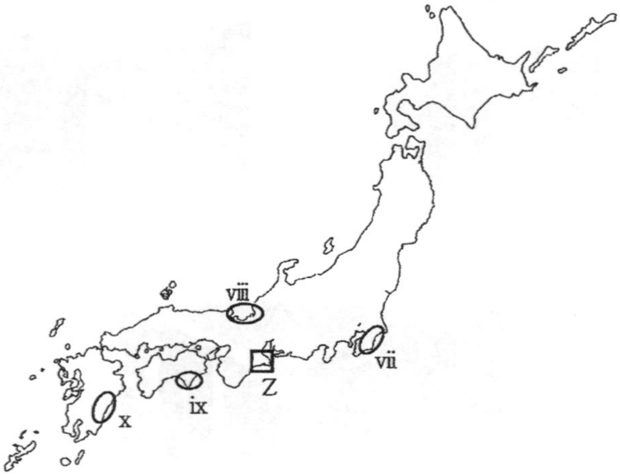

図６

Ｇ　海岸に沿って広がる階段状の地形
Ｈ　山地や丘陵の谷に海水が侵入してできた地形

ア　ⅶ・Ｇ	イ　ⅶ・Ｈ	ウ　ⅷ・Ｇ	エ　ⅷ・Ｈ
オ　ⅸ・Ｇ	カ　ⅸ・Ｈ	キ　ⅹ・Ｇ	ク　ⅹ・Ｈ

問６　下線部⑥について、近畿地方の４つの政令指定都市のうち、府県庁所在都市ではないものを、解答らんにあわせて漢字で答えなさい。

問７　下線部⑦について、長崎県について述べた次の文中の空らん［あ］・［い］にあてはまる語句の組合せとして正しいものを、次のア～エから一つ選び、記号で答えなさい。

日本で２番目に長い海岸線を持ち、漁業がさかんです。その中でも［あ］は真珠の養殖が全国有数となっています。また、代表的な世界遺産として、明治から昭和にかけて海底炭鉱での採掘で栄えた［い］を含む“明治日本の産業革命遺産　製鉄・製鋼、造船、石炭産業”があげられます。

	あ	い
ア	大村湾	種子島
イ	大村湾	端島
ウ	玄界灘	種子島
エ	玄界灘	端島

問８　下線部⑧について、この国にはヨーロッパ最大の貿易港があります。その貿易港が位置する都市と河川との組合せとして正しいものを、次のア～カから一つ選び、記号で答えなさい。

	都市	河川
ア	ブリュッセル	アマゾン川
イ	ブリュッセル	ガンジス川
ウ	ブリュッセル	ライン川
エ	ロッテルダム	アマゾン川
オ	ロッテルダム	ガンジス川
カ	ロッテルダム	ライン川

問９　下線部⑨について、次の図７は、2020 年における九州地方、近畿地方、東北地方、北海道地方の農業産出額とその割合を示したもので、Ⅰ～Ⅳは図から読み取れることがらとその背景について述べた文です。Ⅰ～Ⅳのうち正しいものを二つ選び、その組合せとして正しいものを、次のア～ソから一つ選び、記号で答えなさい。

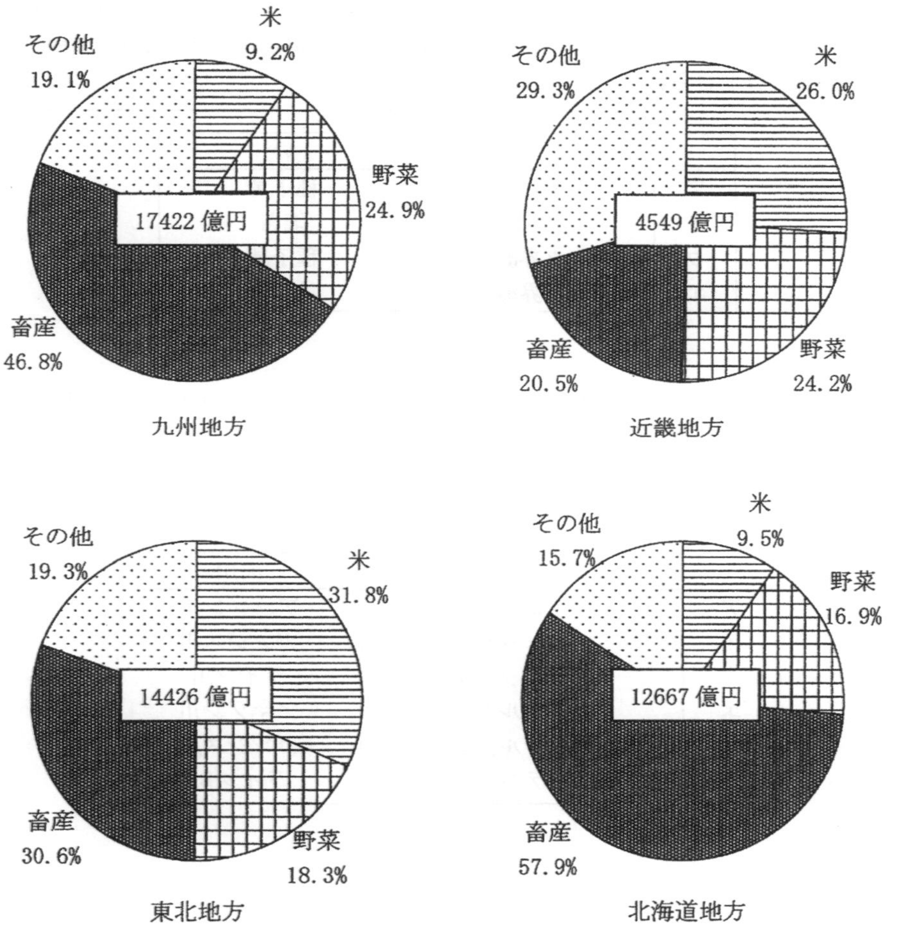

『日本国勢図会　2022/23』より作成

図７

I　九州地方の野菜の産出額は5000億円を上回っている。近郊農業がさかんに行われ、大分県はトマトの収穫量が全国１位である（2020年）。

J　九州地方は畜産の割合が最も高くなっている。宮崎県は肉用牛のブランド化がみられ、飼育頭数も全国３位である（2021年）。

K　近畿地方の米の産出額は1000億円を上回っている。兵庫県の播磨平野では降水量の少なさを補うためにため池を用いて稲作がおこなわれている。

L　東北地方の米の産出額は5000億円を上回っている。特に最上川流域の庄内平野は全国有数の米の産地である。

M　北海道地方は畜産の割合が他の地方に比べて最も高く、特に根釧台地では豚の飼育がさかんで、北海道の豚の飼育頭数は全国１位である（2021年）。

N　北海道地方は野菜の割合が他の地方に比べて最も低くなっているが、キャベツやレタスの収穫量は全国１位である（2020年）。

ア　I・J	イ　I・K	ウ　I・L	エ　I・M
オ　I・N	カ　J・K	キ　J・L	ク　J・M
ケ　J・N	コ　K・L	サ　K・M	シ　K・N
ス　L・M	セ　L・N	ソ　M・N	

[2] 次の会話文を読んで、あとの問いに答えなさい。

先生：３月３日は何の日かわかりますか。

生徒：ひな祭りの日です。

先生：そうですね。桃の節句に女子の健やかな成長を祈る年中行事です。

生徒：私の家では毎年ひな人形をかざって、家族で桜もちを食べます。

先生：ひな人形は①平安時代の貴族の婚礼の様子をあらわしています。昔の婚礼は夜におこなわれたので、ぼんぼりをともしています。

生徒：お内裏様とおひな様の他にもたくさんの人形があるのはそのためなのですね。

先生：おひな様という呼び方は、②唱歌「うれしいひなまつり」で広まった呼び方で、本当はどちらも内裏びなといいます。新郎新婦である内裏びなの他にも、官女や宴をもりあげる五人ばやし、左大臣と右大臣、そしてさまざまな嫁入り道具も飾られます。

生徒：いつごろからひな人形は広まったのですか。

先生：日本における人形の歴史は古く、もともとは「ヒトガタ」としておはらいに使われていました。その起源は③奈良時代にまでさかのぼるといわれています。奈良時代には薄い木の板で作ったヒトガタで自分の身をなでて、息を吹きかけることによって自身のけがれや罪をうつし、川や海に流す行事がおこなわれていました。この風習は今でも「流しびな」として残っています。また平安時代には、貴族の子供たちが人形を使っておこなう「ひいな遊び」という、ままごと遊びのようなものも存在しました。

生徒：最初はままごとのお人形だったのですね。

先生：『源氏物語』の夕霧の巻には、若紫がひな人形や小さな道具、御殿などを座敷中に並べて遊びに熱中する様子が記されています。正月にひな遊びをおこなっていることから、今のように３月に限って使うものではなかったと考えられます。また、このころのひな遊びで用いる人形は、紙でできた簡素なものだったともいわれています。

生徒：今のように、豪華な人形を３月３日にむけて飾るようになったのはいつごろからですか。

先生：ひな遊びが３月におこなわれるようになったのは、16 世紀中ごろから終わりごろだと考えられています。この時はまだ貴族の社会において正式な年中行事ではなく、内々におこなわれるものでした。ところが 17 世紀以降、1637 年に[　A　]家の義直より④家光養女の大姫へ「ひな十対」が献上され、1644 年に[　A　]家へ嫁いだ家光息女・千代姫へ、老中よりひな人形が献上されるなど、ひな遊びは武家社会でも大きな行事としておこなわれるようになりました。

生徒：庶民の暮らしにまで広まったのはいつごろですか。

先生：17 世紀の終わりごろから町に「ひな市」がたち、ひな遊びは⑤武家だけでなく庶民の暮らしの中にも広まっていきました。庶民の中でも豪商たちは、ひな人形に錦や金箔をふんだんに用いた豪華な衣装をまとわせるようになったので、幕府はたびたびその⑥華美をいましめる法令を出しました。18 世紀中ごろ、ひな人形の製作は京より江戸でおこなわれるようになり、「ひな遊び」よりもひな人形を飾り、めでることを楽しむ「ひな祭り」が主流となりました。

生徒：それが現在のひな祭りにつながったのですね。

先生：いや、もう少し先があります。ひな人形は政治思想の写し鏡にもなりました。例えば明治時代には近代化の必要性から、節句の制度が廃止され、公式の祝日ではなくなりました。しかし日清戦争以降、国家主義の高まりとともに、端午の節句やひな祭りなどの行事が再評価されるようになりました。1894 年に出版された『尋常小学校教本』という⑦小学校の教科書では、人形遊びをしていた少女が人形の衣装の汚れに気付いて洗濯したり、母親が娘に人形の着物を縫わせようと裁縫を教えたりする文章例が載せられていますが、これは少女たちに人形を介して「良き妻」としての⑧女性像を学ばせる意図があったといわれています。これは女性が家事や育児を通して国家に貢献する国民としてとらえられたことを意味しています。

生徒：ままごとの「ひな遊び」が子供への教育に使われたのですね。そういえば、関西と関東で男びなと女びなの左右の位置が逆なので、いつも家族で悩んでいるのですが、決まった位置はあるのですか。

先生：それも政治が影響を与えています。本来、内裏びなの位置に決まりはありませんでしたが、日本では伝統的に左を大切にする風習があったので、向かって右に男びな、左に女びなを置くことがならわしでした。ところが、1928 年の⑨昭和天皇即位式で皇后が天皇の左に立ち、その写真が全国的に広まったことから、東京をはじめとする関東中心に、内裏びなの並びがその写真にならうようになりました。これはひな祭りが天皇への忠誠心を高めるものとしても利用されたことを示しています。戦後も関東の内裏びなの位置が戻されることはなく、古くからの習慣がそのまま残る関西と、天皇の即位式にならった関東との間で、内裏びなの位置に違いがあるのです。

生徒：ひな祭りにはさまざまな歴史が反映されてきたのですね。一つの行事にこんなに歴史がつまっているなんて驚きでした。私も身近な⑩文化財について調べてみようと思います。

問１　下線部①について、次の資料は平安時代に作成されたものの一部です。資料が作成された時期と平安時代の出来事についての文Ⅰ・Ⅱを古い順に並べたものを、次のア～カから一つ選び、記号で答えなさい。ただし、資料は問題に合わせて一部改訂しています。

今日女御藤原威子を以て、皇后に立つるの日なり。…太閤、下官を招き呼びていはく、「和歌を読まむと欲す。必ず和すべし」と者（注１）。…「此世をば、我世とぞ思ふ望月のかけたることも無しと思へば」。余申していはく、「御歌優美なり、酬答（注２）に方無し。満座ただ此の歌を誦す（注３）べし」と。

（注１）「てへり」と読む。「と言えり」が変化したもので、「と言った」の意味。
（注２）返しの歌をよむこと。
（注３）唱えること。吟じること。

Ⅰ　平清盛の率いた武士団が平治の乱に勝利し、政治的発言力を高めた。
Ⅱ　菅原道真の意見によって、遣唐使が停止された。

ア　資料→Ⅰ→Ⅱ　　　　イ　資料→Ⅱ→Ⅰ
ウ　Ⅰ→資料→Ⅱ　　　　エ　Ⅰ→Ⅱ→資料
オ　Ⅱ→資料→Ⅰ　　　　カ　Ⅱ→Ⅰ→資料

大阪桐蔭中学校
中学入学試験　前期

〈社会〉

（40分）

令和５年度　大阪桐蔭中学校入学試験問題　[理科]（前期）

1　次の文を読んで後の問いに答えなさい。

100gまではかることができるばねばかりと長さ60cmの太さが一様な針金を用いて，（図1）のように，糸で支えて水平に保ち，糸の先にばねばかりを取り付けました。このときのばねばかりは，5gを指していました。このことから針金のおもさは10gとわかります。

（図 2）のように針金の中心に 100g のおもりをつるして針金を水平に保つと，ばねばかりは（　①　）gを指します。同じ場所に（　②　）gのおもりをつるしたとき，ばねばかりは100gを指します。続いて（図 3）のように 100g のおもりを A 点から 45cm のところに変えて，針金を水平に保つと，ばねばかりは（　③　）g を指します。（図 3）の状態から針金を水平に保ちながらおもりの場所を変えたとき，A 点から（　④　）cm のところでばねばかりは 100g を指します。また，（図 3）の状態から針金を水平に保ちながらばねばかりでつるす位置を A 点から B 点の方に少しずつ移動させると，A 点から（　⑤　）cm のところでばねばかりは 100g を指します。

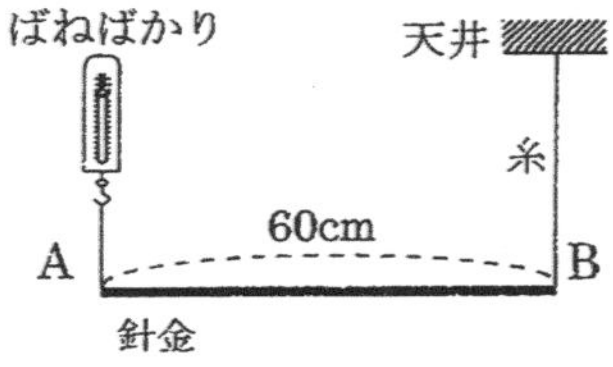

（図1）

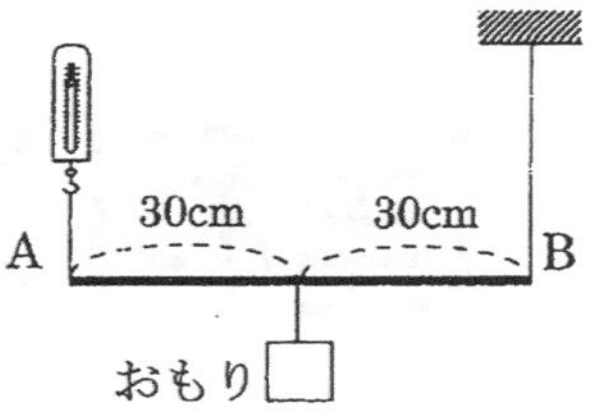

（図2）

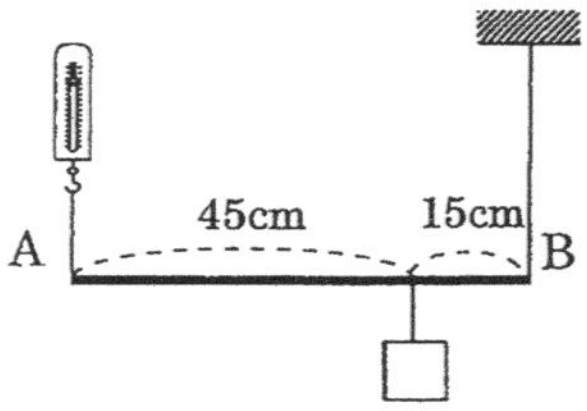

（図3）

先ほど使用した針金の中心を糸でつるして水平に保ち，（図 4）のように右側の半分のところで折り曲げると，針金は（　⑥　）。（図 5）のように針金の左右に 30g と 70g の体積が等しいおもりをつるして針金を水平に保つと，針金の中心からの距《きょ》離《り》の比が X : Y=（　⑦　）となります。この装置を（図 6）のように両方のおもりを水面下にしずめると，それぞれのおもりには浮《ふ》力《りょく》とよばれる同じ大きさで上向きの力がはたらき，針金は（　⑧　）。

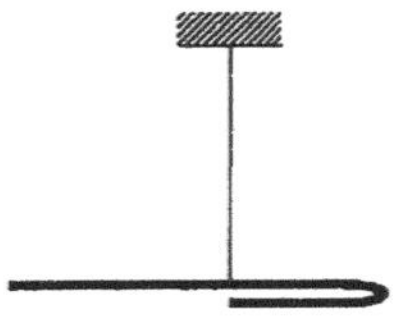
（図4）

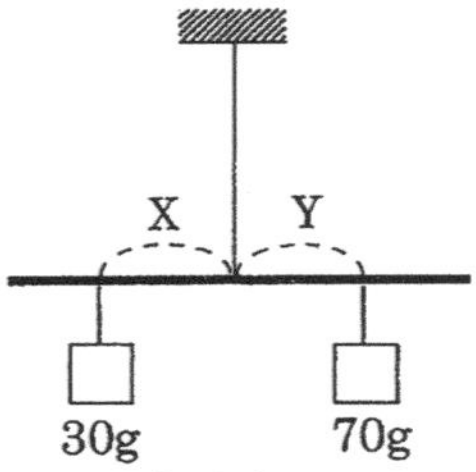

（図5）

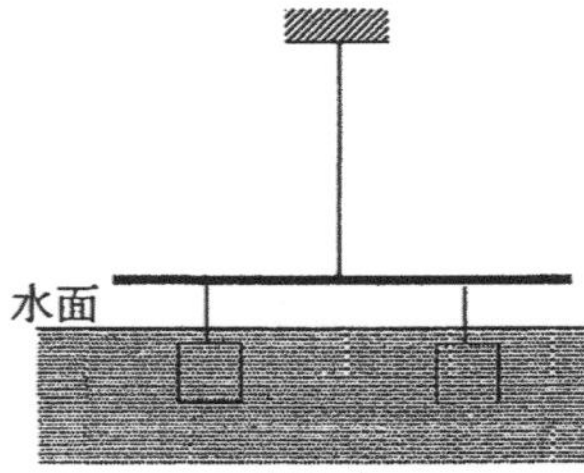

（図6）

2023(R5) 大阪桐蔭中
K 教英出版

問１）文中の空らん①に入る数値を答えなさい。

問２）文中の空らん②に入る数値として正しいものを，次の中から選び記号で答えなさい。
ア．160　イ．170　ウ．180　エ．190　オ．200

問３）文中の空らん③に入る数値として正しいものを，次の中から選び記号で答えなさい。
ア．20　イ．30　ウ．40　エ．50　オ．60

問４）文中の空らん④，⑤に入る数値をそれぞれ答えなさい。

問５）文中の空らん⑥に入る語句として正しいものを，次の中から選び記号で答えなさい。
ア．右が下がります　イ．左が下がります　ウ．水平のままです

問６）文中の空らん⑦，⑧に入る数値と語句の組み合わせとして正しいものを，次の中から選び記号で答えなさい。
ア．⑦３：７　⑧右が下がります　イ．⑦７：３　⑧右が下がります
ウ．⑦３：７　⑧左が下がります　エ．⑦７：３　⑧左が下がります
オ．⑦３：７　⑧水平のままです　カ．⑦７：３　⑧水平のままです

2　次の文を読んで後の問いに答えなさい。

何かを水にとかしたものを水よう液といいます。(1) 水よう液には，固体が水にとけたものや，(2) 気体が水にとけたものなどがあります。ものが水にとけることができる量には限りがあり，限界までとけている水よう液をほう和水よう液とよびます。100g の水にとけることができるものの最大の量を溶解度《ようかいど》といい，溶解度は水の温度によって変化します。固体は温度が（　①　）くなるほどとけやすく，気体は温度が（　②　）くなるほどとけやすい傾向《けいこう》があります。

（図 1）は，硫酸銅《りゅうさんどう》，ミョウバン，食塩の溶解度〔g〕と水の温度〔℃〕との関係を表したグラフです。

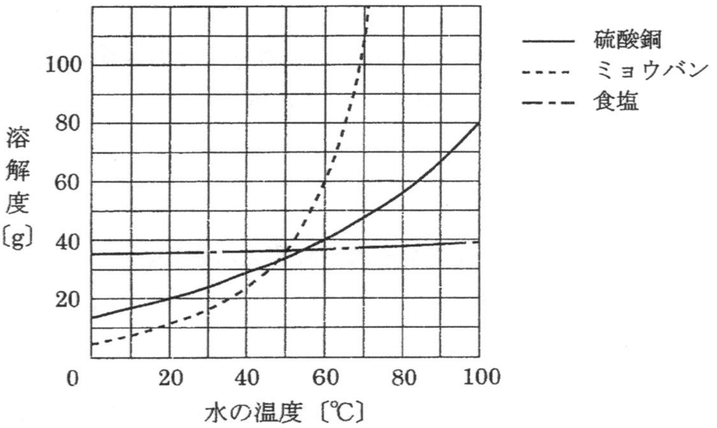

（図 1）

（図 1）より，40 ℃のときにもっとも水にとけやすいものは（　③　）だということがわかります。60 ℃のとき，ミョウバンのほう和水よう液の濃《こ》さは（　④　）％です。

また，硝酸《しょうさん》カリウムの溶解度は，40 ℃のとき 64g，20 ℃のとき 32g です。40 ℃の硝酸カリウムのほう和水よう液 328g を 20 ℃まで冷やすと，硝酸カリウムの結晶《けっしょう》が（　⑤　）g でてきます。

硫酸銅《りゅうさんどう》の結晶は，水を含《ふく》みながら大きな結晶に成長することもあります。これを水和物とよび，（図 2）は水和物のイメージ図です。実際，16g の硫酸銅は，水を 9g 取《と》り込《こ》むことで 25g の水和物として存在しており，この重さの比は，常に一定です。水和物を水にとかすと，含まれていた水は水よう液の水の一部になります。このことから，60 ℃の水 100g に硫酸銅の水和物は最大（　⑥　）g とかすことができます。

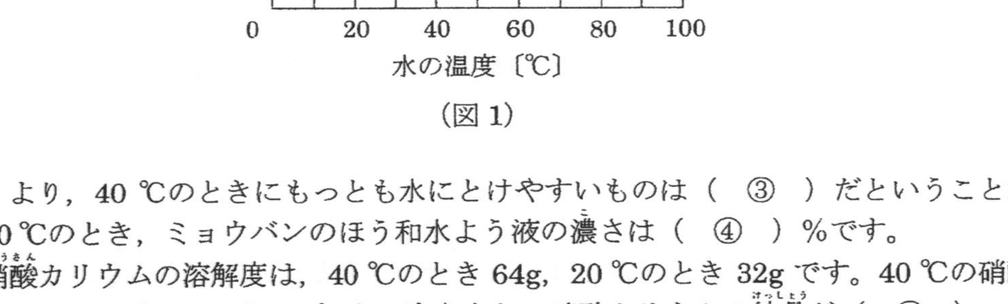

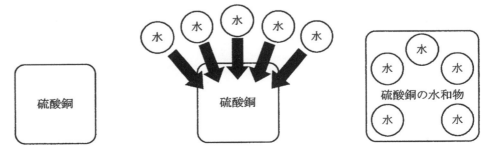

（図 2）

（問１）文中の下線部（1）について，とけているものが固体でも気体でもないものを次の中から選び記号で答えなさい。

ア．食塩水　　イ．ホウ酸水　　ウ．炭酸水　　エ．アルコール水

（問２）文中の下線部（2）について，塩化水素が水にとけている水よう液を何といいますか。漢字２字で答えなさい。

（問３）文中の空らん①，②に入る語句の組み合わせとして正しいものを，次の中から選び記号で答えなさい。

ア．①高　②高　　イ．①高　②低
ウ．①低　②高　　エ．①低　②低

（問４）文中の空らん③に入るものとして正しいものを，次の中から選び記号で答えなさい。

ア．硫酸銅　　イ．ミョウバン　　ウ．食塩

（問５）文中の空らん④～⑥に入る数値をそれぞれ答えなさい。必要であれば四捨五入して小数第１位まで答えなさい。

3　次の文を読んで後の問いに答えなさい。

日本では多種多様な花が季節ごとに咲《さ》きます。花粉を運ぶのは風や昆虫《こんちゅう》などで，その昆虫の代表例が (1) ミツバチです。

ミツバチの巣には特徴《とくちょう》がみられ，平らな巣板が何枚も垂れ下がったような形をしています。大阪のある養蜂《ようほう》場でみられる巣箱を例に挙げると，（図 1）のように，巣板は巣箱の中に縦向きに入っています。ミツバチはえさであるミツのある花を見つけると，巣の中で花がある方向と距離《きょり》を仲間に伝えるためにこの巣板で特別なダンスをします。

ミツバチは次の順番でダンスをします。ダンスをする中心の場所から，おしりを振《ふ》りながら直進し，右回りして元の位置へ戻《もど》り，もう一度おしりを振りながら先ほどと同じ方向へ直進し，左回りして元の位置へ戻ります。これを図で示したものが（図 2）で，このミツバチの動きから，(2) 8の字ダンスと呼ばれています。

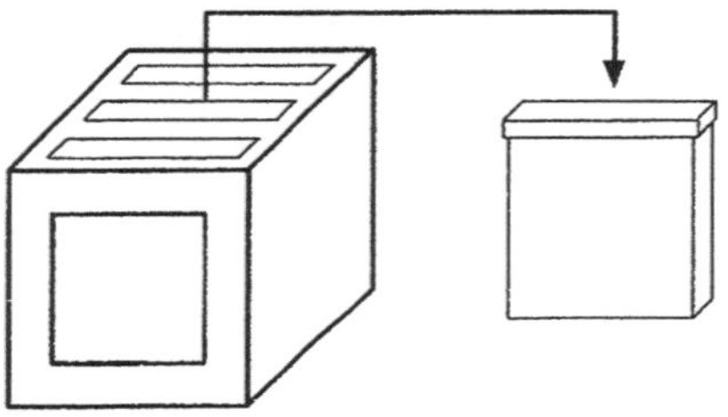

（図1）

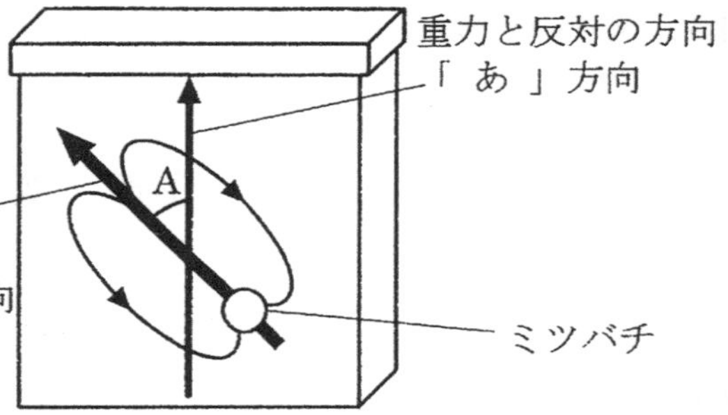

（図2）

ダンスには約束事があり，重力と反対の方向である（図 2）の「 あ 」の方向と，おしりを振りながら直進する（図 2）の「 い 」の方向との角度 A は，巣から見た太陽の向きと花の場所への向きとの角度を示しています。つまり，（図 2）と（図 3）の「 あ 」方向，（図 2）と（図 3）の「 い 」方向は，それぞれ同じ方向を指していることから，（図 2）と（図 3）の角度 A はどちらも同じ角度だと言えます。

花までの距離は，ダンスの回数と速さで示します。（図 4）は巣から花までの距離と，15 秒あたりの 8 の字ダンスの回数の関係を示しています。（図 4）から，花が遠いほどダンスの回数は（　①　）ことがわかります。また，巣箱から（　②　）花のほうが，(3) 距離の情報がより詳《くわ》しく伝えられると言えます。さらに，ミツバチの 8 の字ダンスの回数が 1 分間で 20 回だった場合，花までの距離は（　③　）km とわかります。

大 阪 桐 蔭 中 学 校
中学入学試験　前 期

〈理科〉

（40分）

(9)　下の図の長方形 ABCD において，三角形 AEC は三角形 ABC を AC を折り目として折った三角形です。

角(ア)の大きさが 35 度のとき，角(イ)の大きさは [さ] 度です。

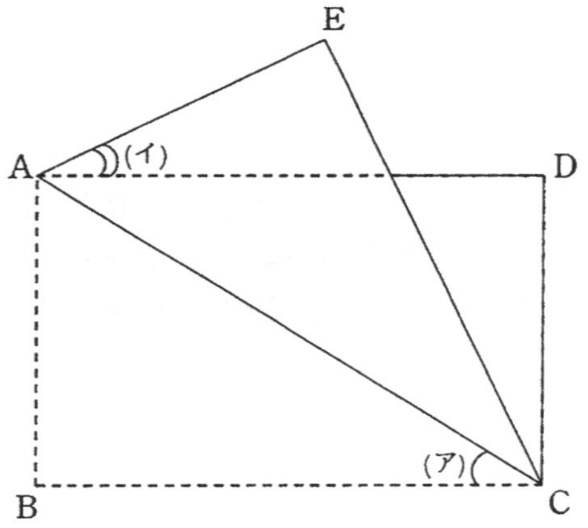

(10)　下の図の四角形 ABCD は，1 辺の長さが 18 cm の正方形で，E，F，G，H，I，J，K，L は，正方形のそれぞれの辺の長さを 3 等分する点です。斜《しゃ》線部分(あ)の面積は，

[し] cm²，斜線部分(い)の面積は，[す] cm² です。

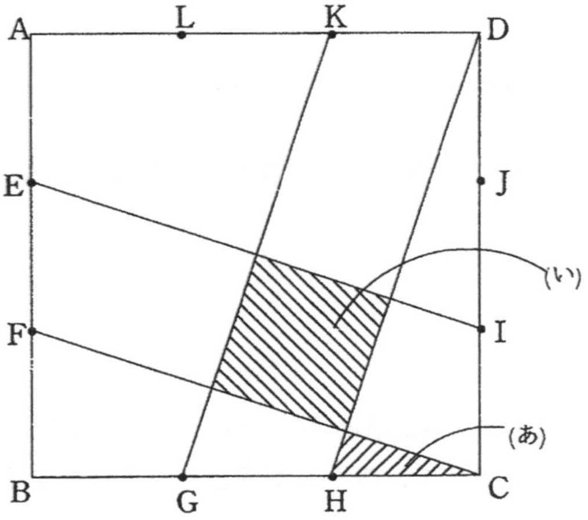

(4)　ある商品の仕入れ値に 4 割の利益を見こんで定価をつけました。しかし，売れなかったので定価の 2 割引きで売ったところ，300 円の利益がありました。

　このとき，商品の仕入れ値は [え] 円です。ただし，消費税は考えないものとします。

(5)　ある製品を完成させるのに A さんは 30 分， B さんは 45 分かかります。いま，最初は A さん 1 人でこの製品を作り始めましたが，途《と》中からは A さんと B さんの 2 人で作業をした結果， A さんが 1 人で製品を作り始めてから完成するまで 24 分かかりました。

A さんと B さんの 2 人で作業をしていたのは [お] 分です。

(6)　兄と弟の所持金の合計は 7700 円で，兄が所持金の $\frac{1}{2}$，弟が所持金の $\frac{1}{3}$ を出し合ってプレゼントを買ったところ，兄の残りの所持金が弟の残りの所持金の 2 倍となりました。このとき，プレゼントの値段は [か] 円です。

(7)　4 人でリレーの順番を決めるとき，順番の決め方は全部で [き] とおりあります。

また，8 人で大なわとびをするとき，なわを回す 2 人の選び方は全部で [く] とおりあります。

(8)　50 人の生徒にりんごとみかんが好きかどうかのアンケートをとりました。りんごが好きと答えた生徒は 26 人で，みかんが好きと答えた生徒は 35 人でした。

　このとき，りんごとみかんの両方が好きと答えた生徒は，少なくとも [け] 人います。また，みかんは好きと答えたが，りんごは好きでないと答えた生徒は，少なくとも [こ] 人います。

令和５年度　大阪桐蔭中学校入学試験問題　[算数]（前期）

- 答えが分数になるときは，これ以上約分することができない分数で答えなさい。
- 比で答えるときは，もっとも簡単な整数の比で答えなさい。
- 問題文に断りがない場合は，円周率は3.14として求めなさい。
- 角すいや円すいの体積は，(底面積)×(高さ)÷３で求めることができます。

1　次の□にあてはまる数をそれぞれ答えなさい。

(1)　$\left(1\frac{1}{2}+2\frac{2}{3}+3\frac{3}{4}\right)\times 4\frac{4}{5}=\square$

(2)　$7-(4.25-2.6)\times\frac{2}{11}=\square$

(3)　$1.3\times 11+1.4\times 11-\square\times 11=7\frac{7}{10}$

2　次の[あ]から[す]にあてはまる数をそれぞれ答えなさい。

(1)　和が73，差が15である２つの整数のうち，大きい方の整数は[あ]です。

(2)　ある店で１個100円のりんごと１個60円のみかんが売られています。この店で買い物を行ったところ，買ったりんごの個数が買ったみかんの個数よりも３個多くなり，代金の合計は1740円となりました。このとき，買ったりんごの個数は[い]個です。

(3)　時速66 kmで走る長さ[う]mの列車が，3765 mの橋を渡《わた》り始めてから渡り終わるまでに３分30秒かかりました。

2023(R5) 大阪桐蔭中
K 教英出版

大 阪 桐 蔭 中 学 校
中学入学試験　前 期

〈算数〉

（60分）

そうした態度を批判するつもりで「正しさは人それぞれだ」とか「みんなちがってみんないい」などと主張したら、②権力者は大喜びでしょう。なぜなら、もしもさまざまな意見が「みんなちがってみんないい」のであれば、つまりさまざまな意見の正しさに差がないとするなら、選択《せんたく》は力任せに行うしかないからです。「絶対正しいことなんてない」とか「何が正しいかなんて誰にも決められない」というのであればなおさらです。決定は正しさにもとづいてではなく、人それぞれの主観的な信念にもとづいて行うしかない。それに納得《なっとく》できない人とは話し合っても無駄《むだ》だから権力で強制するしかない。こういうことになってしまいます。

　つまり、「正しさは人それぞれ」や「みんなちがってみんないい」といった主張は、多様性を尊重するどころか、異なる見解を、権力者の主観によって力任せに切り捨てることを正当化することにつながってしまうのです。これでは結局、「力こそが正義」という、困った世の中になってしまいます。それは、権力など持たない大多数の人々（おそらく、この本を読んでくれているみなさんの大部分）の意見が無視される社会です。

　では、どうしたらよいのでしょうか。

　よくある答えは、「科学的に判断するべきだ」ということです。科学は、「客観的に正しい答え」を教えてくれると多くの人は考えています。このように、さまざまな問題について「客観的で正しい答えがある」という考え方を、普遍《ふへん》主義といいます。探偵《たんてい》マンガの主人公風に言えば、「真実は一つ！」という考え方だといってもよいかもしれません。先ほどの相対主義と反対の意味の言葉です。「価値観が多様化している」と主張する人たちでも、科学については普遍主義的な考えを持っている人が多いでしょう。③「科学は人それぞれ」などという言葉はほとんど聞くことがありません。

　そして実際、日本を含《ふく》めてほとんどの国の政府は、政策を決めるにあたって科学者の意見を聞くための[a]キカンや制度を持っています。日本であれば、各省庁の審議会《しんぎかい》（専門家の委員会）や日本学術会議などです。「日本の経済発展のために原子力発電所は必要なのか」「どれぐらいの確率で事故が起こるのか、事故が起こったらどれぐらいの被害が出るのか」といった問題について、科学者たちは「客観的で正しい答え」を教えてくれそうに思えます。

　ところが、実は科学は一枚岩ではないのです。科学者の中にも、さまざまな立場や説を取っている人がいます。そうした多数の科学者が論争する中で、「より正しそうな答え」を決めていくのが科学なのです。それゆえ、「科学者であればほぼ全員が賛成している答え」ができあがるには時間がかかります。みなさんが中学や高校で習うニュートン物理学は、いまから三〇〇年以上も昔の一七世紀末に[b]テイショウされたものです。アインシュタインの相対性理論や量子力学は「現代物理学」と言われますが、テイショウされたのは一〇〇年前（二〇世紀初頭）です。現在の物理学では、相対性理論と量子力学を統一する理論が探求されていますが、それについては合意がなされていません。合意がなされていないからこそ、研究が進められているのです。

　最先端の研究をしている科学者は、それぞれ自分が正しいと考える仮説を正当化するために、実験をしたり計算をしたりしています。つまり、科学者に「客観的で正しい答え」を聞いても、何十年も前に合意が形成されて研究が終了《しゅうりょう》したことについては教えてくれます学は人それぞれ」なのです。

が、まさしく今現在問題になっていることについては、「自分が正しいと考える答え」しか教えてくれないのです。ある意味では、「科学は人それぞれ」なのです。

そこで、たくさんの科学者の中から、自分の意見と一致《いっち》する立場をとっている科学者だけを集めることが可能になります。東日本大震災《だいしんさい》で福島第一原発が爆発《ばくはつ》事故を起こす前までは、日本政府は「原子力推進派」の学者の意見ばかりを聞いていました（最近また、そういう時代に逆戻《ぎゃくもど》りしつつあるような気がしますが）。アメリカでも、トランプ大統領（在任二〇一七〜二〇二一）は地球温暖化に懐疑的《かいぎてき》な学者ばかりを集めて「地球温暖化はウソだ」と主張し、経済活動を優先するために二酸化炭素の排出《はいしゅつ》のcキセイを緩和《かんわ》しました。

権力を持つ人たちは、もっと直接的に科学者をコントロールすることもできます。現代社会において科学研究の主要な財源は国家予算です。そこで、政府の立場と一致する主張をしている科学者には研究予算を支給し、そうでない科学者には支給しないようにすれば、政府の立場を補強するような研究ばかりが行われることになりかねません。

このように考えてくると、④科学者であっても、現時点で問題になっているような事柄《ことがら》について、「客観的で正しい答え」を教えてくれるものではなさそうです。ではどうしたらよいのでしょうか。自分の頭で考える？　どうやって？

この本では、「正しさ」とは何か、それはどのようにして作られていくものなのかを考えます。そうした考察を踏《ふ》まえて、多様な他者と理解し合うためにはどうすればよいのかについて考えます。ここであらかじめ結論だけ述べておけば、私は、「正しさは人それぞれ」でも「真実は一つ」でもなく、人間の生物学的特性を前提としながら、人間と世界の関係や人間同士の間の関係の中で、いわば共同作業によって「正しさ」というものが作られていくのだと考えています。それゆえ、多様な他者と理解し合うということは、かれらとともに「正しさ」を作っていくということです。

これは、「正しさは人それぞれ」とか「みんなちがってみんないい」といったお決まりの簡便な一言を吐《は》けば済んでしまうようなdアンイな道ではありません。これらの言葉は、言ってみれば相手と関わらないで済ますための最後通牒《つうちょう》です。みなさんが意見を異にする人と話し合った結果、「結局、わかりあえないな」と思ったときに、このように言うでしょう。⑤「まあ、人それぞれだからね」。対話はここで終了です。

ともに「正しさ」を作っていくということは、そこで終了せずに踏みとどまり、とことん相手と付き合うという面倒《めんどう》な作業です。相手の言い分を受け入れて自分の考えを変えなければならないこともあるでしょう。それでプライドが傷つくかもしれません。しかし、傷つくことを嫌《いや》がっていては、新たな「正しさ」を知って成長していくことはできません。

e最近、「正しさは人それぞれ」と並んで、「どんなことでも感じ方しだい」とか「心を傷つけてはいけない」といった感情尊重のフウチョウも広まっています。しかし、学び成長するとは、今の自分を否定して、今の自分でないものになるということです。これはたいへんに苦しい、ときに心の傷つく作業です。あえていえば、成長するためには傷ついてナンボです。若いみなさんには、傷つくことを恐《おそ》れずに成長の道を進んでほしいと思います（などと言うのは説教くさくて気が引けますが）。

（山口裕之《ひろゆき》『「みんな違ってみんないい」のか？　相対主義と普遍主義の問題』ちくまプリマー新書）

問一 ――a～eのカタカナを漢字で書くとき、同じ漢字を用いるものを次の各群の中から一つずつ選び、それぞれ記号で答えなさい。

a
ア 作品がカンセイする。
イ 金銭カンカクを身につける。
ウ カンサイ地方に住む。
エ クライマックスはアッカンだった。
オ コウミンカンを利用する。

b
ア ショウカによいものを食べる。
イ カショウコンクールで入賞する。
ウ 野球の試合でカンショウした。
エ 無理をショウチでお願いする。
オ 細かい話をショウリャクする。

c
ア キカク化による効率化を図る。
イ 万全をキして試験に臨《のぞ》む。
ウ 生命のキゲンを探《さぐ》る。
エ 彼の博聞キョウキには驚かされる。
オ キショウな品を売買する。

d
ア イチュウの人に声をかける。
イ 盲導犬《もうどうけん》は飼い主とイシン伝心のようだ。
ウ 政府の決定にイギを唱える。
エ 臓器をイショクする。
オ 問題のナンイを見極める。

e
ア イッチョウ一夕《いっせき》にはできない。
イ チョウコウの末、最善の一手を指す。
ウ カンチョウの時間を調べる。
エ 新商品の売れ行きがゼッコウチョウだ。
オ 美術品をテイチョウに扱《あつか》う。

問二 （　）A・Bに入れるのに最もふさわしいことばを次の中から一つずつ選び、それぞれ記号で答えなさい。ただし、同じことばを使用してはいけません。

ア たとえば　イ つまり　ウ また　エ しかし　オ たしかに

問三　——①とありますが、それはどのようなときですか。文中のことばを用いて、「とき。」に続く形で三十字以内で答えなさい。

問四　——②とありますが、その理由として最もふさわしいものを次の中から一つ選び、記号で答えなさい。

ア　「正しさは人それぞれだ」と批判することは、すべての人が持つ価値観を肯定《こうてい》するものであり、権力者が社会の多様性を実現するために都合《つごう》がいいから。

イ　相対主義を肯定することは、どんな意見でも「正しさ」を比べることが不可能だと認めることであるため、権力者はその権力を振《ふ》りかざし自分が思った通りに政治的判断を行うことが可能になるから。

ウ　人それぞれの主観的な信念に基づいた主張は絶対的な「正しさ」を持たないため、権力者は自らの権力を用いることで、権力を持たない人々の意見を、自分にメリットがあるように変えることができるようになるから。

エ　「みんなちがってみんないい」という批判は、結果的に権力者のどんな意見をも正当化するため、権力者が自由に自身の意見を変えることを可能とするから。

問五　——③とありますが、これを比喩的《ひゆてき》に表している箇所《かしょ》を、文中から七字以上十二字以内でぬき出して答えなさい。

問六　——④とありますが、その理由を「合意」「権力者」ということばを用いて、五十字以内で答えなさい。

問七　——⑤とありますが、左の一文はこの発言について筆者の意見をまとめたものです。一文の空欄《くうらん》［Ⅰ］［Ⅱ］に入れるのに最もふさわしいことばを、文中から［Ⅰ］は十五字以内、［Ⅱ］は二十字以内でぬき出して答えなさい。

一般《いっぱん》的に「人それぞれ」ということばは［Ⅰ］という意図で述べられているが、実際には［Ⅱ］として機能している。

問八　本文の内容に一致するものとして最もふさわしいものを次の中から一つ選び、記号で答えなさい。

ア　原子力発電所の例は、メリットだけではなく、見逃されがちなデメリットも考慮《こうりょ》して選択する重要性を強調している。

イ　「原子力推進派」やトランプ大統領の例は、権力者と科学者の協調性が国家運営にとって重要であることを示している。

ウ　ニュートンの例は、客観的な「正しさ」を証明する際に、どれほど時間がかかるかを表している。

エ　アインシュタインの例は、科学者による合意が、長い時間をかけて形成されたものとして紹介《しょうかい》されている。

三　次の文章を読んで、（　）①～⑧に当てはまることばを、後の語群から選び、それぞれ漢字に直しなさい。ただし、同じことばを複数回使用してはいけません。また、――㋐・㋑の漢字のよみをひらがなで答えなさい。

どうだろう、近ごろの、だらしない正月は。

かつては日本最大の祭であった。いまは、一年の流れのなかでぽこっと間のぬけた、穴ぼこだ。暮れのうちはそれでも（　①　）あわただしく、活気もあるが、年があけるとたんに気がぬける。

若者の多くはスキーをかついで、雪の中にとんで行ってしまう。大人たちは、すこしでも余裕《よゆう》があれば温泉行き。うちで留守番しているのはお年寄りと猫《ねこ》だけ、という閑散《かんさん》ぶりである。

正月なんて㋐飛石連休の親玉みたいなもの。誰《だれ》も精神的重みなど感じていない。マスコミだけが勝手にオメデタがって、気あいをかけている。

（　②　）の表紙は金ピカで（もっとも、そんなのは一、二ヵ月前に出きってしまうが）、新聞はドカンとぶ厚く、しかし読むところはない。テレビでは一日中、振袖《ふりそで》姿のお嬢《じょう》さんが入れかわり立ちかわり「おめでとうございます」と、にこやかにおじぎしつづける。無精者《ぶしょうもの》がどてらのまま、こたつにはいり、ひっくりかえって、それを（　③　）なく眺《なが》めている。まことに（　④　）のあがらない、トボけた情景だ。

今では（　⑤　）というような風習もすたれた。虚礼廃止《きょれいはいし》、生活の近代化という意味でのよさも、もちろんある。だが残念なことは、それにかわる今日の、われわれの祭が生れていないということだ。町全体、国、民族をあげての巨大《きょだい》な祭がない。やはり空《むな》しいのである。

祭は、官僚《かんりょう》的につくられた㋑祝祭日のように、身勝手にだらだら遊ぶレジャーでは絶対にない。極端《きょくたん》にいえば、生命をかけた、全部がとけこむ祭でなければつまらない。

祭とはいったい何だろう。それは本来、人間生活の生きがいなのだ。一人ひとりではなく、強烈《きょうれつ》な、社会全体の生きるよろこびがそこに噴出《ふんしゅつ》する生命のハケ口だ。

（　⑥　）時代から人間はそのために生きてきた。まさに人間は「祭する動物」といってもいい。

政治だって本来は祭を中心に行われたのだ。マツリゴトは政であり、祭である。だから政治は本質的に、祭のように喜び、充実《じゅうじつ》したものでなければならないはずなのだ。

もっとも今日の政治は国民とは離《はな》れて、裏側でゴソゴソ、陰気《いんき》な取引をやっている。下手な芝居《しばい》であるにすぎない。張りつめた、国民全体の祭でなくなっているところに、馬鹿馬鹿《ばかばか》しさがあるのだ。

ところで、祭なんて、いかにも（　⑦　）的で余計ごとのように思われがちだ。ことに近代のモラルでは生産の方ばかりを（　⑧　）的に評価する。人間はまるで働くために生きているかのようだ。卑《いや》しい。さかだちしたモラルである。

（岡本太郎『岡本太郎の眼』ＫＡＤＯＫＡＷＡ）

【語群】

ドウトク　　ミカイ　　ケッコウ　　ショウヒ
ショザイ　　イキ　　ザッシ　　ネンガ

二〇二二

大阪桐蔭中学校
中学入学試験　前期

〈国語〉

（60分）

2022(R4) 大阪桐蔭中
K 教英出版

令和4年度　大阪桐蔭中学校入学試験問題　【国語】（前期）

一　次の文章を読んで、あとの問いに答えなさい。（問いに「……字」とある場合は、「、」や「。」やその他の記号もすべて一字と考えます。）

【小学六年生の俊介《しゅんすけ》は、父の浩一《こういち》、母の菜月《なつき》、耳が不自由な妹の美音《みおん》と暮らしている。ある日俊介は友達の影響《えいきょう》で、習っていたサッカーをやめて中学受験をしたいと言い出し、塾《じゅく》に通い始めた。そんな中、俊介の祖母である光枝《みつえ》が家に来た。】

「実はね、菜月さん。塾のことなんだけど」
ふうっと大きく息を吐《は》き、光枝が菜月の顔をじっと見てくる。
「俊ちゃん、まだ小学六年生でしょう。こんなに早々と塾に行かせなきゃいけないの？」
自分も夫も俊介の塾通いには反対だと、光枝がはっきりと言ってくる。
「でも、俊介が中学受験をしたいって言い出したんです。塾も楽しいみたいで、難しい問題が解けるようになるのが嬉《うれ》しいって言ってるんですよ」
俊介は塾から帰るとすぐに、その日習った学習内容を菜月の前で話してくれる。教わった算数の技法を使って、複雑な計算問題の答えをわずか数秒で出してくることもある。
「お母さん、おれ、勉強がこんなにおもしろいって知らなかった」と興奮気味に話す姿はサッカーで活躍《かつやく》していた時とまるで同じで、この子は打ち込《こ》めるものをまた見つけたのだ。菜月は義母に向かってそう説明した。俊介が積極的に塾に通っていることをなんとかわかってもらおうと、これまでの経緯《けいい》を一つ一つ丁寧《ていねい》に話していく。だが光枝はそんな話にはまるで興味がないのか「ふぅん」と呟《つぶや》き、
⊗「塾代って一年でどれくらいかかるもんなの？」
と眉《まゆ》をひそめたまま聞いてくる。
「受験生の六年生で……百万くらいかと」
もっとかかるかもしれないが、少なめに告げておいた。
「百万？　おおこわー。塾にそんなお金かけてどうするの」
うちは子ども二人とも、一度だって塾になど行かせたことがない。子どもは遊ぶのが仕事なのだから塾なんて可哀《かわい》そうだ。小さい時に我慢《がまん》を強《し》いられた子どもは性格が歪《ゆが》み、ろくな大人にならない。菜月が言葉を挟《はさ》む間もなく、光枝が批判的な言葉を重ねてくる。
「そういえば菜月さん、パートに出てるんですって」
「はい」
「働きに出ている間、美音はどうしてるの。さっき俊介に聞いたら、学童がどうとか言ってたけど……。あの子の帰宅時間に間に合うようには、帰って来てるの」

「いえ……俊介の言う通り、美音は学童保育に通っていて、私が仕事を終えてから迎《むか》えに行ってるんです」

光枝は菜月の言葉にⓎ目を剥《む》くと、「可哀そう」と首を横に振《ふ》った。まさかこんな時間まで学童保育に預けているなんて思ってもみなかった、と苦々しい表情で菜月を見つめる。

「美音をほったらかしにしてまでパートに出なきゃいけないの？　私はね、そもそも美音が普通《ふつう》の小学校に通うことも反対だったの。送り迎えやらが大変かもしれないでしょうけど、私は小学校もそのまま聾《ろう》学校に進んだほうが美音のためなんじゃないかって思ってたのよ。正直なところ、俊介の塾にお金がかかるんでしょう？　だからパートをする時間が欲しいんでしょう？　だったら中学受験なんてしなきゃいいのよ。地元の中学で十分よ。美音にも俊介にも負担をかけて、そんな子育てをしていたら、あなた絶対に後悔《こうかい》するわよ」

子どもたちは楽しくやっている、と繰《く》り返し伝えても、光枝は聞く耳を持たなかった。小学生が塾に通うことなんて、いまは珍《めずら》しくもないのに。

「私はてっきり菜月さんは母性愛の強い人だと思ってたわ。俊介が生まれてからはちゃんと仕事も辞《や》めたし、家にいて家庭を守ってくれてたのに……子どもたちが可哀そう」

何度も「可哀そう」と責められているうちに、菜月の頭の中でなにかが弾《はじ》け切れるような音がした。自分にしても、美音を学童保育に通わせることにはためらいがあった。でもあの子は日々成長しているし、新しい環境《かんきょう》を楽しもうとしている。美音ももちろん大切だ。でも俊介も大切で、お金も必要で、自分が働かなくてはいけなくて……。ようやく折り合いをつけた気持ちを揺《ゆ》さぶられ、どくんどくんと心臓が脈打つ。

可哀そう……。テレビも観ず、ゲームもせず、外で遊んだりもせずに一日五時間も六時間も勉強する俊介は可哀そうなのかもしれない。

可哀そう……。友達との会話もままならない美音を、放課後まで学童保育所に預けるのは可哀そうなのかもしれない。

でも本当に可哀そうなのは、夢を持てない大人になることじゃないだろうか。

自分に自信が持てないことじゃないだろうか。

菜月は、俊介が「塾で勉強したい。中学受験がしたい」と言い出した時、驚《おどろ》いたけれど嬉しかった。戸惑《とまど》いもしたが、でも息子《むすこ》が目標を持って、それに向かって頑張《がんば》ろうとしていることが誇《ほこ》らしかった。その頑張りを全力で応援《おうえん》してやりたいと思ったのだ。

「お義母《かあ》さん、俊介は将来やりたいことがあるらしいんです。それで、自分の夢を叶《かな》えるために行きたい中学があるって。私と浩一さんは、それを応援しようと決めたんです」

「そんな、子どもの言うことをうのみにしちゃって。夢なんてね、叶えられる人なんてごくごくわずか、ひと握《にぎ》りなのよ」

「おっしゃる通りだと思います。私も夢なんて、持ったこともありませんでした。十七歳《さい》の時から必死でただ働くばかりで……」

高校を中退して就職したリサイクル工場では、荷台に山積みにされてくるパソコンやＯＡ機器などの産業廃棄物《はいきぶつ》や家電などの機械製品を、ドライバーを手に分解した。分解したものはアルミや鉄、プラスチックなどに分別して破砕機《はさいき》にかけるのだが、そこまでが自分の仕事だった。職場の上司や先輩《せんぱい》は親切な人ばかりだったし、働くことは嫌《きら》いではなかった。けれど十七歳から十年間続けたその仕事は、自分が望んで選んだものではない。

「でも、私はダメだったけれど、俊介には夢があって、もしかしたらその夢を叶えるかもしれません。まだ十一歳なんです。自分がやりたいと願うことを、好きなことを、職業にできるかもしれないんです」

　俊介はなにも百万円のおもちゃを買ってくれとねだっているわけではない。勉強がしたい。中学受験に挑戦《ちょうせん》して、日本で一番難しいといわれている中学校に進学したい。そう言っているだけなのだ。正直なところ、進学塾がこれほど大変だとは思ってもみなかった。十一歳の子どもをここまで残酷《ざんこく》に順位づけするのかと呆《あき》れることもある。春期講習の最終日のテストで、俊介は全クラス合わせて最下位だった。塾の授業中に行われる小テストでも思うようには点が取れず、ほとんど毎回補講を受けている。でも俊介は入塾してからこの一か月間、一度も弱音を吐くことはなかった。なんとか這《は》い上がろう、遅《おく》れを取り戻《もど》そうと、食事をとる時間も惜《お》しんで机に向かっている。その姿は、①義母が口にする「可哀そう」なものでは、決してない。

「お義母さん、俊介はいま毎日必死で勉強しています。その姿を見ていて私は胸が締《し》めつけられるくらいに感動しています。すごいと思ってるんです。誇らしく思ってるんです。俊介は私の息子です。私が育てているんです。あの子の人生は私が責任を持ちます。だからお願いです、俊介には受験や塾に対して否定的なことを言わないでください。応援してくれとは言いません。でも全力で頑張る俊介に、沿道《えんどう》から石を投げるようなことはしないでください」

　途中《とちゅう》から気持ちを抑《おさ》えることができなくなり、涙《なみだ》が滲《にじ》んできた。光枝に歯向かうのは、浩一と結婚《けっこん》して以来、これが初めてだった。

　光枝は唇《くちびる》を固く結び、なにも言葉を発さず黙《だま》っていたが、やがて椅子《いす》から立ち上がりそのまま玄関《げんかん》に向かっていく。従順だった嫁《よめ》の反抗的《はんこうてき》な態度に呆れ、怒《いか》り、許《ゆる》せないのだろうとその背中を見て思った。

②よく言った、と菜月は心の中で呟く。自分の思いを、本心をきちんと伝えることができた。わが子を守るために強くなったと自分を褒める。高校を中退した時の悲しさや口惜《くや》しさは、いまこうしてわが子の盾《たて》になるために必要だったのかもしれない。

　手の甲《こう》で涙を拭《ぬぐ》っていると、美音が菜月の腰《こし》にしがみついてきた。母と祖母のやりとりを、息を殺して見ていたのだろう。声は聴《き》こえなくても、二人が烈《はげ》しくやり合っていたことはわかったはずだから。

　玄関のドアが閉まる音が聞こえてから、菜月は美音をぎゅっと抱《だ》きしめた。「大丈夫《だいじょうぶ》よ。びっくりさせてごめんね」とその目を見つめて伝えると、美音と手を繋《つな》いでリビングを出た。足音を忍《しの》ばせて廊下《ろうか》を歩き、俊介の部屋のドアをそっと開ける。目の前には俊介の丸まった背中があり、机上《きじょう》を照らすライトに潜《もぐ》り込むような姿勢で[I]に問題を解いていた。

　光枝に切った啖呵《たんか》が聞こえていたら恥《は》ずかしいなと思っていたので、菜月はほっとする。勉強に集中している時の俊介は、菜月が呼ぶ声にも反応しないことがある。リビングで言い合う声は届いていなかったのだろう。

　結果がどうであれ、俊介も私もこの戦いを最後まで諦《あきら》めずにやり遂《と》げる。

そう心に決めて、リビングに戻ろうとしたその時だった。
「お母さん」
俊介が椅子ごとくるりと振り返り、呼び止めてくる。
「なに？」
平静を装《よそお》い、首を傾《かし》げる。
「おばあちゃん帰った？」
「うん、いまさっきね」
「なんかいろいろ言われてたね」
「……聞こえてたの」
「あたりまえじゃん。お母さんの声、大きすぎだし」
その言い方に、思わずふっと笑ってしまった。菜月が光枝にあんな（　Ａ　）を利《き》くのは初めてで、俊介もさぞ驚いたことだろう。
「おばあちゃん、怒らせちゃった」
菜月が投げやりに言うと、
「いいじゃん。お母さんはまちがってなかったし」
と今度は俊介が小さく笑った。二人で目を合わせて笑っているうちに、理由もなくまた涙が出てきて、でも心は晴れてすっきりしている。
「お母さんはさぁ」
「うん？」
目尻《めじり》の涙を小指で拭う菜月の顔を、俊介がじっと見てきた。笑顔《えがお》は消えている。
「十七歳から働いてたんだね。おれ知らなかった」
「……うん。……言ってなかったしね」
「あのさお母さん、いまからでも遅くないんじゃない？」
「なにが」
意味がわからず聞き返すと、俊介の口元がきゅっと引き締まる。
「お母さんさぁ、いまから夢を持てばいいじゃん。お母さんのやりたいこと、なんかないの？」
「お母さんの……やりたいこと？」
私のやりたいこと……。

夢……？
次の誕生日で三十八歳になる自分が夢を持つなんてことができるのだろうかと、俊介の顔をぼんやりと見つめる。
もしチャンスがあるならどんな仕事をしたいか――。
そういえば二十代の頃《ころ》まではそんなことを考えたような気もする。でももう昔のことすぎて忘れてしまった。忘れたことが少し悲しい。

（中略）

入学式からの数日間、美音は髪《かみ》をまっすぐに下ろして登校していた。耳に付けた補聴器《ほちょうき》をクラスメイトに見られないよう隠《かく》すためだ。でもいまは髪を束ねることも三つ編みにすることも怖《おそ》れずに学校に通っている。俊介の部屋からは毎朝五時になるときまって目覚まし時計のベルがなる。遅れを取り戻すため、俊介だけに特別に出された宿題をこなすためだ。早起きが大の苦手だった息子が、自分の力で起きている。

春を迎えてからの一か月間、頑張る子どもたちを見ていると、自分もまだやれることがあるんじゃないかと思えてきた。自分の可能性を語れるのは自分しかいない。そんな当たり前のことを子どもたちが教えてくれる。

俊介が開けた中学受験という新しい扉《とびら》は、③菜月が想像もしなかった別の場所へと続いていた。

「あのね俊介、美音。お母さん、いまからお勉強して、保育園の先生になろうかな。お母さんが高校生の時にね、とてもいい先生に出会ったの。お母さんが高校をやめなくちゃいけなくなった時、その先生が最後まで応援してくれて……。お母さん、その時に、先生ってすごいなって思ったんだ。先生っていいな、って……」

突然《とつぜん》なにを言い出すのだという顔で子どもたちは菜月を見ていたが、すぐに兄妹《きょうだい》で顔を見合わせ、にやりと笑い合う。菜月は自分が口にした言葉に胸が高鳴り、しばらく呆然《ぼうぜん》としてしまった。そんな菜月の顔を見上げ、

「ママ、保育園の先生！　いいねっ！」

美音が口を大きく開き、はっきりと言葉を出す。発声を恥ずかしがって訓練以外の場所では喋《しゃべ》ってくれない美音の可愛《かわい》らしい声が大きく響《ひび》く。

④「うん、いいと思う。お母さんが先生って、なんかぴったりな気がする」

俊介に言われると、また泣きたくなった。

自分を見つめる子どもたちの目を見返しながら、ふと思う。十七歳の時になにもかも諦めた気になっていたけれど、本当にそうだったのだろうか、と。あれから自分はなにも手にしてこなかったわけではない。家族を懸命《けんめい》に守ってきた。かつて未来を手放したこの手に、いまは大切なものがたくさん入っている。そんなことを、いまこの年齢《ねんれい》になってようやく気づいた。

（藤岡陽子《ふじおかようこ》『金の角持つ子どもたち』）

問一 ――Ⓧ・Ⓨとありますが、そのことばの意味として最もふさわしいものを次の中から一つずつ選び、それぞれ記号で答えなさい。

Ⓧ 眉をひそめたまま

ア 馬鹿《ばか》にしたようにつき放したまま
イ 怪訝《けげん》そうに顔をしかめたまま
ウ 戸惑ったように慌《あわ》てふためいたまま
エ 失望したように顔が青ざめたまま

Ⓨ 目を剥く

ア あきれたように目をそらす
イ 注意を向けさせるようにじっと見る
ウ 驚いた様子で目を大きく見開く
エ 怒った様子でにらみつける

問二 ――①とありますが、どのようなことが「可哀そう」だというのですか。その説明として最もふさわしいものを次の中から一つ選び、記号で答えなさい。

ア 自分が本当に叶えたかった夢を忘れるために、受験勉強に気持ちを向けていること。
イ 食事の時間も十分にとらずに、頑張っても合格できそうにない中学校を目指して必死に勉強していること。
ウ 受験のために遊ぶことを我慢させられて、早いうちから塾に行き勉強していること。
エ 塾に通ってもなかなか良い成績をとることができないが、悔《くや》しさを我慢して頑張っていること。

問三　――②とありますが、このときの「菜月」の思いとして最もふさわしいものを次の中から一つ選び、記号で答えなさい。

ア　俊介が塾に通っていることをよく思わない光枝に対して、俊介が自分で決めた夢を一緒《いっしょ》に応援してほしいという本心を伝えることができてほっとしている。

イ　光枝に俊介の受験を反対されていたが、俊介が本気で頑張っていることを伝え、息子の夢をつぶすような物言いは親として許さないという自分の気持ちを言うことができてよかったと満足している。

ウ　俊介のことをよくわかっていないのに菜月の仕事のことやお金のことに口出しする光枝に怒り、ずっと抱《かか》えていた不満をようやくぶつけることができて自分でも驚いている。

エ　受験や塾について否定的なことを言う光枝に対して初めて歯向かい、自分が夢を諦めて十七歳のときから必死に働いてきた悔しさを晴らすことができてすっきりしている。

問四　［Ⅰ］に入れることばとして最もふさわしいものを次の中から一つ選び、記号で答えなさい。

ア　勇猛果敢《ゆうもうかかん》　イ　天真爛漫《てんしんらんまん》　ウ　縦横無尽《じゅうおうむじん》　エ　一心不乱

問五　（　）Aに入れるのに最もふさわしいことばを漢字一字で答えなさい。

問六　――③とありますが、これは菜月がどのような考えを持ちはじめたことを表していますか。文中のことばを用いて三十字以内で答えなさい。

問七　――④とありますが、このときの「菜月」の思いとして最もふさわしいものを次の中から一つ選び、記号で答えなさい。

ア　自分の息子である俊介が、突然言い出した夢を理解してくれたのにもかかわらず、自分は義母である光枝に些細《ささい》なことで反抗し不満をぶつけてしまったことを後悔している。

イ　自分自身のこと以外に興味を示さない俊介が自分の夢を認めてくれたことで、息子が大きく成長したことに気づかされて嬉しさがこみ上げてきている。

ウ　夢を持つことを忘れていた自分に俊介が夢を持つことを勧《すす》めてくれて、新たな一歩を踏《ふ》み出そうとしている自分の背中を押《お》してくれたことに感謝し感動している。

エ　難関である志望校に合格するための受験勉強でいっぱいいっぱいになっている俊介が自分の夢を応援してくれるとは思っておらず、息子を信じていなかった自分を情けなく思っている。

問八　本文に描《えが》かれている内容として最もふさわしいものを次の中から一つ選び、記号で答えなさい。

ア　俊介は菜月と光枝の言い合いを聞き、自分のせいで二人がもめていることに気づき受験を諦めようか迷った。

イ　菜月は光枝に何度も「可哀そう」と言われたが、本当に可哀そうなのは夢を持つことのできない光枝のほうだと思っている。

ウ　俊介は菜月が若いときから働いていると知り、今も自分のために苦労をかけていることをふがいなく思っている。

エ　菜月は光枝に歯向かったが親としての気持ちを伝えることができ、俊介も理解してくれてすがすがしい気持ちになった。

二　次の文章を読んで、あとの問いに答えなさい。（問いに「……字」とある場合は、「、」や「。」やその他の記号もすべて一字と考えます。）

雌《めす》親は、息子《むすこ》と娘《むすめ》のどちらを遺《のこ》すのが得か。その判断基準は、キョウソヤドリコバチでは、宿主のハエの蛹《さなぎ》に産みつけられている卵の数であった。フロリダモリネズミでは、それは母親の健康状態であった。息子と娘の産み分け（あるいは「育て分け」）の判断基準となるaヨウケンは、ほかにもある。アカゲザルなどいくつかのサルでは、社会的条件が、雌親の息子と娘の産み分けに重要な影響《えいきょう》を与《あた》える。

アカゲザルは、インドやミャンマーなど、アジアに広く分布しているサルである。ニホンザルにたいへんよく似ていて、よく間違《ちが》えられる。が、よく見ると、ニホンザルより尾《お》がずいぶん長い。体毛は赤褐色《せきかっしょく》である。アカゲザルの名は、この特徴《とくちょう》に由来する。普段《ふだん》は三〇〜五〇頭、ときには一〇〇頭くらいの群れをつくって生活している。

アカゲザルの社会では、①母ザルが家族の中心として大きな位置を占《し》める。子供は母親と緊密《きんみつ》な関係を保ち、そのそばに寄り添《そ》って生活している。何か危険が生じると、すぐに母親のところに駆《か》け込《こ》んできて保護を求める。母親はそれらの子供をよく見守り、保護して育てる。兄弟姉妹同士も互《たが》いに毛づくろいをし合うなど、（　A　）関係を保って生活している。

アカゲザルの雌の間には、はっきりした順位がある。②上位の雌は下位の雌に対して、いろいろな点で優位に立つ。たとえば餌《えさ》を取る場合でも、高位の雌はほとんど何の障害もなく餌を取ることができる。しかし下位の雌は上位の雌をさしおいて餌を取ることができない。目の前においしそうな餌があっても、それに手を出すことができない。水飲みについても同様である。下位のサルは水が飲みたくても、上位のサルが同じく水を飲もうとしている場合は、遠慮《えんりょ》して譲《ゆず》らなければならない。

下位の雌がもしこの順位を無視したり、これに逆らったりすると、激しい攻撃《こうげき》を受ける。上位の雌は、下位の雌を追いかけて掴《つか》みかかったり、噛《か》みついたりする。下位の雌はこのような攻撃に歯向かうことはめったにない。ほとんどの場合、下位の雌は上位の雌が接近してくると、口を上げて歯をむき出す行動をとる。これは下位の雌が上位の雌に対して示すbフクジュウの行動で、上位の雌はこの歯のむき出しの行動をとる雌には、肉体的な攻撃は行わない。

アカゲザルの雌親の社会的順位は、そのまま家族全体の順位になる。下位の雌親の子は、餌を取るにしても居すわる場所をcカクホするにしても、上位の雌ザルとその家族のメンバーを差し置いてこれを行うことはできない。上位の雌親の子と争ったりすると、たちまちその子の母ザルの攻撃を受けて、こっぴどい目にあう。下位の雌の子は、ときには上位の雌に、ほほ袋《ぶくろ》の中から餌を取り去られることだってある。上位の雌ザルが下位のサルの口をこじ開けて、そのほほ袋の中から餌を奪《うば》い去って、自分で食ってしまうのである。

こういうわけだから、下位のサルは、母ザルもその子も上位のサルの圧迫《あっぱく》を受け、ストレス状態におかれる。特に下位の母と娘は厳し

5 下の図のような直方体 ABCD－EFGH があり，点 P は辺 CG の真ん中の点です。
このとき，次の問いに答えなさい。

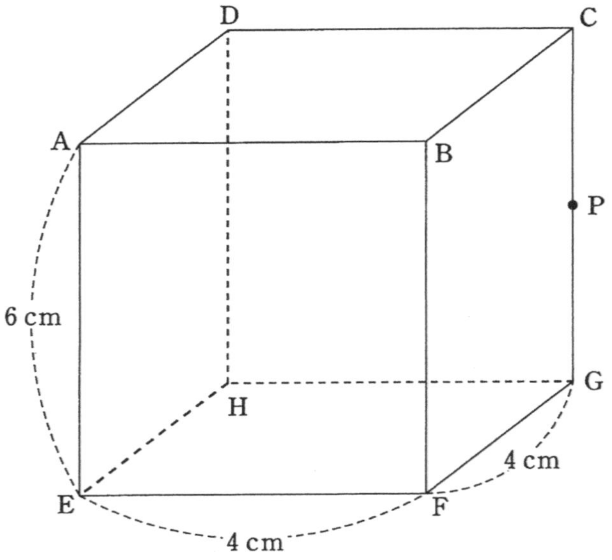

(1) 四角すい A－EFGH の体積は何 cm^3 ですか。ただし，四角すい A－EFGH とは，点 A を頂点として，四角形 EFGH を底面とする四角すいです。

(2) 四角すい A－EFGH と四角すい B－EFGH の重なる部分の体積は何 cm^3 ですか。

(3) 四角すい A－EFGH と四角すい P－EFGH の重なる部分の体積は何 cm^3 ですか。

問題はここまでです

4　下の【表】のように，[ア]の段，[イ]の段，[ウ]の段の3段にそれぞれあるきまりにしたがって，数の列が並んでいます。①，②，③，…は，数の並びの列の順番を表しています。

このとき，次の問いに答えなさい。

【表】

	①	②	③	④	⑤	⑥	⑦	⑧	⑨	⑩	…
[ア]	1	4	7	10	13	16	…	…	…	…	…
[イ]	2	7	12	17	22	27	…	…	…	…	…
[ウ]	3	9	15	21	27	33	…	…	…	…	…

(1)　[ア]の段にも[イ]の段にもあらわれる数字のうち，1番小さい数字は7です。
[ア]の段にも[イ]の段にもあらわれる数字のうち，3番目に小さい数字は何ですか。

(2)　[ア]の段の①列から⑩列までのすべての数字を足した数は何ですか。

(3)　[ウ]の段の①列から⑳列までのすべての数字を足した数から，[イ]の段の①列から⑳列のすべての数字を足した数を引いた数は何ですか。

(4)　①列の[ア]の段，[イ]の段，[ウ]の段，②列の[ア]の段，[イ]の段，[ウ]の段，③列の[ア]の段，[イ]の段，[ウ]の段…の順に数字を足していきます。何列の何段目まで足したとき，はじめて2022をこえますか。

3　A駅とC駅との間にB駅があり，各駅停車と特急の2つの電車がA駅とC駅の間を往復します。A駅とB駅の距離《きょり》とB駅とC駅の距離の比は2：3です。各駅停車の始発は，午前5時30分にA駅を出発し，それ以後，A駅，B駅，C駅のどの駅にも同じ時間ずつ停車します。特急の始発は，午前5時50分にA駅を出発し，それ以後，B駅には停車せず，A駅，C駅に同じ時間ずつ停車します。この特急が最初にC駅，A駅のそれぞれに着く時刻は午前7時5分，午前9時15分です。さらに，特急の始発は，1回目に各駅停車がB駅に到着すると同時にB駅を通過します。また，各駅停車がB駅を2回目に出発する時刻は午前9時5分です。

このとき，次の問いに答えなさい。ただし，各駅停車と特急の速さはそれぞれ一定で，電車の長さや駅の長さは考えないものとします。

(1)　特急が始発の次にA駅を出発するのは，午前何時何分ですか。

(2)　特急がB駅を2回目に通過するのは，各駅停車が2回目にB駅に着く何分前ですか。

(3)　各駅停車と特急の始発がA駅を出発してから，駅または線路で5回目に出会うのは，午前何時何分ですか。

（問１）文中の下線部（１）について，この岩石として正しいものを，次の中から選び記号で答えなさい。

ア．カコウ岩　　イ．リュウモン岩　　ウ．ゲンブ岩　　エ．アンザン岩

（問２）文中の空らん①に入る数値を答えなさい。

（問３）文中の下線部（２）について，アンモナイトと同じ時代に生きていたと考えられる生物として正しいものを，次の中から選び記号で答えなさい。

ア．マンモス　　イ．サンヨウチュウ　　ウ．フズリナ　　エ．シソチョウ

（問４）文中の空らん②に入る語句を答えなさい。

（問５）文中の下線部（３）について，顕微鏡《けんびきょう》で観察できる火山灰の特ちょうを，次の中から２つ選び記号で答えなさい。

ア．つぶのほとんどの角が角ばっている。
イ．つぶのほとんどの角がまるくなっている。
ウ．ほとんどが黒色をしている。
エ．ほとんどが赤色をしている。
オ．透明《とうめい》なものや白色のものが多く，有色のものもまざっている。

（問６）文中の空らん③に入るものを，次の中から選び記号で答えなさい。

ア．低下した　　イ．上昇した　　ウ．変化しなかった

（問７）地点Ｅでほりとった地下の様子を表したものとして正しいものを，次の中から選び記号で答えなさい。

ア．　イ．　ウ．　エ．

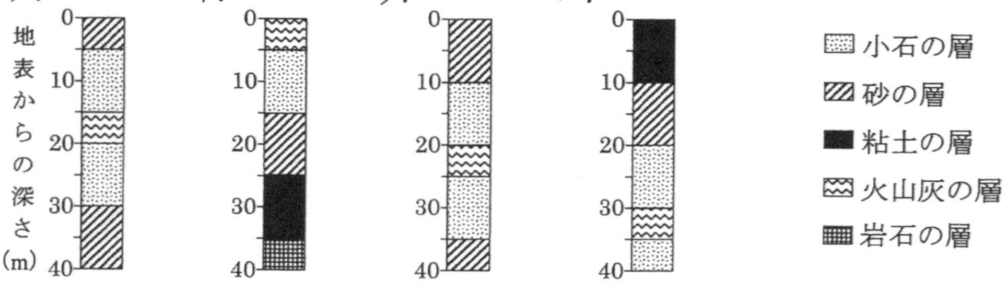

4 次の文を読んで後の問いに答えなさい。

地層を調べると，その地域で過去に起こった出来事を推測することができます。そこで，ある地域の地層について調べるために，（図１）中の地点Ａ～Ｅでボーリング調査を行いました。（図１）中の曲線は標高を示す等高線を表していて，地点Ｃは地点Ｂと地点Ｅのちょうど真ん中にあります。また，（図２）は地点Ａ～Ｃでのボーリング調査の結果を表しています。この地域では地層は南北方向には水平で，東西方向には一定の傾《かたむ》きで傾いています。また，地層は一定の厚さで堆積《たいせき》しており，しゅう曲などによる地層の逆転はないことがわかっています。

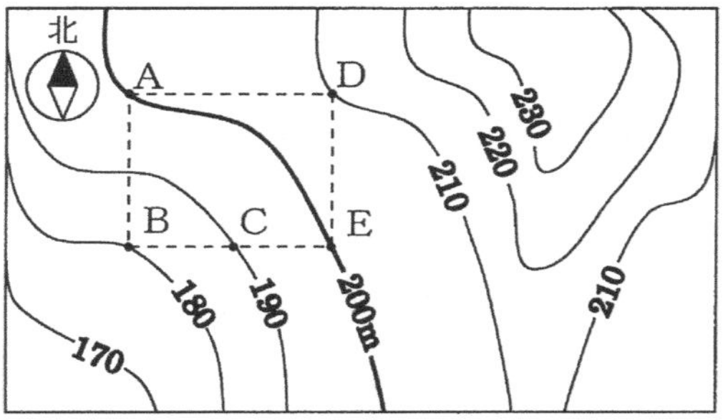

（図１）

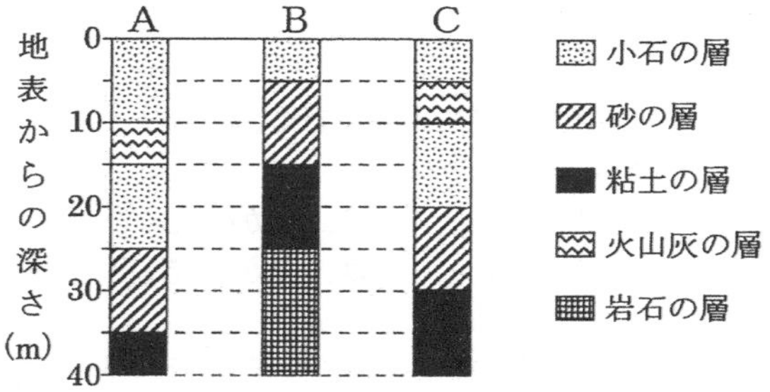

（図２）

ここで，ほりとった地下の様子について詳《くわ》しく見ていくことにしましょう。地点Ｂから発見された岩石の層は，(1)マグマがゆっくりと冷え固まった岩石の層であることがわかりました。また，地点Ａを地表から 30m ほると地下水が出てきました。このことから，地点Ｂを地表から（　①　）m ほると地下水が出てくると考えられます。さらに，地点Ｃの砂の層からは(2)アンモナイトの化石が発見されました。アンモナイトの化石のように，化石の含《ふく》まれる地層が堆積した時代を推定することができる化石を（　②　）化石といいます。

次に，この地域の地層ができるまでの出来事をほりとった地下の様子から考えてみましょう。まず，(3)火山灰を含む地層が発見されていることから，かつて火山が噴火《ふんか》したと考えられます。

また，小石や砂，粘土《ねんど》などからなる地層が発見されていることから，この地域はかつて河口付近の海底に沈《しず》んでいたと考えられます。地点Ｂの地層に注目すると，岩石の層の上に粘土の層があり，さらにその上に砂の層，小石の層の順に堆積していることから考えると，海水面が（　③　）ことが考えられます。

さらに，地点Ｄを調べると，火山灰の層の上に小石の層が見られ，その上に砂の層，粘土の層が見られました。このことから，火山が噴火した後海底に沈み，海水面が上昇《じょうしょう》したことが考えられます。

（問１）文中の下線部（１）にあてはまる生き物の例を，次の中から選び記号で答えなさい。

ア．メダカ　　イ．アユ　　ウ．ダンゴムシ　　エ．アンモナイト

（問２）文中の下線部（２）について，クヌギの種子を，次の中から選び記号で答えなさい。

ア．

イ．

ウ．

エ．

（問３）文中の空らん①に入る語句を答えなさい。

（問４）文中の空らん②に入る数値としてもっとも適当なものを，次の中から選び記号で答えなさい。

ア．０から１　　イ．０から３　　ウ．０から５　　エ．１から３
オ．１から５　　カ．３から５　　キ．３以上　　ク．５以上

（問５）文中の空らん③に入るグラフとしてもっとも適当なものを，次の中から選び記号で答えなさい。ただし，光合成と呼吸において，１分間あたりに変化する二酸化炭素の量と（　①　）の量は等しくなるものとします。また，その日の８時～16時の光の強さは10以上，19時～４時の光の強さは０でした。

ア．
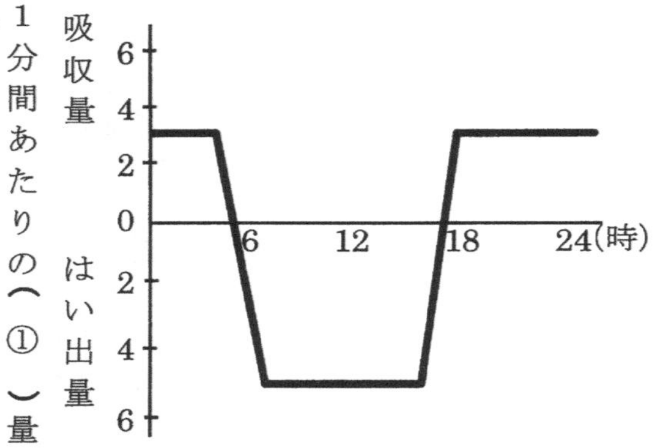

イ．
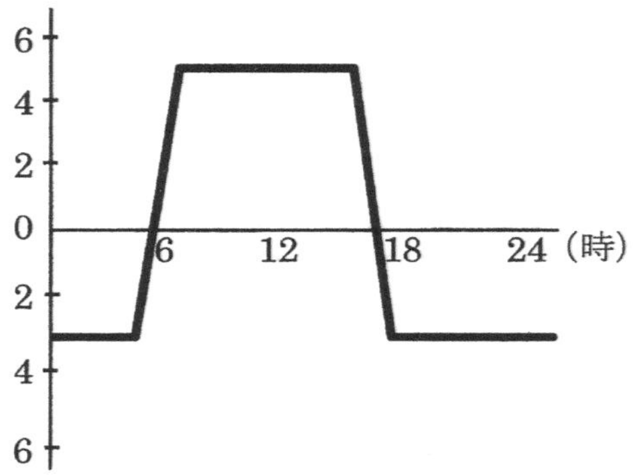

ウ．
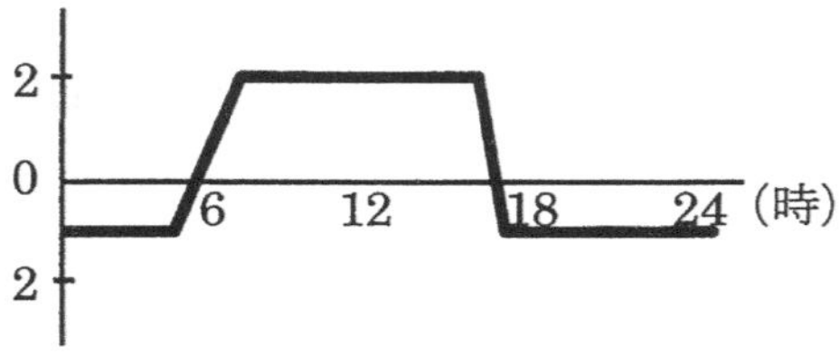

エ．
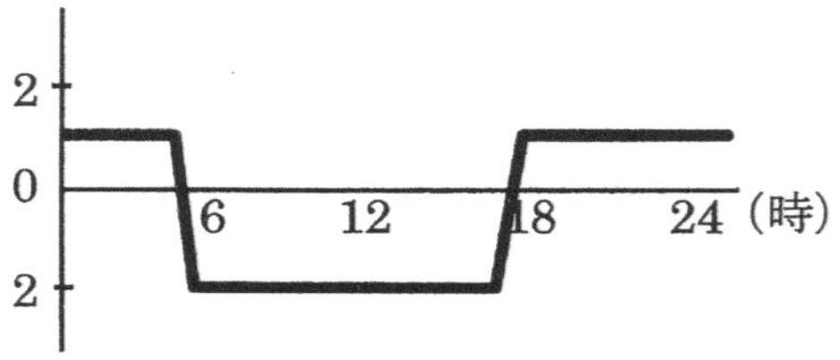

（問６）文中の空らん④に入る語句を，「陽生」か「陰生」のいずれかで答えなさい。

（問７）文中の空らん⑤に入る文として正しいものを，次の中から選び記号で答えなさい。

ア．明るくなり，コナラやクヌギなどの老木がたおれ
イ．明るくなり，シイやカシなどの種子が風によって運ばれ
ウ．暗くなり，コナラやクヌギなどの老木がたおれ
エ．暗くなり，シイやカシなどの種子が風によって運ばれ

問３　下線部②について、この年にねぶた祭りが中止された理由として正しいものを、次のア～エから一つ選び、記号で答えなさい。

ア　関東地方をおそった大地震によって、経済が混乱していたから。
イ　盧溝橋での軍事衝突を機に、日中間で戦争がおこなわれていたから。
ウ　米価の引き下げ・安売りを求める暴動が、全国に広まっていたから。
エ　アメリカ軍による日本本土への空襲がはじまっていたから。

Ⅱ [A]

★山鉾巡行が見どころ。京都の八坂神社の祭り
●平安時代、怨霊を鎮めるためにおこなわれた御霊会が祭りの起源となった。
●清少納言は『[い]』の中で、「心地よげなるもの」として、「御霊会の馬の長」を挙げている。
●永和４（1378）年に③足利義満が山鉾巡行を見学した記録が残っている。
●④応仁の乱で京都が荒廃し、祭りは一時中断するが、町衆の手によって再興された。

問４　空らん[A]にあてはまる祭りを答えなさい。

問５　空らん[い]にあてはまる清少納言の随筆（作品）を答えなさい。

問６　下線部③について、足利義満について述べた文として誤っているものを、次のア～エから一つ選び、記号で答えなさい。

ア　京都の北山に「花の御所」とよばれる山荘を築いた。
イ　太政大臣として公家も支配した。
ウ　並立した二つの朝廷を統一した。
エ　明から、倭寇の取り締まりを求められた。

問７　下線部④について、次の応仁の乱の様子をあらわした図中に見られる放火や略奪をおこない、敵をかく乱した軽装の兵を答えなさい。

Ⅲ　長崎くんち

★龍踊りが有名な、⑤異国情緒ただよう盛大な祭り
●⑥寛永 11（1634）年、２人の遊女が長崎の諏訪神社神前に謡曲「小舞」を奉納したことが祭りの起源となった。
●名称は明治時代以前、旧暦の９月９日（「くにち」を⑦九州北部の方言で「くんち」という）に祭りがおこなわれたことに由来する。
●⑧長崎奉行の援助もあって年々盛んになり、さらに奉納踊りには異国趣味のものが多く取り入れられた。
●⑨長崎に原子爆弾が投下されたわずか 59 日後に、例年通り開催された。

問８　下線部⑤について、次の日本に来航した外国人や外国船について述べた文を古い順に並べたときに３番目となるものを、次のア～エから一つ選び、記号で答えなさい。

ア　ロシア人の使節ラクスマンが漂流民を連れて根室に来航した。
イ　オランダ人の航海士ヤン・ヨーステンが豊後に漂着した。
ウ　アメリカ船のモリソン号が砲撃で追いはらわれた。
エ　アメリカ東インド艦隊司令長官のペリーが浦賀に来航した。

問９　下線部⑥について、次の寛永期にえがかれた屏風の作者として正しいものを、次のア～エから一つ選び、記号で答えなさい。

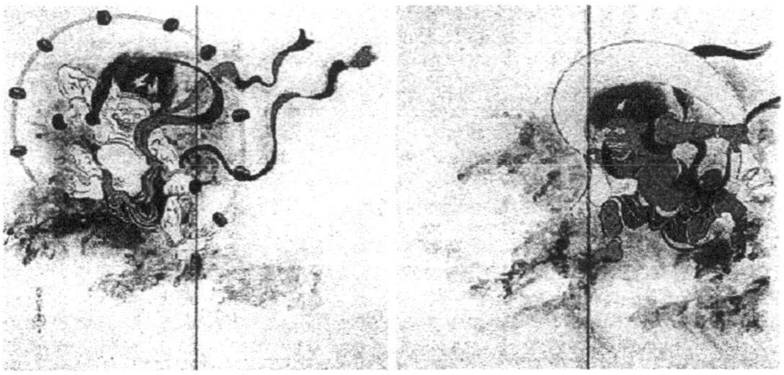

ア　尾形光琳　　イ　狩野永徳　　ウ　菱川師宣　　エ　俵屋宗達

問 10　下線部⑦について、九州北部の歴史について述べた文として正しいものを、次のア～エから一つ選び、記号で答えなさい。

ア　縄文時代に外敵をふせぐための濠をめぐらした集落が形成された。
イ　奈良時代に主に西国の兵士から選ばれた防人が防衛にあたった。
ウ　鎌倉時代に宋の再来襲に備えて、幕府が石塁を築いた。
エ　室町時代に大内氏と博多商人が結び、勘合貿易で博多がさかえた。

問 11　下線部⑧について、この背景には、神事を奨励することでキリスト教の広がりをふせぐねらいがあったとされています。日本におけるキリスト教の歴史について述べた文として正しいものを、次のア～エから一つ選び、記号で答えなさい。

ア　プロテスタントの宣教師ザビエルによって、日本にキリスト教が伝えられた。
イ　豊臣秀吉は九州平定後に宣教師の国外退去を命じた。
ウ　江戸幕府は島原の乱を鎮圧した後、幕領内に禁教令を発布した。
エ　明治政府は五榜の掲示を掲げ、キリスト教の信仰を正式に認めた。

問 12　下線部⑨について、長崎に原子爆弾が投下された年月日を、解答らんにあわせて答えなさい。

Ⅳ　神田祭

★東京の神田明神で開かれる、歴代徳川将軍が上覧した天下の祭り
●⑩鎌倉時代晩期、［う］のたたりを鎮めるため、時宗二祖・真教上人がほこらに［う］の霊をまつったことが神田明神のはじまりとされる。
●慶長５（1600）年、徳川家康が神田明神に祈願し、石田三成率いる西軍を［え］の戦いでやぶって以来、徳川家にあつく信仰される。一説には、勝利をあげた９月 15 日は、ちょうど神田祭当日だったという。

問 13　下線部⑩について、鎌倉時代の社会について述べた文として誤っているものを、次のア～エから一つ選び、記号で答えなさい。

ア　女性にも土地相続が認められていた。
イ　荷物の保管や運送をおこなう問（問丸）が発達した。
ウ　月に三度開かれる三斎市がうまれた。
エ　一年に稲、麦、そばを栽培する三毛作が広まった。

問 14　空らん［う］にあてはまる、平安時代中期に関東の国府を攻略してみずからを「新皇」と称し、一時は関東一帯を支配した人物を答えなさい。

問 15　空らん［え］にあてはまる語句を答えなさい。

Ｖ　隅田川花火大会

★約２万発の花火が東京の夜空をいろどる、伝統ある花火大会
●⑪江戸幕府８代将軍が、享保のききんや⑫疫病の犠牲者を供養するためおこなった水神祭で、両国橋周辺の料理屋が幕府の許可をえて花火をあげたことが、祭りの起源となった。
●昭和 53（1978）年、「両国の川開き」から「隅田川花火大会」に名称を改めた。

問 16　下線部⑪について、この人物がおこなった政策として誤っているものを、次のア～エから一つ選び、記号で答えなさい。

ア　公正な裁判の基準を示すために公事方御定書を編さんさせた。
イ　ききんに備えて、サツマイモの栽培をすすめた。
ウ　昌平坂学問所で、朱子学以外の学問を教えることを禁止した。
エ　庶民の意見を聞くため、評定所前に目安箱を設置した。

問 17　下線部⑫について、明治・大正期の細菌学者で黄熱病の研究中にアフリカで亡くなった人物を答えなさい。

3　次の文章は日本の外務省のホームページから抜粋し、一部改変したものです。これを読んで、あとの問いに答えなさい。

いたましい戦争の被害から将来の世代を救うという決意の下、①1945年に創設された②国際連合（国連）。創設から11年後の③1956年12月18日、日本は80番目の加盟国となり、国連を舞台にさまざまな分野で国際貢献を積み重ねてきました。

今日、国際社会は、④紛争やテロ、貧困、難民、⑤気候変動、⑥感染症など、克服すべき新たな地球規模の課題を抱えています。こうした課題には一国では対処できません。国際社会は、協力してこれらの課題を解決していく必要があります。

日本は、国連の活動の三本柱である⑦平和と安全、開発、⑧人権に加え、⑨法の支配を含むさまざまな分野において国際社会をリードするとともに、⑩財政的・人的貢献もおこなってきました。

問１　下線部①について、1945年２月、第二次世界大戦の戦後処理のためにアメリカ、イギリス、ソ連がおこなった首脳会談を、解答らんにあわせて答えなさい。

問２　下線部②について、国連の安全保障理事会における常任理事国として誤っているものを、次のア～エから一つ選び、記号で答えなさい。

ア

イ

ウ

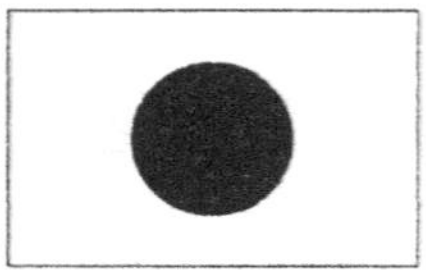
エ

問３　下線部③について、この年に日本が国交を回復した国と、その国との共同宣言に署名した内閣総理大臣との組合せとして正しいものを、次のア～ケから一つ選び、記号で答えなさい。

	国	内閣総理大臣
ア	韓国	池田勇人
イ	韓国	鳩山一郎
ウ	韓国	吉田茂
エ	ソ連	池田勇人
オ	ソ連	鳩山一郎
カ	ソ連	吉田茂
キ	中国	池田勇人
ク	中国	鳩山一郎
ケ	中国	吉田茂

問４　下線部④について、紛争を解決するために国連は平和維持活動をおこなっています。その活動内容に関する説明として誤っているものを、次のア～エから一つ選び、記号で答えなさい。

ア　日本の自衛隊が最初に派遣された場所は東ティモールである。
イ　その活動は安全保障理事会または総会の決議に基づいておこなわれる。
ウ　湾岸戦争終結後に日本でＰＫＯ協力法が成立した。
エ　復興支援活動や選挙監視活動をおこなったことがある。

問５　下線部⑤について、1992年の国連環境開発会議で提言され、その概念のもと近年「ＳＤＧｓ」とも称される、将来の世代と地球に負担をかけないためのさまざまな仕組みをつくり出そうとする考え方を、解答らんにあわせて答えなさい。

問６　下線部⑥について、日本では感染症に対するさまざまな法律が定められています。法律を制定する以外の国会の権限として正しいものを、次のア～エから一つ選び、記号で答えなさい。

ア　条約の承認　　　イ　政令の制定
ウ　予算の作成　　　エ　最高裁判所長官の指名

問７　下線部⑦について、以下の文章は日本国憲法第９条の条文です。文章中の空らん [A]～[C] にあてはまる語句の組合せとして正しいものを、次のア～カから一つ選び、記号で答えなさい。

第９条第１項　日本国民は、正義と秩序を基調とする [A] を誠実に希求し、[B] の発動たる戦争と、武力による威嚇又は武力の行使は、国際紛争を解決する手段としては、永久にこれを放棄する。

第２項　前項の目的を達するため、陸海空軍その他の戦力は、これを保持しない。国の [C] は、これを認めない。

	A	B	C
ア	国際平和	国権	交戦権
イ	国際平和	国権	自衛権
ウ	国際平和	政府	交戦権
エ	民主主義	政府	自衛権
オ	民主主義	天皇	交戦権
カ	民主主義	天皇	自衛権

問８　下線部⑧について、個人のプライバシーを保護する目的で2003年に日本で成立した法律を解答らんにあわせて答えなさい。

問 9　下線部⑨について、社会契約説に基づく『市民政府二論（統治二論）』をあらわし、その民主主義の政治思想がアメリカ独立革命やフランス革命に影響を与えたイギリスの思想家を答えなさい。

問 10　下線部⑩について、日本の税制における直接税として正しいものを、次のア～エから一つ選び、記号で答えなさい。

ア　ガソリン税　　イ　酒税　　ウ　消費税　　エ　所得税

問 11　1991 年から 2000 年までの間、国連難民高等弁務官をつとめた人物として正しいものを、次のア～エから一つ選び、記号で答えなさい。

ア　緒方貞子　　イ　渋沢栄一　　ウ　杉原千畝　　エ　新渡戸稲造

問三
問四
問五
問六
問七
問八

問一. 1
問二. 3
問三. 5
問四. 7
問五. 7
問六. 7
問七. 10
問八. 8

三

①
②
③
④
⑤
⑥
⑦
⑧
㋐
㋑

1点×10

科目 国語
合計 一二〇点
時間 六〇分
受験番号
氏名

※二
※三
※合計

※120点満点

【解答

令和４年度　**大阪桐蔭中学校入学試験問題**　[算数]（前期）

《解答用紙》

科目　算数	合計　120 点	時間　60 分	受験番号		氏名	

※このらんには，何も記入しないこと。

1

(1)	(2)	(3)

※1

4 点 × 3

2

(1)あ	(2)い　円	(3)う　個	(4)え　円
(5)お　番目	(6)か　分	(7)き　最も少なくて　人	く　最も多くて　人
(8)け　%	こ　%	(9)さ　度	
(10)し　cm^3	す　cm^3		

※2

4 点 × 13

令和４年度　**大阪桐蔭中学校入学試験問題**　[理科]（前期）

《解答用紙》

科目　理科	合計　60点	時間　40分	受験番号		氏名	

※このらんには、何も記入しないこと。

1

（問1）

（問2）

（問3）

（問4）⑦　⑧

（問5）

（問6）

（問7）

※1

問１．３点
問２．２点
問３．２点
問４．完答２点
問５．２点
問６．２点
問７．２点

2

（問1）①　②

（問2）

（問3）

（問4）

※2

問１．２点×２
問２．２点
問３．３点
問４．２点
問５．２点×２

【解答

令和４年度　**大阪桐蔭中学校入学試験問題**　［社会］（前期）

《解答用紙》

科目　社会	合計　60点	時間　40分	受験番号		氏名	

※ この欄には何も記入しないこと

1

問１ ［　］　問２ ［　　　　　］条約　問３(1) ［　　］銀山

問３（２）X ［　　　　］　問３（２）Y ［　　　　　］

問４ ［　］　問５ ［　］　問６(1) ［　　　］　問６(2) ［　］　問７ ［　］

問８ ［　］　問９ ［　］　問10 ［　］　問11 ［　］

問１．１点
問２．２点
問３．２点×３
問４．１点
問５．１点
問６(1)２点
(2)１点
問７．１点
問８．１点
問９．１点
問10．１点
問11．２点

※１

2

問１ ［　］　問２ ［　］　問３ ［　］　問４ ［　］

問５ ［　］　問６ ［　］　問７ ［　］　問８ ［　］

問１．２点
問２．１点

※２

【解答

問13　問14　問15　問16

問17

問8. 1点
問9. 1点
問10. 1点
問11. 1点
問12. 完答 2点
問13. 1点
問14. 2点
問15. 2点
問16. 1点
問17. 2点

3

問1　会談　問2　問3　問4

問5　な開発目標　問6　問7

問8　保護法　問9　問10　問11

問1. 2点
問2. 1点
問3. 1点
問4. 1点
問5. 2点
問6. 1点
問7. 1点
問8. 2点
問9. 2点
問10. 1点
問11. 1点

※3

合計

※60点満点

3

(問1)

(問2)

(問3)

(問4)

(問5)

(問6)

(問7)

4

(問1)

(問2)

(問3)

(問4)

(問5)

(問6)

(問7)

※3

問１．２点
問２．２点
問３．２点
問４．２点
問５．２点
問６．２点
問７．３点

※4

問１．３点
問２．２点
問３．２点
問４．２点
問５．２点
問６．２点
問７．２点

※合計

※60点満点

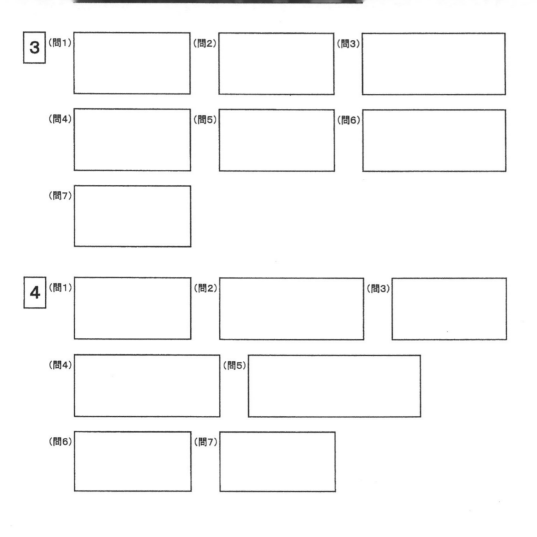

3	(1) 午前　時　分	(2) 分前	(3) 午前　時　分

※3

(1) 5 点
(2) 6 点
(3) 6 点

4	(1)	(2)	(3)	(4) 列の　段目

※4

(1) 5 点
(2) 5 点
(3) 6 点
(4) 6 点

5	(1) cm^3	(2) cm^3	(3) cm^3

※5

(1) 5 点
(2) 6 点
(3) 6 点

※合計

※120点満点

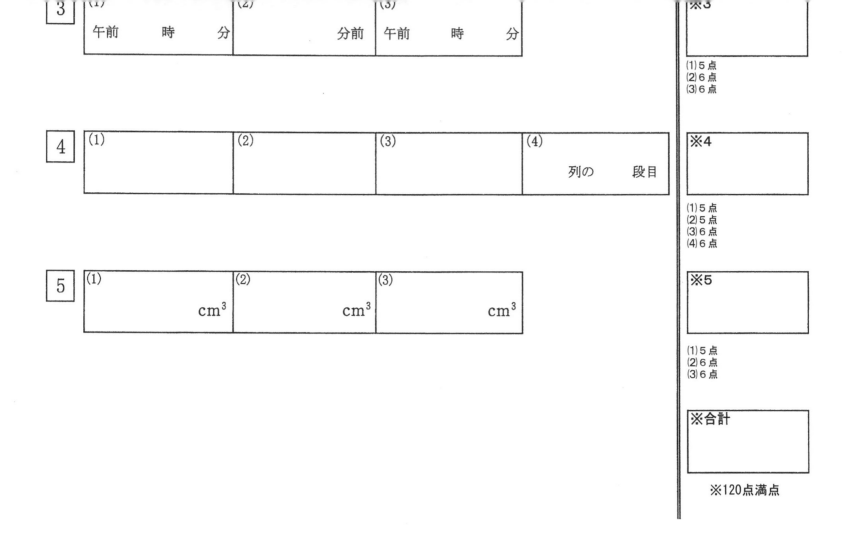

令和４年度

大阪桐蔭中学校入学試験問題《解答用紙》［国語］（前期）

※このらんには、何も記入しないこと。

一

問一 ⓧ ⓨ

問二

問三

問四

問五

問六

問七

問八

問一．　２点×２
問二．　７点
問三．　７点
問四．　７点
問五．　４点
問六．　10点
問七．　８点
問八．　８点

※一

二

問一

a

b

c

d

e

令和４年度　大阪桐蔭中学校入学試験問題　[社会]（前期）

1　次の図１中の①～⑥は、近畿地方の６府県について、府県境界線を消して海岸・湖岸線のみを示した地図のいずれかです（人工島を除く沿岸部の島、および他府県の海岸・湖岸線は省略してあります）。これらを見て、あとの問いに答えなさい。ただし、それぞれの縮尺が同じとは限りません。

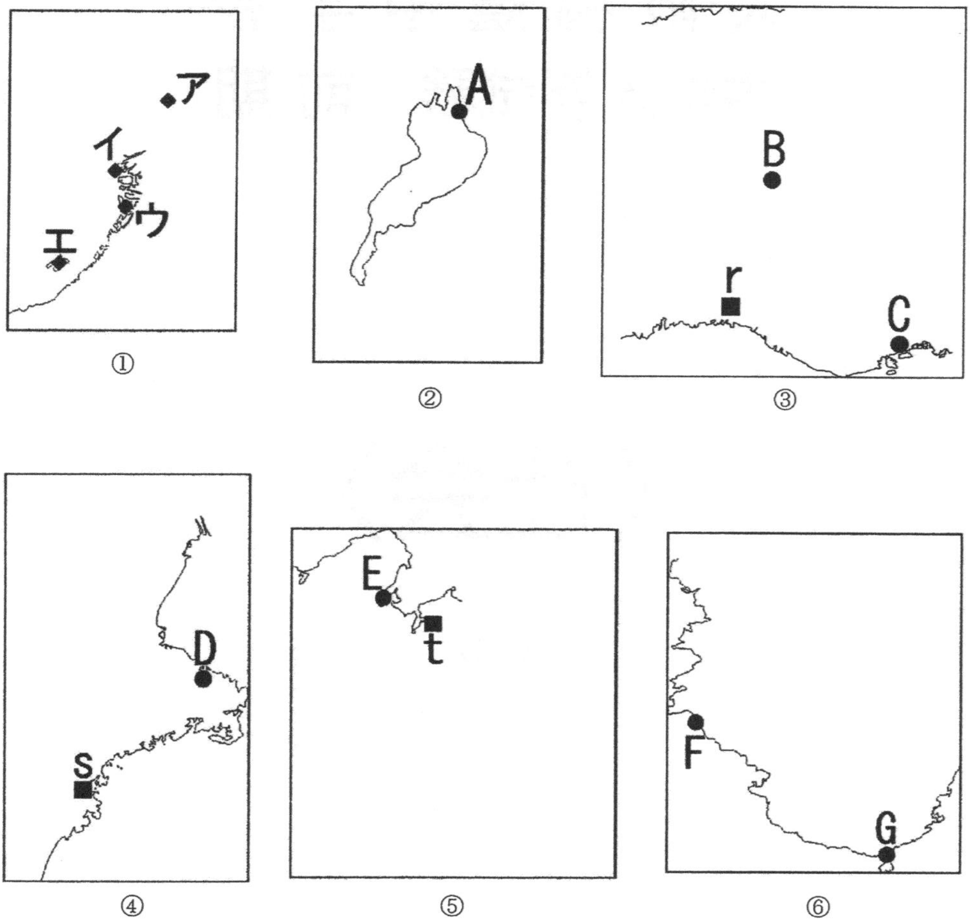

図１

問１　図１中の①の府県では、2025 年に日本国際博覧会の開催が決定しています。その会場予定地として正しいものを、図中のア～エから一つ選び、記号で答えなさい。

問２　図１中のＡに位置する琵琶湖水鳥・湿地センターが設置されるきっかけとなった国際条約を、解答らんにあわせてカタカナ５字で答えなさい。

問３　図１中のＢについて、（１）・（２）に答えなさい。

（１）Ｂには、日本有数の銀などの産出地であった鉱山が位置しています。この鉱山名を、解答らんにあわせて漢字２字で答えなさい。

（２）こうした鉱山は日本各地に存在しますが、現在では資源が減ったことなどを理由にほとんどの鉱山が閉山しています。そこで近年注目されている、電子機器から貴重な金属を再利用するという新たな取り組みについて説明した次の文中の空らん［Ｘ］・［Ｙ］にあてはまる語句を、［Ｘ］は漢字４字、［Ｙ］はカタカナ５字でそれぞれ答えなさい。

> 「［Ｘ］からつくる！みんなのメダルプロジェクト」は、東京オリンピック・パラリンピック競技大会（以下、東京 2020 大会という。）で使用されるメダルを、リサイクルによって小型家電から集めた金属で製作するプロジェクト。【中略】使用済み小型家電は、金・銀・銅などの貴金属や［Ｙ］（希少金属）が含まれていることから、【中略】「［Ｘ］」と呼ばれる。
>
> 環境省広報誌『エコジン』2017 年 10・11 月号より

問４　図１中のＣ付近における伝統産業について述べた文として正しいものを、次のア～エから一つ選び、記号で答えなさい。

ア　江戸時代から良質な湧き水を利用した酒造りがさかんである。
イ　良質な陶土が産出する焼き物の産地として栄え、狸の置物が有名である。
ウ　15 世紀に起こった戦乱の地で発展した豪華な意匠の織物生産がさかんである。
エ　かつて栄えた鉄砲生産の技術をいかし、近年では刃物の生産がさかんである。

問５　図１中のＤにおける都市の特徴について述べた文として正しいものを、次のア～エから一つ選び、記号で答えなさい。

ア　原油、ＬＮＧなどを扱う大規模なコンビナートを複数持つ港湾都市。
イ　日本を代表する自動車メーカーの製作所を中心とする工業都市。
ウ　古くから多くの人が訪れる寺社を中心とする門前町を起源とする都市。
エ　城下町を起源とし、周辺地域の政治の中心を担う都市。

問6　図1中のEについて、（1）・（2）に答えなさい。

（1）日本三景の一つに数えられるこの砂州を漢字3字で答えなさい。

（2）この砂州の形成について説明した次の説明文u・vと、沿岸流の流れる向きを示したあとの図2中のw～zとの正しい組合せを、次のア～クから一つ選び、記号で答えなさい。

u　沿岸流による砂の堆積で細長く伸びた砂州によって、湾の部分をほぼ閉ざした。
v　沿岸流による砂の堆積で細長く伸びた砂州が、沖合の島とほぼ陸続きになった。

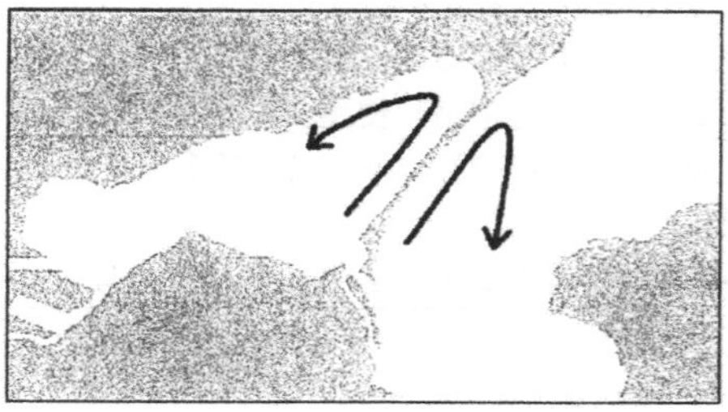

w

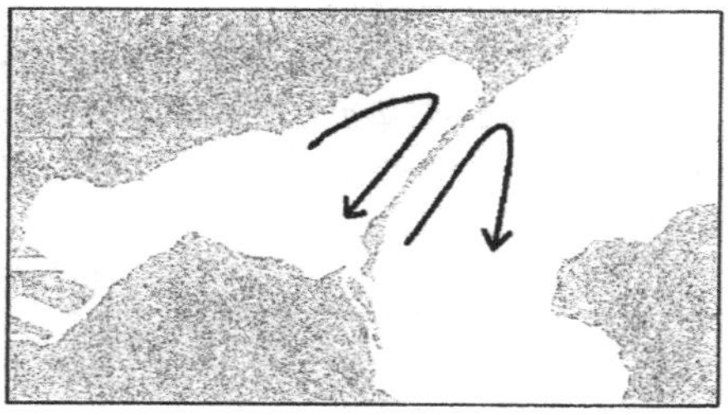

x

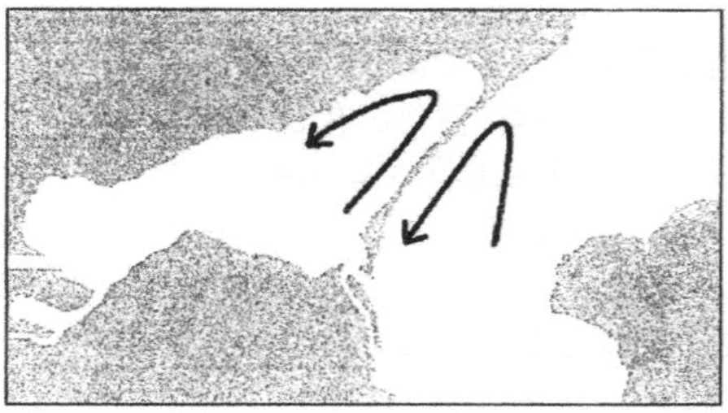

y

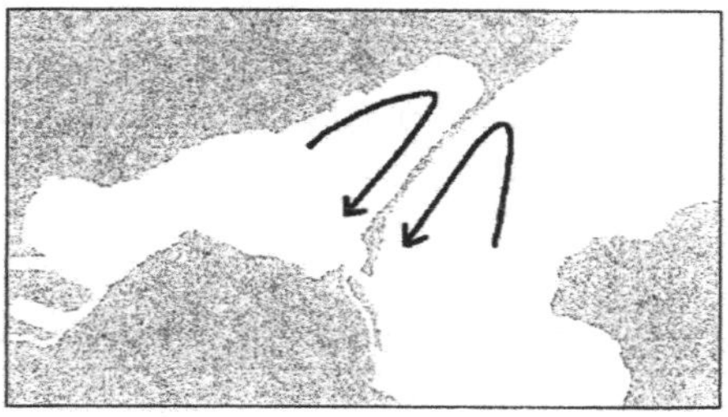

z

図2

	ア	イ	ウ	エ	オ	カ	キ	ク
説明文 図	u w	u x	u y	u z	v w	v x	v y	v z

問７　図１中のＦは御坊発電所を示しています。次の表１は、近年の日本における６種類の発電方法による発電電力量の推移を表したものです。表中のⅰ～ⅲにあてはまる発電方法の組合せとして正しいものを、次のア～カから一つ選び、記号で答えなさい。

表１

	1990	2000	2010	2019
水力	95 835	96 817	90 681	86 314
ⅰ	202 272	322 050	288 230	61 035
ⅱ	557 423	669 177	771 306	792 810
ⅲ	1	—	22	21 414
風力	—	109	4 016	6 906
地熱	1 741	3 348	2 632	2 063

（単位：百万 kWh）

『日本国勢図会　2021/22』より作成

	ⅰ	ⅱ	ⅲ
ア	火力	原子力	太陽光
イ	火力	太陽光	原子力
ウ	原子力	火力	太陽光
エ	原子力	太陽光	火力
オ	太陽光	火力	原子力
カ	太陽光	原子力	火力

問８　図１中のＧに位置する串本町では、2021 年７月に町役場の新庁舎が他地域へと移転、開庁されました。新庁舎が旧庁舎位置より北側の高台に移転された背景として正しいものを、次のア～エから一つ選び、記号で答えなさい。

ア　漁業がさかんな町であることから、港に近接した地域へ移転した。
イ　将来この町を通過する、リニア中央新幹線新駅建設予定地付近へと移転した。
ウ　動物園、水族館、遊園地が一体になった有名なテーマパーク付近へと移転した。
エ　大規模な地震が発生するおそれがあるため、津波被害を防ぐために移転した。

問９　次の図３中のⅳ～ⅵは、図１中のｒ～ｔの都市のいずれかの月平均気温と月降水量を示した雨温図です。ｓの都市の雨温図と都市名との組合せとして正しいものを、次のア～ケから一つ選び、記号で答えなさい。

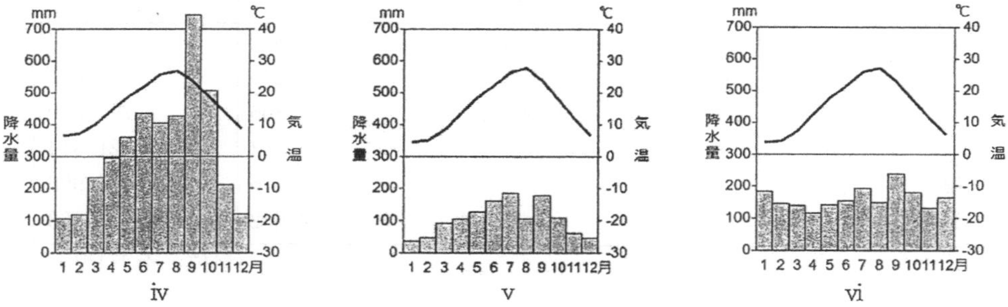

『理科年表』より作成

図３

	雨温図	都市名
ア	ⅳ	尾鷲市
イ	ⅳ	姫路市
ウ	ⅳ	舞鶴市
エ	ⅴ	尾鷲市
オ	ⅴ	姫路市
カ	ⅴ	舞鶴市
キ	ⅵ	尾鷲市
ク	ⅵ	姫路市
ケ	ⅵ	舞鶴市

問 10　次の図４は、図１中の①、②、③、⑥のいずれかの府県の 2018 年の農業産出額に占める米、野菜、畜産の割合を表したものです。⑥にあてはまるものを、次のア～エから一つ選び、記号で答えなさい。

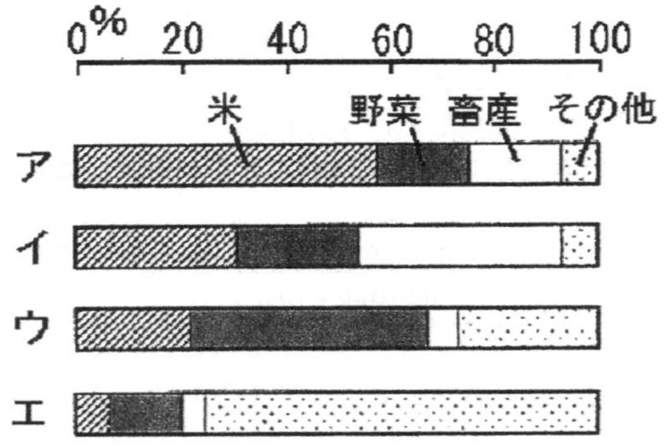

『県勢 2021』より作成

図４

問 11　図１中に表されていない近畿地方の府県を漢字で答えなさい。

2　次のⅠ～Ⅴの文は、日本各地の祭りについて調べたものです。これを読んで、あとの問いに答えなさい。

Ⅰ　ねぶた祭り

★巨大な灯籠（ねぶた）をのせた山車がねり歩く、青森を代表する祭り
●身長３メートルをこえる大悪党「大丈丸」を攻めほろぼすよう命じられた［　あ　］の部下が、灯籠の中に兵を隠して奇襲したという伝承が祭りの起源となった。
●実際は①奈良時代に中国から渡来した七夕祭と、古くから津軽にあった行事が一体化したものと考えられている。
●明治６（1873）年～明治 15（1882）年、②昭和 13（1938）年～昭和 22（1947）年、令和２（2020）年～令和３（2021）年の間中断・中止されたことがある。

問１　空らん［　あ　］の人物は、桓武天皇によって 797 年に征夷大将軍に任命され、蝦夷の抵抗を制圧しました。この人物を答えなさい。

問２　下線部①について、奈良時代のものを、次のア～エから一つ選び、記号で答えなさい。

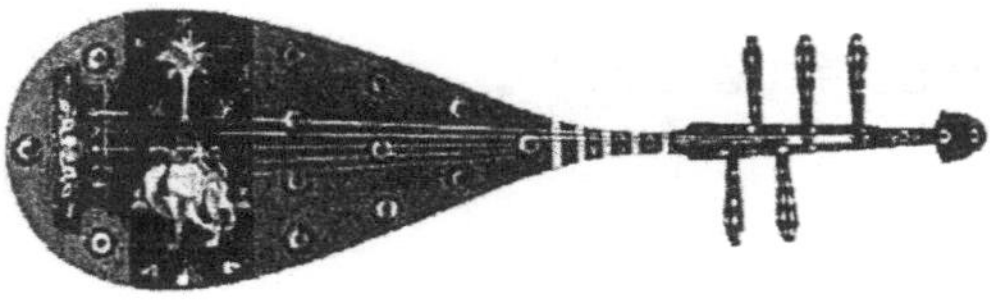
ア

イ

ウ

エ

大阪桐蔭中学校
中学入学試験　前期

〈社会〉

（40分）

3 次の文を読んで後の問いに答えなさい。

水田や畑，雑木林などが人里を取り囲んだ一帯を里山といいます。里山は，人の手によってつくられ，管理・維持《いじ》されてきた自然豊かな場所で，昔から私たちは里山とともに生きてきました。しかし，近年，里山は失われつつあります。里山が失われることで，(1) <u>絶滅《ぜつめつ》が危惧《きぐ》される生き物</u>が多くいます。

雑木林とは，里山で見られるコナラやクヌギなどからなる森林です。雑木林の木を燃料として使ったり，落ち葉を畑の肥料に使ったり，昔の人々にとって生活にかかせないものでした。しかし，燃料は石油や石炭などに置きかわり，肥料は化学肥料を用いるようになって，雑木林を利用する必要性は減り，管理する人も少なくなりました。雑木林は，放置されると，時間が経《た》つにつれ，生き物の種類に変化が起こります。コナラやクヌギは，シイやカシなどに置きかわります。

コナラやクヌギの林からシイやカシの林へなぜ置きかわるか考えてみましょう。

コナラやクヌギと，シイやカシとでは，葉や(2) <u>種子</u>の形といった見た目の違《ちが》いだけでなく，光合成の能力にも違いがあります。植物には，日なたでないと生育できない陽生植物と日陰《ひかげ》でも生育できる陰生《いんせい》植物があり，コナラやクヌギと，シイやカシとでは，性質が異なっています。下の（図）は，ある陽生植物と陰生植物の光の強さと同じ葉面積で比較《ひかく》したときの1分間あたりの二酸化炭素の吸収量・はい出量との関係を表したものです。光合成では，日光のエネルギーを利用して，水と二酸化炭素からでんぷんなどの養分が作られるので，二酸化炭素の吸収量が多いほど，より多くのでんぷんが作られます。植物は，二酸化炭素の吸収量が 0 より大きくなる光の強さであれば，でんぷんが不足することなく，生育が可能となります。また，光合成により，気体である（　①　）を放出します。（図）において，光の強さが 0 のとき，二酸化炭素をはい出するのは，呼吸だけをおこなっているからです。

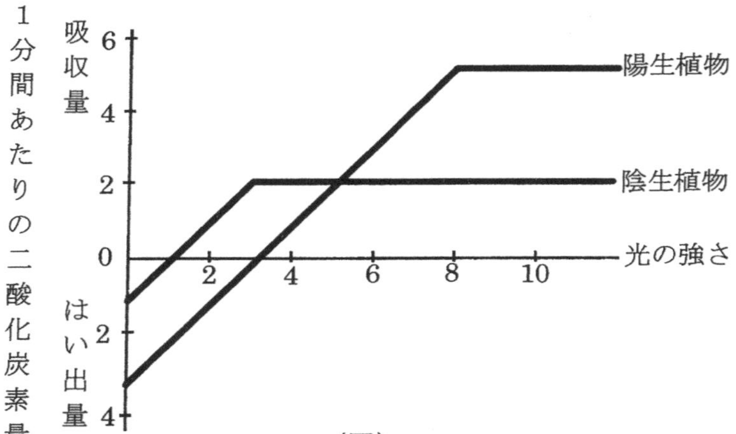

（図）

（図）において，陰生植物が陽生植物より有利に生育できる光の強さは（　②　）であり，弱光下では，陰生植物が有利であることがわかります。また，陰生植物におけるある晴れた日の（　①　）の吸収量・はい出量の1日における変化を表したグラフは（　③　）になります。

雑木林がシイやカシなどの森林に置きかわる理由は，（図）を参考にして考えると，コナラやクヌギは（　④　）植物であり，時間が経つにつれ森林内が（　⑤　），シイやカシと入れかわるからです。

（問１）文中の空らん①，②に入る気体の名前をそれぞれ答えなさい。

（問２）二酸化炭素が発生するものを，次の中からすべて選び記号で答えなさい。

ア．オキシドールに生のレバー片《へん》を加える。

イ．鉄にうすい塩酸を加える。

ウ．卵の殻《から》に食《しょく》酢《す》を加える。

エ．化石燃料を燃やす。

（問３）文中の空らん③，④に入る気体の組み合わせとして正しいものを，次の中から選び記号で答えなさい。

ア．	③二酸化炭素	④A	イ．	③二酸化炭素	④D
ウ．	③A	④二酸化炭素	エ．	③A	④D
オ．	③D	④二酸化炭素	カ．	③D	④A

（問４）文中の下線部について，この穴を開けるのにもっとも適当な場所を，（図３）のＸ，Ｙ，Ｚの中から選び記号で答えなさい。

（問５）文中の空らん⑤，⑥に入る数値を，それぞれ答えなさい。

2　次の文を読んで後の問いに答えなさい。

6 種類の気体A～Fがあり，それらは水素，酸素，二酸化炭素，アンモニア，塩化水素，塩素のいずれかであることがわかっています。

それぞれの気体を観察すると，Fはわずかに色がついていました。また，D，E，Fからは鼻をさすようなにおいがしました。Dに湿《しめ》った赤色リトマス紙を入れると青色になりました。このことからD，E，Fの気体の種類がわかり，Eは（　①　）ということがわかりました。

続いて，それぞれの気体の重さをはかると，同じ体積ではCが一番軽いということがわかったのでCは（　②　）ということがわかりました。また，Bを石灰水《せっかいすい》に通すと，白く濁《にご》ったのでBが二酸化炭素だということがわかりました。

二酸化炭素は温暖化に関わる気体として注目されているので，さらにくわしく調べるために次の【実験１】,【実験２】をおこないました。

【実験１】

二酸化炭素，A，Dのいずれかの気体で満たした試験管「あ」～「う」を（図１）のように水の中へ入れ，ゴム栓《せん》を外し，しばらくたってから観察すると（図２）のようになった。

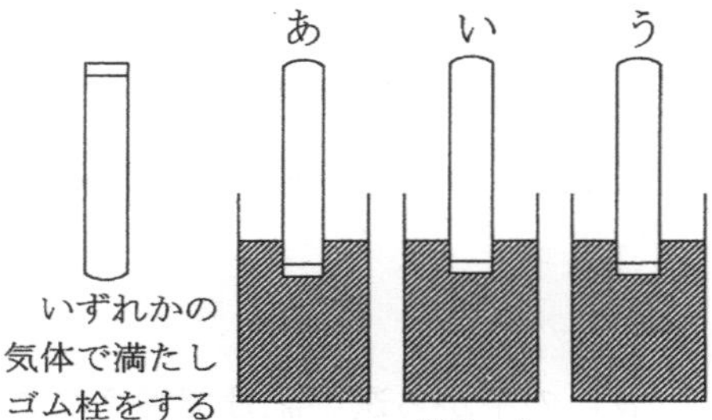

（図１）

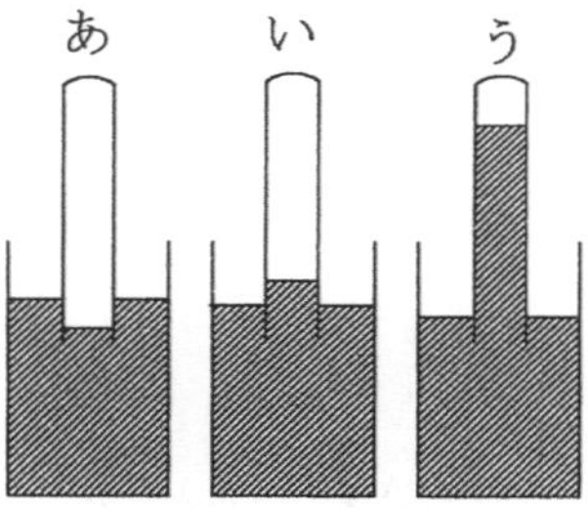

（図２）

【実験１】より，試験管「あ」に入っている気体は（　③　），試験管「い」に入っている気体は（　④　）であることがわかります。

【実験２】

内容積が 500cm^3 で透明《とうめい》な容器の重さをはかると 256.62g であった。次に容器に 10cm^3 のドライアイスを（図３）のように入れてから透明な容器に小さな穴を開け，その外側にリボンをかざすと，しばらくたってリボンがたなびいた。その後，ドライアイスがなくなるまで放置し重さをはかると 256.93g であった。また，何も入っていない容器内をすべて水で満たした状態で重さをはかると 756.00g であった。

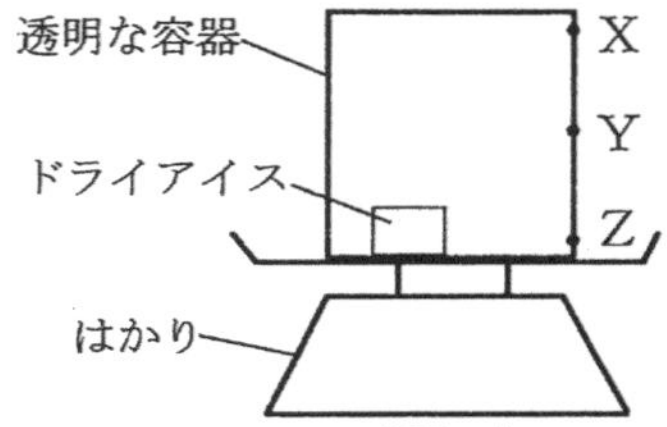

（図３）

【実験２】より，気体の二酸化炭素の 1L あたりの重さは（　⑤　）g とわかります。また，空気についても同様に考えると，同じ体積の気体の二酸化炭素の重さは空気の重さの（　⑥　）倍とわかります。ただし，水 1cm^3 あたりの重さは 1g とします。

（問１）文中の空らん①，②，③に入る語句の組み合わせとして正しいものを，次の中から選び記号で答えなさい。

ア．①長く　②しても変わらず　③しても変わりません
イ．①長く　②しても変わらず　③すると長くなります
ウ．①長く　②すると短くなり　③しても変わりません
エ．①長く　②すると短くなり　③すると長くなります
オ．①短く　②しても変わらず　③しても変わりません
カ．①短く　②しても変わらず　③すると長くなります
キ．①短く　②すると短くなり　③しても変わりません
ク．①短く　②すると短くなり　③すると長くなります

（問２）文中の空らん④，⑤に入る語句と記号の組み合わせとして正しいものを，次の中から選び記号で答えなさい。

ア．④長く　⑤C　イ．④長く　⑤D　ウ．④長く　⑤E
エ．④短く　⑤C　オ．④短く　⑤D　カ．④短く　⑤E

（問３）文中の空らん⑥に入る向きとして正しいものを，（図３）の中から選び記号で答えなさい。

（問４）文中の空らん⑦と⑧に入るふりこの記号を，（表）の中から選び記号で答えなさい。

（問５）文中の空らん⑨に入る数値を答えなさい。

（問６）文中の空らん⑩に入る数値として正しいものを，次の中から選び記号で答えなさい。

ア．0.75　イ．1.25　ウ．1.75　エ．2.25　オ．2.75

（問７）文中の空らん⑪，⑫に入る語句の組み合わせとして正しいものを，次の中から選び記号で答えなさい。

ア．⑪左　⑫左　イ．⑪左　⑫右　ウ．⑪右　⑫左　エ．⑪右　⑫右

令和４年度　大阪桐蔭中学校入学試験問題　［理科］（前期）

1　次の文を読んで後の問いに答えなさい。

（図１）のようなふりこを準備しました。ふりこが１往復するのにかかる時間は，糸の長さを長くすると（　①　）なり，おもりを重く（　②　），ふれはばを大きく（　③　）。

（図２）のようにくぎをうち，Ａの位置からおもりをそっとはなしました。くぎを打つ前とくぎを打った後では，おもりが１往復するのにかかる時間はくぎを打つ前の方が（　④　），おもりは（　⑤　）の位置まで上がりました。その後，初めておもりがＢの位置に来たときに糸を切りました。そのときおもりが進む向きは（　⑥　）でした。

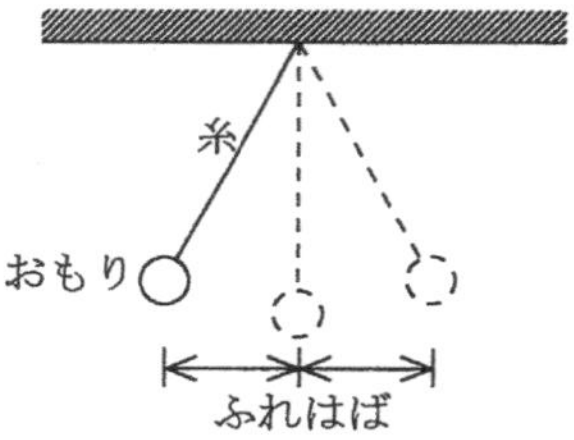

（図１）

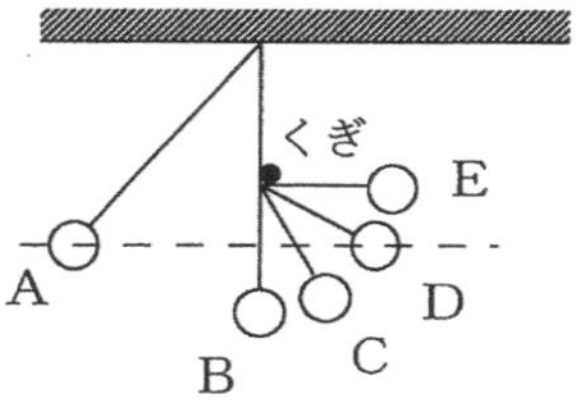

（図２）

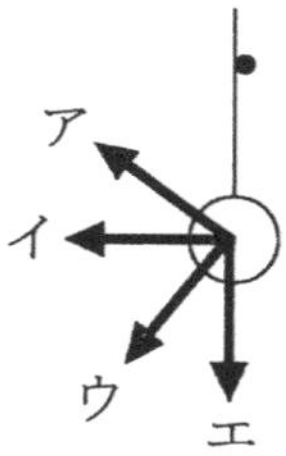

（図３）

くぎを抜《ぬ》き（図１）の状態に戻《もど》してから，おもりの重さやふれはば，糸の長さを次の（表）のように変化させて，１往復の時間を測定しました。

（表）

ふりこの記号	a	b	c	d	e	f
おもりの重さ[g]	100	100	200	100	300	200
ふれはば[cm]	10	10	10	10	10	20
糸の長さ[cm]	25	225	50	100	100	50
１往復の時間[秒]	1.0	3.0	1.4	2.0	2.0	1.4

おもりの重さとふりこが１往復するのにかかる時間の関係は，（　⑦　）と（　⑧　）を比べるとわかります。また，この（表）より，ふれはばが 30cm，糸の長さが 200cm，おもりの重さが 400g のふりこが１往復するのにかかる時間は（　⑨　）秒とわかります。

（図４）のように，（表）のふりこ a を２つ用意しました。片方のふりこは，糸の長さの下から４分の１の所にくぎをうちました。同じふれはばの点Ｆと点Ｆ’から２つのおもりをそっとはなしたとき，最下点Ｇと最下点Ｇ’を同時に通過しました。再び２つのおもりが点Ｇと点Ｇ’を同時に通過するのは，おもりをはなしてから（　⑩　）秒後でした。そのとき，それぞれのおもりが最下点を通過する向きは，点Ｇでは（　⑪　）向き，点Ｇ’では（　⑫　）向きでした。

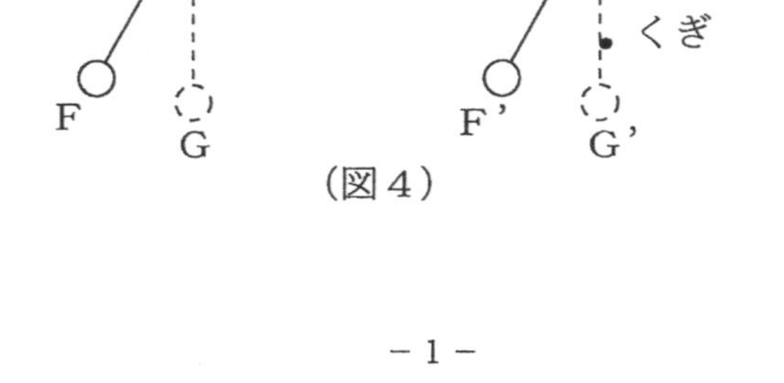

（図４）

大 阪 桐 蔭 中 学 校
中学入学試験　前 期

〈理科〉

（40分）

(9)　下の図の正三角形ABCにおいて，点Bが辺AC上の点Dと重なるようにMNを折り目として折ったところ，角（ア）と角（イ）の大きさの和が100度となりました。このとき，角（イ）の大きさは［　さ　］度です。

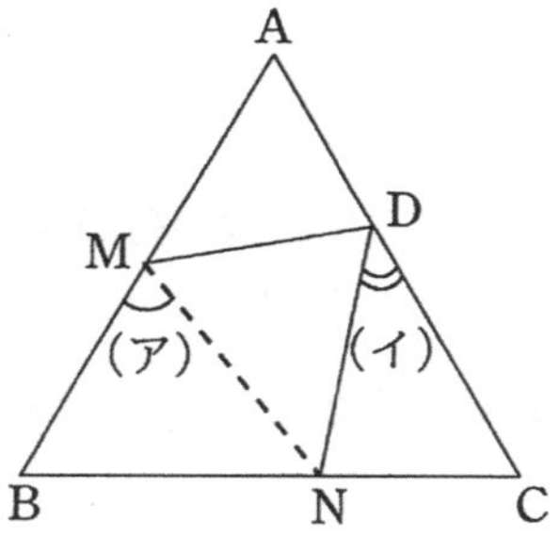

(10)　下の図形①，図形②の三角形はそれぞれ直角三角形で，この2つの図形の9 cmの辺がちょうど重なるように合わせたものが図形③です。このとき，図形①を直線ABのまわりに1回転してできる立体の体積は［　し　］cm^3で，図形③を直線ABのまわりに1回転してできる立体の体積は［　す　］cm^3です。

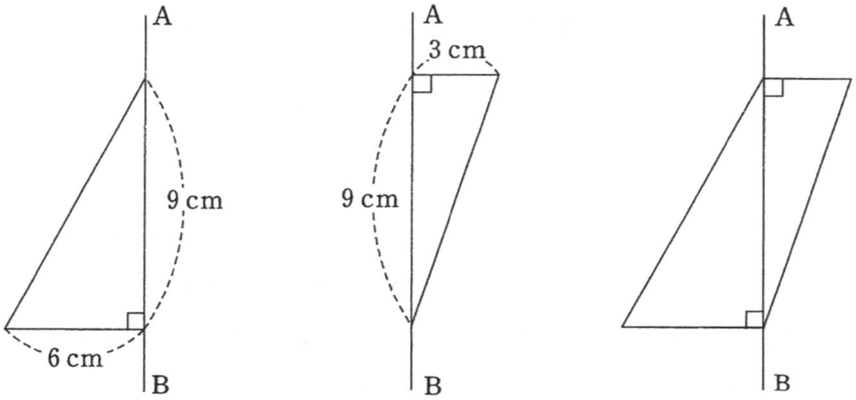

図形①　　図形②　　図形③

(4)　ある商品に仕入れ値の 3 割の利益を見こんで定価をつけました。しかし，売れなかったので，定価の 100 円引きで売ったところ，200 円の利益がありました。このとき，仕入れ値は [え] 円です。ただし，消費税は考えないものとします。

(5)　次のように，あるきまりにしたがって，数の列が並んでいます。

1，1，2，1，2，3，1，2，3，4，1，2，3，4，5，……

3 回目に 10 があらわれるのは最初から数えて [お] 番目です。

(6)　ある遊園地で，開園時に 600 人が入場口の前に行列をつくっており，1 分間に 30 人ずつ新たに行列に加わります。入場口が 1 つのときは，60 分で行列がなくなります。入場口を 2 つにしたときは，[か] 分で行列がなくなります。

(7)　あるクラスの生徒 38 人にアンケートをとりました。ピアノ教室に通っている生徒は 7 人で，学習塾《じゅく》に通っている生徒は 21 人でした。このことから，ピアノ教室にも学習塾にも通っていない生徒の人数は，最も少なくて [き] 人，最も多くて [く] 人と考えられます。

(8)　2 つの容器 A，B があります。容器 A には濃《のう》度が 10 % の食塩水 400 g が，容器 B には濃度が 13 % の食塩水 500 g が入っています。まず，容器 A から 100 g の食塩水を取り出し，容器 B に移してよくかき混ぜると，容器 B の食塩水の濃度は [け] % となります。さらに，容器 B から食塩水 200 g を取り出し，容器 A に移してよくかき混ぜると，容器 A の食塩水の濃度は [こ] % となります。

令和４年度　大阪桐蔭中学校入学試験問題　[算数]（前期）

- 答えが分数になるときは，これ以上約分することができない分数で答えなさい。
- 比で答えるときは，もっとも簡単な整数の比で答えなさい。
- 問題文に断りがない場合は，円周率は 3.14 として求めなさい。
- 角すいや円すいの体積は，(底面積)×(高さ)÷３で求めることができます。

1　次の □ にあてはまる数をそれぞれ答えなさい。

(1)　$7-\left(3\frac{3}{4}-2\frac{5}{6}\right)\times\frac{2}{11}=\square$

(2)　$\left(1\frac{2}{3}-1\frac{1}{5}\right)\div\square+\frac{1}{6}=\frac{3}{4}$

(3)　$1.3\times17+1.4\times17-\square\times17=11\frac{9}{10}$

2　次の [あ] から [す] にあてはまる数をそれぞれ答えなさい。

(1)　４つの連続する奇《き》数があり，その和が 536 のとき，一番大きい奇数は [あ] です。

(2)　太郎さんと花子さんの所持金の平均は 850 円で，次郎さんの所持金は 400 円です。この３人の所持金の平均は [い] 円です。

(3)　ある店で１個 100 円で売られている商品Ａと１個 150 円で売られている商品Ｂを合わせて 30 個買ったところ，代金の合計は 3800 円でした。このとき，買った商品Ａは [う] 個です。

大阪桐蔭中学校
中学入学試験　前期

〈算数〉

（60分）

い状況《じょうきょう》下にある。なぜかというと、③上位の雌ザルは、娘を持つ下位の母ザルとその娘にとりわけ厳しいからである。

　これは、アカゲザルの社会が母系家族であることと関係している。アカゲザルの社会では、雄《おす》の子は成長するとその生まれ育った群れを出ていく。これに対して、雌の子は成長後もそこに留まる。したがって、社会的地位は雄の子ではなく、雌の子に引き継《つ》がれることになる。餌の維持や社会的抗争《こうそう》など、社会的行動で優位に立てる特権は、娘を通して継承《けいしょう》されるのだ。したがって上位の雌にとっては、自分または自分の娘の地位をおびやかすのは、他家の息子ではなく娘なのである。注意を要する他家の娘は、容赦《ようしゃ》なく抑《おさ》え込んで、地位をカクホしておかねばならないのだ。

　このような社会関係は、雌親の繁殖《はんしょく》成績にも影響を与える。とりわけ娘を産んだ下位の雌ザルは悲惨《ひさん》な目にあう。上位のサルからたびたび迫害《はくがい》を受ける娘は、そのたびに母の胸に飛び込んで保護を求める。母はその娘を胸にかばい込んで上位のサルの攻撃をしのぐ。あるいは娘をかかえて逃《に》げまどう。だから下位の母ザルは多分にストレスにさらされ、その生殖生理に好ましからざる影響を受けている可能性がある。

　下位の雌ザルの生殖に対するもっと（　B　）悪影響は、実は別のところにもある。それは娘ザルによる乳吸いの影響である。娘ザルは上位のサルの迫害を受けるたびに保護を求めて母ザルの胸に飛び込むが、これが結果的に娘ザルの乳首しゃぶりの機会を高める。母の胸に飛び込んだ娘は受難のとき、あるいはそのあと、母の乳首にしゃぶりつくことになるのだ。この乳首への吸い付きが、母ザルの排卵《はいらん》を抑制《よくせい》する刺激になる。このため、娘を持った下位の雌ザルは、次の妊娠《にんしん》までに、上位の雌あるいは息子を持った雌に比べて、倍近い時間がかかってしまう。出産回数が半分近くに減少してしまうのだ。

　娘をもった下位の雌ザルは、もうひとつ大きな損害をこうむる。それは娘の生存率が極端《きょくたん》に低いのである。生後一カ月の段階で、上位の娘の生存率は約七〇パーセントであるのに対して、下位の娘の生存率は五〇パーセント以下である。これが二年後になると、上位の娘の生存率は約六五パーセントであるのに対して、下位の娘の生存率はわずかに一五パーセントほどである。上位の雌と同じ数の子を産んでもそれが娘であると、その四分の一も生き残らないのである。

　これでは下位の雌はたまらない。娘を産んだがために迫害を受け、自らの出産間隔《かんかく》ものびてしまう。それだけの犠牲《ぎせい》を払っても、娘の生存率は低い。④下位の雌は娘を持つと、二重三重の不利益をこうむるのだ。

　一方、下位の雌が息子を持った場合はどうだろうか。息子の場合も娘同様、その生存率は上位の雌の息子よりも低い。がしかし、それでも娘の生存率よりは、顕著《けんちょ》に高く、約二・五倍以上になる。それに息子の場合は、上位の雌からの迫害も少ないため、出産間隔も娘を持ったときほど長くはならない。さらにもうひとつ、息子にはある種の望みを託《たく》すことができる。それは息子はやがて成長して群れを出ていくことだ。息子は、ここでの下位の地位と縁《えん》切りをすることができるのだ。その息子はひょっとして、どこかの群れに入り込んで生殖の機会を見つけ出してくれるかも知れない。それに対して、不幸にして将来もずっと下位の地位を引きずっていかねばならない娘は、成功の可能性がたいへん小さい。ここは雌としても考えどころである。このような下位の雌がより大きい繁殖成績をおさめようと思えば、それは、娘より息子を産むように努力することである。

そんなバカなことが、といぶかっている読者もあるかも知れないが、実はこれはアカゲザルの雌が実際に行っていることなのである。dトウケイ的にみると、下位の雌ザルはより多くの息子を産んでいるのだ。

上位の雌ザルについては、これとまったく逆のことが言える。上位であるが故に、いろいろな社会的特典を享受《きょうじゅ》できる雌は、その社会的地位を引き継ぐ娘を産んだ方がよい。娘はその社会的地位をよく生かしてよく育ち、より高い繁殖成績をおさめてくれるはずだ。これに対して息子はよく育ったにしても、残念ながら群れを出ていってしまう。せっかくの高い社会的地位を携《たずさ》え持って行くことができないのだ。高い社会的地位を高い繁殖成績に結びつけてくれる可能性が娘よりも多いとは考えられない。

したがって社会的地位の高いアカゲザルの雌は、できれば息子より娘を多く産んだ方がいい、ということになる。実際こういう雌は息子よりも有意に多くの娘を産む。

アカゲザルと同様に理屈《りくつ》で⑤息子と娘を産み分けている動物は、サバンナヒヒやボンネットザルなどでも知られている。しかしアカゲザルも含《ふく》めて、これらのサルの雌がどのような仕組みで息子と娘の産み分けをしているのかはわかっていない。

生まれてくる子の性は偶然《ぐうぜん》によって決まるのではなく、基本的に雌の裁量によって決定されるという事実は、行動生態学が明らかにした興味あるeチケンのひとつである。私はこれは人間にも当てはまると考え、研究を計画しているところである。

（小原嘉明《おばらよしあき》『恋の動物行動学　モテるモテないは、何で決まる？』）

問一 ――― a〜eのカタカナを漢字で書くとき、同じ漢字を用いるものを次の各群の中から一つずつ選び、それぞれ記号で答えなさい。

a
ア 食事からエイヨウをとる。
イ ショヨウ時間は約十分だ。
ウ 文章をインヨウする。
エ タイヨウの光をあびる。
オ カイヨウ汚染を防ぐ。

b
ア 飛行機をソウジュウする。
イ ジュウキョを見学する。
ウ シュジュウ関係を結ぶ。
エ ジュウゼンの準備をする。
オ ジュウダイな事実に気がつく。

c
ア 経営にサンカクする。
イ カクジで目的地に向かう。
ウ いろんなカクドから観察する。
エ 世界中でカクサが広がっている。
オ 上司にカクニンを取る。

d
ア 国をトウチする。
イ トウゼンの結果だ。
ウ 電話番号をトウロクする。
エ 問題を広くケントウする。
オ サトウをコーヒーに入れる。

e
ア 貴重なケイケンをする。
イ コウケン人として見守る。
ウ 野党がセイケン与党を批判する。
エ シンケンに物事に取り組む。
オ 恩師《おんし》のケンザイを喜ぶ。

問二　（　　）A・Bに入れることばとして最もふさわしいものを次の中から一つずつ選び、それぞれ記号で答えなさい。

A　ア　平和な　　イ　密接な　　ウ　不思議な　　エ　快活な

B　ア　意図的な　　イ　暗示的な　　ウ　直接的な　　エ　間接的な

問三　――①とありますが、このような家族の形態を何といいますか。文中から五字以内でぬき出して答えなさい。

問四　――②とありますが、「上位の雌」と「下位の雌」の行動として最もふさわしいものを次の中から一つ選び、記号で答えなさい。

ア　下位の雌は、歯をむき出しにした上位の雌に餌を譲らなければならないだけでなく、どんな時も激しい攻撃にさらされるが、反撃せず、がまんする。

イ　下位の雌は、上位の雌からどんなに攻撃されようとも歯をむき出しにして立ち向かい、掴みかかったり、噛みついたりして餌や水を奪い取る。

ウ　下位の雌は、上位の雌が水を飲もうとしている場合は遠慮して譲るが、それ以外の理由で接近してくると歯をむき出しにして敵意をあらわにする。

エ　下位の雌は、上位の雌に逆らうと攻撃されるため、反抗する意思がないことをあらわすために歯をむき出しにして、攻撃されないようにする。

問五　――③とありますが、その理由として最もふさわしいものを次の中から一つ選び、記号で答えなさい。

ア　母ザルの社会的順位がそのまま家族全体の順位になるアカゲザルの社会では、その順位に応じた権利が母ザルから娘に譲り渡されるため、上位の雌は下位の雌を追い出すことで社会的地位を安定させようとするから。

イ　餌の維持や抗争など、社会的行動で優位に立てる上位の雌の特権は、娘が自分の母親を抑え込むことで引き継がれるため、娘を産んだ上位の母ザルはその特権を守るため、自分の娘を社会的に抑え込んでおこうとするから。

ウ　社会的地位が母から娘へ継承されるアカゲザルの社会において、高い地位をおびやかすのは他の群れから来る社会的地位の高い雄との間に生まれる娘であり、その雄と下位の雌の生殖を妨害《ぼうがい》することで、高い地位を守ろうとするから。

エ　群れを離れる息子ではなく、群れにとどまり続ける娘に母親から地位が引き継がれるアカゲザルの社会において、社会的序列の安定を乱す可能性のある下位の雌を社会的、肉体的に抑え込むことで地位を維持しようとするから。

問六　――④とありますが、娘を持つことで生じる「不利益」の内容として最もふさわしいものを次の中から一つ選び、記号で答えなさい。

ア　娘を上位の雌からかばうことで身体的な負担を強《し》いられ、乳首への吸い付きが増えることによって次に妊娠できるまでの期間が延びることで出産回数が減り、生まれた子の生存率も低くなる。

イ　上位のサルからのストレスによる生殖生理の悪化、出産回数の減少、娘の生存率の低さに加えて、さらに餌場や水場を自由に使ったり、上位の雌に逆らったりすることができなくなる。

ウ　生殖にまつわる生理機能への悪影響だけでなく、乳吸いの増加によって妊娠期間が延び、結果として出産回数が減少し、また出産しても子の生存率が著しく低くなる。

エ　上位の雌による迫害の影響を受ける下位の母ザルの健康状態は悪化し、乳吸いの回数が増えることで次の妊娠までの期間が延び、生まれた子の四分の一が死んでしまう。

問七　――⑤とありますが、アカゲザルの場合、具体的にどのような産み分けを行っていますか。「娘」「息子」ということばを必ず用いて四十字以内で答えなさい。

問八　本文の内容と一致《いっち》するものとして最もふさわしいものを次の中から一つ選び、記号で答えなさい。

ア　サルの中にはアカゲザルと同じ理屈で男女の産み分けを行っていると考えられる種類が複数存在し、人間を含むすべての生き物も同様の理屈で産み分けを行っている。

イ　様々な条件の下に息子と娘の産み分けを行う動物種が存在し、アカゲザルの場合は母親の裁量による産み分けが観察されているが、その仕組みはまだ解明されていない。

ウ　下位の雌が産んだ娘は迫害にさらされる一方、上位の雌が産んだ娘は母親から引き継がれる特権を生かして健康に育ち、将来的に高い繁殖成績をおさめ、群れから出ることができる。

エ　アカゲザルの社会では社会的地位が息子ではなく娘に引き継がれるため、社会的地位の高い母親は献身的に娘を育て、群れの中での立場を安定させ、群れをより大きくしようとする。

三　次の文章を読んで、（　）①～⑧に当てはまることばを、後の語群から選び、それぞれ漢字に直しなさい。ただし、同じことばを複数回使用してはいけません。また、――㋐・㋑の漢字のよみをひらがなで答えなさい。

超一流《ちょういちりゅう》の達人になるために求められる㋐資質とは、ほんとうに考えに値《あたい》する（　①　）な問題を何カ月も、事によっては何年も、あきらめずに追いつづけられる耐久力《たいきゅうりょく》だ。真の達人は上達のために考え抜《ぬ》いた練習を毎日長時間行っている。その時に長時間にわたる――ことによったら生涯《しょうがい》にわたる――集中力を保つための工夫《くふう》もいろいろ考えているのだ。

　超一流の達人は、質の高い練習を長時間にわたって毎日（　②　）かさない。そういう姿を見ると、達人になるには、たゆまぬ努力が必要なのだと思わされる。とはいえ、そう思いながらも、「やっぱり最後は生まれつきの才能だ」と多くの人が信じているのではないか。努力か、才能か。この問題を科学的に（　③　）するのは難しい。まず、「才能とは何か」をきちんと（　④　）しなければならない。

　「才能」ということばは、複数の異なる意味で使われているので要注意だ。才能は「すぐれた能力」という意味でよく使われる。その時には「持って生まれた」とか「生まれつきの」という意味合いはとくに必要ではない。そのような意味で「才能」ということばが使われることに問題はないと思われる。

　ところが、「努力か、才能か」という問い方をするときは、才能ということばは「持って生まれた能力」という意味合いを持ち、「努力では到達《とうたつ》できない能力」という意味合いが強くなる。この二番目の使い方は、（　⑤　）のよくわからない漠然《ばくぜん》とした意味で使われているので、私には気持ちが悪い。

　非常にすぐれた数学者や科学者になるための才能、すぐれたスポーツ選手や音楽家になるために必要な生まれつきの才能、チェスや将棋《しょうぎ》や囲碁《いご》の名人になるための才能、大企業《だいきぎょう》の経営者として成功するための才能とは、それぞれ何だろうか。スポーツ選手のすぐれた運動能力は、持って生まれた反応の速さや動体視力などの（　⑥　）能力の高さが関係していると考える人は多い。これが一流のスポーツ選手になるための才能なのだろうか？　あるいは(それが何であれ)高性能の筋肉、肺、（　⑦　）などをつくりだすための「遺伝子」のようなものがあるのだろうか？

　達人たちは、自分の分野で必要なことに関しては驚《おどろ》くべき記憶力《きおくりょく》を持つ。では、よい記憶力を持つことが才能なのだろうか？　将棋や囲碁の達人になるには「思考力」が最も大事だ。すぐれた記憶力や思考力を生むための遺伝子が存在するのだろうか？　一流の音楽家の多くは絶対音感がある。生得的に備わった絶対音感が一流の音楽家になるための条件であると信じている人は多い。それはほんとうなのだろうか？

　才能が大事というからには、才能はごく少数の達人（「天才」と呼ばれる人）たちを生み出す原因でなくてはならない。結果ではない。しかし、「才能」の話はとかく、その達人がどのような遺伝的な㋑素因を持っていたかという（　⑧　）から語られる。一方で、「天才」や

「抜きん出た達人」が、たゆまぬ努力をつづけていることも紛《まぎ》れもない事実である。

（今井むつみ『学びとは何か』岩波新書）

【語群】

シカク　テイギ　コンナン　ケンショウ

ジッタイ　シンゾウ　カンテン　カ

二〇二一

大阪桐蔭中学校

中学入学試験　前期

〈国語〉

（60分）

令和三年度　大阪桐蔭中学校入学試験問題　［国語］（前期）

一　次の文章を読んで、あとの問いに答えなさい。（問いに「……字」とある場合は、「、」や「。」やその他の記号もすべて一字と考えます。）

健《けん》のお母さんは、今夜また赤ん坊《ぼう》の克子《かつこ》をつれて神戸の病院へ行くことになっている。健はどうにかしてお母さんについて神戸へ行きたいと思うのだったが、お母さんはどうしても、よい返事をしてくれない。部屋いっぱいに並べられた着類《きるい》や、手まわりのものなどを大きな柳行李《やなぎごうり》に入れたり、またそれを取り出してつめかえたりしているお母さんのそばにつっ立って、健はふくれかえっていた。いつだって、どこへ行くときだって、お母さんは克子をおんぶして、健の手を引いて出かけた。お祭りに行ったときも、学校の運動会のときも、いっしょにつれて行ってくれた。①それなのに神戸へはどうしてもつれて行ってくれない。この前のときにも、そしてまた、こんども克子だけをつれて行って、健は隣《とな》り村のおばあさんの家で留守番をしておれというのだ。健は不平でならなかった。自分はまだ一ぺんも汽船に乗ったことがないのに、克《かつ》ちゃんは赤ん坊のくせに、もうこれで二へんも乗るのだ。健はどうしても汽船に乗ってお母さんに手をひかれて神戸へ行きたかった。

「なあ健、お土産《みやげ》買うてきてやるせに、おもちゃや、バナナや、な。かしこいせに健、おばあさん家《く》で待っちょれよ、え。」

お母さんは何べんめかの言葉をくりかえし、荷づくりの手をやめて健の顔を見つめた。

「ええい。健も神戸い行くんじゃい。」

健も何べんめかの口ごたえをした。こんりんざい、おばあさん家へは行くまいとするかのように、肩《かた》をゆすって一歩すさった。

「ふむ、ほんな、健はもう馬鹿《ばか》になってもえいなあ。」

お母さんは向きなおって、健に膝《ひざ》をよせた。

「ん、馬鹿になってもえい。」

（中略）

お母さんは、きまじめな顔をしている健を見、そして笑いだした。

「健、そんなに神戸い行きたいか。」

「ん、行きたい。健、行きたい行きたいんで。船にのってな。」

健は※じぶくれた顔をゆるめ、お母さんを見て笑った。

「困ったなあ、健は馬鹿になってもえいというし。」

お母さんは、またもとへ向いて荷づくりをはじめた。②健は目をぱちぱちしながら、いそがしく動くお母さんの手もとを見ていた。だが、やっぱり行李の中へは克ちゃんの洋服と着物と、それからお母さんの着物や羽織《はおり》や、新しい毛糸の束などを、たくさんつめこんで蓋《ふた》をし背をむけて、うつむいてしまった。お母さんは白いエプロンの袖《そで》をまくりあげて、できた荷物を部屋の隅《すみ》に押《お》しよせ、サッ、サッと荒々《あらあら》しく箒《ほうき》をつかった。

「おっ、大けなゴミがあるな、ここに。あら、このゴミ足があるがい、おもしろい、おりゃ、洋服着とる……。なんじゃ、ゴミか思たら健か。」

　お母さんは健の前にまわり、目を足からだんだん上の方へ移していった。健は、いつものように笑って逃《に》げだそうとはせず、また、くるりと背をむけた。そこだけよけて掃《は》いてしまうと、お母さんは隣りの部屋に寝《ね》かせている克子のそばへ行って着物を着せかえ、こんどは健のそばへ来てだまって洋服をぬがせ、でくのぼうのようにしている健をなれた手つきで手っとり早くパンツまでとりかえた。健の好きなラクダ色の毛糸の洋服であった。タオルに薬罐《やかん》の湯をそそぎ、健の頭を手荒く、ひっ抱《かか》えて顔をふいた。そして、自分も縞《しま》メリンスの※ちょいちょい着に着かえて、よそいきの紫矢絣《むらさきやがすり》の負《お》ぶい半纏《ばんてん》で克子を背負《せお》い、どんどん戸締《とじま》りをした。健は、けっきょく追い出されるように、仕方なく縁側《えんがわ》に出た。靴《くつ》がちゃんとそろえてある。東京にいるお父さんから送ってきたお正月の革靴《かわぐつ》である。それでも健の気持はほぐれない。

「さ、早よ靴はいて。」

　お母さんはしゃがんで片っ方の靴を持ってまっている。健はやっぱし黙《だま》って縁《えん》の上につっ立って、だらりと両手をたれ、ぽかんとしたような、不貞《ふて》くされたような、それでいて今にも泣きだしそうな、複雑な表情であった。お母さんは困った顔をして靴をまたそこへ置き、縁側に腰《こし》をおろした。そして、腰かけたままのところから、ひとりでに目にはいってくる観音山《かんのんやま》の方を見るともなく眺《なが》めた。観音の山からは、ごーん、うおんうおん――と、たえまなく鐘《かね》の音がひびいてきた。雑木林の山肌《やまはだ》のところどころが彼岸桜《ひがんざくら》にいろどられて、そこだけ一足さきに春が来たように鮮《あざ》やかな薄紅色《うすべにいろ》に浮《う》きだしている。山の中腹から人家のある山裾《やますそ》まで段々畑がつづいて、その青い麦畑や、みかん畑をぬって曲《まが》りくねった※遍路道《へんろみち》に、山からおりてくる巡礼《じゅんれい》の白い姿が見えかくれ、御詠歌《ごえいか》が手にとるように聞《き》こえた。

　やがてお母さんは健のそばによって来て、その顔をのぞきこんだ。

「健、お正月が来て何ぼになったんぞいな。」

　やさしい声である。もうおばあさん家へ行くのをやめたような顔に見えた。健は思わず引き入れられた。

「五つ。」

「克ちゃんは何ぼになったんぞいな。」

「二つ。」

「健と克ちゃんと、どっちが大けい。」

「けん。」

「ほんな、健と克ちゃんとどっちがかしこい。」

「けん！」

健は得意になった。大きい鼻がひろがって、頬《ほお》をゆるめて笑うと頬《ほ》っぺたの垂れさがった、丸い顔が大きくなった。お母さんは、なおもにこにこして顔をさしよせ、健の肩を両手ではさんだ。

「健と克ちゃんと、どっちがお母さんのいうこと聞くぞいなあ。」

「けん！」

「よし！　そんなら健はおばあさん家、行くなあ。」

お母さんは理づめでせめてきた。思わず不覚をとった健は、あわてて地だんだをふみ、

③「ええい、ええい、健、神戸い行くんじゃい。おばあさん家やこい行かんわい、行かんわい、克ちゃん行けくされ、健、行かんわい。」

縁側をどんどん踏《ふ》みならした。お母さんは急にこわい顔になり、健の肩から手をはなした。立ちあがって、くるりと向こうをむいた。

「ほんな、健ひとりでおり。なあ克ちゃん、おばあさん家行て、太郎《たろう》さんや秀子《ひでこ》ちゃんと遊ぼ、なあ克ちゃん。」

お母さんは背の克子に首をねじむけて話しかけながら歩きだしたが、ちょっと引っ返してきて健の着類のはいった風呂敷包みを抱えた。

「そんなら健ちゃんさよなら。――克ちゃんほん好き。健ちゃん馬鹿なあ。」

お母さんは丸い背中を見せて、こんどはふりかえりもせずに歩いていった。飛石を敷《し》いたところを通りすぎ、隣りの家の鶏小屋《とりごや》の前を通りすぎた。右に曲って、とうとうそのうしろ姿が見えなくなった。

「お母さあん！　お母さんが行てしもたあ！」

健は力いっぱいの大声で泣きだし、縁からころげ落ちそうにしてすべりおり、はだしでかけだした。ふと見ると、鶏小屋のそばからお母さんの顔がのぞいている。笑いながらお出《い》でお出でをしている。健は立ちどまり、泣くのをやめて、④くるりとむこうを向いた。うつむいて親指をかんでいる。ああ、ああ、といいながら、お母さんの下駄《げた》の音が近づいてきた。こんどこそあきらめたような顔をしてお母さんは戻《もど》ってきた。克子を背からおろしておしっこをさせ、縁側に腰かけておっぱいを出した。克子は手さぐりで乳房《ちぶさ》を押さえ、そこへ顔をこすりつけていった。眉間《みけん》の肉がもりあがるほど眉《まゆ》をしかめ、目を伏《ふ》せたまま、ごっくりごっくりのどを鳴らして飲んでいる。

「克ちゃん、目々あけて見いの。え、目々あけてくれ。」

もののわかる子にいうようにいって、お母さんは近々と克子に顔を寄せていった。

もう誕生がこようというのに、克子はおもちゃを見せても素知らぬ顔だし、指をちらちらさせながら目のそばへ近づけていっても目《ま》ばたきもしない。そのくせ目玉はひっきりなしにくるくると動かしている。よく見ると瞳孔《どうこう》が魚の目のように、ぎらりと白く光る。それでいて明《あ》かるいところではいつでも眉をひそめ、目をつぶったままうなだれこんで顔も上げなかった。同じころに生まれあわせたよその赤ん坊たちがみな愛嬌《あいきょう》よく育ち、だんだん知恵《ちえ》づいてくるのに、克子は、いつまでたっても笑わない、きまじめな顔をしていた。赤いガラガラを見せても手は出さず、握《にぎ》らせてふって見せると、その音を聞いて、はじめて笑う。視点の定まらぬ瞳《ひとみ》をくるくる動かしながら、

力まかせにガラガラをふりまくっては、にこにこした。だが、何かのはずみでそれをとり落《おと》しても、ふたたび握らされるまで手を出そうとはしない。とり落したガラガラがまた手に帰ることなどは念頭にないのだ。泣きもせず、しずかな表情でただ、眼球を動かしてだけいた。物を見て喜ぶことも、騒《さわ》ぐことも、何か欲《ほ》しくて泣いて訴《うった》えることも知らない。まるまるとふとって風邪《かぜ》ひとつ引かない体でありながら、克子の感情の世界はただ食欲にともなうものよりほか、その成長をはばまれているようであった。それさえもお乳のほかはすべて受け身であった。あてがわれて唇《くちびる》にふれてきてはじめて口を開いた。⑤おとなしい子だと村の人たちにほめられるたびに、お母さんはひとり、つらい思いをした。克子は母親の顔を覚えず、声を聞いて喜んだり、泣いたりするようになった。Ⓧちょうど二、三か月前、正月休みにあちこちの目医者をまわって診《み》てもらった。四、五年待ったうえで、とみないいあわしでもしたように匙《さじ》を投げた見立てであったが、ただひとり神戸の医者が、見えないけれども光《ひか》りと闇《やみ》を知っているという診断《しんだん》をくだした。くるくる眼球を動かしているのは、どうにかしてものを見ようとする視神経のけんめいな努力の現われ方だと説明され、だから視神経のそのけんめいな活動が中止しないうちに、一日も早く手術をするようにといわれた。

「一生けんめいにものを見ようとしているのに、それをほっておくと、視神経は、もうあきらめてしまって、見ようとする努力をしなくなるのです。」

そう聞いて、お母さんは声をあげて泣いた。[A]。しかし、その場で手術がうけられるほど裕福《ゆうふく》でないお母さんは、一たんは思いあきらめて帰らねばならなかった。ちょうど寒いさかりで、毛糸編物屋のお母さんには仕事がたくさんつかえているし、それをほっぽり出すわけにはいかない。健たちのお父さんがずっと長いあいだ思わしい仕事がなくて、そのためお母さんは母子《おやこ》三人の暮《くら》しを自分で働いて立てていかねばならなかった。四、五年前、器用からはじめた毛糸編物の内職がⓎ時をえて今では本職になり、かたわら小さい毛糸屋をかねて、お母さんの商売はちょうど忙《いそが》しいさかりであった。昼も夜も編棒を動かしていた。お父さんは、ときどき帰ったがすぐまたいなくなって、健たちはいつも三人暮しである。そんな暮しの中でどうして手術を受けたり、三週間も入院したりすることができよう。しかし、どうしてもしなければならない。お母さんは、視神経の努力という言葉が忘れられず、⑥毎日手をむしるような思いで春を待ったのであった。

（壺井栄《つぼいさかえ》『大根の葉』）

※じぶくれた＝無理を言ってすねた。
※ちょいちょい着＝ちょっとした外出の時などに着る着物。
※遍路道＝小説の舞台《ぶたい》となっている小豆島には、四国の八十八箇所霊場《かしょれいじょう》をまわるかわりに、この島で間に合うように小型の巡礼のための道が設けてあり、ここはその道を指している。「御詠歌」は巡礼の際に歌う歌である。

問一 ——Ⓧ・Ⓨとありますが、そのことばの意味として最もふさわしいものを、次の中から一つずつ選び、それぞれ記号で答えなさい。

Ⓧ 匙を投げた

ア 解決できないのでその場をとりつくろった
イ 解決策が見いだせず結論を先送りした
ウ 救済の見込《みこ》みがないと見放した
エ 気づかれないよう口裏を合わせた

Ⓨ 時をえて

ア 経験を積んで
イ 時間が経《た》って
ウ 好機にめぐまれて
エ 信用を手に入れて

問二 ——①とありますが、今回お母さんが健を神戸につれて行かない理由として最もふさわしいものを、次の中から一つ選び、記号で答えなさい。

ア 病院がきらいな健を神戸につれて行けば、かならず健に嫌な思いをさせることになると思ったから。
イ 神戸に行く目的を行楽にでも行くように思っている健には、神戸に行く資格などないと考えたから。
ウ その日の食事にも困るありさまだったので、健まで神戸につれて行けるほど暮らしに余裕《よゆう》がなかったから。
エ 入院する克子の世話にたえず気をとられながら、幼い健の面倒《めんどう》までみることなどできないと思われたから。

問三 ——②とありますが、健が「お母さんの手もとを見ていた」理由を、文中のことばを用いて四十字以内で答えなさい。

問四　――③とありますが、健が縁側を踏みならした理由として最もふさわしいものを、次の中から一つ選び、記号で答えなさい。

ア　やさしいお母さんの声につい油断をしてしまい、お母さんのねらい通りに答えてしまったことがくやしかったから。
イ　五つにもなって子どもだましのようなお母さんのたくらみを見破れなかったことが、残念でならなかったから。
ウ　言うことを聞かせるために、ひきょうな手を使って子どもをだまそうとしたお母さんの手口が許せなかったから。
エ　はかりごとだとはまったく気づかずに、得意になってお母さんの質問に答えていたことが情けなかったから。

問五　――④とありますが、お母さんはどんなことを「あきらめたような顔をして」戻ってきたのですか。その答えとして最もふさわしいものを、次の中から一つ選び、記号で答えなさい。

ア　健を神戸につれて行くこと。
イ　健をおいて神戸に行くこと。
ウ　克子を神戸につれて行くこと。
エ　健のわがままを聞いてやること。

問六　――⑤とありますが、お母さんが「つらい思いをした」理由として最もふさわしいものを、次の中から一つ選び、記号で答えなさい。

ア　村の人たちのほめことばは、お世辞を言っているようにしか思えないから。
イ　村の人たちのほめことばは、自分の子育てに対する批判のように思えるから。
ウ　村の人たちのほめことばは、きびしい現実をつきつけるように思えるから。
エ　村の人たちのほめことばは、痛みを知らない人の気休めのように思えるから。

問七　［　Ａ　］に入れるのに最もふさわしいことばを、次の中から一つ選び、記号で答えなさい。

ア　つらかったのである
イ　うれしかったのである
ウ　せつなかったのである
エ　くやしかったのである

問八　――⑥とありますが、このときのお母さんの気持ちを表しているものとして最もふさわしいものを、次の中から一つ選び、記号で答えなさい。

ア　一人で克子を神戸につれて行くのは不安なので、出かせぎの仕事を終えたお父さんが帰ってくる春の日を気をもみながら待っている。
イ　神戸の医者の説明によって克子の目が治ることが確信できたので、暖かくなるまでに手術代をかせいでおこうと気持ちを奮い立たせている。
ウ　家が裕福になれば手術代の心配もしなくてよくなるので、お父さんがお金をかせいで戻ってきてくれる春の日を期待しながら待っている。
エ　神戸の医者の診断によって克子の病気にわずかな希望がもてたので、暖かくなって仕事が一段落する日を切実な思いで待っている。

5　図1のように，部屋のすみに長方形のついたてを立て，高さ 60 cm の電灯を設置した．
このとき，次の問いに答えなさい．ただし，部屋の広さは十分に広いものとし，電灯の光はまっすぐにどこまでも進むものとします．

(1)　ゆかにうつるついたての影《かげ》の面積を求めなさい．

(2)　この部屋の中で電灯の光が当たらない部分の体積を求めなさい．

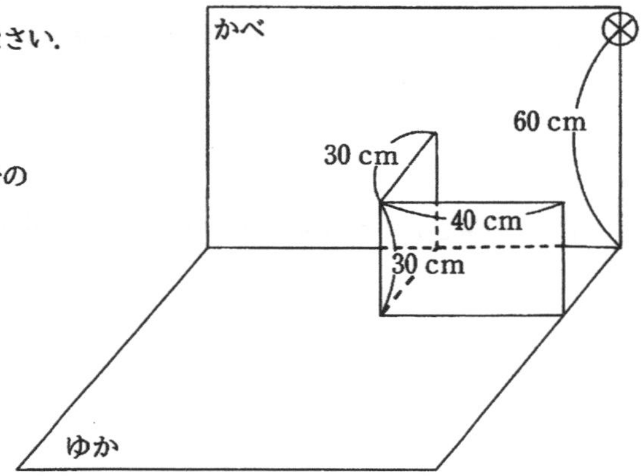

図1

(3)　次に図2のように，かべとゆかの境界線上でもとの電灯から 80 cm のところに，高さ 60 cm の電灯を設置した．このとき，どちらの電灯の光も当たらない部分の体積を求めなさい．

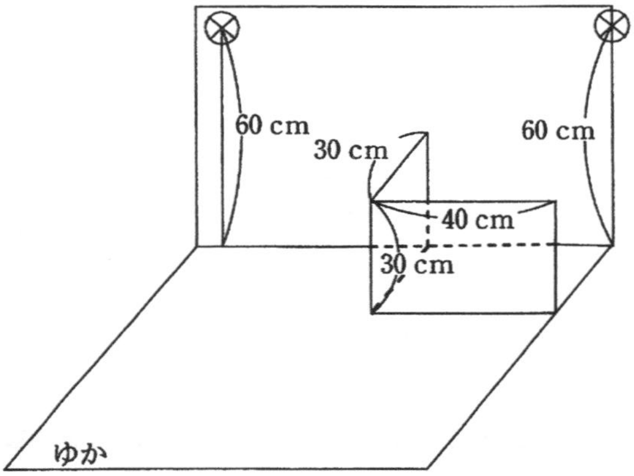

図2

問題はここまでです

2021(R3) 大阪桐蔭中
教英出版

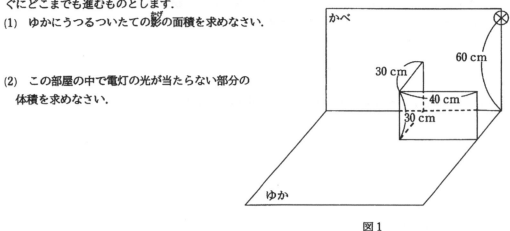

3 ある川の上流，中流，下流にはＡ市，Ｂ市，Ｃ市があり，Ａ市からＢ市までは 12 km あります．Ａ市からＢ市までの川の流れの速さとＢ市からＣ市までの川の流れの速さはそれぞれ一定で，Ａ市からＢ市までは時速 6 km で流れています．静水時の速さが時速 12 km の船を使って，Ｂ市とＣ市を往復すると，行きは 2 時間，帰りは 4 時間かかります．

このとき，次の問いに答えなさい．

(1) この船でＢ市からＡ市まで行くのに何時間かかるか求めなさい．

(2) Ｂ市からＣ市までの距離《きょり》を求めなさい．

(3) この船でＣ市からＡ市へ向かっていたところ，Ｂ市とＡ市の間でエンジンが停止し，船が川の流れによって 3 時間もどされました．その結果，予定していた時間よりも到着が 5 時間遅くなりました．エンジンが停止した地点とＣ市との距離を求めなさい．

4 1 辺が 1 cm の正方形のタイルを下の図のように規則に従って並べました．

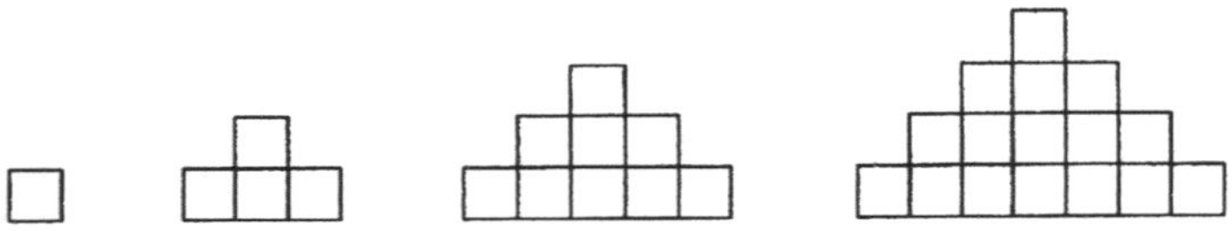

1 番目　2 番目　3 番目　4 番目

このとき，次の問いに答えなさい．

(1) 10 番目の図形の面積はいくらになるか求めなさい．

(2) 10 番目の図形の周りの長さはいくらになるか求めなさい．

(3) 図形の周りの長さが初めて 2021 cm より長くなるのは何番目か求めなさい．

(問1) 文中の空らん①に入る数値を四捨五入して小数第一位まで答えなさい。

(問2) 文中の空らん②に入る数値を四捨五入して整数で答えなさい。

(問3) 文中の下線部について，上昇気流が生じないところを次の中から選び，記号で答えなさい。

ア．高気圧　　イ．低気圧　　ウ．寒冷前線　　エ．温暖前線

(問4) 文中の空らん③に入る数値を整数で答えなさい。

(問5) 文中の空らん④，⑤に入る数値を答えなさい。

(問6) 文中の空らん⑥に入る文として正しいものを，次の中から選び記号で答えなさい。

ア．どこまでも上昇する

イ．ある高さで止まる

ウ．上昇したり，下降したりを繰《く》り返《かえ》す

4　次の文を読んで後の問いに答えなさい。

空気中には水蒸気が含《ふく》まれていて，温度によって含むことができる水蒸気の量には限度があります。空気１ｍ^{3}が含むことのできる水蒸気の最大量をほう和水蒸気量といい，ほう和水蒸気量に対して実際に含まれる水蒸気の量を湿度《しつど》といいます。（表）は温度とほう和水蒸気量の関係を表しています。

ある実験室の温度が１４℃で湿度が６０％であったとき，空気１ｍ^{3}あたりに含まれる水蒸気量は（　①　）*g* なので，１０℃に下がったときの湿度は（　②　）％になります。

$$\text{湿度}\ [\%] = \frac{\text{空気}1\,\text{m}^3\text{に含まれる水蒸気量}\ [g]}{\text{ほう和水蒸気量}\ [g]} \times 100$$

（表）

温度[℃]	０	２	４	６	８	１０	１２	１４
ほう和水蒸気量[*g*]	４.８５	５.５７	６.３７	７.２６	８.２８	９.４１	１０.７	１２.１
温度[℃]	１６	１８	２０	２２	２４	２６	２８	３０
ほう和水蒸気量[*g*]	１３.６	１５.４	１７.３	１９.４	２１.８	２４.４	２７.２	３０.４

雲は水蒸気を含んだ空気が上昇《じょうしょう》気流で上がるとき，温度が下がり水蒸気の一部が水滴《すいてき》や氷になることによってできます。水滴を含まない空気は０.１ｋｍ上昇するごとに１℃下がり，水滴を含む空気は０.１ｋｍ上昇するごとに０.５℃下がります。

暖かい空気が生じると上昇気流が発生します。標高０ｋｍで気温が１４℃，湿度が６０％であったところに，２０℃の空気のかたまりができて上がっていきました。ただし，１ｍ^{3}あたりに含まれる水蒸気量はそのままで，この空気のかたまりは周囲の空気と混ざることはないものとします。この空気のかたまりは（　③　）℃になると水滴ができはじめるので，標高がおよそ（　④　）ｋｍになると雲ができはじめます。水蒸気はおよそ氷点下４０℃でほぼすべて水滴や氷に変化するので，この空気のかたまりは標高（　⑤　）ｋｍまで０.５℃ずつ下がり続けます。周囲の空気は標高が０.１ｋｍ高くなるごとに０.６℃下がることから，空気のかたまりの温度は周囲の温度より高いことが分かるので，空気のかたまりは上昇を続けます。この空気のかたまりは水滴がこれ以上できないので，０.１ｋｍ上昇するごとに１℃下がることに注意すると，空気のかたまりは（　⑥　）ことがわかります。

(問１) 文中の下線部(１)について，秋になるとソメイヨシノの葉は赤く紅葉します。葉の色が秋に赤く変わる植物を，次の中から選び記号で答えなさい。

ア．カエデ　　イ．マツ　　ウ．ツバキ　　エ．イチョウ

(問２) 文中の下線部(２)について，ソメイヨシノの葉には網目状《あみめじょう》の葉脈が見られるが，これは葉の内部を通る２種類の管が束になったものである。この管の束の名称《めいしょう》を答えなさい。

(問３) 文中の下線部(３)について，同じ木の花粉とめしべの受粉で種子ができないようになっていることの利点を，次の中から選び記号で答えなさい。

ア．受粉の相手をすぐに見つけることができる
イ．より多くの日光を手に入れることができる
ウ．開花時期を早めることができる
エ．他の木と子をつくることで異なる性質をもちあわせることができる

(問４) 文中の下線部(４)について，日本においてどのような場所で花芽がもっとも早く開花するか，次の中から選び記号で答えなさい。

ア．北に位置し，標高が高い場所　　イ．北に位置し，標高が低い場所
ウ．南に位置し，標高が高い場所　　エ．南に位置し，標高が低い場所

(問５) 文中の下線部(５)について，以下の（表）は大阪における２０２０年３月中旬《ちゅうじゅん》の日平均気温を示している。同じ地点の２月１日～２９日の日平均気温を８．０℃，３月１日～１４日までの日平均気温を１０．５℃としたとき，この年のソメイヨシノの開花予想日は３月何日と考えられるか，（表）の日付の中から答えなさい。

（表）

日付	３月１５日	３月１６日	３月１７日	３月１８日	３月１９日	３月２０日
気温（℃）	８．６	６．６	６．８	１３．６	１５．８	１２．８

(問６) 文中の下線部(６)について，アメリカシロヒトリの幼虫の口の形と同じものを，次の中から選び記号で答えなさい。ただし，すべて成虫とする。

ア．トノサマバッタのような口　　イ．モンシロチョウのような口
ウ．カブトムシのような口　　エ．カのような口

問６　下線部⑩について、北アフリカや西アジアなどの乾燥した地域では図６で示したような地下水路を用いてかんがいが行われています。2016 年に世界遺産に登録されたイランの地下水路として正しいものを、次のア～エから一つ選び、記号で答えなさい。

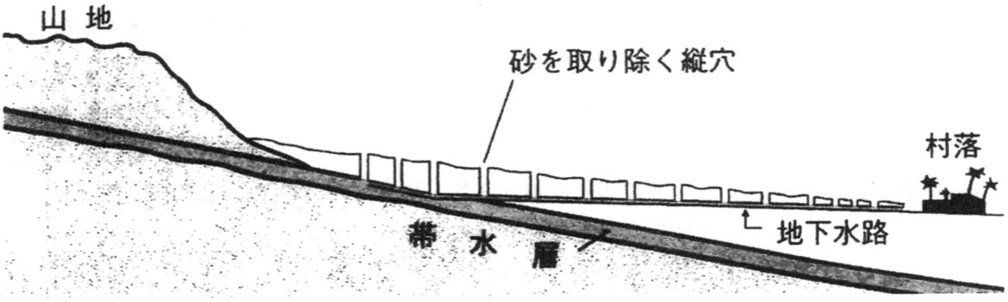

『新詳地理資料　COMPLETE　2020』

図６

ア　フォガラ　　イ　カレーズ　　ウ　カナート　　エ　マンボ

2 次のⅠ～Ⅳの文を読んで、あとの問いに答えなさい。

Ⅰ　ヒトは打製石器をつくりはじめて以来、①さまざまな道具を生み出し、生活を向上させてきました。②縄文時代にはシカやイノシシなどのすばやい動物を捕獲するために弓矢が発明され、矢の先端には黒曜石などでつくられた鏃がつけられていました。黒曜石など産地によって組成が異なる岩石は、その分布によって交易状況を知ることができます。交易をなかだちする道具として生まれたものが貨幣です。③天武天皇の頃につくられた［ A ］が最初の貨幣とされ、律令国家では8世紀初めに和同開珎がつくられて以降、12種類の貨幣がつくられました。

問1　下線部①について、次の古代の日本において使われていた道具X・Yについて述べたa～dについて、正しいものの組合せを、次のア～エから一つ選び、記号で答えなさい。

X
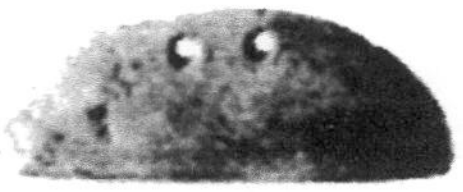

Y
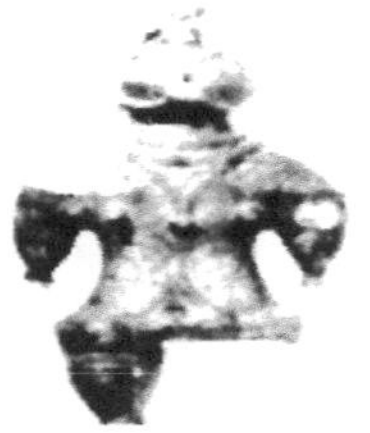

a　Xは動物の皮を裂くために使われた。
b　Xは稲の穂先をつみ取るために使われた。
c　Yは古墳の周囲や頂上に並べられた焼物で、当時の風俗を知ることができる。
d　Yは安産や豊かな収穫を祈ってつくられた焼物と考えられている。

ア　a・c　　イ　a・d　　ウ　b・c　　エ　b・d

問2　下線部②について、当時の人々の生活は貝塚からも知ることができます。1877年に大森貝塚を発見したアメリカの動物学者を答えなさい。

問３　下線部③について、天武天皇について述べたものとして正しいものを、次のア～エから一つ選び、記号で答えなさい。

ア　刑部親王らに命じて、大宝律令を編さんさせた。
イ　壬申の乱で大友皇子に勝利し、天皇となった。
ウ　東大寺の建立や大仏の造立を命じた。
エ　都を飛鳥から近江大津宮へと移した。

問４　文中の空らん［　A　］にあてはまる語句を解答らんにあわせて漢字２字で答えなさい。

Ⅱ　平清盛は、武士として初めて［　B　］となり、平氏の全盛期を築きました。清盛は大輪田泊（現在の神戸港）を整備して日宋貿易をおこないました。そこでは金や硫黄といった鉱物が輸出され、大量の宋銭が輸入されました。宋銭は全国で使用され、踊念仏を広めた［　C　］宗の開祖［　D　］の生涯を描いた絵巻物には、地方の市で宋銭を束にして商品を買う人の姿が描かれています。室町時代になると④日明貿易によって永楽通宝などの明銭が輸入され、経済の規模はさらに大きくなり産業が発達しました。農民の生活も豊かになり、近畿地方やその周辺では⑤有力な農民を中心にまとまった自治組織も現れました。

問５　文中の空らん［　B　］にあてはまる語句を漢字４字で答えなさい。

問６　文中の空らん［　C　］・［　D　］にあてはまる語句の組合せとして正しいものを、次のア～エから一つ選び、記号で答えなさい。

ア　C　法華　　D　一遍　　　イ　C　法華　　D　日蓮
ウ　C　時　　　D　一遍　　　エ　C　時　　　D　日蓮

問７　下線部④について、次の日明貿易について述べたX・Yについて、その正誤の組合せとして正しいものを、次のア～エから一つ選び、記号で答えなさい。

X　貿易船には倭寇と区別するために勘合という割札を持たせた。
Y　日本から銅・刀剣などが輸出され、陶磁器・生糸などが輸入された。

ア　X　正　Y　正　　イ　X　正　Y　誤
ウ　X　誤　Y　正　　エ　X　誤　Y　誤

問８　下線部⑤について、この自治組織の名称を答えなさい。

問９　中世では、自立した農民たちがさまざまな要求をかかげて一揆を結成しました。中世の一揆の活動について述べたX・Yについて、その正誤の組合せとして正しいものを、次のア～エから一つ選び、記号で答えなさい。

X　近江の馬借や周辺の農民が徳政を求めて蜂起した土一揆は、土倉や酒屋を襲った。
Y　山城の浄土真宗信徒の一揆は守護大名をたおし、以後約 100 年間山城の国を支配した。

ア　X　正　Y　正　　イ　X　正　Y　誤
ウ　X　誤　Y　正　　エ　X　誤　Y　誤

Ⅲ

徳川家康は日本で初めて貨幣制度を統一し、全国で流通する金貨・銀貨をつくりました。⑥徳川綱吉の治世に金貨・銀貨の質を落として貨幣の数量を増やし、財政難を切りぬけようとしましたが、物価が上がって⑦経済を混乱させる結果となりました。財政難に苦しむ江戸幕府は⑧幕末まで貨幣の改鋳をくり返しました。「天下の台所」とよばれた⑨大阪には、鴻池などのように金と銀との両替や金貸しによって大名をしのぐほどの財力を持つ商人も現れました。

問 10　下線部⑥について、徳川綱吉の治世にあてはまる元号として正しいものを、次のア～エから一つ選び、記号で答えなさい。

ア　寛永　　イ　慶長　　ウ　元禄　　エ　享保

問 11　下線部⑦について、18 世紀後半に株仲間の奨励や長崎貿易の拡大など、商人の経済力を利用した積極的な経済政策を進めた老中を答えなさい。

問 12　下線部⑧について、幕末の出来事について述べたものとして誤っているものを、次のア～エから一つ選び、記号で答えなさい。

ア　大老の井伊直弼はハリスとの間で日米修好通商条約を結んだ。
イ　外国人によって金貨が銀で大量に買われ、海外に持ち出された。
ウ　貿易額比率で輸出・輸入ともに第１位の取引相手国はアメリカであった。
エ　薩摩藩は生麦事件の報復として来航したイギリス艦隊と交戦した。

問 13　下線部⑨について、次の大阪で起こった出来事ア〜ウを古い順に記号で答えなさい。

ア　町奉行所の役人であった大塩平八郎が反乱を起こした。
イ　大阪の町人井原西鶴が『日本永代蔵』をあらわした。
ウ　徳川吉宗によって堂島の米市場が公認された。

Ⅳ

明治政府は欧米諸国に対抗するために、経済を発展させて国力をつけ、強い軍隊をもとうと、富国強兵政策を進めました。まず、⑩1871 年に貨幣制度を定め、翌年には⑪銀行制度を整えることで、鉄道や工場に資金を投資しやすくしました。また政府は⑫殖産興業政策に基づいて外国から機械を導入し、⑬官営模範工場を建設しました。

問 14　下線部⑩について、この年に飛脚制度にかわって官営の郵便制度を創始した人物を答えなさい。

問 15　下線部⑪について、国立銀行条例により、第一国立銀行を設立した人物として正しいものを、次のア〜エから一つ選び、記号で答えなさい。

ア　福沢諭吉　　イ　渋沢栄一　　ウ　新渡戸稲造　　エ　伊藤博文

問 16　下線部⑫について、殖産興業政策の一つとして北海道の開発も進められました。北海道・樺太の開発・行政を行うために設置された官庁を答えなさい。

問 17　下線部⑬について、群馬県に開設した富岡製糸場で指導にあたったフランス人技師として正しいものを、次のア〜エから一つ選び、記号で答えなさい。

ア　クラーク　　イ　コンドル　　ウ　ブリューナ　　エ　フェノロサ

3 次の文を読んで、あとの問いに答えなさい。

2020 年に開催が予定されていた東京オリンピックは延期されました。日本では、これまでに夏季・冬季あわせて３回のオリンピックが開催されています。過去にオリンピックが開催された頃の日本のようすを振り返ります。

第 18 回夏季オリンピックが東京で開催されたのは①1964 年でした。アジアで初めての開催となったオリンピックは、戦後復興を世界に示すものでもありました。②高度経済成長によって目覚ましい発展を遂げた日本は、オリンピックの開催に向けて高速道路や新幹線などを整備し、こうした発展とともに③人々の暮らしも大きく変化していきました。

第 11 回冬季オリンピックが札幌で開催された 1972 年には第二次世界大戦後、アメリカの統治下にあった④沖縄の返還が実現しました。また⑤アメリカ大統領が中国を訪問したことに刺激され、[A]首相が中国を訪問し国交を正常化させるなど、政治の上で様々な出来事がありました。

日本で２度目の冬季オリンピックとなった第 18 回大会は 1998 年に[B]で開催されました。この年は⑥日韓共同宣言の発表や中国の国家主席が初めて日本を公式訪問するなど、周辺国との友好協力関係を深めるとともに、⑦前年に開催された温暖化防止会議において採択された議定書に署名するなど、国際環境協力への動きも見られた年でした。

延期された第 32 回夏季オリンピックの開催が予定される 2021 年はどのような年になるのか楽しみです。

問１　下線部①について、1964 年に日本が加盟した開発途上国援助の促進と調整を行うことなどを目的につくられた先進国の経済協力組織をアルファベット４字で答えなさい。

問２　下線部②について、高度経済成長期の出来事として誤っているものを、次のア～エから一つ選び、記号で答えなさい。

ア　国民総生産が資本主義諸国の中で第２位となった。
イ　経済白書に「もはや戦後ではない」と記された。
ウ　主に使用されるエネルギー資源が石炭から石油に転換した。
エ　池田勇人内閣によって傾斜生産方式が実施された。

問3　下線部③について、暮らしの変化の一つに「三種の神器」と言われた電化製品が、一般家庭に広まっていったことがあげられます。この「三種の神器」と言われた電化製品として誤っているものを、次のア～エから一つ選び、記号で答えなさい。

ア　電気冷蔵庫　　イ　電気掃除機　　ウ　電気洗濯機　　エ　白黒テレビ

問4　下線部④について、沖縄が返還された時の内閣総理大臣について述べたものとして誤っているものを、次のア～エから一つ選び、記号で答えなさい。

ア　小笠原諸島返還協定に調印した。
イ　非核三原則を防衛政策として表明した。
ウ　ソ連との国交を回復した。
エ　ノーベル平和賞を受賞した。

問5　下線部⑤について、（1）・（2）に答えなさい。

（1）1972年に中国を訪問したアメリカ大統領として正しいものを、次のア～エから一つ選び、記号でを答えなさい。

ア　ケネディ　　イ　ニクソン　　ウ　レーガン　　エ　ブッシュ

（2）（1）の大統領と会談した中国の首相として正しいものを、次のア～エから一つ選び、記号で答えなさい。

ア　毛沢東　　イ　周恩来　　ウ　鄧小平　　エ　江沢民

問6　文中の空らん[A]について、（1）・（2）に答えなさい。

（1）　文中の空らん[A]にあてはまる人物の氏名を答えなさい。

（2）　1976年にある事件に関連して[A]の人物は逮捕されることになりました。この事件として正しいものを、次のア～エから一つ選び、記号で答えなさい。

ア　ロッキード事件　　イ　大逆事件
ウ　リクルート事件　　エ　二・二六事件

問7　文中の空らん［ B ］にあてはまる開催都市を答えなさい。

問8　下線部⑥について、1998年に国賓として日本を公式訪問した韓国大統領と当時の内閣総理大臣との組合せとして正しいものを、次のア～エから一つ選び、記号で答えなさい。

ア　韓国大統領：金大中　　内閣総理大臣：小渕恵三
イ　韓国大統領：盧武鉉　　内閣総理大臣：小渕恵三
ウ　韓国大統領：金大中　　内閣総理大臣：小泉純一郎
エ　韓国大統領：盧武鉉　　内閣総理大臣：小泉純一郎

問9　下線部⑦について、2015年に開催された国連気候変動枠組み条約第21回締約国会議で採択された、この議定書に代わる新たな枠組みを答えなさい。

科目 国語

合計 一二〇点

時間 六〇分

受験番号

氏名

三

①	④	⑦	㋐
②	⑤	⑧	㋑
③	⑥		

三
1点×10

問三	問四	問五	問六	問七	問八

二
問一. 1点×5
問二. 2点×2
問三. 8点
問四. 8点
問五. 6点
問六. 6点
問七. 10点
問八. 8点

※合計	※三

※120点満点

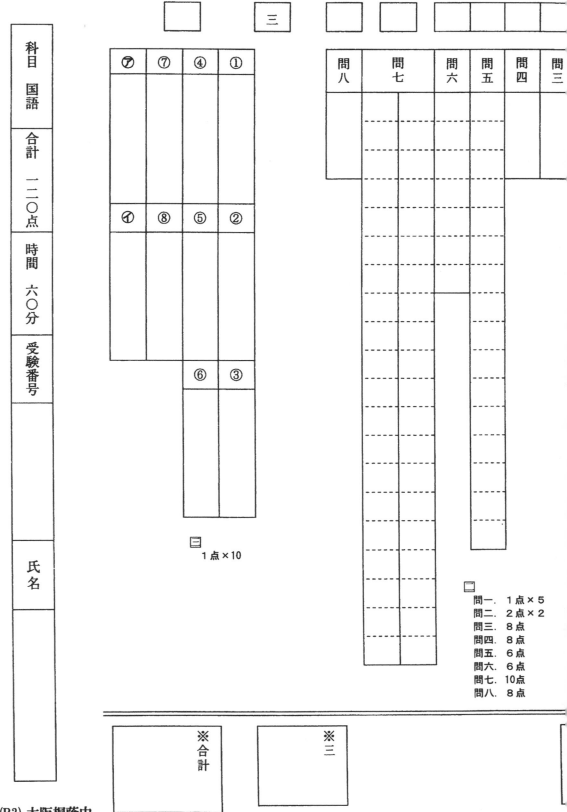

令和３年度　**大阪桐蔭中学校入学試験問題**　［算数］（前期）

《解答用紙》

科目　算数	合計　120点	時間　60分	受験番号		氏名	

※このらんには、何も記入しないこと。

4点×3

1	(1)	(2)	(3)

※1

4点×13

2				
	(1)あ　cm	(2)い　g	(3)う　人	(4)え　度
	(5)お　mL	(6)か　円	き　円	
	(7)く　個	け	(8)こ　人	さ　点
	(9)し　cm	(10)す　cm^3		

※2

【解答

令和３年度　大阪桐蔭中学校入学試験問題　[理科]（前期）

《解答用紙》

科目　理科	合計　60 点	時間　40 分	受験番号		氏名	

1

(問1)　(問2)　(問3)

(問4) ⑤　⑥　(問5)

(問6)

2

(問1)　(問2)

(問3) ②　③　④

※このらんには、何も記入しないこと。

※1

1
(問１) ２点
(問２) ２点
(問３) ２点
(問４) ２点 × ２
(問５) ３点
(問６) ２点

※2

2
(問１) ２点
(問２) ２点
(問３) ２点 × ３
(問４) ２点
(問５) ３点

【解答

令和３年度　**大阪桐蔭中学校入学試験問題**　［社会］（前期）

《解答用紙》

科目　社会	合計　60 点	時間　40 分	受験番号		氏名	

※このらんには何も記入しないこと

1

Ⅰ

問1

問2

問3 (1)

問3 (2)

問4

問5 (1)

問5 (2)

問6

問7　造り

Ⅱ

問1 (1)

問1 (2)

問2

問3

問4

問5

問6

2

問1

問2

問3

問4　銭

問5

問6

問7

問8

※1

1

Ⅰ. 問２，問３(2)
問５(2)，問７…２点×４
他…１点×12

※2

2

問２，問４，問５，問８，
問11，問13，問14，問16
…２点×８

【解答

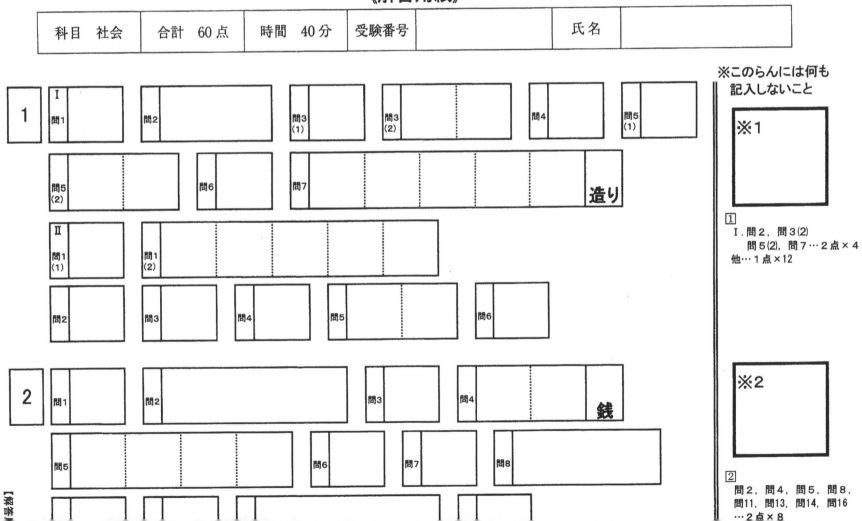

問13	→ →

問14	

問15	

問16	

問17	

3

問1				

問2	

問3	

問4	

問5(1)	

問5(2)	

問6(1)	

問6(2)	

問7	

問8	

問9	

※3

3
問1，問6(1)，問7，
問9…2点×4
他，1点×7

合計	

※60点満点

3

（問1）

（問2）

（問3）

（問4）

（問5） 3 月　　　日

（問6）

4

（問1）

（問2）

（問3）

（問4）

（問5） ④ ⑤

（問6）

※3

3
（問1）2点
（問2）2点
（問3）2点
（問4）3点
（問5）3点
（問6）3点

※4

4
（問1）2点
（問2）2点
（問3）2点
（問4）3点
（問5）2点×2
（問6）2点

※合計

※60点満点

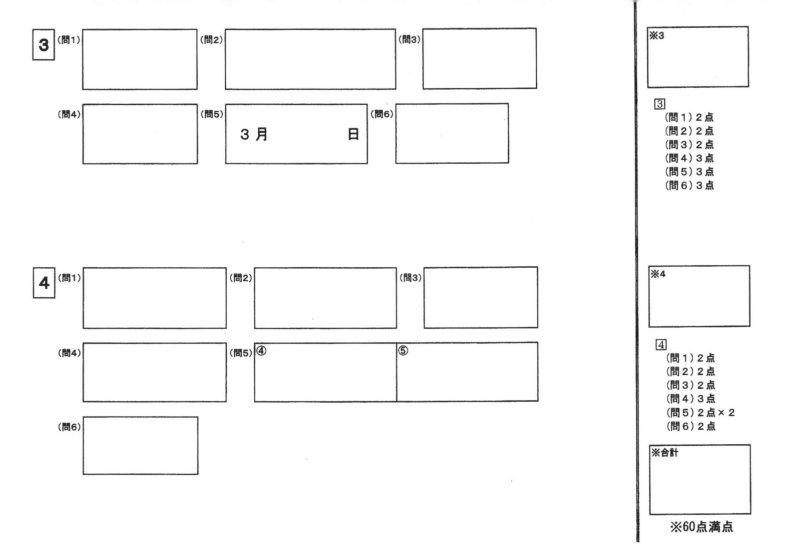

3	(1) 時間	(2) km	(3) km

(1) 5点　(2) 6点　(3) 7点

4	(1) cm^2	(2) cm	(3) 番目

(1) 6点　(2) 6点　(3) 7点

5	(1) cm^2	(2) cm^3	(3) cm^3

※3
※4
※5
※合計

※120点満点

令和三年度

大阪桐蔭中学校入学試験問題《解答用紙》

【国語】（前期）

※このらんには、何も記入しないこと。

一

問一				問二	問三	問四	問五	問六	問七	問八
ⓧ		ⓨ								

一
問一．２点×２
問二．７点
問三．10点
問四．７点
問五．７点
問六．７点
問七．６点
問八．７点

※一

二

問一									
a		b		c		d		e	

※二

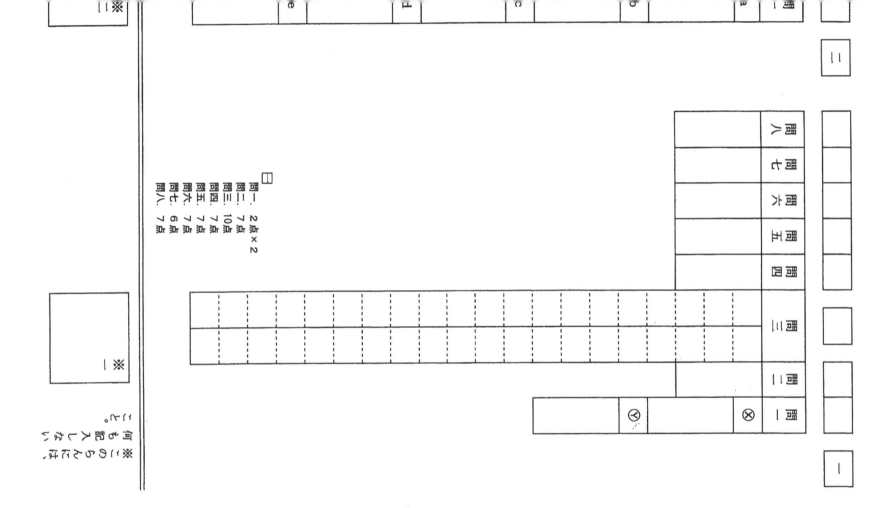

令和３年度　大阪桐蔭中学校入学試験問題　［社会］（前期）

1　次のⅠ・Ⅱの問いに答えなさい。

Ⅰ　次の日本で見られる家屋について生徒たちがまとめた文を見て、あとの問いに答えなさい。

A

B

C

D

A：農林水産省（http://www.maff.go.jp)

生徒ａ：Aの家屋は①輪中集落で見られる[　あ　]とよばれる建物です。川に挟まれた低湿地に暮らす人々は盛土をして宅地を高くした上で、さらに屋敷内で宅地より高く盛土をした場所に[　あ　]を建てて水害に備えました。

生徒ｂ：Bの家屋は[　い　]県の伝統的な家屋です。この地域は夏から秋にかけてフィリピン諸島東方の洋上や南シナ海で発生した[　う　]の来襲地域であることから、丈夫な構造を持ち、豪雨や強風を避ける②工夫が見られます。

生徒ｃ：Cの家屋は③北海道で見られる[　え　]とよばれるアイヌの人々が暮らしていた住居です。材料には木の幹や枝、樹皮、草などが用いられ、多くの場合、出入口の外側に玄関や物置きなどを兼ねた小屋をつけました。部屋には神々が出入りするとされる窓が設けられています。

生徒ｄ：Dの家屋はユネスコの世界遺産に登録されている岐阜県の白川郷や④富山県の五箇山の集落で見られる[　お　]の家屋です。屋根の両端が本を開いて立てたように三角形になっていることで雪下ろし作業の軽減が期待できます。また屋根裏の大空間は養蚕などの作業場として利用されていました。

問１　下線部①について、輪中集落が見られる地域として正しいものを、図１中のア～エから一つ選び、記号で答えなさい。

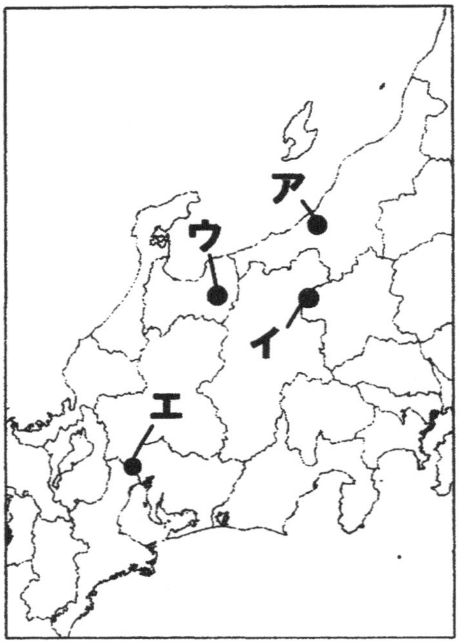

図１

問２　文中の空らん［あ］にあてはまる語句を答えなさい。

問３　次の（１）・（２）に答えなさい。

（１）文中の空らん［い］県の県庁所在地の月平均気温と月降水量を示したものとして正しいものを、図２中のア～エから一つ選び、記号で答えなさい。

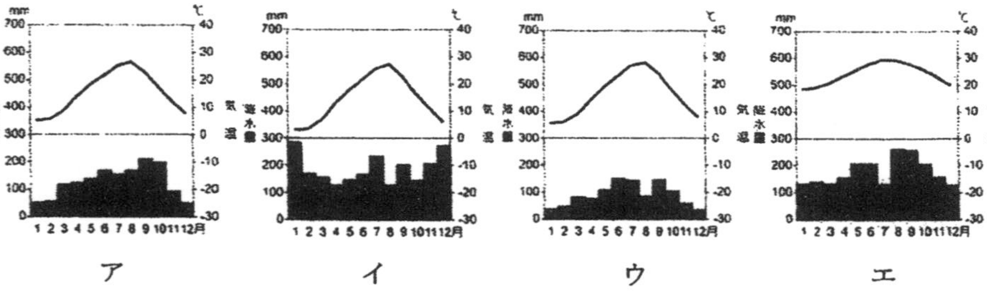

図２　　　　「理科年表」より作成

（２）文中の空らん［う］にあてはまる語句を、漢字２字で答えなさい。

問４　下線部②について、Ｂの家屋にみられる工夫について述べたものとして誤っているものを、次のア～エから一つ選び、記号で答えなさい。

ア　石灰岩やサンゴなどを積んだ石垣で家屋が囲まれている。
イ　「赤瓦」とよばれる瓦をしっくいで固め、屋根は低くつくられている。
ウ　門扉は設けず、「ヒンプン」とよばれる衝立（ついたて）を配している。
エ　強い日差しや熱風が家屋に入ることを防ぐため、窓は小さく数も少ない。

問５　次の（１）・（２）に答えなさい。

（１）下線部③について、次の図３は 2018 年の北海道、東北、近畿、四国の農業産出額の割合を表したものです。北海道にあてはまるものとして正しいものを、図３中のア～エから一つ選び、記号で答えなさい。

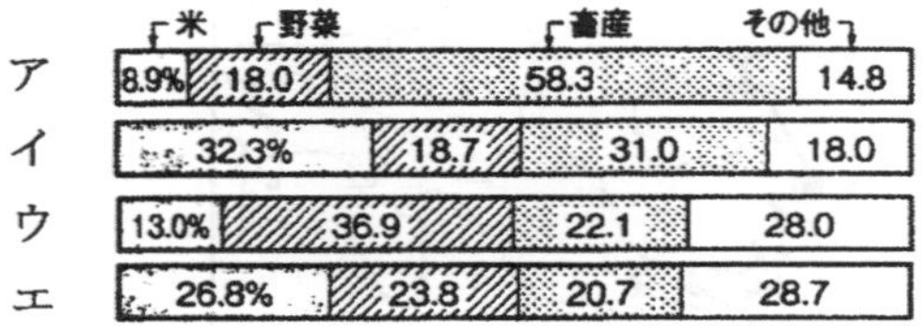

「日本国勢図会　2020/21」より作成

図３

（２）文中の空らん[え]にあてはまる語句を、カタカナ２字で答えなさい。

問６　下線部④について、富山県は水力発電電力量が多い県の一つです。次の図４は、日本における火力、原子力、水力の発電電力量の推移を表したものです。ｉ～ⅲと発電方法との組合せとして正しいものを、次のア～カから一つ選び、記号で答えなさい。

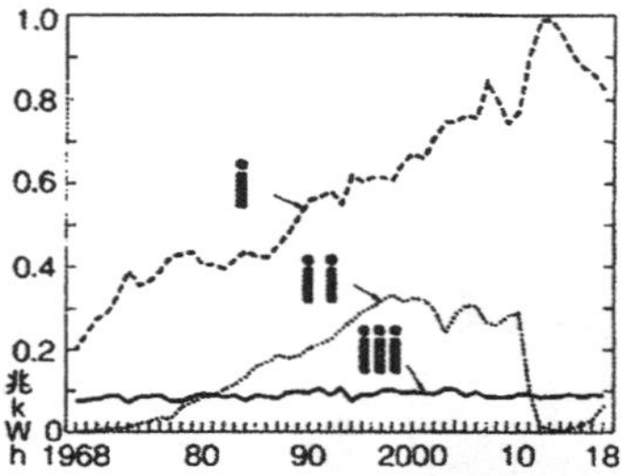

「日本国勢図会　2020/21」より作成

図４

	ｉ	ⅱ	ⅲ
ア	火力	原子力	水力
イ	火力	水力	原子力
ウ	原子力	火力	水力
エ	原子力	水力	火力
オ	水力	火力	原子力
カ	水力	原子力	火力

問７　文中の空らん お にあてはまる語句を解答らんにあわせて、ひらがな５字で答えなさい。

Ⅱ　次の世界で見られる家屋について生徒たちがまとめた文を見て、あとの問いに答えなさい。

E

F

G

H

H：土木学会附属土木図書館/撮影：伊藤清忠

生徒ｅ：Ｅの家屋は⑤インドネシアで見られるものです。高床式の家屋は風通しをよくするとともに、洪水などによる浸水被害から安全性を確保しています。
生徒ｆ：Ｆの家屋は⑥イタリアで見られるものです。この家屋は⑦石灰岩を使って先史時代から伝わる建築方法で造られており、世界遺産に登録されています。
生徒ｇ：Ｇの家屋は⑧モンゴルで見られるものです。家畜と共に移動して暮らす⑨遊牧民の住居は、移動に便利な組み立て式になっています。
生徒ｈ：Ｈの家屋は⑩北アフリカで見られるものです。木材などの建築資材の入手が困難な乾燥地域では日干しレンガを用いた建物が多く見られます。

問１　下線部⑤について、（１）・（２）に答えなさい。

（１）インドネシアについて述べたⅳ～ⅵについて、正誤の組合せとして正しいものを次のア～クから一つ選び、記号で答えなさい。

ⅳ　日本よりも人口が少ない。
ⅴ　首都はクアラルンプールである。
ⅵ　国土が赤道直下にある。

	ⅳ	ⅴ	ⅵ
ア	正	正	正
イ	正	正	誤
ウ	正	誤	正
エ	正	誤	誤
オ	誤	正	正
カ	誤	正	誤
キ	誤	誤	正
ク	誤	誤	誤

（２）インドネシアの首都には、1967 年に設立された東南アジア諸国の経済を開発し、域内の平和・安定を目指す組織の本部があります。この組織をアルファベット５字で答えなさい。

問２　下線部⑥について、次の表１は 2017 年のアメリカ、イタリア、日本の工業出荷額を表しています。ⅶ～ⅸと国名との組合せとして正しいものを、次のア～カから一つ選び、記号で答えなさい。

表１　（単位　億ドル）

	ⅶ	ⅷ	ⅸ
食料品工業	9 586	1 512	3 578
せんい工業	661	553	370
化学工業	7 539	824	2 671
金属工業	5 653	1 470	3 903
機械工業	17 597	3 181	13 197

「日本国勢図会　2020/21」より作成

	ⅶ	ⅷ	ⅸ
ア	アメリカ	イタリア	日本
イ	アメリカ	日本	イタリア
ウ	イタリア	アメリカ	日本
エ	イタリア	日本	アメリカ
オ	日本	アメリカ	イタリア
カ	日本	イタリア	アメリカ

問３　下線部⑦について、日本では秋吉台などで石灰岩の台地が見られます。秋吉台の場所として正しいものを、図５中のア～エから一つ選び、記号で答えなさい。

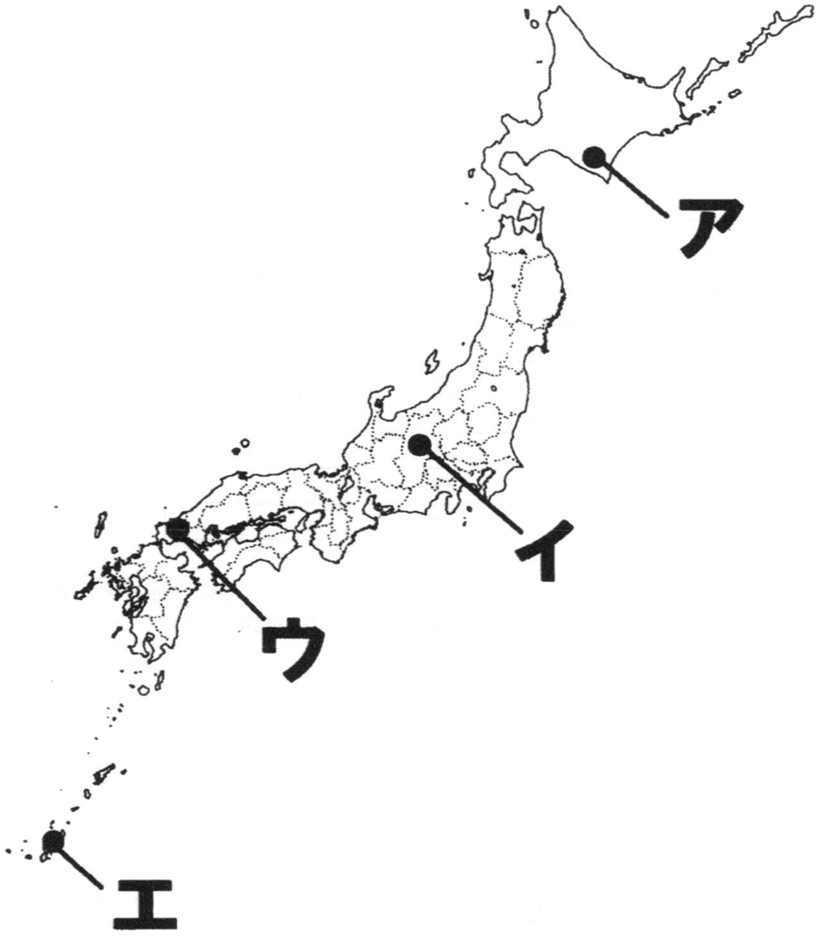

図５

問４　下線部⑧について、モンゴルのように海に面していない内陸国を、次のア～エから一つ選び、記号で答えなさい。

ア　スイス　　イ　フィンランド　　ウ　ブラジル　　エ　メキシコ

問５　下線部⑨について、モンゴルで見られるＧのような遊牧民の住居をカタカナ２字で答えなさい。

大阪桐蔭中学校

中学入学試験　前期

〈社会〉

（40分）

3 次の文を読んで後の問いに答えなさい。

春になると日本各地でサクラの開花が始まり，多くの人が花見などを楽しみます。日本の野山には古くから数種類の野生のサクラが自然に生えており，歴史的にも日本文化に非常になじみ深い植物です。サクラは品種改良しやすいことから，これまでに観賞用として多くの品種が作り出されてきました。(1) ソメイヨシノは１９００年ごろに２種類のサクラから人工的に作られた品種で，(2) 葉をつけるよりも先に花が咲《さ》き，花が大きく派手であるため，見栄《みば》えがよく人気となり，全国にもっとも多くの木が植えられました。違《ちが》う種類のサクラからたまたま生まれた雑種は，同じものが生まれることはなく，たった１本しか存在しません。これは同じ両親でも，姿形が全く同じきょうだいが生まれないのと同じです。また，ソメイヨシノは(3) 同じ木の花どうしでは，種子ができないため，これ以上子孫を残すことができません。

それでは，なぜたくさんのソメイヨシノが日本各地に植えられているのでしょうか。実は，植えられているソメイヨシノはすべて同じ遺伝情報をもつ「クローン」で，全国にあるソメイヨシノはすべて，１本の木から分けられた全く同じ木です。そこでソメイヨシノの木がすべてクローンだと，どのような現象が起こるか考えましょう。

クローンはすべて同じ性質をもつので，木や花の特ちょうはもちろん，花を咲かせる時期や条件も全く同じです。そのため，開花条件を満たした地域に生育しているソメイヨシノは一斉《いっせい》に開花します。これが「桜前線」です。ソメイヨシノは前年の夏に翌春咲く花の元となる「花芽《かが》」を形成します。花芽はそれ以上成長することなく休眠《きゅうみん》状態に入り，秋から冬にかけて低温（５℃程度）に一定時間さらされると休眠から覚める性質をもちます。その後，(4) 花芽は春先の気温の上昇《じょうしょう》とともに成長しますが，この成長量は気温が高いほど大きく，春先の気温が高い年には早く開花することがわかっています。そのため，ソメイヨシノの開花予想日の算出には，ある基準になる日から毎日の平均気温を足した積算温度がよく利用されます。例えば算出方法のひとつに，(5) ２月１日を基準日として日平均気温を足していき，積算温度が４００℃を超《こ》える日を開花予想日とする方法があります。

桜前線以外にも，クローンに特有の特徴《とくちょう》があります。それは同じ病気にかかりやすかったり，同じ昆虫《こんちゅう》に食べられることで全滅《ぜんめつ》しやすいということです。例えば，「アメリカシロヒトリ」の幼虫はソメイヨシノなどの街路樹の葉をよく食べ大繁殖する害虫です。(6) この虫に葉を食べられると，葉の葉脈しか残らずたくさんの葉がなくなってしまいます。クローンは弱点となる病気や昆虫も全く同じため，どの木も抵抗《ていこう》できず被害《ひがい》が広がりやすくなります。

このように，毎年きれいな花を咲《さ》かせるソメイヨシノですが，人間の手によって管理し，増やさなければやがては１本もなくなってしまう運命なのです。

（問１）塩酸はある気体がとけた水よう液である。その気体の名前を答えなさい。

（問２）文中の空らん①に入る図として正しいものを，次の中から選び記号で答えなさい。

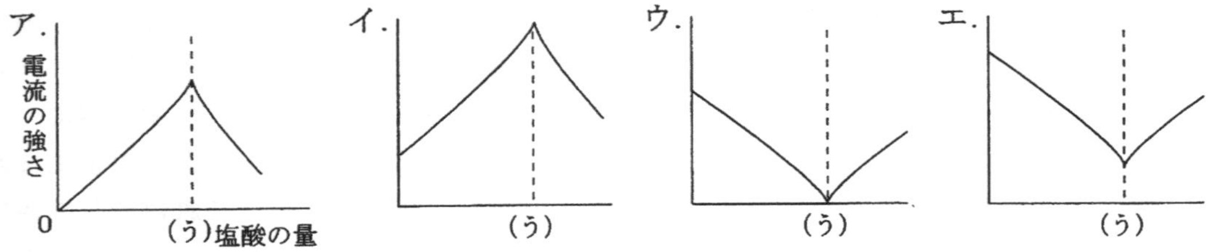

（問３）文中の空らん②～④に入る数値を，それぞれ答えなさい。

（問４）（図）の結果からわかることとしてもっとも適当なものを，次の中から選び記号で答えなさい。

ア．（あ）でも（い）でも中和反応が起こっている。完全中和は（う）で起こっている。
イ．（あ）でも（い）でも中和反応が起こっている。完全中和は起こっていない。
ウ．（あ）では中和反応が起こり，（い）では起こっていない。完全中和は（う）で起こっている。
エ．（あ）では中和反応が起こり，（い）では起こっていない。完全中和は起こっていない。

（問５）下線部について，塩酸の濃さのみを５％にした場合の，加えた塩酸の量と温度の関係を表した図として正しいものを，次の中から選び記号で答えなさい。ただし，図中の破線（－－）は（図）の２.５％の塩酸の量と温度の関係を示しています。

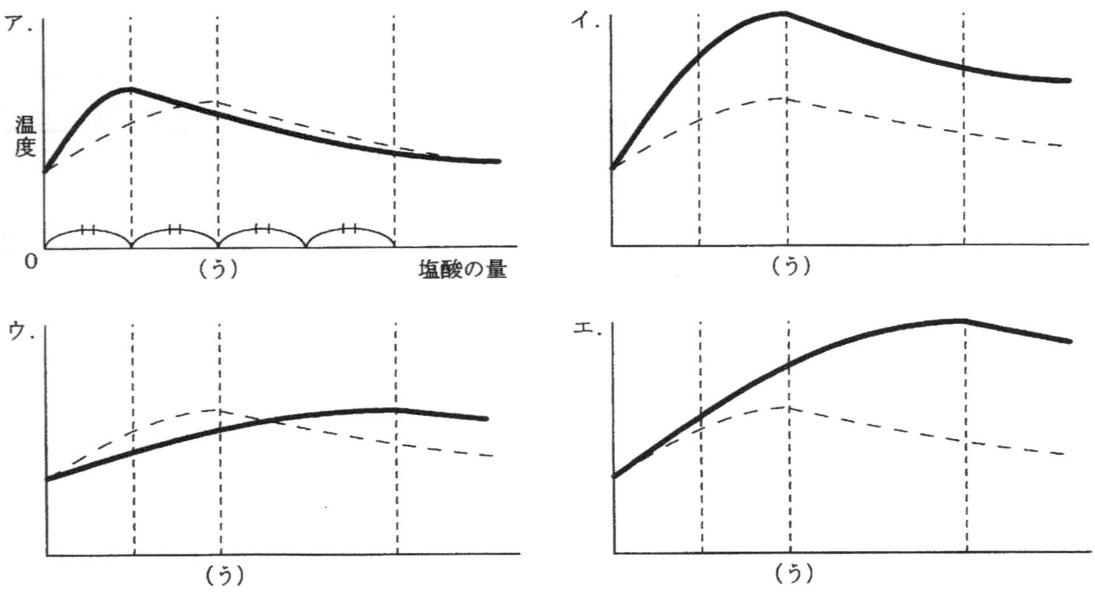

2 次の文を読んで後の問いに答えなさい。

中和について調べるために，次の【実験】をおこないました。ただし，いずれの水よう液も１ｃｍ³あたりの重さは１ｇとします。

【実験】
同じ濃さの水酸化ナトリウム水よう液５０ｃｍ³が入っているビーカーを６つ用意した。そのうち５つに量の異なる２.５％の塩酸をそれぞれ加えてかきまぜた。その後，水よう液の水分を加熱蒸発させ，残った白い固体の重さを量ったところ，（表）のようになった。
また，残りの１つの水酸化ナトリウム水よう液が入ったビーカーに，少しずつ２.５％の塩酸を加えたときの温度と流れた電流の強さの変化を調べた。加えた塩酸の量と温度の関係は（図）のようになり，加えた塩酸の量と電流の強さの関係は（　①　）のようになった。

（表）

加えた２.５％の塩酸の量［ｃｍ³］	０	１６	３２	４８	６０
残った白い固体の重さ［ｇ］	１.２１	１.４１	１.６１	１.７６	１.７６

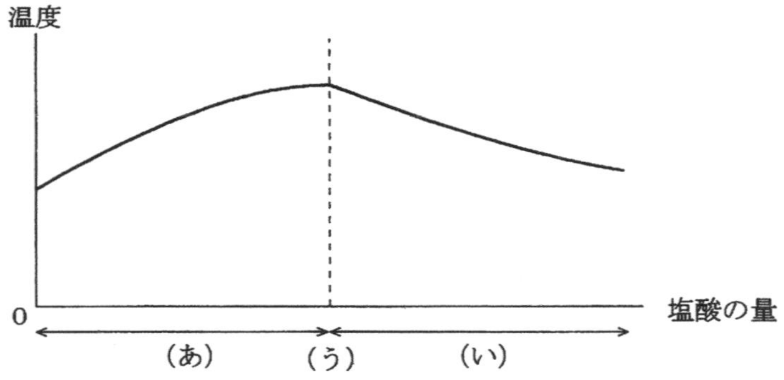

（図）

以上のことから，用意した水酸化ナトリウム水よう液の濃さは（　②　）％で，この水酸化ナトリウム水よう液５０ｃｍ³を完全に中和するのに必要な塩酸の量は（　③　）ｃｍ³ということが分かります。残った白い固体は水酸化ナトリウムと塩化ナトリウムが考えられます。塩酸を３２ｃｍ³加えたときに残った白い固体１.６１ｇのうち，塩化ナトリウムの重さは（　④　）ｇということが分かります。

(問１) 文中の空らん①，②に入る語句の組み合わせとして正しいものを，次の中から選び記号で答えなさい。

ア．①引き合い　②引き合い　　　　イ．①しりぞけ合い　②引き合い
ウ．①引き合い　②しりぞけ合い　　エ．①しりぞけ合い　②しりぞけ合い

(問２) 文中の空らん③に入る図として正しいものを，次の中から選び記号で答えなさい。

ア．
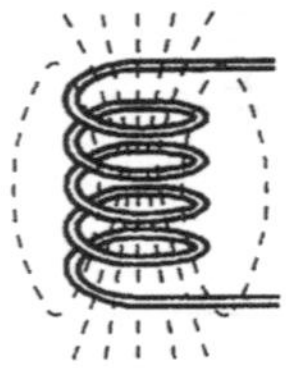
イ．
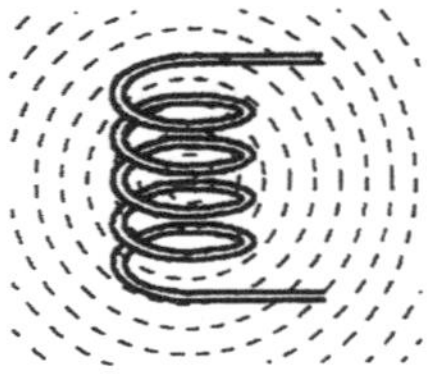
ウ．
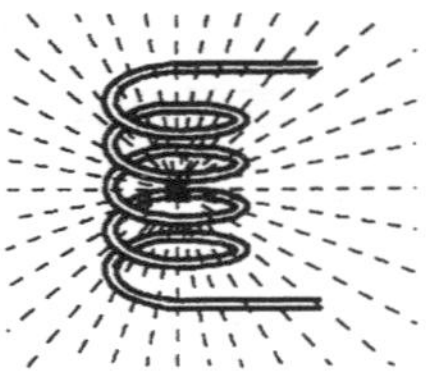
エ．
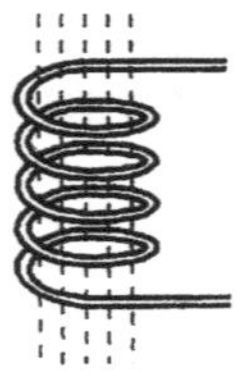

(問３) 文中の空らん④に入る語句を，次の中から選び記号で答えなさい。

ア．棒磁石　　イ．電磁誘導《ゆうどう》　　ウ．右ねじの法則　　エ．整流子

(問４) 文中の空らん⑤，⑥に入る数値をそれぞれ答えなさい。

(問５) (表) 中の空らん⑦に入る数値を答えなさい。

(問６) 文中の空らん⑧，⑨に入る語句の組み合わせとして正しいものを，次の中から選び記号で答えなさい。

ア．⑧コイル１　⑨直流　　　　　　　イ．⑧コイル１　⑨交流
ウ．⑧コイル２　⑨直流　　　　　　　エ．⑧コイル２　⑨交流
オ．⑧コイル１とコイル２　⑨直流　　カ．⑧コイル１とコイル２　⑨交流

令和３年度　大阪桐蔭中学校入学試験問題　[理科]（前期）

1　次の文を読んで後の問いに答えなさい。

電流の性質について以下の３つのことを調べました。

導線をまいたコイル１に電流を流すと，磁石のはたらきをしました。このような磁石のことを電磁石といいます。電流の向きとＮ極Ｓ極の関係は，（図１）のようになりました。同じ磁極どうしは（　①　），異なる磁極どうしは（　②　）ます。また，コイル１のまわりの磁力線のようすは（　③　）のようになります。

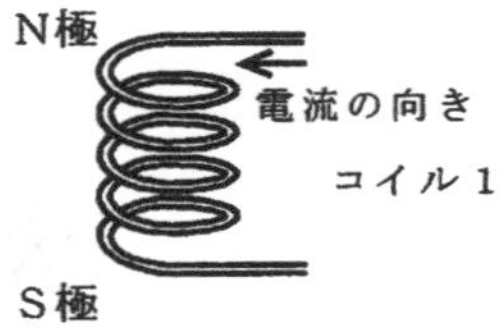

（図１）

次に（図２）のように，コイル１とコイル２をたてに重ねておくと，コイル１が作る磁力線はコイル２に入ります。このとき，コイル１が作る磁力線が変化するとコイル２にも電流が流れます。これを（　④　）といいます。

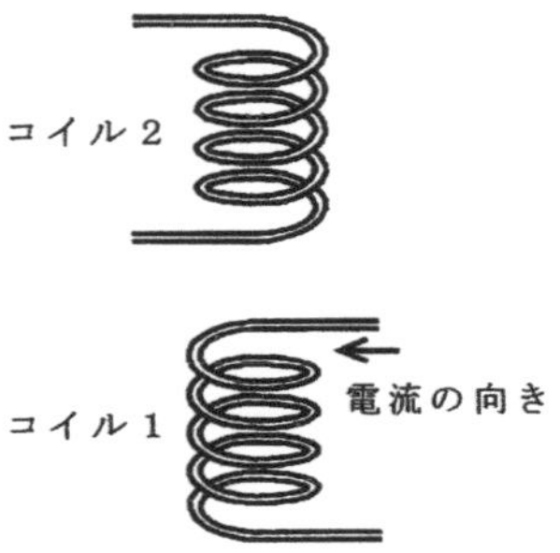

（図２）

さらに，電熱線に電流を流すと発熱しました。（図３）のように，電熱線を用いてビーカーに入れた水を温める実験をおこないました。はじめの水の温度は２７℃であり，水の量は１００ *g* です。電流を流した時間とそのときの水の温度の関係は（図４）のようになりました。したがって１２分間電流を流したときの水の温度は（　⑤　）℃となり，（　⑥　）分間電流を流したときの水の温度は３９℃になりました。また，２７℃の水１００ *g* を用意し，電源装置のダイヤルを異なる目盛りに変えて，電流を流し５分後の水の温度を測定したところ（表）のようになりました。

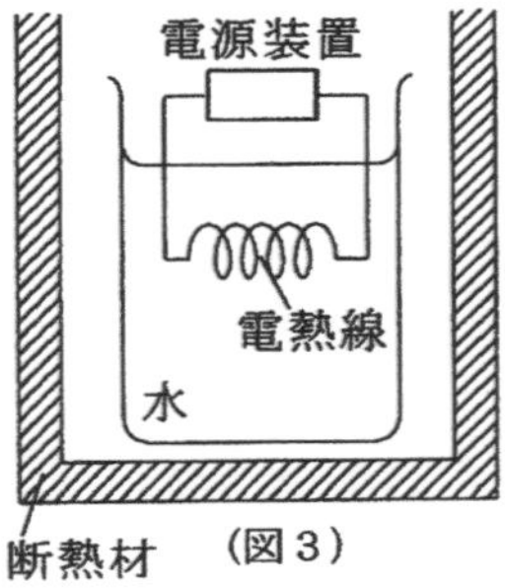

（図３）

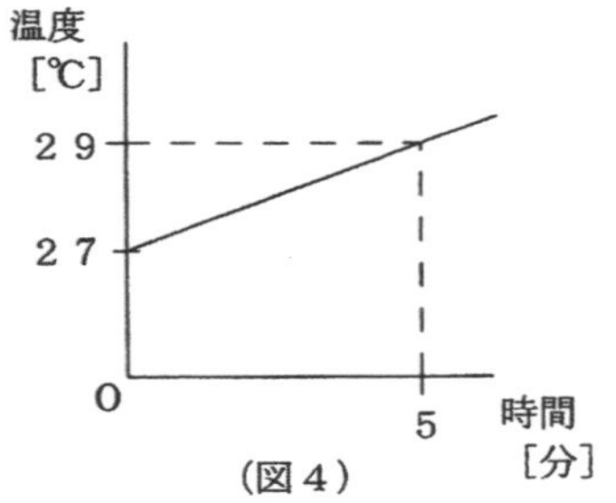

（図４）

（表）

電源装置のダイヤルの目盛り	1	2	3	4
５分後の水の温度 [℃]	２７.５	２９	⑦	３５

この３つの性質を利用したものにＩＨクッキングヒーターがあります。（図２）の（　⑧　）がＩＨクッキングヒーターにあたり，コイル１に（　⑨　）電源をつなぐことで，コイル２には電流が流れ続けます。このようにして調理器具自体が発熱することで，効率よく調理を行います。

教英出版

大 阪 桐 蔭 中 学 校
中学入学試験　前 期

〈理科〉

（40分）

(8)　ある小学校の6年生は，A組，B組の2クラスがあります．A組には50人の生徒がいますがB組の人数はわかりません．この2クラスで算数のテストをしました．ある点数を合格最低点としたとき，A組，B組の合格者の人数の割合は共にクラスの60%でした．A組の平均点は59.8点，B組の平均点は58点，2クラスの平均点は59点になりました．また，A組の合格者の平均点は合格最低点より9点高く，A組の不合格者の平均点は合格最低点より14点低い結果になりました．

このとき，B組の人数は［こ］人で，合格最低点は［さ］点です．

(9)　底面の半径が4 cmの円すいがあります．図のように糸を底面の円周上の1点から側面上を通って1周して元の点にもどします．糸が最も短くなるときの糸の長さは［し］cmです．

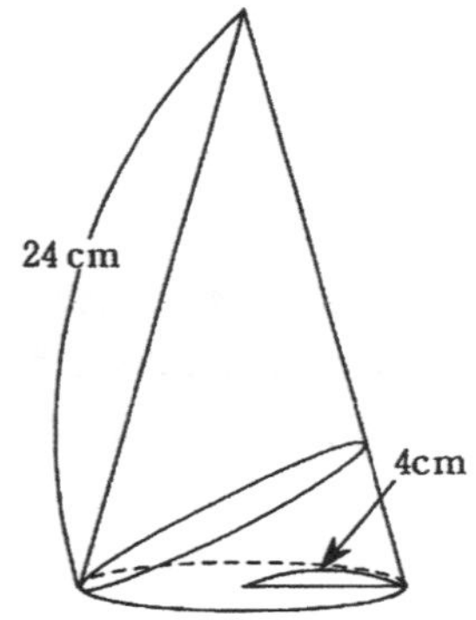

(10)　右のように四角形ABCDをPQを軸《じく》に一回転させたとき，四角形ABCDが通ってできる立体の体積は，［す］cm^3です．

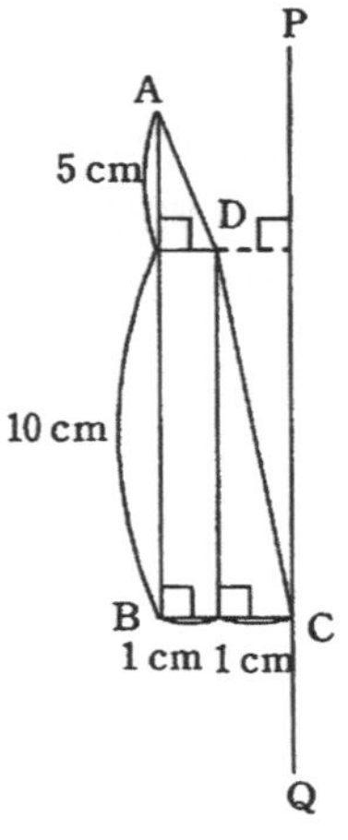

(3) ある学校の6年生はA組とB組の2クラスあり，クラスにはそれぞれ36人と30人の生徒がいます．この2クラスの生徒に通学手段について調査をしました．すると，自転車のみを使っている生徒の人数は共に22人でした．自転車とバスの両方を使っているA組とB組の生徒の人数の比は3：1で，バスのみを使っている生徒の人数の比は5：2でした．どちらも使っていない生徒の人数の比は1：3でした．このとき，B組でバスのみを使っている生徒の人数は［ う ］人です．

(4) まさお君が家に帰るときに時計を見ると6時45分と7時の間で，そのときの長針と短針のなす角は95度でした．そこから20分かけて家に帰ったとき，時計の長針と短針のなす角のうち180°より小さいほうは［ え ］度です．

(5) 兄がジュースの原液100 mLを買ってきました．その原液からいくらかの原液と水を混ぜ合わせ200 mLのジュースにしました．しかし，50 mL飲んでみるとうすかったので，ジュースの原液を10 mL足したら，水と原液の比は3：1となり，ちょうどよくなりました．このとき，残っている原液は［ お ］mLです．

(6) 兄と弟はペンとノートを買いに行きました．兄と弟の所持金の比は6：5です．兄はペンを5本，ノートを8冊買いました．弟はペンを3本，ノートを9冊買いました．しかし，弟の所持金では30円足りなかったので兄が30円貸したところ，兄の残りの所持金は60円となりました．ペンとノートの値段の比は5：4です．このとき，初めの兄の所持金は［ か ］円で，ペンの値段は［ き ］円です．

(7) 20から100までに2の倍数は［ く ］個あり，またそれらの和は［ け ］になります．

令和３年度　大阪桐蔭中学校入学試験問題　[算数]（前期）

- 答えが分数になるときは，これ以上約分することができない分数で答えなさい．
- 比で答えるときは，もっとも簡単な整数の比で答えなさい．
- 問題文に断りがない場合は，円周率は 3.14 として求めなさい．
- 角すいの体積は，(底面積)×(高さ)÷３で求めることができます．

1　次の□にあてはまる数をそれぞれ答えなさい．

(1) $\left(0.375\times1\frac{3}{7}-\frac{1}{4}\right)\div\frac{3}{10}-\frac{2}{3}=\square$

(2) $\left\{3\frac{1}{3}-\left(4-\square\right)\right\}\div1.5=\frac{2}{9}$

(3) $187\times38+374\times61-748\times15=\square$

2　次の [あ] から [す] にあてはままる数をそれぞれ答えなさい．

(1) ある５人のグループの身長の平均は 152.4 cm です．１番高い身長の人をのぞいた４人の身長の平均は 150 cm です．このとき，１番高い人の身長は [あ] cm です．

(2) 濃度《のうど》が 14 % の食塩水 [い] g と 6 % の食塩水を合わせると，12 % の食塩水が 400 g できます．

大阪桐蔭中学校
中学入学試験　前期

〈算数〉

（60分）

＃教英出版 編集部　注
編集の都合上、白紙ページは省略しています。

二　次の文章を読んで、あとの問いに答えなさい。（問いに「……字」とある場合は、「、」や「。」やその他の記号もすべて一字と考えます。）

人間がそこで生き生活する環境《かんきょう》は、大きく物的環境と社会的環境に分けることができる。物的環境は、さらに河川《かせん》や森林などの自然と、家屋や高層ビルや道路などの建造物に分けることができるが、ここでは一括《いっかつ》し「モノ環境」と呼んでおこう。一方、社会的環境とは、端的《たんてき》に言えば、そこに住む人びとのことであり、人びとの関係のありようのことである。それゆえ、ここでは「ひと環境」と呼んだ方がわかりやすいだろう。A子どもの生育環境が大きく「モノ環境」と「ひと環境」であるとして、この両者とも、日本が高度経済成長期に入った一九六〇年あたりから急激に変化したことは誰《だれ》もが認めるところであろう。

では、どのような変化だったのか。まず「モノ環境」の変化について、結論を先取りして言えば、①生育環境としての都市空間そのものが著《いちじる》しく無機質化し、無人化したということである。

今や日本で生まれる子どもの八割が都市部で生まれる時代である。その子どもたちが生まれ育つ空間から、日に日に、河川や田畑や山林が消えていき、代わりに、大量のセメントを使用して建造された建物や道路、橋などで覆《おお》い尽くされるようになった。

また、普段《ふだん》の生活で頻繁《ひんぱん》に利用する空間に目を転ずれば、各種の店やコンビニはもちろん、駅や銀行や映画館やレストランなど、どこにも自動販売機《はんばいき》や自動券売機が配備され、人の姿がみえなくなり、人と直《じか》に接触《せっしょく》する機会が急速に減ってきている。加えていえば、家庭生活の中をみても、そこには、テレビやテレビゲーム、洗濯機《せんたくき》や冷蔵庫、エアコンや電子レンジ、そして、パソコンなど、各種の電化製品やＩＴ機器がところ狭《せま》しと置かれている。

こうした空間に生まれ、そこで育つ子どもたちはどのような人間になるのか。私の出した結論を言えば、子どもや若者たちの心象風景も、都市空間に呼応して、無機質化し無人化している、というものである。心象風景が無機質化し無人化しているとはどういうことか。次のような三つの特性を帯びているということである。

①心の中に描《えが》く現実の風景が、ガラスやコンクリート、メタル(金属)やプラスチックなどの無機質的な材質で組み立てられている。

②心の風景の中に、生きた生身の人間が存在しない。

③心の風景から、匂《にお》いや温度(温《ぬく》もり)、変色や腐敗《ふはい》など、物質の変化といった有機的要素を排除《はいじょ》している。

子どもや若者たちの心の風景がこのような特性を帯びているとすれば、自分から進んで、生きた生身の人間(他者)に近づいて行き、その人と交流し、行動をともにするという選択《せんたく》をすることはきわめて乏《とぼ》しくなるであろうことはaヨウイに推測できる。生まれた直後からの他者との交流と応答によって他者を取り込《こ》み、そうすることで社会化を果たしていくという社会化の理論に照らすとき、無機質化し、無人化する生育環境で育つ子どもの社会化に異変が生じることになるのは、ごく当然の成り行きと言える。

では、「ひと環境」の方はどうなったか。「ひと環境」の変化という点からみれば、家庭内での人間関係と、近所での家族ぐるみの付き合い、地域での行事や活動への参加がどう変わったかを確認することがポイントになる。言うまでもなく、子どもにとって、家庭と地域と学校は日々そこで生きている生活空間のすべてである。（　A　）、家庭と地域と学校の変化が社会化に与《あた》える影響《えいきょう》は大きいが、中でも、bニュウヨウジ期の子どもにとって家庭の変化はとりわけ大きい。

高度成長の加速する一九六〇年頃《ごろ》から四、五〇年の間における家族の変化もまた著しい。まず挙げられるのが家族構成員の変化である。もっと具体的に言えば、一世帯当たりの平均人数が五人から三人に減ったことである。

日本の一世帯当たりの平均人数は統計資料によって一八七三（明治六）年まで遡《さかのぼ》って調べることができるが、それによれば、一九六〇年までの約一〇〇年は平均五人でほとんど変化がなかった。それが、高度経済成長期以降は調査のたびに減少し、現在は平均三人を下回るまでになっている。平均三人ということは、②祖父母や兄弟姉妹がおらず、父親と母親、それに子どもが一人という家族構成が普通になったということである。

家族構成がこのように変化したということは、家庭内での人間関係の絶対量が少なくなり、人間関係に多様性が乏しくなった分、質的にも大きく変化したということである。こうして、ヒトの子の社会化にとって最も重要な「他者の取り込み」を可能にする、多様な他者との相互行為《そうごこうい》が家庭内でも著しく損《そこ》なわれることになった。

「ひと環境」としてみた場合、地域の変化もまた人間関係の減少と希薄化《きはくか》と言えるものであった。経済の高度成長は産業cコウゾウの変化によるものであり、第一次産業から第二次、第三次産業への変化は、農村部から都市部への大量の人口移動をもたらすことになった。その結果、農村部での過疎化《かそか》、都市部での過密化をもたらすことになり、そこで生じたのは、ともに、生活共同体（コミュニティ）の崩壊《ほうかい》であった。

都市部への移住によって人口が半分から三分の一にまで減った農村部では、それまで子どもも含《ふく》めた地域の皆《みな》で行ってきた行事や共同作業などが成り立たなくなり、実質的にコミュニティはほぼ崩壊dジョウタイになった。また、新しく都市の居住者となった人びとが大挙して住むことになった都市郊外《こうがい》の巨大《きょだい》団地などは、地縁《ちえん》も血縁もないまま、互《たが》いに無関心を装《よそお》い「隣《となり》は何をする人ぞ」といったジョウタイに陥《おち》り、そこに新しいコミュニティが生まれることはなかった。壁《かべ》一つ隔《へだ》てただけの隣同士で住んでいたとしても、住人同士の間に日常的に何の付き合いも交流もなく、無関係であり続けていたとしたら、そこにはコミュニティは存在しないというしかない。

地域を、そこで生まれ育つ子どもの生育環境としてみた場合、そこに住みそこで暮らしている大人たちが日常的に交流しており、大人たちの交流の中に子どもたちが取り込まれているかどうかがきわめて重要なことである。（　B　）、子どもの社会化の過程で決定的に重要なことは多様な大人たちとの直接的な交わり（相互行為）を通して、子どもたちの中に多くの大人が他者として取り込まれることだからである。こうして見たとき、③生育環境としての地域もまた、子どもの社会化を促《うなが》す要素を著しく欠くことになったと言うしかない。

子どもの生育環境の変化を「モノ環境」と「ひと環境」に分け、それぞれの核心《かくしん》を手短に述べたが、そこに共通にみられた変化は、子どもの社会化にとって最も重要な、他者との直接的な交流、とりわけ大人との交わりが極端に少なくなったという変化であった。では、このような環境面での変化が、子どもたちにどのような社会化異変をもたらすことになったのか。

二〇〇八年一一月に急逝《きゅうせい》したジャーナリスト筑紫哲也《ちくしてつや》氏は、テレビ番組（TBS「ニュース23」）のニュースキャスターとして、時代の変化とともに変わっていく日本の社会や日本人について鋭《するど》いeケイコクを発し続けていた。その筑紫氏が、生前最後に著《あらわ》した本『スローライフ』（岩波新書、二〇〇六年）の中で、「こんなに目に光のない子どもたちが多い国は世界のどこにもない」と嘆《なげ》いていた。そして、渡辺京二《わたなべきょうじ》氏の『逝《い》きし世の面影《おもかげ》』（平凡社《へいぼんしゃ》、二〇〇五年）に書き留められている、一〇〇年以上前の「街を我《わ》がものにして遊んでいる子ら」の闊達《かったつ》さや幸福な様子を懐《なつ》かしんでいる。

『逝きし世の面影』に書き留められた、大人とともに遊び、大人とともに働き、大人とともにどこにも出かけ、大人とともにあらゆる行事に参加する子どもたち、そして、「いったん必要があれば、大人顔負けの威厳《いげん》と落着きを示す」子どもたちは、幕末から明治初期の頃だけに存在していたわけではない。そうした子どもは、日本の社会環境が大きく変わり、日々の暮らしの仕方が大きく変わる□までは、全国いたるところでみられたはずである。そのことは、一九四〇年に生まれ、高校を卒業するまで山形県の庄内《しょうない》の農村部で過ごした私の経験からも、様々に証言できることである。

（門脇厚司《かどわきあつし》『社会力を育てる——新しい「学び」の構想』岩波新書）

問一 ――a～eのカタカナを漢字で書くとき、同じ漢字を用いるものを、次の各群の中から一つずつ選び、それぞれ記号で答えなさい。

a
ア ヨウシの整った人。
イ 植物にヨウブンを与える。
ウ ヨウフウ建築。
エ ヨウコウを浴びる。
オ 薬のフクサヨウ。

b
ア 団長としてのイジを見せる。
イ ジドウが集団下校をする。
ウ 上司のシジを待つ。
エ 大会で優勝してジシンがつく。
オ 代表をジタイする。

c
ア 人口のゾウゲンが著しい。
イ チョゾウ庫から食品を盗《ぬす》む。
ウ 壁にエイゾウを映し出す。
エ 今までにないものをソウゾウする。
オ ゾウキを損傷する。

d
ア 感情がタイドに出る。
イ タイガ小説を書く。
ウ シンタイ測定を受ける。
エ 劇団の遠征《えんせい》にタイドウする。
オ タイジン関係で悩《なや》む。

e
ア ケイレイの練習をする。
イ 船のモケイを作る。
ウ ケイカイな足取り。
エ ケイテキが響《ひび》く。
オ シンケイをすり減らす。

問二 （　　）Ａ・Ｂに入ることばとして最もふさわしいものを、次の中から一つずつ選び、それぞれ記号で答えなさい。ただし、同じ記号を使用してはいけません。

ア たとえば　イ しかし　ウ なぜなら　エ それゆえ　オ では

問三 ――①とありますが、筆者は「都市空間」のこのような変化がどのような現象をもたらしたと述べていますか。その内容として最もふさわしいものを、次の中から一つ選び、記号で答えなさい。

ア 人々は生活を便利な機械に頼《たよ》るようになり、子どもたちは他者と関わることを避《さ》けるようになってしまった。
イ 環境を破壊《はかい》され、子どもたちは自然の中で遊ぶことができず、スマートフォンやゲームなどでしか遊ばなくなった。
ウ 機械が人間に代わって働くようになり、他者と関わる回数が減ったことで家族でさえも言葉を交《か》わす必要がなくなってしまった。
エ 様々な機械により生活の利便性が向上し、子どもや若者たちが、自ら他者と交流を図《はか》ろうとする意識が弱くなった。

問四 ――②とありますが、筆者はその結果子どもにどのようなことが生じたと述べていますか。その答えとして最もふさわしいものを、次の中から一つ選び、記号で答えなさい。

ア 家族構成の変化により、常に大人の目が子どもに行き届くようになり、親との関係が良好になるということ。
イ 家族構成の変化により、家庭内で大人との触《ふ》れ合いが少なくなって、子どもの社会化が進まないということ。
ウ 家族構成の変化により、他人のことを信用することができない子どもが増加しているということ。
エ 家族構成の変化により、子どもが家族との関わりのみを重視した大人に成長してしまうということ。

問五 ――③とありますが、その主な要因の一つとして筆者はどのようなことを挙げていますか。その答えとなる箇所を、文中から十六字で抜《ぬ》き出しなさい。

問六　［　　］を補うのに最もふさわしい語を文中から七字で抜き出しなさい。

問七　――Aとありますが、「『モノ環境』と『ひと環境』」に共通してみられる変化とはどのようなことですか。文中のことばを用いて四十字以内で答えなさい。

問八　本文の内容に一致するものとして最もふさわしいものを、次の中から一つ選び、記号で答えなさい。

ア　高度経済成長をきっかけに、一世帯当たりの人数が減少したことで、家族との交流が盛《さか》んになり子どもの社会化が促された。

イ　電化製品やＩＴ機器の発達により、無人化が進んだ都市部の子どもたちは距離《きょり》を気にせず、他者との交流が可能になった。

ウ　都市に居住している人たちの多くは、たとえ隣人どうしであっても、互いに交流することなく生活している。

エ　子どもの社会化にとって必要な、大人との直接的な交流が取れなくなっている現状を改善するための具体策を提言している。

三　次の文章を読んで、（　）①～⑧に当てはまることばを、後の語群から選び、それぞれ漢字に直しなさい。ただし、同じことばを使用してはいけません。また、——㋐・㋑の漢字のよみをひらがなで答えなさい。

「便利さ」「豊かさ」は物が支えてくれるものであり、物を手に入れるためのお金が豊かさの象徴《しょうちょう》となりました。便利さとは速くできること、手が抜《ぬ》けること、思い通りになることであり、さまざまな電化製品、自動車や（　①　）などの交通手段、携帯《けいたい》電話、その他諸々《もろもろ》、次々と開発された機器はさらなる便利さをもたらし、それらの製品を生産する産業が活発化することで経済成長、つまりお金の豊かさが手に入りました。私たちはこのような変化を進歩と呼び、そのような社会を近代化した文明社会、つまり先進国の象徴として（　②　）し、この方向での（　③　）を求めたのです。

　しかし、「人間は生きものであり、自然の中にある」という切り口で見た時、この方向には大きな問題があり、見直さなければなりません。なぜなら、それが前節で述べた生きものとしての特徴と合わないところが多いからです。

　速くできる、手が抜ける、思い通りにできる。日常生活の中ではとてもありがたいことですが、困ったことに、これはいずれも生きものには合いません。生きるということは時間を紡《つむ》ぐことであり、時間を飛ばすことはまったく無意味、むしろ生きることの（　④　）になるからです。

　同じように、「手が抜ける」も気になります。㋐手塩にかけるという言葉があるように、生きものに向き合う時は、それをよく見つめ相手の思いを汲《く》みとり、求めていると思うことをやってあげられる時にこそ喜びを感じます。（　⑤　）づくりを趣味《しゅみ》にしている、ある会社の社長さんが、「（　⑥　）や水じゃないんだよ。毎朝ご機嫌《きげん》はどうかと声をかけてやればおいしいトマトができるんだ」と話す時の顔は、経営について語る時のそれとは違《ちが》い、なんとも柔和《にゅうわ》です。日常は厳しいけれど、その底にはこのような生きものへの眼《め》があるのだと思うと安心します。

　しかし戦後の日本社会は、そうした生きものへのまなざしをむしろ切り捨て、圧倒的《あっとうてき》に、便利さ、（　⑦　）、自然離《ばな》れした人工環境《かんきょう》をよしとする価値観のもとに「進歩」してきました。そうした価値観のもたらした㋑最たるものの一つが、「東京圏《けん》への一極集中」だと思います。この異常とも言える一極集中社会は、生物が生きる場としては、大きな問題を抱《かか》えています。生物とは本来「多様」なものであるのに、この社会は（　⑧　）性を求めるからです。

（中村《なかむら》桂子《けいこ》『科学者が人間であること』岩波新書）

【語群】

キンイツ　　カクダイ　　ヒリョウ　　シンカンセン

ヒョウカ　　ヒテイ　　コウリツ　　ヤサイ

二〇二〇

大阪桐蔭中学校

中学入学試験　前期

〈国語〉

（60分）

★

令和二年度　大阪桐蔭中学校入学試験問題　［国語］（前期）

一　次の文章を読んで、あとの問いに答えなさい。（問いに「……字」とある場合は、「、」や「。」やその他の記号もすべて一字と考えます。）

昭和三十年の夏。一家と馬の平穏《へいおん》は無慈悲《むじひ》に、そして突然《とつぜん》崩《くず》された。和子のささやかな将来の展望と共に、文字通り、崩壊《ほうかい》の音を響《ひび》かせて。

和子がその強風のうねりを聞いたのは真夜中の布団《ふとん》の中であった。①ひときわ大きな海鳴りのような音がドカンと響き、和子は目を覚ました。今まで聞いたことのない音だ。

その夏の日は前日から台風が近づき、風雨が強くなっていた。家の馬のうち、ワカを含《ふく》む七頭は花島の昆布《こんぶ》運びのため働きに出ていた。ワカが花島に渡《わた》ったのは初めてだ。他の仲間はいずれも毎年島に渡って立派に働いてきた馬だから、あのおっちょこちょいも他に合わせて動くうちに仕事を覚えるだろう、和子はそう考えていた。仔馬《こうま》の頃《ころ》から（　A　）のかかったあのワカが、他の家で使われ立派に役割を果たせるというのは和子にとっても誇《ほこ》りであった。

大嵐《おおあらし》を控《ひか》えて、残った馬はもちろん全て、小屋の中に入れていた。馬小屋の屋根のトタンも吹《ふ》き飛ばされないように風が強くなる前に打ち直しておいたし、やるべき外仕事は全て終えていた。先ほどの音が何なのか気にはなるが、少なくとも自分の家の敷地《しきち》内で心配すべきことはない。

家の外で吹き荒《すさ》ぶ風の音を聞きながら、和子はワカのことを思い出していた。ああ、確かこんな具合の風の夜、ワカを探しに隣《となり》の畑まで行ったことがあった。あの時はおっかなかった。今頃は島で強い風に吹かれているだろうか。きっと他の馬とも一緒《いっしょ》だから、寄り集まってなんとか風をやりすごしているだろう。秋に島からうちに引き揚《あ》げてきたら、たぶん何倍も筋肉をつけてたくましくなっているはずだ……。

布団の中でまどろみながら、和子は思い返す。あの恐怖《きょうふ》は過去のものであり、教訓がきちんと（　B　）に染《し》みて活《い》かされている今、どこか懐《なつ》かしくさえ思い出される。ワカはもう人の言う事をよく聞くようになったし、花島に行って網元《あみもと》のもとで良く働いているはずだ。もう一か月もすれば帰ってくる。そうしたら、角砂糖をあげよう。ワカは自分の手から喜んで食べることだろう。そして絶えまない潮風に苛《さいな》まれた体をこすって綺麗《きれい》にしてやろう。きっとワカは気持ちよさそうにする。

ああ。ワカに会いてえなあ……。

布団の中で再び微睡《まどろ》むまでの間、和子はずっとワカのことを思い返していた。

朝が完全に明けきる前に、来客があった。花島で馬を使役《しえき》している網元らの顔役だった。雨の中を急いで馬を走らせてきたのか、玄関《げんかん》前に留められた馬は雨に濡《ぬ》れながら白い湯気を上げている。顔役は全身ずぶ濡れで、極度の疲労《ひろう》と憔悴《しょうすい》を張り付けていた。

和子も茶の間に入ろうとしたが、Ⓧただならぬ雰囲気《ふんいき》と「部屋に行ってれ」という祖父の鋭《するど》い一言で、何か悪いことが起きたのだという予感がした。茶の用意に立った母の顔は強張《こわば》り、青白くさえ見えた。

人払いをした茶の間からぼそぼそと、祖父と顔役の重い声が漏《も》れ出てくる。「昨日」「崖《がけ》が」「どうしようもねえ」「助けらんねえ」といった声だ。和子は布団から身を起こし、襖《ふすま》の近くに座って隙間《すきま》から様子をうかがう。真剣な話し合いのようだ。

二人とも、「馬」とは言わなかった。「あれら」「あいつら」と呼んでばかりで、あえて核心《かくしん》から逃《に》げるようにその動物の名を伏《ふ》せる。しかし和子には確かに、花島の馬について話しているのだと分かった。

和子は体を流れる血が急に温度を下げていったように感じた。手指の隅々《すみずみ》にまで冷たく行き渡り、筋肉をこわばらせて呼吸さえ苦しくする。嫌《いや》な予感がした。もう台風の中心は去ろうとしているのに、何かもっと嫌で危険な物事が迫《せま》っている気がした。

一時間の後、話し合いを終え、顔役が帰り支度《じたく》を始めた。席を立つ前と玄関《げんかん》を出てからの二回、祖父に腰《こし》から折り曲げた深い礼をした。顔役が自分達に頭を下げるなど和子にとっては初めて見ることだった。

和子が着替えて茶の間に入ると、茶碗《ちゃわん》を片づけている母が明らかに青い顔をしている。祖父はどかりと座りこみ、項垂《うなだ》れたままで絶え間なく煙草《たばこ》をふかし続ける。和子はその背に向かって、かける言葉を探した。余計なことを言って叱《しか》られる可能性を考えながら、それでも、和子は核心を問う一言を発した。

「おじじ。花島の馬、なんかあったの？」

祖父の背中は答えない。答えを拒《こば》んでいるのか、返答を思案しているのかは分からない。返答を促《うなが》すように、和子はⓎもどかしく言葉を重ねた。

「ねえ。ワカは。ミコは。うちの馬と、隣の次郎坊《じろぼう》や、みんなは。馬はどうかしたの？」

沈黙《ちんもく》の一秒一秒がひたすら重かった。②やがて祖父がひとつ息を吸い、何倍もの時間をかけてゆっくりと吐《は》き出す音がした。

「ゆんべの台風で、花島で崖崩れが起きた。下の船着き場まで下りる道、全部崩れたそうだ」

崩れた。その言葉を聞き、和子は明け方の大きな音を思い出した。眠《ねむ》りから引きずり出されたあの、大きな海鳴りのような音。まさかあれが。

「もう崖の上にいた馬、下には降ろされねえ」

「ワカは」

「ワカも駄目《だめ》だ」

駄目。その意味を察して和子の心臓が跳《は》ねる。馬と花島をよく知る祖父と顔役が、一時間以上も話し合って出した結論。和子の息が自然、荒《あら》くなる。かつて、腸の病気で死にかけた馬を散々看病し、その果てに祖父が「もう駄目だ」と言った場面が思い起こされる。

まだ今現在、生きている。しかしもはや助けられない。もう、自分達の力は及《およ》ばない。③その意味において、駄目という意味が暗く響く。

「俺《おれ》らは結局、馬、使い潰《つぶ》さねば生きてかれねえんだ」

祖父はゆっくりと語った。

「俺らは、最初の最初っから。そういうもんなんだ。だから変えられねえんだ」

己《おのれ》に刻み込《こ》むような言葉だった。刺青《いれずみ》のごとく、痛みと共に刻み付けるような。

和子は馬を諦《あきら》めてしまった祖父に言いようのない怒りを覚えた。ほとんど初めて、祖父を殴《なぐ》りたい衝動《しょうどう》にさえ駆《か》られた。かつて嵐の夜、祖父は自分に馬を探しに行けと言った。そして恐れを超《こ》えて見つけ出し、ワカをきちんと連れ帰った。

おじじもそうすればいい。

和子はそこまで言いかけた。災禍《さいか》の規模が違《ちが》うとか、そもそも助け出せるものではないとか、そんなことは和子も分かっている。長く馬と接してきた顔役や祖父が助けられないと言うのであれば、半端《はんぱ》な崖崩れではない。致《いた》し方ないのだとも。それでも、どうあっても祖父に言いたかった。馬を助けよ、助けねばだめだ、と。

それでもかろうじて、見たこともない小さい祖父の背中を見、全力でもって直截《ちょくせつ》の言葉だけは抑《おさ》えた。祖父を詰《なじ》りたい自分の気持ちと、あれほど馬を大事にしてきた祖父の無力感を天秤《てんびん》にかけ、決定的な一言だけはかろうじて堪《こら》えた。

しかし和子は無意識のうちに唇《くちびる》を噛《か》み、その痛みを感じながら、選んだ言葉を腹の底から絞《しぼ》り出した。自ら、呪詛《じゅそ》のようだと思った。

「おじじ、これまであんなに、あんなに、馬、大事にすれって言ったべや。いっつもいっつも、言ってたべや」

言葉の最後は掠《かす》れた。言い放つのに躊躇《ためら》いはあった。祖父が馬をいかに大事にしてきたか、それを知りつつあえて責める、その非道さを和子は知っていた。④そしてそれでも、責めずにはいられなかった。

怒鳴《どな》り返されるのを覚悟《かくご》して和子は身を固めたが、祖父は背中を向けたまま黙《だま》っていた。更《さら》なる責めがあっても進んで負おうとしているようにも見えたが、和子はもう口を噤《つぐ》んだ。家族たる、財産たる馬を見捨てねばならぬ祖父の多大な心痛が、その背からにじみ出ている。やがて祖父は大きな溜息《ためいき》をついた。消え入りそうな最後は、嗚咽《おえつ》のようにも聞こえた。

「及ばれねえ。及ばれねえモンなんだ。もう、だめだ……」

言葉からは軋《きし》むような痛みが漏れていた。あの夜、行方をくらました馬のために怒った面影《おもかげ》はどこにもない。その背は小さく、ただの憐《あわ》れな老人に見えた。

⑤そのまま縮んで固くなり、やがて一個の石になってしまえばいいのに。和子はそう思った。私の掌《てのひら》に収まるぐらいに縮まったら、海へと投げ捨ててあげる。落石の岬《みさき》から、花島にいる馬達の方に向かって力の限りに。そして波頭に砕《くだ》けて沈めばいい。私もその後を追うから。何もできずにいた、馬に何もしてやれずにいるこの私も、花島の下でいっそ朽《く》ちてしまいたい。

一度、馬を運ぶのを手伝い花島に渡った時のことを思い出す。縄《なわ》をかけて馬に海を泳がせ、苦労して船で引っ張って島まで運ぶのだ。初夏で、浜から崖を登って辿《たど》りついた平原は若い緑に溢《あふ》れていた。そこかしこで遅《おそ》いスカシユリやアヤメが咲《さ》いていた。海水に濡《ぬ》れた体を震《ふる》わせ、その平原で草を食《は》む彼らの姿は自由そのものだった。強い風に吹かれるまま鬣《たてがみ》を乾《かわ》かし、己の望むままに走り抜ける。初夏の青空の下で見たその風景を、和子はひどく懐かしく思い返した。可能な限り細部まで。馬が自由に島を駆け、彼らの懐かしい体臭《たいしゅう》が風に乗ってそよぐ様《さま》でさえ。

もう二度と取り戻《もど》せない彼らは、あの場所に留まり、自由で、奔放《ほんぽう》に生き、そしていずれみな死ぬだろう。

「ワカ」

もう届かない名を呼んで、和子は祖父に背を向けしゃがみ込んだ。⑥沈《しず》んだ室内は二人分の嘆《なげ》きと後悔《こうかい》と慟哭《どうこく》に満たされたが、けっして互《たが》いに交わることはなかった。

（河崎《かわさき》秋子『颶風《ぐふう》の王』KADOKAWA）

問一 ——ⓧ・ⓨとありますが、その意味として最もふさわしいものを、次の中から一つずつ選び、それぞれ記号で答えなさい。

ⓧ ただならぬ

ア 何か起こりそうで油断できない
イ 追いつめられてしまい動けない
ウ いつもと違って見過ごせない
エ 自分がどうしてよいかわからない

ⓨ もどかしく

ア 自分の至らなさを情けなく思う様子
イ 相手の態度が気に入らなくて責める様子
ウ 期待に胸がふくらみわくわくする様子
エ 思うようにならずじれったく感じる様子

問二 （　　）Ａ・Ｂに入れることばとして最もふさわしいものを、それぞれ漢字一字で答えなさい。

問三　――①とありますが、それは何の音ですか。それを言い表した箇所《かしょ》として最もふさわしいことばを文末が「音」につながるように十字以内で文中からぬき出しなさい。

問四　――②とありますが、このときの祖父の気持ちを説明したものとして最もふさわしいものを、次の中から一つ選び、記号で答えなさい。

ア　馬の生産を生業《なりわい》とする以上は、馬の死を日ごろから覚悟しておかなければならないという自分の教えを忘れ、うろたえる和子に失望している。

イ　花島の馬を助けるには自分は無力であると、悲嘆《ひたん》にくれる気持ちを落ち着かせて、動揺《どうよう》する和子に冷静に事実をつげようとしている。

ウ　大切に馬を育ててきた和子に、花島の馬に起こった事態を伝えることは残酷《ざんこく》であるため、和子が傷つかないように配慮《はいりょ》して語ろうとしている。

エ　自分が大切にしてきた馬が突然の事故に巻き込まれた衝撃《しょうげき》で呆然《ぼうぜん》となったが、何とか和子の問いかけに答えるために気力を振《ふ》り絞ろうとしている。

問五　――③とありますが、これはどういうことを表していますか。文中のことばを用いて四十字以内で答えなさい。

問六　――④とありますが、それはなぜですか。その理由として最もふさわしいものを、次の中から一つ選び、記号で答えなさい。

ア　馬を助ける望みを捨てきれない和子は、いとも簡単に馬たちの救出を諦める祖父の気持ちが理解できず、何とか祖父の考えを覆《くつがえ》そうとしているから。

イ　かつては馬を誰よりも大切に扱《あつか》っていた祖父を尊敬している和子は、自分が頼むことで祖父が考えを変えてくれることを期待するしかなかったから。

ウ　全部の馬を花島から連れ出すことは無理だと和子も理解しているが、和子が最も愛着を感じているワカだけなら、まだ救出の方法があると信じているから。

エ　馬を見捨てざるを得なかった祖父の辛い思いは和子も汲《く》み取っているが、それを受け入れることはできなくて、祖父に怒りを向けるしかなかったから。

問七　――⑤とありますが、このときの和子の気持ちを説明したものとして最もふさわしいものを、次の中から一つ選び、記号で答えなさい。

ア　馬を助け出す方法を探そうともせずに諦めてしまう祖父に情けなさを感じ、今まで教えに従って馬に接してきたことを後悔する気持ちになっている。

イ　自分も祖父も大切な馬に何もしてやれない無力で情けない存在であり、馬と運命をともにして消え去りたいという投げやりな気持ちになっている。

ウ　自分たち人間の都合で馬を見捨ててしまうことになり、今まで自分たちの生活を支えて働いてくれた馬のことを思い、感傷的な気持ちになっている。

エ　家族同然の存在として愛してきた馬を失う現実において、自分と祖父との絆《きずな》も壊《こわ》れていくのを感じ、生きる気力をなくす気持ちになっている。

問八　――⑥とありますが、この場面の祖父と和子の気持ちを説明したものとして最もふさわしいものを、次の中から一つ選び、記号で答えなさい。

ア　祖父は馬を愛する気持ちを強く持ちながらも、その一方で「馬は人間が生活していくための存在」という割り切った考え方も持っており、和子はそのような祖父の態度や人間性に強く憤《いきどお》り反発している。

イ　取り残されている馬を助け出す方法を考えようにも、すぐに諦めて心を閉ざしてしまった祖父はあまりに頼りなく、和子は祖父に対する尊敬の念を抱《いだ》けなくなった以上は決別するしかないと考え始めている。

ウ　人間の力の限界をわきまえている祖父はただ一人で馬を失った悲しみに耐《た》えていたが、祖父を師と仰《あお》ぎ、ともに歩んできたという思いのあった和子は、自分に本心を打ち明けてくれない祖父に反感を抱いている。

エ　祖父は馬を助けられない自分の無力さにうちひしがれながらも、事態を受け入れようとしていたが、とりわけワカを気にかける和子は、自分では何もできないことに深く傷つき、悲しみにくれている。

2020(R2) 大阪桐蔭中
K 教英出版

5　1辺の長さが 6 cm の立方体 ABCD − EFGH において，辺 AE, BF, CG, DH の真ん中の点をそれぞれ P, Q, R, S とします．この立方体を下の 図のように，3 点 A, C, F を通る平面，3 点 A, C, H を通る平面，3 点 A, F, H を通る平面，3 点 C, F, H を通る平面の 4 つの平面で切ってできる 4 点 A, C, F, H を頂点とする立体を立体 ① とします．立体 ① を 3 点 B, G, D を通る平面で切ってできる 2 つの立体のうち小さい方の立体を立体 ② とします．

このとき，次の問いに答えなさい．

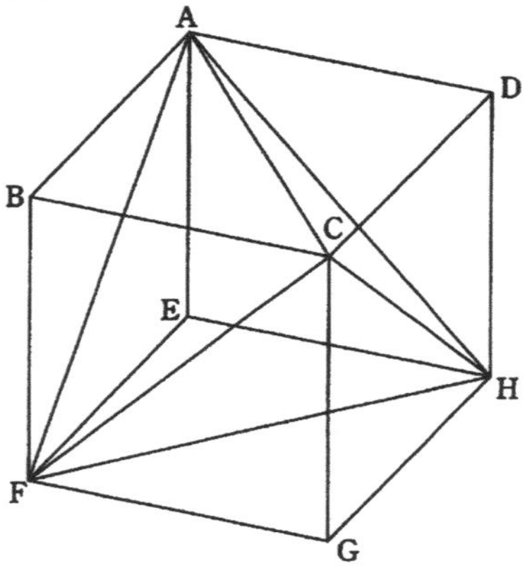

(1)　立体 ① の体積を求めなさい．

(2)　立体 ② の体積を求めなさい．

次に，この立方体を 3 点 A, C, F を通る平面，3 点 A, C, H を通る平面，3 点 B, D, E を通る平面，3 点 B, D, G を通る平面の 4 つの平面で切ってできる立体のうち面 EFGH を含む立体を立体 ③ とします．立体 ③ を 4 点 P, Q, R, S を通る平面で切ってできる 2 つの立体のうち面 EFGH を含まない方の立体を立体 ④，面 EFGH を含む方の立体を立体 ⑤ とします．

このとき，次の問いに答えなさい．

(3)　立体 ④ の体積を求めなさい．

(4)　立体 ⑤ の体積を求めなさい．

4 下の図のようなマス目の中に，奇数（きすう）を1から小さい順に規則的に数字を入れていきます．

	1列	2列	3列	4列	5列
1行	1	3	7	13	21
2行	5	9	15	23	…
3行	11	17	25	…	…
4行	19	27	…	…	…
5行	29	…	…	…	…

この表において，上から ○ 行目，左から □ 列目にある奇数を（○，□）で表します．例えば，(2, 3) で表される奇数は 15 となります．

このとき，次の問いに答えなさい．

(1) (4, 5) で表される奇数は何か答えなさい．

(2) 101 は（ア，イ）で表すことができます．ア，イに当てはまる数字をそれぞれ答えなさい．

(3) 奇数を1から小さい順に並べると，

1, 3, 5, 7, 9, 11, 13, 15, 17, ……

となります．ここで，数と数の間にある区切り「，」を取りのぞいて数字を並べると下のようになります．

1357911131517……

この数字の並びを考えたとき，はじめから数えてウ番目の数字を〔ウ〕で表すことにします．例えば，〔3〕=5，〔5〕=9，〔9〕=3 で，〔3〕+〔5〕+〔9〕=17 です．

このとき，〔1〕+〔2〕+〔3〕+ …… +〔100〕を答えなさい．

3 太郎君と次郎君が家から図書館まで自転車で向かいます．太郎君は，午前10時ちょうどに時速30 km で出発し，途《と》中にある公園で5分間休けいし，また同じ速さで図書館に向かって出発しました．次郎君は，太郎君が家を出発してから7分後に家を出発し，次郎君も太郎君が休けいした公園で3分間休けいし，また同じ速さで図書館に向かって出発しました．次郎君は，公園を出発した後，午前10時40分に太郎君を追いこしました．その後，途中で再びしばらく休けいしてから同じ速さで出発したところ，太郎君を追いこしてから10分30秒後に，太郎君と同時に図書館に着きました．

このとき，次の問いに答えなさい．

(1) 家から次郎君が太郎君に追いつくまでの道のりは何 km ですか．

(2) 次郎君の速さは時速何 km ですか．

(3) 家から図書館までの道のりは何 km ですか．

(4) 太郎君を追いこしてから次郎君が休けいしていた時間は何分何秒ですか．

(問１) 文中の空らん①，②に入る語句を，それぞれ漢字一字で答えなさい。

(問２) 文中の下線部（１）について，（図１）を厚紙にかき色付部分を切り取って重さを比べると，すべて厚紙の重さは同じであった。このことから読み取れるこの惑星の公転の速さについて正しいものを，次の中から選び記号で答えなさい。
ア．Ｘ付近を移動するときが，速さが最も速い。
イ．Ｙ付近を移動するときが，速さが最も速い。
ウ．Ｚ付近を移動するときが，速さが最も速い。
エ．Ｘ付近，Ｙ付近，Ｚ付近のいずれを移動する速さも等しい。

(問３) 文中の空らん③に入る時刻を答えなさい。

(問４) 文中の空らん④に入る語句として正しいものを，次の中から選び記号で答えなさい。
ア．春分　　イ．夏至《げし》　　ウ．秋分　　エ．冬至

(問５) 文中の空らん⑤に入る位置を，（図３）中の あ ～ え から選び記号で答えなさい。

(問６) 文中の下線部（２）について，この理由を，次の中から選び記号で答えなさい。
ア．地球の公転軌道がだ円を描いているため
イ．地軸が公転面に垂直な方向に対して約２３．４°傾いているため
ウ．地球の自転周期が２３時間５６分であるため
エ．地球の公転周期が３６５．２日であるため

4 次の文を読んで後の問いに答えなさい。

かつて人々は，太陽や惑星《わくせい》などの天体が，地球のまわりを回転していると信じていました。これを『（　①　）動説』といいます。しかし，すべての天体の運動を『（　①　）動説』では説明できませんでした。１６世紀半ば，コペルニクスは地球も惑星も太陽のまわりを回転しているという『（　②　）動説』を唱えました。これにより説明できなかった天体の運動を説明できるようになりました。そして，地球は太陽を中心とした公転と地軸《ちじく》を中心とした自転の２種類の運動をしていることがわかりました。

（図１）はある惑星の公転軌道を表したものです。惑星はだ円を描《えが》くように公転しているため，惑星と太陽の距離《きょり》は惑星の位置により異なります。(1) <u>X～Zはある一定の日数で惑星が運動した軌道</u>を表しています。

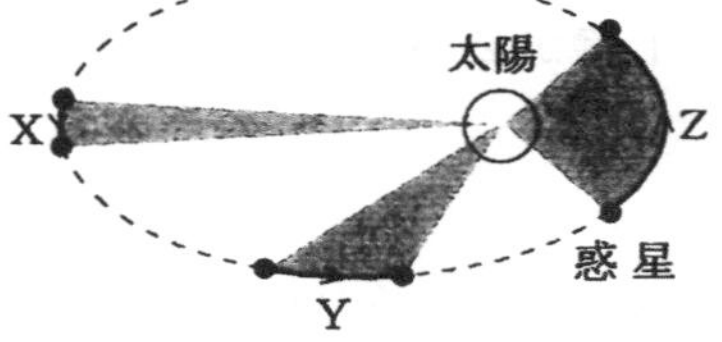

（図１）

（図２）は日本のある地点で観測できる太陽の日周運動を観測日A～Cそれぞれについて透明《とうめい》半球に表したもので，○印はそれぞれの日の南中の太陽を表しています。観測日A～Cは日の出から日の入りまでの時間が異なることがわかり，観測日Bにおいては９時から１６時まで太陽の位置を●印で記録しました。PとQはそれぞれ１０時，１３時の記録であり，PとQとの間の弧《こ》の長さは８.０ｃｍ，PとRとの間の弧の長さは５.２ｃｍだったため，Bの日の南中時刻は（　③　）とわかります。

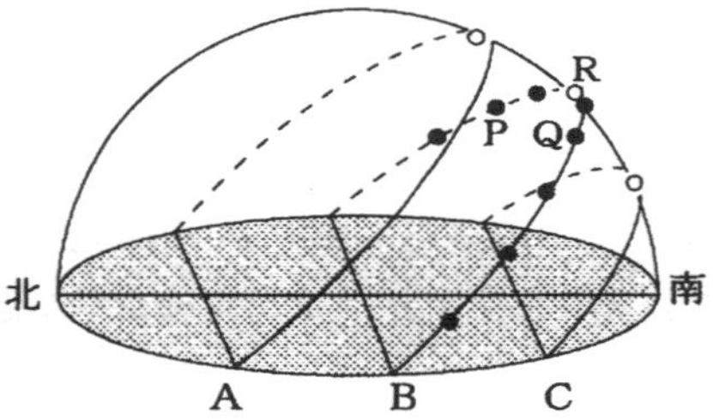

（図２）

（図３）はある日の地球と太陽の位置関係およびその時の地軸の傾《かたむ》きを表したものです。観測日Aは（　④　）を表していて，（　⑤　）の位置にある地球です。

(2) <u>四季が存在する理由もこれらの運動が関係していることがわかります。</u>

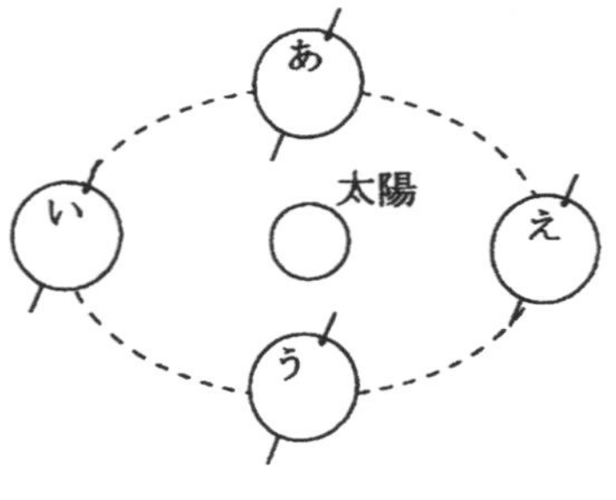

（図３）

(問１) 文中の下線部（１）について，コウモリと同じなかまに分けられる生物を，次の中から選び記号で答えなさい。

ア．カモノハシ　　イ．ハチ　　ウ．ペンギン　　エ．ハト

(問２) 文中の下線部（２）について，イルカの特ちょうとして<u>正しくない</u>ものを，次の中から選び記号で答えなさい。

ア．胎生《たいせい》である　　イ．えら呼吸と肺呼吸を行う
ウ．心臓が２心房《しんぼう》２心室である　　エ．恒温《こうおん》動物である

(問３) 文中の空らん①に入る文としてもっとも正しいものを，次の中から選び記号で答えなさい。

ア．目（視覚）を使う　　イ．耳（聴覚《ちようかく》）を使う
ウ．目と耳の両方を使う　　エ．目と耳の両方を使わない

(問４) 文中の空らん②に入る語句として正しいものを，次の中から選び記号で答えなさい。

ア．光　　イ．フェロモン(物質)　　ウ．超音波《ちようおんぱ》(音)　　エ．熱

(問５) 文中の下線部（３）について，ヤガの一生は次のようになります。次の空らんＡ～Ｄに入る語句の組み合わせを，次の中から選び記号で答えなさい。

卵 ⟶ （　Ａ　） ⟶ （　Ｂ　）⟶ 成虫
（　Ｃ　）　　だっ皮　　（　Ｄ　）

ア．	Ａ：幼虫	Ｂ：さなぎ	Ｃ：う化	Ｄ：ふ化
イ．	Ａ：さなぎ	Ｂ：幼虫	Ｃ：う化	Ｄ：ふ化
ウ．	Ａ：幼虫	Ｂ：さなぎ	Ｃ：ふ化	Ｄ：う化
エ．	Ａ：さなぎ	Ｂ：幼虫	Ｃ：ふ化	Ｄ：う化

(問６) 文中の空らん③に入る文としてもっとも正しいものを，次の中から選び記号で答えなさい。

ア．姿がかくれるようにけむりを出します
イ．周りの景色にまぎれるように体の色を変えます
ウ．光を出して目くらましをします
エ．羽を閉じて急降下します

教英出版

2020(R2) 大阪桐蔭中
K 教英出版

2　次の文を読んで、あとの問いに答えなさい。

古来より日本は、火山の噴火や地震などの自然災害や、病気の流行・ききんなどに見舞われてきました。

古代では、①『日本書紀』など六国史の中に災害の記述がみられます。例えば、飛鳥時代には、②天武天皇が即位し、天皇を中心とした国家体制の樹立を目指していたころ、近畿から四国にかけて大きな地震があったと記録されています。また奈良時代には、天然痘という病気が流行し、多くの人びとが亡くなりました。こうした不安定な社会状況を収めるため、③聖武天皇はさまざまな政策をおこないました。つづく平安時代には、938 年に大きな地震が起こり、京の建物が倒壊したことや、余震が続いたことなどが④貴族の日記に記されています。朝廷はこの地震を受けて、⑤承平から天慶へと改元しました。

中世に入ると、さらに多くの災害についての記録が残されています。例えば⑥『方丈記』には、12 世紀末頃に発生した養和の大ききんの様子や、⑦1185 年に発生し、近江・山城・大和にかけての地域を襲った大地震の様子などが記されています。また 15 世紀後半に起こった⑧応仁の乱によって、京都の町は荒れ果ててしまいました。『真如堂縁起』には、足軽によって柱や戸板が持ち出される様子が描かれています。

近世の江戸時代になると、「火事とけんかは江戸の華」といわれるように、江戸の町ではたびたび火事が起こりました。中でも 1657 年の明暦の大火は江戸時代最大の火事として知られています。死者は５万人とも 10 万人ともいわれ、江戸の町の約６割が焼失しました。江戸時代中期の蘭方医である⑨杉田玄白もこの火事について著書で記録を残しています。この時代は冷害によるききんも多く発生し、そのため食糧難におちいった農村や都市の住民たちは、⑩実力行使に出ることもありました。

近代に入り明治時代には、⑪1891 年に濃尾地震が発生しました。被害は岐阜県や愛知県が中心で、死者は約 7000 人とされています。外国からの支援もあり、後に⑫日露戦争で戦うことになるロシアからも義援金が届けられました。また⑬日清戦争を経た 1896 年には、明治三陸地震津波が発生し、数十メートルにもなる巨大津波が三陸海岸をおそい、大きな被害をもたらしました。つづく大正時代の⑭1923 年９月１日に発生した大地震は、東京・横浜を中心に大きな被害をもたらしました。死者・行方不明者は約 10 万人に上り、⑮第一次世界大戦後の景気の悪化に苦しんでいた日本は、さらに深刻な打撃を受けました。

問１　下線部①について、『日本書紀』と同じ時代に成立した、諸国の地名の由来や産物、伝説などが記された書物を答えなさい。

問２　下線部②について、天武天皇が即位するきっかけとなった、672 年に起こった争いを答えなさい。

問３　下線部③について、聖武天皇の治世におこなわれたこととして誤っているものを、次のア～エから一つ選び、記号で答えなさい。

ア　武蔵国から銅が献上され、和同開珎が鋳造された。

イ　田地を拡大するために、墾田永年私財法が発布された。

ウ　仏教の力で災いを抑えるため、国ごとに国分寺が建立された。

エ　大仏造立に民衆の協力を必要とした朝廷は、行基を大僧正に任じた。

問４　下線部④について、藤原道長が著した日記として正しいものを、次のア～エから一つ選び、記号で答えなさい。

ア　枕草子　　イ　太平記　　ウ　土佐日記　　エ　御堂関白記

問５　下線部⑤について、この頃に地方では武士の反乱が発生していますが、日振島を拠点に海賊を率いて反乱を起こした人物を答えなさい。

問６　下線部⑥について、この書物の著者を答えなさい。

問７　下線部⑦について、次のこの頃に起こった出来事について述べた文を古い順に並べたとき、３番目になるものを、ア～エから一つ選び、記号で答えなさい。

ア　源頼朝が征夷大将軍に任命された。

イ　安徳天皇が即位した。

ウ　壇の浦の戦いで平氏が滅亡した。

エ　源頼朝が伊豆で挙兵した。

問８　下線部⑧について、次の文は応仁の乱について述べたものです。空らんにあてはまる語句の組合せとして正しいものを、次のア～エから一つ選び、記号で答えなさい。

応仁の乱は有力な守護大名であった（　A　）と（　B　）との争いが、８代将軍（　C　）の後継を巡る争いに結びつき発生した。（　A　）の西軍と（　B　）の東軍に分かれ、戦いは京都を中心に11年間にわたって続いた。

ア　（A）山名持豊　（B）細川勝元　（C）足利義尚

イ　（A）山名持豊　（B）細川勝元　（C）足利義政

ウ　（A）細川勝元　（B）山名持豊　（C）足利義尚

エ　（A）細川勝元　（B）山名持豊　（C）足利義政

問９　下線部⑨について、杉田玄白は、前野良沢らとオランダ語に訳されたドイツの解剖書を、日本語に翻訳しました。この翻訳書を答えなさい。

問 10　下線部⑩について、人びとが豊かな商人や有力な米問屋を襲い、家屋や家財を破壊する行動を、５字で答えなさい。

問 11　下線部⑪について、同じ頃に足尾銅山鉱毒事件が発生していますが、その解決のため天皇に直訴した人物を答えなさい。

問 12　下線部⑫について、日本とロシアとの間で結ばれた講和条約を答えなさい。

問 13　下線部⑬について、日清戦争後の三国干渉に参加した国として誤っているものを、次のア～エから一つ選び、記号で答えなさい。

ア　イギリス　　イ　フランス　　ウ　ドイツ　　エ　ロシア

問 14　下線部⑭について、この災害を漢字５字で答えなさい。

問 15　下線部⑮について、第一次世界大戦終結後から第二次世界大戦開戦までの間に起こった出来事として誤っているものを、次のア～カから二つ選び、記号で答えなさい。

ア　五・一五事件が発生し、犬養毅が暗殺された。
イ　世界恐慌が発生し、その影響は日本にも及んだ。
ウ　加藤高明内閣のもとで、普通選挙法が成立した。
エ　日本・ドイツ・イタリアの間で、三国同盟が結ばれた。
オ　与謝野晶子が「君死にたまふことなかれ」を発表した。
カ　関東軍が、奉天郊外で南満州鉄道の線路を爆破した。

3 次の表を参考にして、あとの問いに答えなさい。

1989（平成元）年	皇太子明仁親王が天皇に即位する。①消費税３％実施される。
②1992（平成４）年	PKO 協力法が成立する。
1993（平成５）年	８党派からなる③細川護熙内閣が成立する。
1995（平成７）年	④阪神・淡路大震災が発生する。
1997（平成９）年	地球温暖化防止⑤京都議定書が採択される。
2000（平成 12）年	琉球王国のグスク及び関連遺産群が⑥世界遺産に登録される。
2005（平成 17）年	郵政⑦民営化法が成立する。
⑧2009（平成 21）年	裁判員制度が始まる。
2013（平成 25）年	⑨オリンピック東京開催が決定する。

問１　下線部①について、消費税のように納税者と実際に負担する者が異なる税のうち、国税ではないものを、次のア～エから一つ選び、記号で答えなさい。

ア　酒税　　イ　入湯税　　ウ　揮発油税　　エ　関税

問２　下線部②について、1992 年にブラジルで環境と開発に関する国際会議が開催されました。「地球サミット」ともいわれるこの会議で採択された、21 世紀に向けての環境保護に関する行動計画を答えなさい。

問３　下線部③について、細川内閣の成立によって、それまで続いた自由民主党を与党とし、日本社会党を野党第１党とする政治体制が終わりました。この政治体制を答えなさい。

問４　下線部④について、阪神・淡路大震災が発生した当時の内閣総理大臣として正しいものを、次のア～エから一つ選び、記号で答えなさい。

ア　森喜朗　　イ　橋本龍太郎　　ウ　村山富市　　エ　宮澤喜一

問５　下線部⑤について、2015 年に京都議定書にかわる新たな枠組みが採択されました。この新たな枠組みを解答らんにあわせて答えなさい。

問６　下線部⑥について、世界遺産条約に基づいて登録される遺産の種類として誤っているものを、次のア～エから一つ選び、記号で答えなさい。

ア　文化遺産　　イ　歴史遺産　　ウ　複合遺産　　エ　自然遺産

問７　下線部⑦について、1987 年に日本国有鉄道が経営していた鉄道事業の分割民営化によって設立された株式会社の数を答えなさい。

問８　下線部⑧について、2009 年にアメリカ大統領に就任した人物は、核なき世界についての理念や取り組みの功績によりノーベル平和賞を受賞しました。この人物を答えなさい。

問９　下線部⑨について、オリンピック競技大会を主催する国際オリンピック委員会をアルファベット３字で答えなさい。

問 10　表で示された 1989 年から 2013 年までの間に起こった出来事として誤っているものを、次のア～エから一つ選び、記号で答えなさい。

ア　香港が中国に返還される。

イ　ソ連邦が崩壊する。

ウ　アメリカがキューバと国交を回復する。

エ　単一通貨ユーロの使用が始まる。

問三

問四

問五

問六

問七

I

II

問八

三

①

④

⑦

㋐

②

⑤

⑧

㋑

③

⑥

二
問一. 1点×5
問二. 2点×2
問三. 8点
問四. 10点
問五. 8点
問六. 8点
問七. 2点×2
問八. 8点

三
1点×10

※二

※三

※合計

科目 国語

合計 一二〇点

時間 六〇分

受験番号

氏名

令和２年度　大阪桐蔭中学校入学試験問題　[算数]（前期）
《解答用紙》

科目　算数	合計　120点	時間　60分	受験番号		氏名		

※このらんには、何も記入しないこと。

4点×3

1

(1)	(2)	(3)

※1

4点×13

2

(1)あ	(2)い　本	(3)う　人	(4)え　才
(5)お　個	(6)か　きゃく	き　人	
(7)く　個	け　個	(8)こ　分	さ　分
(9)し　度	(10)す　cm^2		

※2

令和２年度　**大阪桐蔭中学校入学試験問題**　［理科］（前期）

《解答用紙》

科目　理科	合計　60点	時間　40分	受験番号		氏名	

1

（問1）① 回路2　② 回路3　③ 回路4

（問2）

（問3）

（問4）

（問5）

（問6）

2

（問1）

（問2）

（問3）

（問4）④　⑤

（問5）⑥　⑦

※このらんには、何も
記入しないこと。

※1

1

（問１）１点×３
（問２）２点
（問３）２点
（問４）３点
（問５）２点
（問６）３点

※2

2

（問１）２点
（問２）２点
（問３）２点
（問４）２点×２
（問５）⑥２点
⑦３点

【解答用

令和２年度　**大阪桐蔭中学校入学試験問題**　[社会]（前期）

《解答用紙》

科目　社会	合計　60点	時間　40分	受験番号		氏名	

1

Ⅰ

問1		問2		問3 (a)		(b)	
問4	水産物		記号	問5		問6	
問7		問8	栽培	記号			

Ⅱ

問1		問2		問3		問4	
問5		問6		問7			

2

問1		問2		問3		問4	
問5		問6		問7		問8	

※このらんには何も記入しないこと

※1

1
Ⅰ．問４，問８　完答３点
他．１点×14

※2

【解答用

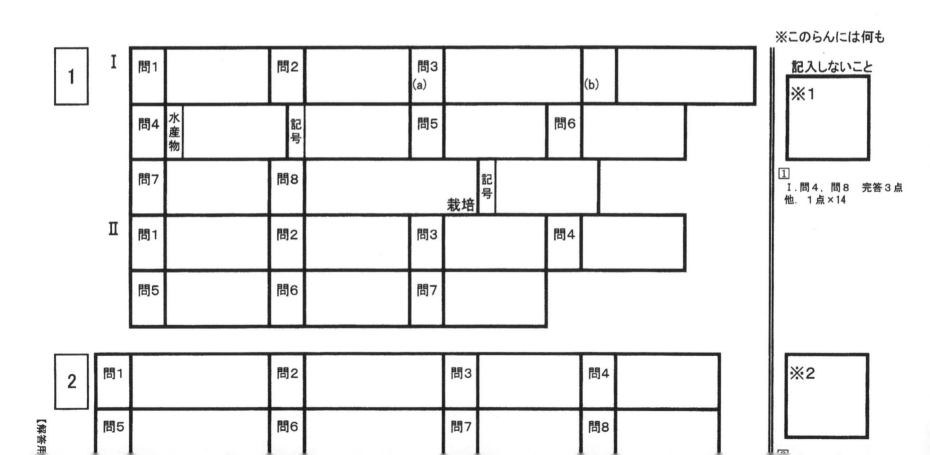

問15．完答2点
他．1点×5

問11		問12		問13	

問14						問15		

3

問1		問2		問3		問4	

問5	協定	問6		問7	社

問8		問9			問10	

※3

3
問2，問3，問5，
問8，問9　2点×5
他．1点×5

合計

※60点満点

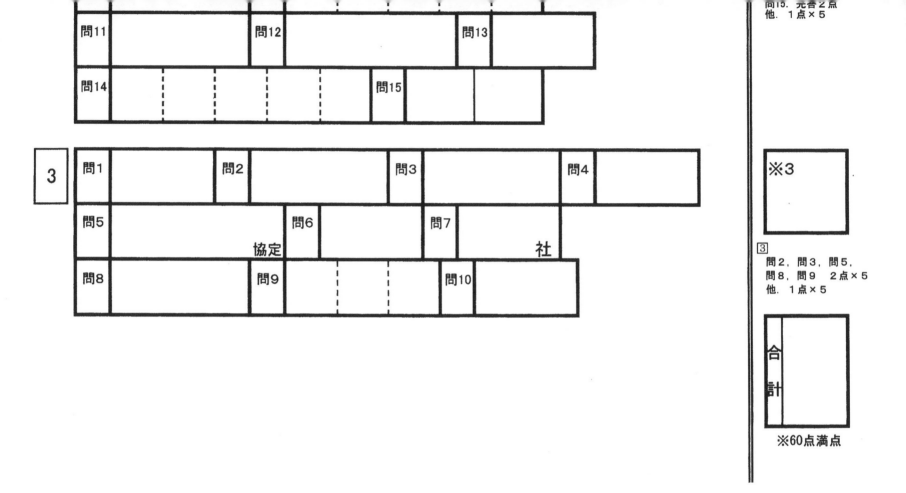

3

(問1)

(問2)

(問3)

(問4)

(問5)

(問6)

4

(問1) ① ②

(問2)

(問3) 時　分

(問4)

(問5)

(問6)

※3

3

(問1) 2点
(問2) 2点
(問3) 3点
(問4) 2点
(問5) 3点
(問6) 3点

※4

4

(問1) 1点×2
(問2) 3点
(問3) 3点
(問4) 2点
(問5) 2点
(問6) 3点

※合計

※60点満点

3	(1) km	(2) 時速 km	(3) km	(4) 分 秒

※3

⑴４点　⑵完答６点　⑶６点

4	(1)	(2)ア	イ	(3)

※4

⑴４点　⑵⑶５点×２　⑷８点

5	(1) cm^3	(2) cm^3	(3) cm^3	(4) cm^3

※5

※合計

※120点満点

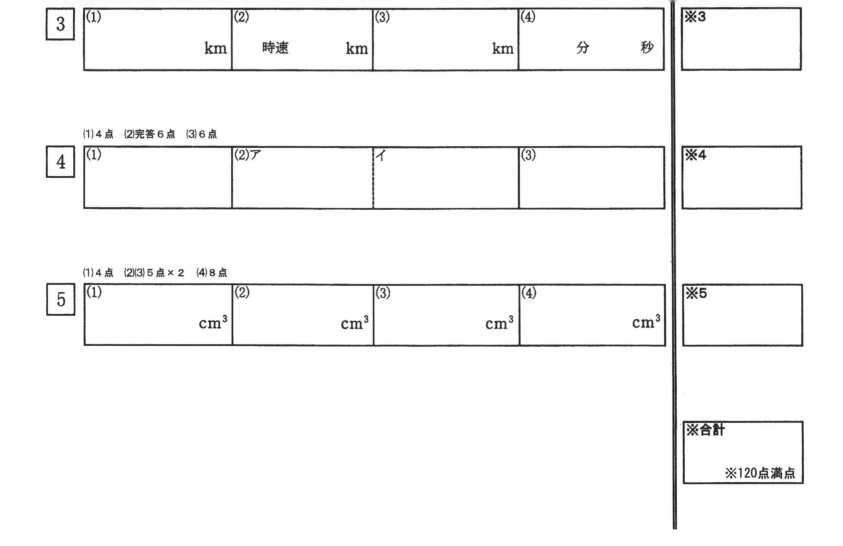

令和二年度

大阪桐蔭中学校入学試験問題《解答用紙》【国語】（前期）

一

問一	問二	問三	問四	問五	問六	問七	問八
ⓧ	A	（音。）					
ⓨ	B						

二

問一
a
b
c
d
e

一
問一．２点×２
問二．２点×２
問三．５点
問四．８点
問五．10点
問六．８点
問七．８点
問八．８点

※このらんには、何も記入しないこと。

※一

問２　下線部②について、日本は 1960 年代の高度経済成長期にめざましい発展を遂げた一方で、公害の発生という社会問題も起きました。公害を防ぐための国の対策を古いものから順に並べたものとして正しいものを、次のア～カから一つ選び、記号で答えなさい。

ア　環境基本法　→　環境庁の設置　→　公害対策基本法
イ　環境基本法　→　公害対策基本法　→　環境庁の設置
ウ　環境庁の設置　→　環境基本法　→　公害対策基本法
エ　環境庁の設置　→　公害対策基本法　→　環境基本法
オ　公害対策基本法　→　環境基本法　→　環境庁の設置
カ　公害対策基本法　→　環境庁の設置　→　環境基本法

問３　下線部③について、1999 年に日本の農業政策の基本的方針を定めた法律が制定されました。この法律について述べた次の文中の（　a　）・（　b　）にあてはまる語句を漢字で答えなさい。

1961 年に制定された農業基本法に代わって、1999 年に（　a　）・農業・（　b　）基本法（新農業基本法）という法律が制定されました。この法律の基本理念は、（　a　）の安定供給の確保・農業の持つ多面機能の発揮・農業の持続的な発展・（　b　）の振興の４つが掲げられています。

問４　下線部④について、佐賀県では養殖業がさかんです。2017 年の養殖業の種類別収穫量において佐賀県が一位となっている水産物を答えなさい。また、その水産物の養殖が行われている地域として正しいものを、次の図２中のア～エから一つ選び、記号で答えなさい。

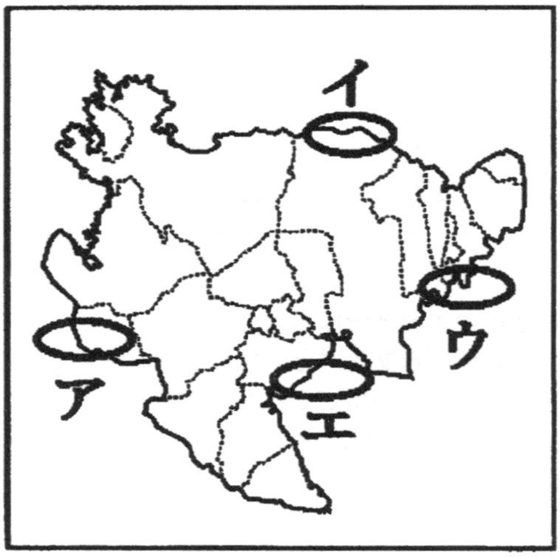

図２

「日本国勢図会 2019/20」より作成

問5　下線部⑤について、図３中のＡ～Ｃで示された都道府県と、その地域の工業について述べた文ⅰ～ⅲの組合せとして正しいものを、次のア～カから一つ選び、記号で答えなさい。ただし、それぞれの縮尺は同じとは限りません。

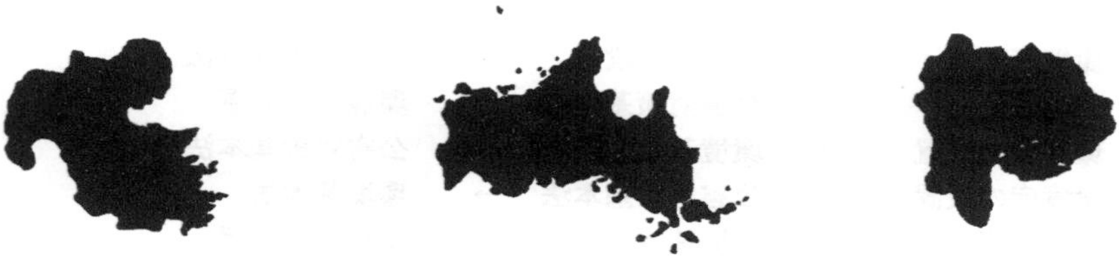

A　　　　B　　　　C

図３

ⅰ　この県の県庁所在地には、大規模な製鉄所と石油化学コンビナートがあります。また、空港周辺にはＩＣ工場が数多くあります。

ⅱ　この県の県庁所在地では、伝統的工芸品の水晶細工の生産など、宝石加工業がさかんです。また、中央自動車道沿いには先端技術産業の工場が進出しています。

ⅲ　この県の県庁所在地の西部には、宇部テクノポリスというハイテク産業の集積地があります。また、その周辺ではセメント工業がさかんです。

	A	B	C
ア	ⅰ	ⅱ	ⅲ
イ	ⅰ	ⅲ	ⅱ
ウ	ⅱ	ⅰ	ⅲ
エ	ⅱ	ⅲ	ⅰ
オ	ⅲ	ⅰ	ⅱ
カ	ⅲ	ⅱ	ⅰ

問6　下線部⑥について、京都府は伝統的工芸品の種類が多いことで知られています。伝統的工芸品の説明として誤っているものを、次のア～エから一つ選び、記号で答えなさい。

ア　伝統的工芸品の製造過程の主要部分は手づくりである。

イ　伝統的工芸品はすべて重要無形文化財として指定されている。

ウ　法律に基づいて、経済産業大臣が指定したものである。

エ　100年以上の歴史を有する技術や技法を用いて作られている。

問７　下線部⑦について、日本の世界文化遺産の中で最も東に位置するものを、次のア～エから一つ選び、記号で答えなさい。

ア

イ

ウ

エ

問８　下線部⑧について、渥美半島では温室の中で夜も電灯を灯し続ける栽培方法で、菊が栽培されています。この栽培方法を解答らんにあわせて漢字で答えなさい。また、その利点として正しいものを、次のア～エから一つ選び、記号で答えなさい。

ア　つねに光を浴び続けることによって、花の質が良くなり枯れにくくなる。

イ　土にも光が当たることによって、土の中で栄養分が多く作られる。

ウ　害虫や病気の被害を大幅に減らす効果があり、花が育てやすくなる。

エ　出荷の時期をずらすことで、市場価値を高めることが出来る。

Ⅱ　次の図４は、外国の硬貨の図柄とその国について述べた文です。あとの問いに答えなさい。

D

この硬貨に描かれている建物は、西暦 80 年に完成したもので、見世物として闘いなどをおこなった場所でした。
また、この国では地中海式農業がおこなわれ、ブドウやオリーブは世界有数の生産量をほこっています。

E

この硬貨に描かれている鳥は、この国の伝統的シンボルとして国章にも用いられてきました。
また、この国は第二次世界大戦後、国土が東西に分断されていましたが、1990 年に統一されました。

F

この硬貨に描かれている動物やコアラなど、この国は貴重な動物が生息していることで知られています。
また、赤道をはさんで日本の真南に位置するこの国は、資源や食料などを日本へ輸出しています。

G

この硬貨に描かれている人物は、この国の第 16 代大統領で彼の生誕 100 周年にあたる 1909 年から刻まれるようになりました。
また、この国は多くの農産物や工業製品を生産しており、日本へもさまざまな農作物、製品が輸出されています。

図４

問１　Ｄの硬貨の国について、この国の位置として正しいものを、次の図５中のア～エから一つ選び、記号で答えなさい。

図５

問２　Ｅの硬貨の国について、この国の説明として正しいものを、次のア～エから一つ選び、記号で答えなさい。

ア　2016 年に行われた国民投票で、ＥＵ離脱派が過半数を超えた。
イ　ヨーロッパ最大の工業国であり、特に自動車の生産が有名である。
ウ　古代遺跡が多く、首都の市内には世界最小の独立国が位置している。
エ　国土の約４分の１がポルダーとよばれる干拓地からできている。

問３　ＤやＥの硬貨は他の国でも使用することができます。ＤやＥの硬貨を使用できる国として誤っているものを、次のア～エから一つ選び、記号で答えなさい。

ア　ノルウェー　　イ　フィンランド　　ウ　アイルランド　　エ　オランダ

問４　Ｆの硬貨の国について、次の図６はこの国を四分割した模式図です。最も人口が多い地域を、図６中のア～エから一つ選び、記号で答えなさい。ただし、方角は上を北とします。

ア	イ
エ	ウ

図６

問５　Ｇの硬貨の国について、次のア～エのうち、最も西側でみられるものを一つ選び、記号で答えなさい。

ア　フロリダ半島　　イ　アパラチア山脈　　ウ　ロッキー山脈　　エ　五大湖

問６　日本よりも人口が多い国の硬貨をＤ～Ｇから一つ選び、記号で答えなさい。

問７　次の図７中のⅳ～ⅵは、Ｄ～Ｇの硬貨の国のいずれかで見られる風景です。ⅳ～ⅵとＤ～Ｇとの組合せとして正しいものを、次のア～カから一つ選び、記号で答えなさい。

ⅳ

ⅴ

ⅵ

図７

	ⅳ	ⅴ	ⅵ
ア	E	D	G
イ	E	G	D
ウ	E	G	F
エ	F	D	E
オ	F	D	G
カ	F	G	D

令和２年度　大阪桐蔭中学校入学試験問題　［社会］（前期）

1　次のⅠ・Ⅱの問いに答えなさい。

Ⅰ　次の図１は、日本の各種硬貨の図柄です。また、あとの文は日本の硬貨の図柄や素材について生徒たちがまとめたものです。あとの問いに答えなさい。

図１

生徒Ａ：一円硬貨の素材は、①アルミニウムで出来ており、図柄は一般公募で選ばれました。以来現在までこの図柄は変わっていません。表面に描かれている若木の図柄は、②伸びゆく日本を象徴しています。

生徒Ｂ：五円硬貨の表面の図柄は、稲穂が③農業、水が④水産業、歯車が⑤工業を表しています。裏面の双葉は、戦争が終わって新しく民主国家になった日本を象徴しているといわれています。

生徒Ｃ：十円硬貨の図柄として描かれている平等院鳳凰堂は、⑥京都府宇治市にあります。⑦世界文化遺産に登録されている平等院鳳凰堂は、藤原頼通がこの世に極楽浄土の様子をつくろうとして建てたものです。

生徒Ｄ：五十円硬貨は当初、穴があいていないものでした。百円硬貨がつくられた時、色や大きさが似ていたことから、穴をあけたものになりましたが、変更前と同様に表面には⑧菊が描かれています。

「独立行政法人造幣局ホームページ」より作成

問１　下線部①について、次の文はアルミニウムについて述べたものです。アルミニウムの原料であるボーキサイトの 2015 年の産出量上位５か国に入る国として誤っているものを、次のア～エから一つ選び、記号で答えなさい。

アルミニウムの原料であるボーキサイトは熱帯・亜熱帯の高温多湿地域に多く分布し、茶褐色をしているという特徴があります。このボーキサイトからアルミナという白い粉を作ります。その後、電解炉に入れ電気分解によって還元するとアルミナは酸素とアルミニウムに分解され、とけたアルミニウムを取り出して型に入れて固めることで地金が完成します。

※産出量上位５か国は「データブック　オブ・ザ・ワールド　2019」参考

ア　南アフリカ　　イ　ブラジル　　ウ　インド　　エ　マレーシア

大阪桐蔭中学校
中学入学試験　前期

〈社会〉

（40分）

3 次の文を読んで後の問いに答えなさい。

私たちヒトは目や耳，鼻などを使って周りの様子を知ることができます。特に目からは多くの情報を手に入れています。そのため，暗い場所では周りの様子を確認《かくにん》して自由に行動することが難しくなります。しかし，夜行性で暗い時間帯に行動し始める(1)コウモリは暗い状況《じょうきょう》の中でエサとなる昆虫《こんちゅう》をつかまえて食べることができます。また，光が届きにくい水中で生活する(2)イルカもなかまとコミュニケーションをとったり周りの様子を知ることができます。

これらの生物は『エコーロケーション』と呼ばれる方法で，周りの様子を知ったり，なかまとコミュニケーションをとっています。そこで，コウモリの行う『エコーロケーション』の仕組みについて調べるために次の実験を行いました。

【実験】光の入らない暗い部屋に，コウモリとそのエサとなる昆虫を一緒《いっしょ》に入れた。コウモリに目かくしをした時，しなかった時，そして耳栓《みみせん》をした時，しなかった時を比較《ひかく》してコウモリの様子を観察した。エサを取ることが出来たかどうかとコウモリの様子を以下の表にまとめた。

（表）

目かくしの有無	耳栓の有無	エサの獲得《かくとく》	コウモリの様子
あり	あり	×	通常通り動けず，かべにぶつかることがあった
あり	なし	○	通常通り動いた
なし	あり	×	通常通り動けず，かべにぶつかることがあった
なし	なし	○	通常通り動いた

以上の実験から，コウモリが夜行性であることも考えると，コウモリが周りの様子を知るために行う『エコーロケーション』は（　①　）方法であるということがわかります。

さらに調べてみると，『エコーロケーション』という方法は，（　②　）を出して周りの様子を調べる方法であることが分かりました。（　②　）は空気中や水中をまっすぐに進み，物にぶつかると反射します。その反射したものをコウモリが受け取り，周りの様子を知ることができます。暗い場所で生活する生物にとって，この方法は非常に好都合であることがわかります。

一方，コウモリはこの方法を利用してエサを取るのに対して，それを逆手にとってコウモリに食べられないようにする動物もいます。(3)ヤガ（ガの一種）がその一つです。

ヤガは，飛んでいるときにコウモリが発した（　②　）を，コウモリから遠い場所で受け取ると，コウモリから逃《のが》れるように飛び去りますが，近くで受け取った場合は，羽ばたいて逃《に》げるには間に合わないので（　③　）。こうして，ヤガはコウモリが発する（　②　）の範囲《はんい》から逃げることができるので，コウモリに見つけられにくくなります。

(問1) 文中の下線部について，赤く光るだけでほのおが出ない理由としてもっとも正しいものを，次の中から選び記号で答えなさい。

ア．スチールウールの燃える温度がそれほど高くないため

イ．スチールウールは毛のように細くしているため

ウ．スチールウールからは燃える気体が出てこないため

エ．スチールウールがかたいため

(問2) 文中の空らん①に入る物質名を答えなさい。

(問3) 文中の空らん②，③に入る語句の組み合わせとして正しいものを，次の中から選び記号で答えなさい。

ア．②黒　③黒	イ．②黒　③赤	ウ．②黒　③白
エ．②赤　③黒	オ．②赤　③赤	カ．②赤　③白
キ．②白　③黒	ク．②白　③赤	ケ．②白　③白

(問4) 表中の空らん④，⑤に入る数値をそれぞれ答えなさい。

(問5) 文中の空らん⑥，⑦に入る数値をそれぞれ答えなさい。

2 次の文を読んで後の問いに答えなさい。

鉄の板は，空気中で燃えませんが，スチールウールはよく燃えます。スチールウールを丸めて，ガスバーナーで火をつけると赤く光りながら，しだいに全体が燃えます。燃えた後は黒い（　①　）になり，はじめのスチールウールよりも重たくなります。また鉄の板でも空気中に長い時間放置しておくと，重たくなり色が変化します。これらはいずれも空気中の酸素と結びつき，結びついた酸素の分だけ重たくなるからです。銅やマグネシウムでも同じようなことが起こるので，どれくらいの重さの変化があるかを調べるために次の実験をおこないました。ただし，酸素１Ｌあたりの重さは１．６ *g* とします。また，ステンレス皿は同じものを使い，加熱しても重さは変化しないものとします。

【実験】銅とマグネシウムの粉末をそれぞれ１．２ *g*，１．８ *g*，３．０ *g* ずつ用意し，ステンレス皿にうすく広げ，ガスバーナーで加熱した。十分加熱をしたあと，ステンレス皿も含《ふく》めた重さをはかると，(表１)，(表２）のとおりであった。また，加熱後の銅は（　②　）色，マグネシウムは（　③　）色であった。

（表１）

銅の重さ [*g*]	１．２	１．８	３．０
加熱後の重さ [*g*]	（　④　）	２０．０５	２１．５５

（表２）

マグネシウムの重さ [*g*]	１．２	１．８	３．０
加熱後の重さ [*g*]	１９．８	（　⑤　）	※

途《と》中《ちゅう》，マグネシウム３.０ *g* をはかろうとしたときに銅が混ざってしまったので，マグネシウム３.０ *g* を加熱する実験ができませんでした（表２の※)。そこで，この混合物２.６７ *g* をはかりとり，上と同じ実験をすることにしました。加熱後のステンレス皿を含めた混合物の重さは２１．７５ *g* でした。このことから，この混合物を十分加熱するのに必要な酸素の量は（　⑥　）Ｌで、加熱する前の混合物に含まれていた銅の重さは（　⑦　）*g* ということがわかります。

（問１）文中の空らん①～③に入る豆電球の明るさとして正しいものを，次の中からそれぞれ選び記号で答えなさい。

ア．◎　　イ．○　　ウ．△　　エ．×

（問２）文中の下線部について，作ってはいけない理由を，次の中から選び記号で答えなさい。

ア．導線が冷たくなるため

イ．導線が熱くなるため

ウ．豆電球が点滅《てんめつ》するため

エ．豆電球がすぐ切れるため

（問３）文中の空らん④に入る回路の番号を数値で答えなさい。

（問４）文中の空らん⑤に入るものとして正しいものを，次の中から選び記号で答えなさい。

	豆電球１	豆電球２	豆電球３
ア．	△	△	△
イ．	△	△	○
ウ．	△	○	△
エ．	○	△	△
オ．	△	○	○
カ．	○	△	○
キ．	○	○	△
ク．	○	○	○

（問５）文中の空らん⑥に入るものを，次の中から選び記号で答えなさい。

ア．◎　　イ．○　　ウ．△　　エ．×

（問６）文中の空らん⑦に入る説明として正しいものを，次の中から選び記号で答えなさい。

ア．スイッチ２のみを入れる

イ．スイッチ３のみを入れる

ウ．スイッチ１とスイッチ２を入れる

エ．スイッチ２とスイッチ３を入れる

令和２年度　**大阪桐蔭中学校入学試験問題**　[理科]（前期）

1　次の文を読んで後の問いに答えなさい。

同じ乾電《かんでん》池《ち》と豆電球とスイッチを使っていろいろな回路をつくりました。

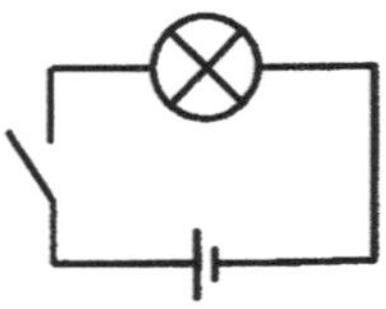
回路１

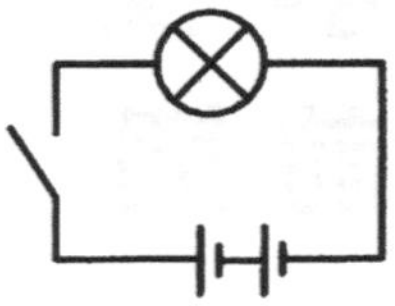
回路２

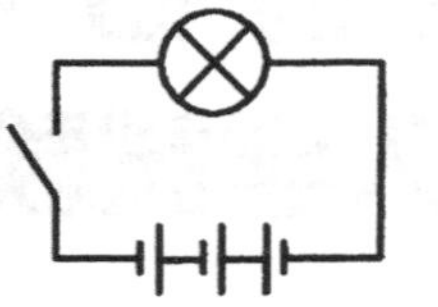
回路３

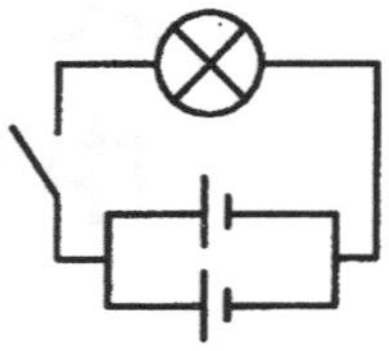
回路４

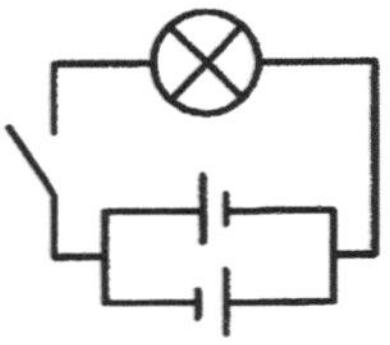
回路５

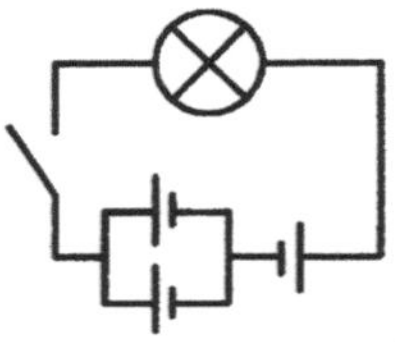
回路６

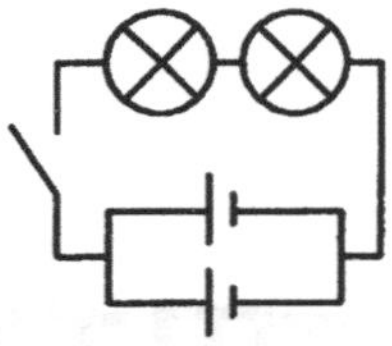
回路７

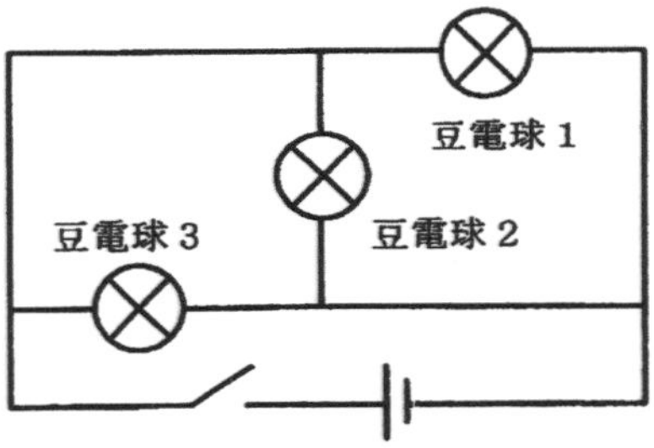

回路８

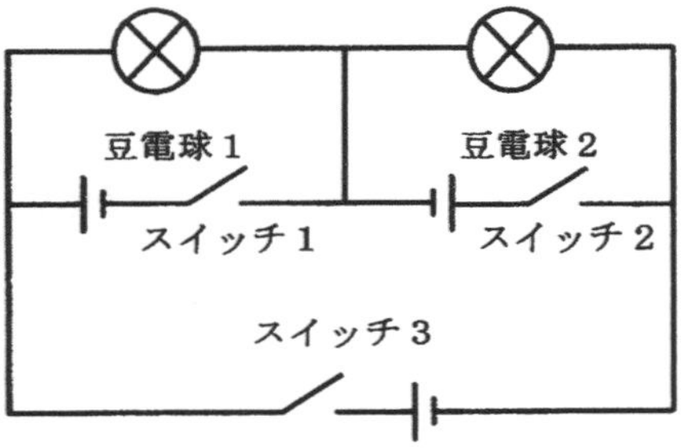

回路９

回路１のように，豆電球１つに乾電池１つをつないだときの豆電球の明るさを○とし，これより明るいときは◎，暗いときは△，豆電球が全く光らないときは×の記号で表します。回路２～４について，スイッチを入れたときの豆電球の明るさは，それぞれ（　①　），（　②　），（　③　）となります。回路５は電池に電流が流れすぎるため，作ってはいけない回路です。回路１～８について同時にスイッチを入れたとき，豆電球がもっとも長く光る回路は，（　④　）で，回路８の豆電球１～３のそれぞれの明るさは（　⑤　）です。

次に同じ乾電池と豆電球とスイッチを使って，回路９をつくりました。スイッチ１～３によって，豆電球１と豆電球２がそれぞれ光ったり明るさが変わったりする仕組みになっています。スイッチ１のみを入れると，豆電球１の明るさは○で，豆電球２の明るさは（　⑥　）です。また，（　⑦　）と豆電球１の明るさは◎で，豆電球２の明るさは○です。

2020(R2) 大阪桐蔭中
教英出版

大 阪 桐 蔭 中 学 校
中学入学試験　前 期

〈理科〉

（40分）

(9)　下の図で，黒く印のついた10個の角の角度の和は［ し ］度です．

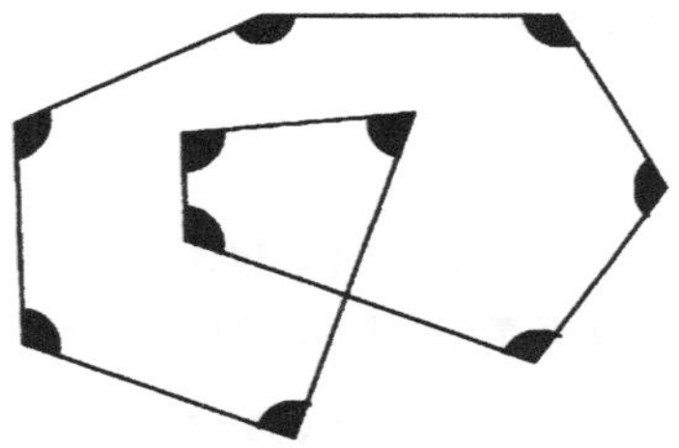

(10)　四角形ABCDは平行四辺形で，辺ABと辺QPは平行です．辺BPと辺PCの長さの比が1：2で，しゃ線部分の面積が12 cm^2のとき，四角形ABCDの面積は［ す ］cm^2です．

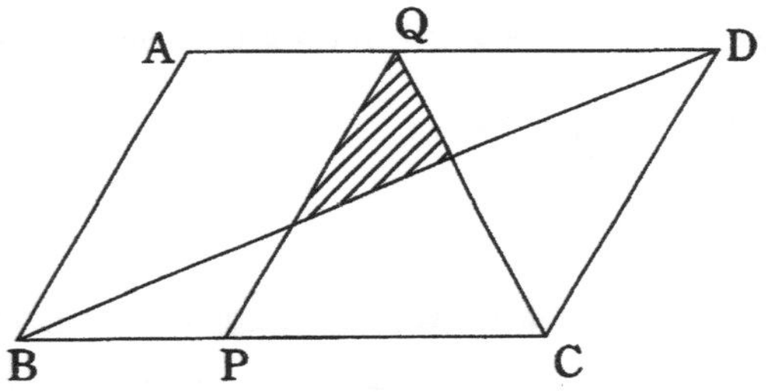

(4) 現在，父と子の年れいをあわせると 66 才です．今から 3 年前，父の年れいは子の年れいの 3 倍でした．現在の父の年れいは［ え ］才です．

(5) 1 個 50 円の消しゴムを 100 個仕入れ，1 個につき 2 割の利益を見こんで定価をつけました．何個か売れた後，定価の 1 割引きで売ると，18 個売れ，残りの消しゴムを仕入れ値の 6 割の値段で売ったところ，利益は 532 円となりました．このとき，定価で売った消しゴムは全部で［ お ］個です．ただし，消費税は考えないものとします．

(6) あるクラスの生徒を長いす 1 きゃくに 7 人ずつ座らせると，使わない長いすが 2 きゃくでき，最後の長いすに座った生徒は 4 人未満となりました．また，長いす 1 きゃくに 4 人ずつ座らせると，すべての長いすにあまりなくちょうど座らせることができました．長いすは全部で［ か ］きゃくあり，このクラスの生徒は全部で［ き ］人です．

(7) 5 個の整数 1，2，3，4，5 から 4 個の整数を選んで 1 列に並べて 4 けたの整数を作ります．このとき，4 けたの整数は 全部で［ く ］個できます．また，4 けたの整数の中で，となり合う数字の和がどれも 3 にならないような整数は全部で［ け ］個あります．

(8) ある駅から，A 駅行きと B 駅行きの電車が発車しています．A 駅行きの電車は 8 分おきに，B 駅行きの電車は 14 分おきに発車します．午前 7 時に両方の電車が発車しました．午前 7 時に発車する電車から数えて 20 番目の電車は午前 8 時［ こ ］分に出発する A 駅行きの電車でした．ただし，A 駅行きの電車と B 駅行きの電車が同時に発車するときは，A 駅行きの電車を先に数えるものとします．また，午後 1 時から午後 2 時までの間で，A 駅行きの電車が発車した 6 分後に B 駅行きの電車が発車しました．このとき，A 駅行きの電車は 午後 1 時［ さ ］分に発車しました．

令和２年度　大阪桐蔭中学校入学試験問題　［算数］（前期）

- 答えが分数になるときは，これ以上約分することができない分数で答えなさい．
- 比で答えるときは，もっとも簡単な整数の比で答えなさい．
- 問題文に断りがない場合は，円周率は 3.14 として求めなさい．
- 角すいの体積は，(底面積)×(高さ)÷３で求めることができます．

1　次の $\square$ にあてはまる数をそれぞれ答えなさい．

(1) $\left(\frac{5}{9}-\frac{1}{4}\right)\div 10\frac{1}{12}+9\frac{32}{33}=\square$

(2) $\left\{3\frac{1}{2}+\left(\frac{5}{6}-\frac{5}{12}\right)\right\}\times 0.75-1.125\times 2\frac{1}{3}=\square$

(3) $121\times 60+45\times 484-605\times 44=\square$

2　次の $\boxed{\text{あ}}$ から $\boxed{\text{す}}$ にあてはまる数をそれぞれ答えなさい．

(1) 3 つの整数があり，そのうちの 2 つの和は 17，22，23 の 3 とおりになります．この 3 つの整数の積は $\boxed{\text{あ}}$ です．

(2) たての長さが 35 m，横の長さが 50 m の長方形の形をした土地があります．この土地のまわりに 5 m おきに木を植えることにします．このとき，木は全部で $\boxed{\text{い}}$ 本必要です．ただし，土地の角には木を植えることにします．

(3) あるクラスの生徒数は 35 人で，犬とねこを飼っているかどうかを調べました．犬を飼っている生徒は 12 人，ねこを飼っていない生徒は 25 人，ねこは飼っているが犬は飼っていない生徒は 6 人でした．このとき，犬は飼っているがねこは飼っていない生徒は $\boxed{\text{う}}$ 人です．

大阪桐蔭中学校
中学入学試験　前期

〈算数〉

（60分）

＃教英出版 編集部　注
　編集の都合上、白紙ページは省略しています。

二　次の文章を読んで、あとの問いに答えなさい。（問いに「……字」とある場合は、「、」や「。」やその他の記号もすべて一字と考えます。）

今、私が完全に外界から隔離《かくり》された部屋で生活するとしよう。この部屋には窓がなく、日の出日の入り、昼夜の区別がつかず、また時計もない。

この中で、どのようにして私は時間の感覚を得ることができるだろうか。それは（　Ａ　）自分の「体内時計」に頼《たよ》るしかない。だいたいこれくらいで一日二四時間。七回眠ったからおおよそ一週間が経《た》っただろう。もうそろそろ一ヵ月が経過した頃《ころ》かな。そして……とうとう一年。

もちろん、このような生活が、たとえａイショクが足りたとしても、（　Ｂ　）続けられるとは思えないが、これはあくまで思考実験である。

私が三歳《さい》のとき、この実験を行って自分の「時間感覚」で「一年」が経過したとしよう。そして私が三〇歳のとき、もう一度この実験を行って「一年」を過ごしたとする。いずれも自分の体内時計が一年を感じた時点が「一年」ということである。それぞれの実験では、実際の物理的な経過時間を外界で計測しておくとする。

さて、ここが大事なポイントである。三歳のときに行った実験の「一年」と三〇歳のときに行った実験の「一年」では、どちらが実際の時間としては長いものになっただろうか。

①意外に思われるかもしれないが、ほぼ間違《まちが》いなく、三〇歳のときに感じる「一年」のほうが長いはずなのだ。なぜか。

それは私たちの「体内時計」の仕組みに起因する。生物の体内時計の正確な分子メカニズムは未《いま》だ完全には解明されていない。しかし、細胞分裂《さいぼうぶんれつ》のタイミングや分化プログラムなどの時間経過は、すべてタンパク質の分解と合成のサイクルによってコントロールされていることがわかっている。つまりタンパク質の新陳代謝《しんちんたいしゃ》速度が、体内時計の秒針なのである。

そしてもう一つのｂゲンゼンたる事実は、私たちの新陳代謝速度が加齢《かれい》とともに確実に遅くなるということである。つまり体内時計は徐々《じょじょ》にゆっくりと回ることになる。

しかし、私たちはずっと同じように生き続けている。そして私たちの内発的な感覚は極めて主観的なものであるために、自己の体内時計の運針が徐々に遅《おそ》くなっていることに気がつかない。

だから、完全に外界から遮断《しゃだん》されて自己の体内時計だけに頼って「一年」を計ったとすれば、三歳の時計よりも、三〇歳の時計のほうがゆっくりとしか回らず、その結果「もうそろそろ一年が経ったなあ」と思えるに足るほど時計が回転するのには、より長い物理的時間がかかることになる。

さて、ここから先がさらに重要なポイントである。タンパク質の代謝回転が遅くなり、その結果、一年の感じ方は徐々に長くなっていく。にもかかわらず、実際の物理的な時間はいつでも同じスピードで過ぎていく。

だから？　だからこそ、自分ではまだ一年なんて経っているとは全然思えない、自分としては半年くらいが経過したかなーと思った、そのときには、すでにもう実際の一年が過ぎ去ってしまっているのだ。そして私たちは愕然《がくぜん》とすることになる。

つまり、歳《とし》をとると一年が早く過ぎるのは「分母が大きくなるから」ではない。②実際の時間の経過に、自分の生命の回転速度がついていけていない。そういうことなのである。

人間は、こうした時間感覚だけでなく、さまざまな錯覚《さっかく》をする。【　　】

空耳というのを誰でも聞いたことがあると思う。実際には音がしていないのに聞こえたり、呼ばれてもいないのに名前を呼ばれたような気がすること。一部では、英語の歌詞が変な日本語に聞こえたりすることも、「ソラミミ」と言うらしい。

実は、それと同じようなことが、目で見ていることに対しても起こる。それをここでは仮に「空目《ソラメ》」と呼ぶことにする。

「百聞は一見に如《し》かず」とか「自分の目で見たことを信じなさい」とはよく言われることだが、実は、私たちが自分の目で見て「事実」と感じていること自体も「錯覚」であることが多い。学問的に言えば、非常にさまざまな脳の「バイアス」の上に成り立っている。

ただし、私がここでいう「空目」とは、存在しないものが見える、いわゆる幻視《げんし》のことではなく、本当はまったく偶然《ぐうぜん》の結果なのに、そこに特別のパターンを見てしまうことである。

たとえば、私たちは空に虹《にじ》が出ると七色に見えると思う。しかし実際、それを端《はし》から数えようとすると赤、オレンジ、黄、青、紫《むらさき》……程度にしか見えない。色の境界も実はあいまいだ。

虹は本来、連続する色のスペクトル（帯）なので、色の紙テープを並べたような切れ目はどこにもない。それを私たちは切断してしまう。実際、虹の色が何色に見えるかは民族によって異なるという。

あるいは、私たちはしばしば自然が作り出したランダムな［Ⅰ］の中に、人の顔を見る。雲、あるいは天井《てんじょう》のシミ、集合写真を撮《と》った背景に写っている岸壁《がんぺき》。そのようなものの中にかつて苦しめられた人びとや、その場所で自殺した人の亡霊《ぼうれい》を見る。

人間の脳は、ランダムなものの中にも何らかのパターンを見つけ出さずにはいられない。特に人の顔に似たものに関しては、非常に敏《びん》感《かん》に顔のパターンを見つけてしまうのである。

それだけではない。他の生物の文様の中にも人は人の顔をヨウイ(c)に見出《みいだ》す。魚の頭部に顔が現れた「人面魚」。カニの背中や昆虫にも人の顔にそっくりの文様を持つものがいる。

昔、聞いた話にはこんな説明がしてあった。人の顔を持つカニは、人びとに恐《おそ》れられ、捕獲《ほかく》されてもすぐに放された。だから彼らは現在まで生き残ったのだ。つまり人面は、一種の擬態《ぎたい》だというのだ。

それはおそらくひどい作り話だ。カニはずっと昔から、つまり人が現れてカニを捕獲する以前から、そのような形態をしていただろう。

そして、カニの甲羅《こうら》が人面に見えるのは、カニがそう見せているのではなく、人間の脳に貼《は》りついたバイアスが、そこに顔を見ているの

③である。
それほど人間の脳は鋭敏《えいびん》に、かなり粗《あら》い情報の中からでも何らかのパターンを見つけてしまえるのである。
なぜこのように特殊《とくしゅ》な能力、言い換《か》えれば不思議なバイアスが人間の脳に貼りついてしまったのだろうか。それは、人間がこの地球上に現れてからの歴史とdミッセツに関係があると思える。
人間の祖先は過去何百万年もの間、常に環境の変化と闘《たたか》いながら生き残ってきた。そのときに複雑な自然界の中から、何らかの手がかりを見つけることが、生き延びていく上でとても大事だったのである。
その進化の過程で、私たちの脳にはランダムなものの中に、できるだけeホウソクやパターンを見出そうとする作用が加わってきた。私たちの脳にそういう水路がつけられてしまったのである。暗闇《くらやみ》に潜《ひそ》む敵《てき》を発見する上で、あるいは生きるか死ぬかの瀬戸際《せとぎわ》では、そのような瞬時《しゅんじ》のパターン化が役に立つことも多かったに違いない。
しかし、一方で、ランダムなものの中からパターンを見出す作用は、今、見てきたように、実はそのほとんどが空目なのである。
現代社会に生きている私たちにとって、脳が直感的に見ているものというのは、ないところにあるものを見、ランダムなものの中に強引《ごういん》に関連性を見ている、そういう場面があるのだ。むしろそのような場面のほうが多いかもしれない。
ところが、私たちは自分の脳の癖《くせ》に気がつかないのである。そう考えると、ランダムからパターンを読み出す「勘《かん》のよさ」、これが逆にマイナスに作用することがありえる。パターン化は、自然の持つ［Ⅱ］な精妙《せいみょう》さや微妙《びみょう》なズレなどを消し去ってしまうこともあるからである。
（福岡伸一《ふくおかしんいち》『新版《しんぱん》　動的平衡《どうてきへいこう》』）

問一　――a～eのカタカナを漢字で書くとき、同じ漢字を用いるものを、次の各群の中から一つずつ選び、それぞれ記号で答えなさい。

a　ア　各自で目的地にイドウする。　イ　港町にはイコクの人が多い。
ウ　乾《かわ》いたイルイを取りこむ。　エ　議会でイケンが分かれた。
オ　先進のイガクに期待する。

b　ア　ゲンドウが安定しない。　イ　ゲンキな仲間と共に歌う。
ウ　ゲンシ人の生活に学ぶ。　エ　ゲンカクにルールを守る。
オ　ゲンゼイを実施する。

c　ア　ヨウキに誘われて外へ出る。　イ　ヨウガの展覧会を見に行く。
ウ　ヨウショクの衰《おとろ》えを感じる。　エ　任意のヨウシキで書類を作る。
オ　ヨウジが手をつないで歩く。

d　ア　カイセツを聞いて理解する。　イ　コッセツの部分を再手術する。
ウ　カンセツ的な言い方で否定する。　エ　ツウセツな思いを手紙に表す。
オ　ジョセツ作業が悪天候で遅《おく》れる。

e　ア　今後のホウシンを決める。　イ　使者からホウコクがもたらされる。
ウ　エネルギーをホウシュツする。　エ　食材のホウフな地域を訪れる。
オ　ホウアンが可決された。

問二　（　　）A・Bに入れることばとして最もふさわしいものを、次の中から一つずつ選び、それぞれ記号で答えなさい。ただし、同じことばを二度使用してはいけません。

ア　しかるに　イ　とっくに　ウ　まともに　エ　ひとえに　オ　ついでに　カ　あげくに

問三　――①に「意外に思われるかもしれないが」とありますが、一般に時間について人はどのように思っているのですか。その説明として最もふさわしいものを、次の中から一つ選び、記号で答えなさい。

ア　歳を重ねるほど時間の過ぎてゆく速度がはやく感じられるということ。
イ　何歳になっても時間は同じように過ぎると思い込《こ》んでいるということ。
ウ　歳をとった時に自分が感じる時間の速度を想像もできないということ。
エ　何歳になったかを考えて時間の速度を意識せざるを得ないということ。

問四　――②とありますが、それはなぜですか。文中のことばを用いて、四十字以内で説明しなさい。

問五　【　　　】に入れる一文として最もふさわしいものを、次の中から一つ選び、記号で答えなさい。

ア　この世にある事物に対して、一面的な見方にこだわってしまうのである。
イ　この世にある事物に対して、多面的な見方をしてしまうのである。
ウ　この世にある事物に対して、その反対のありようまで想像をしてしまうのである。
エ　この世にある事物に対して、その実際のありようとは違った感じ方をしてしまうのである。

問六 ——③とありますが、それはなぜですか。その説明として最もふさわしいものを、次の中から一つ選び、記号で答えなさい。

ア 人間は、脳の働きとしてランダムなものの中にも何らかのパターンを見つけ出してしまい、特に人の顔に似たものに関しては、過敏《かびん》に反応してしまうから。

イ 人間は、たとえば人の顔を持つカニを捕獲しても、恐《おそ》れてすぐに放してやることで現在まで生き残らせたように、人面が一種の擬態だということに気づいていたから。

ウ 人間は、祖先が常に環境の変化と闘いながら生き残るために、自然界の中から何らかの手がかりを見つけることが、とても大事だったから。

エ 人間は、特殊な能力である不思議なバイアスが脳に貼りついてしまい、人間がこの地球上に現れてから自然界との間に、関係性をなかなか持てなかったから。

問七 [Ⅰ]・[Ⅱ]に入れるのに最もふさわしいことばを文中からぬき出し、それぞれ漢字二字で答えなさい。

問八 本文の内容と一致《いっち》しないものを、次の中から一つ選び、記号で答えなさい。

ア 体内時計の仕組みの原因となる正確な分子メカニズムは、まだ完全には解明されていないが、タンパク質の分解と合成によってコントロールされている。

イ 虹は本来連続する色を持っていて切れ目はどこにもないのに、私たちは切断して見てしまうし、虹の色が何色に見えるかは民族によって異なっている。

ウ 私たちが自分の目で見て事実と感じていること自体は、すべて錯覚に過ぎなくて、学問的に言えば非常にさまざまな脳のバイアスの上に成り立っている。

エ 人間の進化の過程で、暗闇に潜む敵を発見する上で、あるいは生きるか死ぬかの瀬戸際にあって、脳の見出す瞬時のパターン化が役立っていることは多くある。

三　次の文章を読んで、（　　）①～⑧に当てはまることばを、後の語群から選び、それぞれ漢字に直しなさい。ただし、同じことばを二度使用してはいけません。また、――㋐・㋑の漢字のよみをひらがなで答えなさい。

著作権に関係する弊社の都合により
本文は省略いたします。

教英出版編集部

（日下《くさか》公人《きみんど》『「情の力」で勝つ日本』）

【語群】

サテイ　　カクシキ　　リョウコウ　　タイショウ
ジョウキョウ　　シュウリョウ　　コウカク　　ジョレツ